BAEDEKER

E

EUROPÄISCHE
REGIONEN

»

Europa wächst nicht aus Verträgen, es wächst aus den Herzen seiner Bürger oder gar nicht.

«

Klaus Kinkel

baedeker.com

B

BAEDEKERS BESTE SEITEN

Europas Regionen

Lassen Sie sich inspirieren!

EUROPAS REGIONEN

Die Sterne Europas wehen vor dem EU-Kommissionsgebäude in Brüssel.

WAS TUN?

Das vereinte Europa erlebt eine Krise. Es ist nicht die erste und noch keine existenzielle, aber die Gefahr ist real, dass der europäische Gedanke wegen nationaler Egoismen Schaden nimmt. Was hilft dagegen? Es ist eigentlich gar nicht so schwer: sich einfach wieder die Vorzüge vergegenwärtigen, die ein geeintes Europa uns allen bringt. Und wie könnte man das besser tun, als in die Grundbausteine des Kontinents zu fahren, in die Regionen? Baedeker stellt zwölf von ihnen vor. Sie haben die Wahl.

Gegen das Vergessen

Tatsächlich sind Ton und Umgangsformen schärfer geworden. Machte man sich in der Vergangenheit eher lustig über den Regulierungswahn des »Bürokratiemonsters Brüssel«– Stichwort: maximale Krümmung von Salatgurken –, ertönt zunehmend **nationalistisches Geschrei**, mit dem die Forderungen nach »nationalen Lösungen« bis hin zum Brexit untermalt werden. Erklärte Gegner des vereinten Europa lassen sich ins EU-Parlament wählen und kehren ihm ostentativ den Rücken zu.

Allem Anschein nach wird mehr und mehr vergessen, aus welcher historischen Erfahrung heraus die europäische Einigung betrieben wurde und auf welchen Werten sie fußt.

Europa lebt in seinen Regionen

Wo aber wird Europa gelebt und wo spürt man, was es für die Menschen bedeuten kann? In seinen Regionen, weil sie **»mentalitätsprägend und identitätsstiftend«** sind, wie es der österreichische Schriftsteller Robert Menasse ausdrückte. Sie sind eine bunte Mischung. Sie stellen lebendige kulturelle Vielfalt nationaler Engstirnigkeit entgegen. So gesehen ist das Europa der Nationen überwunden, und das Europa der Regionen ist Gegenwart und Zukunft. Das hat rein gar nichts mit Hinterwäldlertum oder Separatismus zu tun.

Fahren Sie also nach Andalusien oder an die Algarve, wo viele Infrastruktuprojekte ohne die EU nicht verwirklicht worden wären. Erleben Sie in Südtirol, wie drei Kulturen friedlich und ohne Grenzen miteinander leben. Im Elsass, lange Zankapfel zwischen Deutschland und Frankreich, um den sogar Krieg geführt wurde, will niemand in Zeiten zurückfallen, in denen man vom »Erbfeind« sprach. Und erst recht die Schotten: Sie wollen nach dem Brexit eher das Vereinigte Königreich verlassen als die EU. Sie werden wissen, weshalb.

Die folgenden Seiten sollen **Appetit machen**, die eine oder andere von Europas Regionen näher kennenzulernen. Für die allermeisten braucht man keinen Pass und muss nicht einmal Geld umtauschen. Wer hätte das vor einigen Jahrzehnten gedacht?

Ein Ort, an dem Respekt vor anderen gefragt ist:
der Plenarsaal des Europäischen Parlaments in Straßburg

A ALGARVE

» … wo das Land endet und das Meer beginnt. «

Luís Vaz de Camões

DAS IST DIE ALGARVE

An der Westküste der Algarve ist Platz genug für entspannte Strandspaziergänge.

UNTER SÜDPORTUGALS SONNE

Weite Hänge mit Korkeichen, Feigen und Johannisbrotbäumen, gelb blühende Mimosenbüsche, üppige Mandel- und Pfirsichplantagen, rote Mohnwiesen – und über allem das Zirpen der Zikaden und der süßliche Duft der Orangenblüten … Frühjahr in der Algarve gehört wohl zum Schönsten, was sich ein wintermüder Europäer erträumen kann!

Aber die Algarve ist nicht nur im Frühjahr ein beliebtes Reiseziel. Mit **3000 Sonnenstunden im Jahr** lockt dieser Landstrich zu jeder Jahreszeit Gäste an. Die sogenannte Felsalgarve mit ihren Stränden und Sandbuchten zwischen malerischen Klippen machte sie berühmt. Aber auch die Sandalgarve im Osten ist herrlich – über Kilometer ziehen sich flache Strände und Dünengürtel an der Küste entlang, kleine Badeinseln sind einem wunderschönen vogelreichen Lagunensystem vorgelagert. Und an der Westküste brandet der Atlantik mit aller Wucht an teilweise menschenleere Strände: Natur pur!

Auf der Suche nach der besten Location wird man in Lagos sicher fündig.

Ein verlorenes Paradies?

Dass solche von der Natur gegebenen Privilegien auch Nachteile mit sich bringen, bekamen die Algarvios in den letzten Jahrzehnten heftig zu spüren. Fast überall am Meer entstanden Ferienzentren. An vielen Stellen hat man deutlich über die Stränge geschlagen – darüber ist leider nicht hinwegzusehen. Selbst vor ausgewiesenen Schutzzonen hat man nicht Halt gemacht. Weite Teile der Küste sind in internationaler Hand, und das einstige Paradies ging schnell verloren. Viele Portugiesen setzen heute keinen Fuß mehr in ihren südlichsten Landesteil. Aber nur einige Kilometer von den Bettenburgen entfernt hat sich ein Zauber erhalten, wie man ihn nach einem Blick in die Reiseprospekte nicht vermuten würde. An der Küste gibt es heute noch idyllische Buchten, in denen kaum ein Mensch ist. Und **eine völlig andere Algarve** erlebt man im Hinterland, eine ruhige, sanft hügelige Gartenlandschaft mit verschlafenen Dörfern – vom Trubel der Küstenorte ist hier nichts zu spüren. Und schließlich die Berge:Hier gibt es Dörfer, die Lichtjahre von den Städten an der Küste entfernt zu sein scheinen. Die stille Bergwelt lädt ein zum Picknick unter hohen Bäumen, bei dem man gleich die schönsten kulinarischen Herrlichkeiten der Region probieren sollte, die es vielleicht am Wegesrand zu kaufen gibt: Würste, Pinienkerne, Feigen, Mandeln in allerlei Zubereitungen, würzigen Honig und frischen Ziegenkäse.

Sympathische alte Algarvestädtchen

Neben Stränden und der verwunschenen Ländlichkeit wartet die Algarve mit einzigartigen, teilweise geschichtsträchtigen kleinen Städten auf, die alle einen ganz eigenen Charakter haben: das wunderschöne Tavira, in dessen Wasser sich die Walmdachhäuser spiegeln, die rechtwinklig aufgebaute »königliche« Grenzstadt Vila Real de Santo António am Rio Guadiana, Olhão mit seinen Würfelhäusern und der etwas skurrilen Atmosphäre, das internationale Faro, in dem ein hübscher historischer Kern erhalten ist, die alte Araberhauptstadt Silves, Lagos – mit großer Vergangenheit und sympathischer Gegenwart. Schließlich die Häuseransammlung von Sagres, ein Ort, der kaum noch vermuten lässt, dass im 15. und 16. Jahrhundert diese Region am südwestlichsten Ende des europäischen Kontinents ein Zentrum des epochalen Geschehens war, als sich Portugal in groß angelegten Ozeanbesegelungen nach und nach die Welt aneignete. Fast alle diese Städte gehen auf **uralte Gründungen** zurück. Phönizier, Keltiberer, Römer und Araber wussten nämlich bereits die Lage der Algarve zu schätzen und hinterließen Spuren ihrer hoch entwickelten Kulturen. Vor allem Araber haben den Süden Portugals geprägt, allerdings sind kaum architektonische Zeugnisse erhalten.

AUSZEIT AM STRAND

Nur das Rauschen der ewigen Brandung, sonst nichts. Wer inmitten großartiger Natur seine Ruhe haben möchte, hat an der Algarveküste unerwartet viele Möglichkeiten.

◄ Manchmal kann man sogar in der beliebten Felsalgarve den ganzen Strand für sich haben.

Sand unter den Füßen, die Brandung im Ohr, ein paar Muscheln – das ist mehr als genug!

DER Wind und das Meer, Gischtgeruch und donnernde Brandung: Grandiose menschenleere Strände liegen an der wilden Costa Vicentina in der Westalgarve. Oder brauchen Sie eine Ruheoase im Osten der Algarve? Hier ist das Meer zahmer, und auf der Ilha Armona vor Olhão ist es wunderbar still. Der Traumstrand schlechthin liegt genau in der Mitte: die Praia da Falésia erstreckt sich dort, wo die Felsalgarve schon allmählich in die Sandalgarve übergeht. Alle diese Strände können es mühelos mit den Top 20 der Welt aufnehmen.

Praia do Castelejo

In weiten Schwüngen schraubt sich die schmale Straße von der Klippenhöhe hinunter und landet am Parkplatz. Noch ein paar Treppenstufen abwärts zum Strand, und dann liegen mehrere große Buchten hintereinander – wenige Leute nur, keine Sonnenliegen weit und breit, und wer geht und geht, sieht am Ende niemanden mehr: Das ist die Praia do Castelejo an der **Westküste bei Vila do Bispo**. Ankerpunkt in dieser leeren Weite ist das Strandlokal unterhalb des Parkplatzes, wo man vollkommen relaxt etwas trinken und gut essen kann.

Praia da Amoreira

Paradiesische Natur auch an der Praia da Amoreira an der **Costa Vicentina nördlich von Aljezur**. Von der N 120 in Richtung Norden sind es sieben Kilometer durch ein flaches grünes Flusstal bis zur Küste. Ein kleiner Parkplatz am Ende der Straße, dann das Strandlokal Paraíso do Mar, das seinem Namen vor allem zur Stunde des Sonnenuntergangs alle Ehre macht, und dann eine Strandlandschaft, die man anderswo erstmal finden muss! Auch hier gibt es kein organisiertes Strandleben, keine Liegen und Sonnenschirme zum Anmieten, sondern nur Sand, Felsen und das Tosen der Brandung.

Praia da Falésia

Seine Besonderheit ist die kilometerlange Felswand aus weißem und rotem Sandstein, vor der sich der flache Strand entlangzieht und die in der Abendsonne fast überirdisch schön leuchtet. Zum Hauptzugang wird man durch die braunen Schilder »Praia da Falésia« geleitet. Ein eindrucksvolleres Erlebnis aber erwartet diejenigen, die den Schildern **»Praia do Barranco das Belharucas«** zum Westabschnitt des Strandes folgen. Das letzte Stück der Strandzufahrt ist so abenteuerlich wie paradiesisch schön. Es führt durch eine Schlucht (barranco) hinunter direkt durch die rotfelsige Landschaft, in der die grünen Pinienkronen wie hineinkomponiert erscheinen. Unten warten das Lokal »O Golfinho« und ein Stück weiter das Strandlokal des Pine Cliff Hotels, das teurer, als Location aber der Hit ist.

Praia da Armona

Auf die Insel! Vom Anleger Olhão geht's mit einem kleinen Boot durch die stille Lagune Ria Formosa. Auf der flachen Düneninsel **Ilha da Armona** leben ein paar Hundert Menschen, im Sommer kommen einige Sommergäste dazu, die sich in den einfachen Inselhäusern einmieten. Am Dorfhafen auf der Wattseite legt das Schiff an und von dort geht es zu Fuß den kurzen Weg hinüber zum Meer mit einem kilometerlangen Sandstrand, auf dem mehr als genug Platz für Insulaner, Sommerfrischler und Tagesausflügler ist. Letztere kommen nicht nur aus Olhão, sondern auch aus Fuzeta, einem alten Fischernest am Rand der Lagune.

BAEDEKER DAS IST ...

STRANDPARADIESE...

... zuhauf: die wilde Natur der Westküste mit der Costa Vicentina, die berühmte Felsalgarve mit ihren Sandbuchten zwischen atemberaubenden Klippen und die entspannende Stille der Sandstrände in der Ostalgarve.

VERKORKST UND ZUGENÄHT

Federleicht hängen sie über die Schulter, die Taschen, die überall in der Algarve verkauft werden. Den Schlips aus Kork merkt man gar nicht, und in Korkschuhen schwebt man nur so durch die Gegend. Übergepäck muss man auf dem Rückflug garantiert nicht bezahlen, wenn man sich mit Korkaccessoires eindeckt.

Schönes leichtes Souvenir: eine Umhängetasche aus Kork ▶

EINE Spritztour durch die Algarveberge. Plötzlich links der Straße mehrere Bäume, die merkwürdig aussehen. Etwas lädiert. Und tätowiert? Eine große »9« prangt auf dem rotbraunen glatten Stamm. Aber die »9« ist weiß, also nicht tätowiert. Aufgemalt, nummeriert. Aber warum, wofür?
Diese »traktierten« Bäume gehören zu Portugals 70 Millionen Korkeichen, aus deren Rinde Kork gewonnen wird. Portugal ist weltweit konkurrenzlos in Sachen **Korkproduktion**. Seit über 200 Jahren exportiert das Land Korken, ca. 40 Millionen werden in den Fabriken Tag für Tag hergestellt, 500 Millionen Champagnerkorken pro Jahr. Korkeichen, »Sobreiros« genannt, werden 6–10 m hoch und haben eine Lebensdauer von etwa 150 Jahren. Schälen darf man erst, wenn der Baum mindestens zwanzig Jahre alt ist. Geerntet wird der Kork, also die **Baumrinde**, in den heißen Sommer-monaten, wenn der Stoffwechsel der Bäume am intensivsten ist und die Rinde sich am leichtesten abschälen lässt. Dabei darf die Mutterrinde nicht verletzt werden, aus der der Kork immer wieder nachwächst. Und dann, nach der Ernte, wird auf den Stamm eine Zahl geschrieben: Eine »9« bedeutet, dass der Baum 2019 geschält wurde. **Mindestens neun Jahre** dauert es, bis der Baumstamm wieder geschält werden kann, also nicht vor 2028.

Winzerliebling

Kork ist ein Allrounder: sehr dauerhaft, leicht, elastisch, gas- und wasserdicht, nicht brennbar, leitet keine Elektrizität. Also eignet er sich für alles: Untersetzer, Abdichtungen, Wandverkleidungen, Lebensrettungswesten, Bojen, Isolierungen, Schuheinlagen, Bodenbeläge.

BAEDEKER DAS IST ...

DEM KORK AUF DER SPUR

Die Korkfabrik Nova Cortiça bietet alle möglichen Besichtigungstouren an: Führungen durch die Fabrik und durch den Korkwald oder zweieinhalb Stunden, die Sie fast zum Experten machen. Und Sie können, weil es so gut passt und schmeckt, auch gleich noch eine Wein- oder Champagnerprobe dazubuchen. Vielleicht nehmen Sie sogar einen Korksessel mit – ist ja leicht ... (www.novacortica.pt/visite)

Die Flugzeugindustrie schätzt sein Fliegengewicht. Das Wichtigste sind aber immer noch **Flaschenkorken**. Durch kleine Saugnäpfe an den Korkwänden und die Ausdehnungsfähigkeit lässt sich Glas gut mit Kork verschließen. Er ist geruchs- und geschmacksneutral, enthält keine Giftstoffe, verändert sich nicht – ist also bestens zum Lagern von Wein geeignet. Trotz synthetischer Korken und Drehverschlüsse ist Kork Winzerliebling – zwei Drittel aller jährlich produzierten Flaschenverschlüsse sind aus Kork. Dennoch: Als Korken mehr und mehr durch Metallverschlüsse und künstlichen Kork ersetzt wurden, begannen die Korkproduzenten umzudenken und kreierten **Mode- und Dekoaccessoires**, eine neue Designer-Generation tobte sich aus und erdachte vorher Undenkbares: Schuhe, Taschen, Krawatten, Gürtel, Hüte, Regenschirme – alles aus Kork.

Kork ist kostbar

Kork ist ein nachwachsender Rohstoff. Trotzdem gehört er nicht in den Müll – aus mehreren Gründen. Allein in Deutschland wandern alljährlich 1,2 Millionen Korken in die Tonne. Bei der Abfallbeseitigung, also bei der **Korkverbrennung**, entstehen durch den hohen Harzgehalt giftige Gase. Dazu kommt, dass das natürliche Nachwachsen von Kork auch in Portugal gar nicht mehr so selbstverständlich ist: Eukalyptusplantagen, die für die Papierindustrie angepflanzt werden, entziehen den Böden das Wasser. Korkeichenhaine in der Nähe von Eukalyptusanpflanzungen sind oft noch tief im Boden ausgetrocknet, es fehlt das notwendige Wasser zum Wachsen, das ökologische Gleichgewicht ist nachhaltig gestört. So könnte also der vielseitige Rohstoff in Zukunft immer kostbarer werden.

Wasserdicht und ultraleicht. Und der Korkkreativität scheinen keine Grenzen gesetzt zu sein.

ANRÜCHIG? ZWIELICHTIG? FADO …

… war lange Zeit die Musik der Seeleute in den Hafenspelunken, die Musik der Zuhälter, der Huren, der Stadtstreicher und Tagelöhner, krimineller Existenzen wie unglücklich Verliebter. Dass er im 19. Jahrhundert allmählich gesellschafts- und salonfähig wurde, ist vor allem adligen Müßiggängern zu verdanken, die die verruchten »casas de fado« aufsuchten und Fado zur neuesten Mode machten.

Fado ganz authentisch: Der Gesang der »fadista« wird von der portugiesischen Gitarre begleitet. ▶

PERIODO DE FUNCIONAMENTO

DIE einen können ihn nicht leiden, für die anderen ist er Musik für die Seele, wichtiges portugiesisches Kulturgut. Das Wort Fado leitet sich vom lateinischen »fatum«, **Schicksal**, ab. Und so handeln viele Fados von einem Schicksal, das sich nicht abwenden lässt – von enttäuschter oder unerreichbarer Liebe, vom Scheitern, von Abschied, sozialer Not, von Heimweh und Fernweh, von Trauer, von Lissabons zerstörter Pracht, von Portugals einstiger Größe. Kurz: Die Musik strahlt **Sehnsucht, Wehmut, Melancholie und »saudade«** aus, wie es auf Portugiesisch heißt – »saudade«, die vermeintliche Seelengrundstimmung der Portugiesen, die so etwas wie eine rückwärts gewandte Sehnsucht umschreibt.
So weit das Klischee, das sich um den Fado rankt. Bisweilen besingen die Lieder aber auch das Stadtleben oder erzählen **kleine anstößige oder lebhaft heitere Anekdoten**. Fado ist eine **städtische Musik** und vor allem in Lissabon

Mariza, eine der bekanntesten »fadistas«, hat weltweit über eine Million Alben verkauft.

FADO SCHNUPPERN IN TAVIRA

Das Schwarzweiß-Foto der wunderbaren Fadista Amália Rodrigues hängt neben dem Eingang. Die Associação de Fado do Algarve lädt ein. Reinkommen kann jeder – solange Platz ist. An der Wand eine Fototapete: Fado damals, als die Zuhörer noch live an Amálias Lippen hingen. Die Associação veranstaltet Fadokonzerte überall in der Algarve, in Restaurants, in großen Hotels, in Faro im Teatro Lethe oder im Kreuzgang des städtischen Museums. In Taviras »Fado com História« bekommen Sie halbstündige Kostproben, allerfeinste Hörproben, einen Film über den Fado, dann Musik von guten Musikern und dazu die Geschichte zur Musik: »Fado com História«. (www.fadocomhistoria.com)

und in Coimbra zu Hause. In der Algarve ist meist Lissabonner Fado zu hören. Er wird von einer Sängerin oder einem Sänger vorgetragen, von der bzw. dem **»fadista«**. Die Sängerinnen haben oft eine schwarze Stola um ihre Schultern geschlungen. Begleitet werden sie von der zwölfsaitigen **»guitarra portuguesa«**, einer Art Laute, und einer sechssaitigen »viola«, einer spanischen Gitarre, die den Rhythmus schlägt.

Anfang des 19. Jh.s breitete Fado sich in Lissabons sozial schwächsten Stadtvierteln **Alfama, Mouraria und Bairro Alto** aus. Woher er kam, ist nicht ganz klar. Es heißt, portugiesische Troubadoure hätten die schwermütige Liebeslyrik der Mauren übernommen, und tatsächlich fühlt man sich oft an **arabische Gesänge** erinnert. Möglicherweise hat Fado aber auch **afrikanische Wurzeln**, stammt von einem Tanz, der durch Sklaven nach Brasilien und von dort nach Portugal kam.

Die große Fado-Sängerin des 19. Jh.s war Maria Severa, **»A Severa«**, wie sie genannt wurde. Der junge Graf Vimioso verliebte sich in die hoch verehrte Fadista und brachte die als anrüchig und zwielichtig geltenden Gesänge aus den Hafenkneipen in die Adelspaläste. »A Severa« wurde nur 26 Jahre alt, Dichter widmeten ihr später Romane und Theaterstücke. Im 20. Jh. wurde Fado international bekannt – dank der großartigen **Amália Rodrigues**, die ihn weltweit auf die Bühne brachte.

Fado heute

»Fadistas« von heute orientieren sich alle am klassischen Fado. Viele Namen sind weithin bekannt: die in Mosambik geborene und in der Mouraria aufgewachsene Mariza, Dulce Pontes, Mafalda Arnauth, Carminho, Mísia, Ana Moura (die Lieblingsfadista von Prince und den Rolling Stones), Cristina Branco, stimmgewaltig und mit der Präsenz einer Diva alter Schule, António Zambujo und Camané. **Camané und Mariza** wirkten in dem **Film »Fados« (2007) von Carlos Saura** mit. In der Algarve ertönt Fado bei Festen oder abends in manchen Touristenlokalen – wunderbar traurig und von der UNESCO 2011 zum immateriellen Kulturerbe erklärt.

FLIESEN-FIEBER

Ein gezischelter Zungenbrecher: Azulejos, sprich »Asuléschusch« – als hätte man ein bisschen zu viel gebechert, sei irgendwie im Rausch. Fliesen überall, ohne sie ist Portugal nicht denkbar. Die Mauren brachten sie ins Land, die Portugiesen entwickelten Herstellung und Gestaltung weiter. Wir zeigen Ihnen die Algarveorte, die erstklassig gefliest sind.

Blau-weißes Fliesenmeer in der Igreja da Misericórdia in Tavira ▶

SIE sind nicht gerade das, was man eine Rarität nennen würde. Fast scheint es, als wären die Portugiesen seit Jahrhunderten von einer Azulejo-Manie besessen. An Kirchenwänden und ganz normalen Hausfassaden, in Palästen und Klöstern prangen Fliesen. Veranden, Parkbänke, Brunnen, Treppenaufgänge sind damit geschmückt. Auf Fußböden, in Rathäusern, Postämtern, Markthallen, Bahnhöfen sieht man sie. Es sind Fliesen mit sorgfältig gemalten Ornamenten, exotischen Tieren, Blumen oder Fliesen, die das Beste aus Portugals Geschichte oder Episoden aus der griechischen Mythologie zeigen. Fliesen entzücken als Straßen-, Hausnummern- oder Firmenschilder … Eine ganz wunderbare Manie also!

Alles begann in Persien

Der Quell der Schönen lag im persischen Raum. Bemalte, glasierte Fliesen breiteten sich von dort nach Westen aus, und die Mauren brachten sie mit auf die Iberische Halbinsel. Daher rührt auch der Name: Azulejo leitet sich vom arabischen **»az-zuleycha« (Mosaikstein)** ab und nicht etwa, wie man meinen könnte, vom spanischen oder portugiesischen »azul« = blau. Die ersten Fliesen, die im 14. Jahrhundert nach Portugal kamen, enthielten nach den Geboten des Islam keine figürlichen Darstellungen, sondern nur geometrische und Pflanzen nachempfundene Ornamente. Die Azulejos hatten eine **reliefartige Oberfläche**, die verhinderte, dass die unterschiedlichen Farben beim Brennen ineinanderflossen.
Das 16. Jh. brachte einen Quantensprung in Sachen Farben, Bemalung, Gestaltung: Auf die gebrannte Tonkachel wurde eine weiße Zinnglasur aufgetragen, auf die dann mit Metalloxidfarben gemalt werden konnte, ohne dass die Farben ineinanderliefen! Mit dieser von italienischen und flämischen Keramikern entwickelten **Majolika-Technik** konnten statt Reliefplatten Flachkacheln hergestellt werden. Damit war der Weg frei für die großflächigen, teppichähnlichen Kompositionen des 17. Jahrhunderts. In Blau, Weiß und Gelb wurde alles nur Erdenkliche dargestellt: Christliches, Historisches, Amouröses, Jagdmotive. Ende des 17. Jh.s brachten holländische Kaufleute **blau-weiße Einzelfliesen** der Ming-Dynastie aus China nach Europa, und begeistert nahmen die Portugiesen die neue Farbe auf – sie wurde zur Modefarbe. Monumentale Azulejo-Gemälde in allen Blauabstufungen entstanden. Mit dem um 1700 in Portugal einsetzenden Barock erlebte die Fliesenproduktion eine Hochkonjunktur. Die meisten Azulejo-Bilder, die in Kirchen, Schlössern, Palästen und Parks zu sehen sind, stammen aus dieser Zeit.

Algarve gefliest

Die Algarve hat von der portugiesischen Manie viel zu wenig abbekommen. Aber immerhin: Taviras Igreja da Misericórdia hat einen schönen blau-weißen Wandsockel, ein paar Ecken im Garten des Palácio de Estói sind mit romantischen Fliesenbildern in allen Farben geschmückt, die Bänke auf dem Largo 1° de Dezembro in Portimão führen blau-gelb gefliest in Portugals Geschichte ein. Gute Flieseneindrücke geben sie alle. Das Aha-Erlebnis in Sachen Azulejos aber haben Besucher der **Igreja de São Lourenço bei Almancil**, Blau-Weiß bis oben hin, ein Quadrat neben dem anderen – ein ganz großer Rausch.

BAEDEKER DAS IST ...

AZULEJOS BIS UNTERS DACH

Das ganz große Fliesenerlebnis haben Besucher der Igreja de São Lourenço in Almancil. Lassen Sie sich vom restriktiven Fotografierverbot nicht abschrecken. In dieser Kirche werden Sie trotzdem in eine wahre Flieseneuphorie geraten! (Mo. 15–18, Di.–Sa. 10–13 und 15–18 Uhr)

Eine Fliese wird in mühsamer Handarbeit hergestellt. Tausende verkleiden in der São-Lourenço-Kirche in Almancil die Wände.

WIND, WETTER UND DER ZAHN DER ZEIT

Die Grotte von Benagil ist ein fantastisches Naturwunder. Wäre sie von Menschenhand geschaffen – man würde die Architekten mit Preisen überschütten. Und sie ist nicht das einzige naturgewaltige Kunstwerk an der Algarveküste ...

◄ Mittags fallen die Sonnenstrahlen senkrecht in die Gruta de Benagil.

EIN kreisrundes Loch im Höhlendach, durch das der Himmel zu sehen ist – wie im Pantheon in Rom. Zur **»Kathedrale von Benagil«** kann man aber nicht einfach über eine Piazza gehen. Wer die Gruta de Benagil besichtigen will, muss ins Boot oder ins Wasser, der Zugang zur Höhle liegt an der Meerseite.
Die schönsten Sehenswürdigkeiten der Algarve hat die Natur geschaffen, heißt es. Und es stimmt: Die Zeit und die Elemente haben an dieser Architektur gearbeitet, haben ein großes Loch in die Höhlendecke »gefräst«, durch das die Sonnenstrahlen mittags senkrecht einfallen – da wird man ehrfürchtig. Eine ganz eigentümliche Stimmung ist im Innern, ein ockergelbes Farbenspiel, nichts Düsteres hat diese Höhle.

Bizarre Naturwunder

Der **Algar Seco** bei Carvoeiro lässt sich zu Fuß erkunden – man wandelt durch Gebilde, die von der Zeit geschaffen wurden, die aus Träumen zu stammen scheinen, und mitten in der Felsenwelt kann man in einem Lokal den Felsenbesuch entspannt ausklingen lassen. Die Felstürme der **Ponta da Piedade** bei Lagos lassen sich von der Küste aus betrachten, schöner ist aber eine Bootstour oder ein Kajaktrip ab Lagos oder direkt an der Ponta da Piedade.

Alles eine Frage der Erosion

Die enormen Kräfte der Natur haben auch ihre Schattenseiten. Der Sandstein, der die Schönheit der Felsalgarve ganz wesentlich ausmacht, ist porös, Wind, Wetter und Meeresbrandung setzen ihm Jahr für Jahr zu, ebenso die massive Bebauung der letzten Jahrzehnte. Durch Erosion werden jedes Jahr zwischen zwei Millimetern und zwei Metern von der Felsküste abgetragen. Immer wieder brechen Felsstücke ab und schlagen im Wasser und an den Stränden auf. Die Gruta do Xorino bei Albufeira, einst Ziel vieler Bootstouren, stürzte ein, und an der Praia da Marinha fiel 1998 ein riesiger, einzeln stehender Felsen in sich zusammen und gab dem beliebten Strand ein vollkommen neues Gepräge. An allen Stränden, die von Felsen umgeben sind, wird darüber informiert, welche Bereiche gefährdet sind. Diese Informationen sollte man ernst nehmen – es hat schon die schlimmsten Unfälle gegeben. An besonders gefährdeten Stellen werden kontrollierte Felsabbrüche vorgenommen. Respekt vor den Naturgewalten und dem zähen Arbeiten der Zeit ist an dieser Küste ratsam.

BAEDEKER DAS IST ...

GRUTA DE BENAGIL

Vom kleinen Strand in Benagil ist die Grotte etwa 100 m entfernt. Im Sommer kann man hinschwimmen, wenn die See ruhig ist und man Ebbe und Flut im Blick hat. Alternativ fahren Boote das kurze Stück vom Strand und auch aus vielen Orten in der Umgebung, Carvoeiro, Ferragudo etc. Nicht in allen Jahreszeiten ist es möglich hinzuschwimmen, und auch die Boote fahren nur, wenn die Zufahrt zur Höhle ohne Risiken machbar ist.

OBEN: Mächtige Felsen – majestätisch stehen sie im spiegelglatten Wasser, wunderschön von der Sonne beleuchtet. UNTEN: Tobend ist sie am Werk, die Urgewalt des Meeres.

UNTERWEGS AN DER ALGARVE

Sonnen, baden, ausspannen

Erholen, Sonne tanken und baden: Das ist die Algarveküste, dafür ist der Südwesten Europas genau richtig! **Saison ist nahezu ganzjährig**. Aber Vorsicht: Im Mai oder Juni kann es noch mal ordentlich regnen, und ab Oktober ist es meist nicht mehr durchgehend sonnig. In den Sommermonaten ist Schönwetter garantiert; genügend Sonnenschutz und hoher Lichtschutzfaktor sind unbedingt vonnöten.

Strände

Es gibt wunderschöne Strände, und zwar en masse – in der **Felsalgarve** teilweise landschaftlich bezaubernde, kleinere Strandbuchten zwischen hohen Klippen und in der **Sandalgarve** im Osten kilometerlange Sandstrände, die fast schon Mittelmeercharakter haben, weil hier der Atlantik nicht mehr so wuchtig ist. Die **Westküste** der Algarve ist rauer, die Wellen sind stärker, und das Wasser ist immer relativ kalt. Hier finden Sie herrliche, wenig frequentierte Strände, oft auch ein Strandlokal. Richtig voll ist es in der Hauptsaison im touristischen mittleren Abschnitt der Algarveküste, dort ist die Infrastruktur quasi vollkommen: große, gute Hotel- und Apartmentanlagen, Restaurants, Cafés, Bars, ein ausgeprägtes Nachtleben.

Osten, Westen oder in der Mitte?

Badeurlauber wählen ihr Feriendomizil am besten so aus, dass sie Strände ihrer Wahl in der Nähe haben. **Flache Sandstrände** bietet der Osten, dort ist die Atmosphäre insgesamt recht entspannt. In der Region zwischen Faro und Tavira liegen die Strände auf den vorgelagerten **Laguneninseln**, zu denen man mit Booten übersetzen muss. Das ist wichtig für den Tagesablauf: Eine kurze Siesta zwischendurch im Hotel ist hier nicht so gut möglich wie ganz im Osten, wo sich die Strände direkt an der Küste entlangziehen. An der Westküste gibt es nur wenige Hotels und andere Unterkünfte. Die Anfahrtswege zu den Stränden sind länger, und man muss mitunter etwas mehr improvisieren, hat dafür aber das **schönste Naturerlebnis**. Im Zentrum der Algarveküste – etwa zwischen Vilamoura und Lagos – fühlt sich wohl, wer auch gern mal ein bisschen **Abwechslung** hat, in der Fußgängerzone shoppen oder in einer Eisdiele oder einem Café sitzen möchte.

Mit Kindern in der Algarve

Das Wichtigste für einen Algarveurlaub mit kleineren Kindern ist entweder die Art des Strands oder eine komfortable Unterkunft, in der man auf Kinder eingestellt ist und in der es möglicherweise auch Angebote für Kinder oder Kinderbetreuung gibt. Solche Hotels findet man im zentralen Teil der Algarve und zunehmend auch im Osten. Dort sind jeweils auch die Strandbedingungen relativ günstig – ent-

Geschmückte Dorfgasse: Odeceixe an der Westküste in Feierlaune

weder hat man flache Buchten, in denen das Wasser ruhiger ist, oder in der Ostalgarve die langen Sandstrände, wobei Baden auch hier nicht ganz ungefährlich ist. Weiter westlich bieten sich Orte wie Salema oder Luz für Urlaub mit Kindern an.

Die »andere« Algarve

Dass die Algarve auch im **Hinterland** jede Menge kleine Schätze und eine herrliche Landschaft bietet, ist in der Regel gar nicht so bekannt. Sie sollten nicht gerade eine Kulturreise in den Süden Portugals planen, aber die kleinen Städte und Dörfer, die nicht an der Küste liegen, sind schöne Ausflugsziele, und hier bekommen Sie einen recht normalen portugiesischen Alltag mit, den man an der Küste doch ziemlich suchen muss. Abgesehen davon gibt es auch **kulturelle Zeugnisse**: aus römischer Zeit, aus der Epoche der Weltmeerbesegelungen und – leider nur spärliche – Reste der maurischen Vergangenheit.

Wie fährt man durch die Algarve?

Am einfachsten mit dem **Auto**. Wer an abgelegene Strände möchte, kommt anders kaum hin. Wer etwas von der Algarve sehen möchte, macht auch das am besten mit dem Auto. Ansonsten ist es allerdings auch schön, mit **Bussen** zu fahren oder größere Strecken mit dem **Zug**. **Radfahren** ist seit einigen Jahren im Kommen. In Küstennähe gibt es aber keine richtigen Radwege, und Autofahrer nehmen nur begrenzt Rücksicht. Im ruhigen Landesinnern macht Radfahren viel Spaß, wird wegen der Steigungen allerdings zum Sport.

★★ TOP-ZIELE

Die Algarve ist ein Landstrich mit einmalig schönen Landschaften, hübschen Städtchen und verschlafenen Dörfern. Hier stehen Sie an der südwestlichsten Ecke Europas.

Carvoeiro

★★ Algar Seco

Die Zeit – Jahrtausende, Jahrmillionen ,– hier kann man sie förmlich sehen, sehen, wie sie mit einer Engelsgeduld am Werk war. Der Algar Seco ist **eine dieser grandiosen Felsformationen**, die durch natürliche Erosion entstanden sind. Dieses Fleckchen können Sie nur zu Fuß erkunden.

Costa Vicentina

★★ Naturparadies

Kilometerlange Sandstrände – fast immer menschenleer –, eine hohe Steilküste, an die der Atlantik mit ungeheurer Wucht brandet, karge Vegetation auf weiten Hochflächen, ab und an ein Gehöft und nur selten ein Dorf – die Costa Vicentina ist ein wildes Naturparadies, eine **traumhaft schöne Küstenlandschaft**.

Unendlich viel Platz an der Costa Vicentina – einfach losgehen und die Nase in den Wind halten!

Faro

★★
Centro Histórico und Vila Adentro

Wer im Frühjahr hierher kommt, wird auf Türmen und Mauervorsprüngen **Storchennester** sehen. Die Storcheneltern kreisen über Faros altem Stadtkern, während man von den Kleinen allenfalls die Schnäbel ahnt, die aus den Nestern ragen. Sie gehören zum Bild des historischen Zentrums wie die Kathedrale, von deren Turm man die gesamte Altstadt und das vorgelagerte Lagunengebiet sieht, wie die weißen Gassen, die Stadtmauer aus dem 13. Jh. und der Arco da Vila. Durch dieses Stadttor aus dem 18. Jh. gehen Sie in die ruhigen Sträßchen des Centro Histórico. Nur in ein paar Ecken mit Cafés und Lokalen ist etwas mehr Leben.

Lagos

★★
Ponta da Piedade

Lagos ist einer der beliebtesten Touristenorte der Felsalgarve. »Schuld« daran ist die unglaublich schöne Küste mit ihren Postkartenbuchten. Felsnasen, einzelne Felszacken und -türme, Naturbögen und -tore reihen sich hinter- und nebeneinander und bilden eine fantastische Küstenlandschaft. Hier erwarten Sie die wohl **schönsten Felsformationen der Algarveküste**. Sie sind vom Land, noch schöner aber vom Wasser aus zu sehen. Die Ponta da Piedade ist ein grandioses Kap.

IP8
Abela
Santiago do Cacém
IC1
Cabo de Sines
Sines
N261
Alvalade
IC4
Barragem de Morgável
São Domingos
Rio Sado
Porto Covo
Tanganheira
N120
N262
Cercal
Santa Luzia
N263
Barragem de Monte da Rocha
Serra do Cercal
Vila Nova de Milfontes
Colos
São Luis
Reliquias
Garvão
N393
N120
São Martinho das Amoreiras
Río Mira
Almograve
N123
N263
N123
Odemira
Santa Clara-a-Velha
Zambujeira do Mar
São Teotónio
Santana da Serra
Sabóia
N120
Fóia
Tolle Aussicht: höchster Algarvegipfel in stiller Berglandschaft
N266
Barragem de Santa Clara
Nave Redonda
Odeceixe
São Marcos da Serra
Praia da Amoreira
Serra de Monchique
Rogil
Costa Vicentina
Hohe Steilküsten, weite Sandbuchten, ewiger Wind
Castelo
Die »dunkelrote Maurenburg« thront oben auf der Stadt
Monchique
Praia de Monte Clérigo
Aljezur
Fóia 902
Picota 773
N267
Ponta da Arrifana
Alfambras
Serra de Espinhaço de Cão
N266
Túmulos de Alcalar
Porto de Lagos
N268
N120
Barragem da Bravura
Silves
Pontal
Carrapateira
Bordeira
IC4
Bensafrim
A22
Portimão
Lagoa
Ferragudo
Porches
Alvor
N120
Cabo de São Vicente
Der südwestlichste Punkt Europas
Vila do Bispo
Carvoeiro
Armação de Pêra
Lagos
N125
Algar Seco
Ponta da Piedade
Figueira
Burgau
N268
Costa Vicentina
Cabo de São Vicente
Sagres
Ponta de Sagres
Ponta da Piedade
Felszacken und -türme, Naturbögen und -tore
Algar Seco
Wind und Wetter haben bizarre Felsen geschaffen
OCEANO
P O R
A l e n

LEGENDE
Baedekers Top-Ziele
Baedekers Reiseziele
20 km
© BAEDEKER
Baleizão
Beja
Santa Vitória
Mina da Juliana
Barragem do Roxo
Cabeça Gorda
Aljustrel
Albernoa
Ribeira de Terges
Casével
Entradas
Algodor
Castro Verde
São Marcos da Ataboeira
Alcaria Ruiva
São João dos Caldeireiros
Mértola
Rio Guadiana
Rio Chança
Paymogo
Mina de São Domingos
Santana de Cambas
Embalse del Chanza
Pomarão
ESPAÑA
Rosário
UGAL
Ribeira de Oeiras
Almodôvar
Gomes Aires
São Pedro de Solis
Alcoutim
Giões
Rio Vascão
Martim Longo
Pereiro
Ribeira da Foupana
Río Guadiana
Dogueno
Vaqueiros
São Barnabé
Mú 578
Serra do Caldeirão
Odelouca
Ameixial
Cachopo
Barragem de Odeleite
Odeleite
Azinhal
Barragem de Beliche
Rocha da Pena 479
Rocha
Salir
Barranco do Velho
Alcaria do Cume 525
Aya-monte
Castro Marim
Alte
Paderne
Querença
Alportel
Santa Catarina da Fonte do Bispo
Monte Gordo
Vila Real de Santo António
Loulé
São Brás de Alportel
Milreu
Cabanas
Tavira
Almancil
Estói
Luz de Tavira
Ilha de Tavira
Vilamoura
Quarteira
Moncarapacho
Quinta do Lago
Faro
Olhão
Ilha de Armona
Praia de Faro
Parque Natural da Ria Formosa
Ilha da Culatra
Ilha Deserta
Cabo de Santa Maria
Tavira
Vielleicht die schönste Stadt der Algarve
Centro Histórico
Ein schönes Bau-ensemble: die beschauliche weiße Altstadt
Ria Formosa
Küstenlagune vor Faro, Olhão und Tavira
TLÂNTICO
N121
N2
N260
N391
IP2
N122
N123
N267
N124
N397
IC27
IP1
A22
N125
N270

BAEDEKER ÜBERRASCHENDES

6X GUTE LAUNE

Das hebt die Stimmung!

1. EIN LOB DER SARDINE

Weiße Grillwolken steigen über dem Flussufer auf, überall duftet es nach Sardinen. Ganz Portimão ist auf den Beinen und Tausende sind angereist, um dem »Nationalfisch« zu huldigen. Eine **riesige Sardinenfete** im August!

2. MARKTHALLE

Vormittags in Loulé: Ein tolles Marktgebäude, gute Stimmung, viel Delikates zum Mitnehmen und Verschenken – ein **großes Kaufvergnügen**! (Mo. – Sa. 7 – 13 Uhr)

3. LUNCHEN MIT BERGLUFT

Mal keine Wellen, kein Strand, keine Felsenbuchten, sondern hoch hinauf in die Berge und ein deftiges Mahl im Gartenlokal mitten in der **Serra de Monchique** genießen. Auch das ist die Algarve!

4. AUSNAHMEZUSTAND

75 Stunden Musik, 55 Konzerte, 9 Bühnen! Loulé steht Kopf, wenn in Loulé die Weltmusik spielt. Eine Woche lang im Sommer – dazu Straßentheater, Tanz, Kunsthandwerk. Ein bunter Kulturmix: das **Festival Med**. (www.visitalgarve.pt)

5. IM ZEICHEN DER 7

Amüsant oder völlig übergeschnappt? Im Dunstkreis der Marina von Vilamoura führt die 7 ein Eigenleben: Sete Café, CR7 Shop, CR7 Museu, Nightclub Seven. Wie kommt's? Ganz einfach: 7 war die Rückennummer des Weltklassefußballers **Luís Figo**, und der hat in der Marina von Vilamoura seine Bar Café Se7e aufgemacht. **Cristiano Ronaldo** zog nach.

6. CHILLEN

Ein Platz am Fenster, den Fluss im Blick, vom Sightseeing erholen. Der beste Ort dafür ist die **Tavira Lounge.** (Rua Goncalo Velho 16 – 18)

Olhão

Oft wird Olhão als die **nordafrikanischste** der algarvischen Städte bezeichnet. Das liegt vor allem an der Architektur, an den charakteristischen Würfelhäusern. Die **Pflanzen- und Tierwel**t im Lagunengebiet an der Ria Formosa ist einzigartig. In den Wintermonaten kommen Zehntausende Vögel aus Nordeuropa, um zu überwintern. Andere legen auf ihrem Weg von oder nach Afrika einen Zwischenstopp ein.

★★ Parque Natural da Ria Formosa

Sagres

Da stockt der Atem. Abrupt bricht das Felsplateau ab – 60 m tief! Wer sich noch einen Schritt vorwagt, sieht unten den Atlantik gegen die Felswand wogen, sieht, wie er sich abarbeitet am Gestein, unermüdlich. Seevögel ziehen schreiend weit unten an den Felsen entlang. Hier, an der südwestlichsten Ecke Europas, ist **der Kontinent zu Ende**, eindeutig.

★★ Cabo de São Vicente

Serra de Monchique

Alle Superlative sind ein Muss, also auch die Auffahrt **auf den höchsten Berg der Algarve**. Von Monchique windet sich eine landschaftlich wunderschöne Straße in Serpentinen hinauf. Vom Miradouro mit kleinem Brunnen hat man einen extrem weiten Blick über nahezu die gesamte Algarveküste.

★★ Fóia

Silves

Schöner als Granada soll die alte Algarvehauptstadt gewesen sein. »Xelb« war die glanzvolle Kapitale der maurischen Provinz Al-Gharb, wurde besungen und in poetischen Versen gerühmt. Viel ist nicht mehr zu spüren von all dem Ruhm und Glanz eines halben Jahrtausends. Nur die **Maurenburg** – eine Burg, wie sie im Buche steht, hoch oben über der Stadt, rotbraun, mit dicken Mauern und Türmen.

★★ Castelo

Tavira

Als **»Klein-Venedig«** wird Tavira oft bezeichnet. Das ist zwar ein höchst gewagter Vergleich, aber wenn sich die Walmdachhäuser im stillen Wasser des Rio Gilão spiegeln, kann man schon ins Schwärmen geraten

★★ Die Schönste

ESSEN UND TRINKEN

Wer sich vor Meeresfrüchten fürchtet, bringt sich um einen ganz großen Genuss! In der südwestlichsten Region Europas steht alles, was frisch aus dem Atlantik kommt, ganz oben auf der Speisekarte.

Kochkünste

Die Algarve ist ein portugiesischer Sonderfall: Die typischen einfachen Lokale, in denen man so gut und solide isst, gibt es dort ebenso wie hervorragende Feinschmeckeradressen mit aufwendiger Sterneküche, also eine eher urbane Restaurantkultur. Immerhin sitzen hier unten die beiden **Zwei-Sterne-Restaurants**, die die Tester in Portugal für den Michelin-Führer ausgewählt haben: Die Küche des »The Ocean« im Vila Vita Parc in Lagoa und die des »Vila Joya« in Albufeira wurden schon mehrfach ausgezeichnet. Und jeweils einen der begehrten Sterne erkochten sich die Restaurants »Bon Bon« in Carvoeoiro, »Vista« im Hotel Bela Vista in Praia da Rocha, »Willie's« in Vilamoura sowie »Gusto by Heinz Beck«, »São Gabriel« und »Henrique Leis« in Almancil.

Boden-ständig

Nichts aber gegen die guten einfachen Gerichte der Algarveküche! Um Bodenständiges zu probieren, sucht man sich am besten ein ganz **schlichtes Lokal**, in dem fahles Neonlicht von der Decke fällt und

Algarvisch genießen: Meeresfrüchte-Eintopf, im Kupfergefäß gegart

irgendwo im Raum möglichst noch ein Handwaschbecken zu finden ist. In solchen Restaurants wird das Essen in der Regel sehr frisch und gut bekömmlich zubereitet. Wohlschmeckende, einfache Gerichte gibt es auch in den kleinen **»tascas«** – man merkt meist schon beim Reinkommen am guten, würzigen Duft, ob man richtig gelandet ist.

Fisch, Meeresfrüchte und anderes

An Europas südwestlichster Küste spielen frischer Fisch und Meeresfrüchte die Hauptrolle. Seekuckuck, Adlerfisch oder Geißbrasse heißen die Fische, die hier auf den Tisch kommen. Oder natürlich Dorade, Seezunge und Thunfisch. Die köstlichsten **Rezepte** sind uralt und stammen aus Fischerfamilien. Mit ihnen wurden viele bewährte und traditionelle Zubereitungsmethoden weitergegeben. Wer gern Gemüse und Salat isst, hat in portugiesischen Lokalen häufig das Nachsehen: Salate sollte man sich zum Essen extra dazubestellen. Saucen kennt die portugiesische Küche so gut wie gar nicht, zu Fisch bekommt man manchmal nur Kartoffeln mit zerlassener Butter serviert – unverfälschter geht es kaum.

Krustentiere

Krustentiere werden gern über Holzkohle gegrillt oder gekocht.Nur Mut: Auch wer sich nicht auskennt und fürchtet, er könne sich beim Öffnen von Schalen und Krusten ungeschickt anstellen, sollte ans Werk gehen und sich ruhig den einen oder anderen Kniff beim Tischnachbarn abgucken oder erklären lassen.

Fleisch und Gemüse

Je weiter man ins Hinterland kommt, desto weniger wird die Gastronomie vom Meer bestimmt. Im Barrocal und in der Serra steht Fleisch auf der Speisekarte: Schwein, Kalb, Lamm, Hase oder Rebhuhn. Und Gemüse und Früchte aus eigenem Anbau kommen hier auf den Teller, zum Beispiel die für die Serra typischen »cozidos«, Eintopf aus Kohl oder Mais, der mit Olivenöl, Oregano, Rosmarin und Koriander zubereitet wird.

Morgens, mittags, abends

Frühstück

Im Alltag ist das Frühstück (pequeno almoço) vergleichsweise unwichtig. Viele Portugiesen frühstücken auf dem Weg zur Arbeit in einer einfachen Bar – oft reicht ein schneller **kleiner »café«**. In Hotels und Pensionen bekommt man normalerweise ein Frühstück, das an mitteleuropäische Maßstäbe angepasst ist. In größeren Hotels gibt es meistens ein Frühstücksbüfett, in Pensionen Kaffee oder Tee und Brötchen mit Marmelade oder Käse und Aufschnitt. Wer sein Frühstück in einer Pastelaria einnehmen möchte, kann belegte Brote oder Brötchen (sanduíche) mit Käse (com queijo) oder gekochtem Schinken (com fiambre), einen Buttertoast (torrada) oder einen mit Schinken und Käse belegten Toast (tosta mista) bestellen.

Mittag- und Abendessen Mittag- und Abendessen bestehen normalerweise aus **drei Gängen**. Als Vorspeise (entrada) wird meist eine der hervorragenden portugiesischen Suppen serviert. Der Hauptgang besteht aus einem Fisch- oder einem Fleischgericht. Und zum Nachtisch (sobremesa) wird eine der köstlichen, in vielen Fällen hausgemachten Süßspeisen (doces), Eis oder Obst angeboten.

Vor der Vorspeise Vorneweg gibt es unaufgefordert oft **Brot und Butter,** manchmal dazu **Käse oder Oliven** oder auch kleine Mengen Meeresfrüchte. Dabei amuss man unbedingt wissen, dass das, was verzehrt wird, auch bezahlt werden muss, was gerade bei Meeresfrüchten die Rechnung nicht unbeträchtlich ansteigen lassen kann.

Restaurants Essen gehen spielt in Portugal eine große Rolle. Zum Mittagessen gehen viele Portugiesen in ein Stammlokal in der Nähe des Arbeitsplatzes, zum Abendessen verabredet man sich gern in einem Restaurant. Familienfeste und Geburtstage werden häufig außer Haus begangen. Nicht selten gerät man in ein winziges Lokal, in dem ein Jubilar ausgelassen gefeiert wird. An der Algarveküste findet man viele recht touristische Restaurants, was immerhin den Vorteil hat, dass man meist eine Speisekarte auf **Englisch und Deutsch** bekommt.

Portugiesische Besonderheiten

Suppen Quasi ein Muss sind die leckeren, leichten und unverfälschten portugiesischen Suppen als Vorspeise (entrada). Eine Art portugiesische Nationalsuppe ist die grüne Caldo verde auf Kohl-Kartoffelbasis mit einer Scheibe Chouriço. Einfach und schmackhaft ist immer auch eine sopa de legumes, eine Gemüsesuppe. Cozido à portuguesa ist ein schmackhafter Gemüseeintopf mit verschiedenen Fleischarten. Überall an der Küste wird Caldeirada, eine reichhaltige, ragoutähnliche Fischsuppe, gekocht.

Fleischgerichte Eine der wirklich rühmlichen Kreationen der portugiesischen Küche ist **Carne de porco à alentejana**, ein Schweinefleischgericht mit Muscheln, das in der Nachbarregion, dem Alentejo, kreiert wurde, aber auch in der Algarve oft serviert wird.

Fischgerichte Eines der portugiesischen Nationalgerichte ist **Bacalhau** (Stockfisch). Zubereitet wird er in unzähligen Variationen, die gängigste ist sicher Bacalhau à brás, bei der Stockfischstücke mit Ei, Zwiebeln und Petersilie gemischt werden. Bacalhau com todos ist Stockfisch mit allerlei Gemüse, für Bacalhau dourada wird der Fisch mit Tomaten, Petersilie, Knoblauch und Wein zubereitet. Ein anderes Nationalgericht sind **Sardinen**. Mittags und abends sieht man auf dem

»Bom Apetite!« – Deftiges aus der Serra

Land oft einen Grill vor der Haustür stehen, auf dem Sardinhas assadas (gegrillte Sardinen) zubereitet werden.

Desserts und Kuchen

Auf der Dessertkarte oder in den Kühlvitrinen der Restaurants findet man immer wieder Standardspeisen: Eine Spezialität aus Mittelportugal ist ein **Doce de ovos**, eine süße Eierspeise. Ausgezeichneten Bolo de ovos e amêndoa (Marzipankuchen) bereitet man in der Algarve zu. Liebhaber von Süßspeisen können auch Leite creme, eine leicht karamellisierte Masse aus Zucker, Ei und Milch, oder Arroz doce, einen mit Zimt bestäubten, immer hausgemachten Milchreis, probieren. Häufig angeboten werden **Pudim flan**, eine Karamell-Pudding-Variante, und Pudim Molotov – im Wesentlichen eine Masse aus Eischaum, die im Nu auf der Zunge zergeht.

Getränke

Erfrischend

Neben Cola und Tonicwasser (água tónica) bekommt man Mineralwasser (água mineral) mit Kohlensäure (com gás) und als stilles Wasser (sem gás). Außerdem gibt es gute Säfte (sumo), die allerdings selten frisch gepresst sind. Nur Orangensaft bekommt man fast immer

TYPISCHE GERICHTE

Cataplana: Cataplana heißt sowohl das Gericht als auch der Topf, in dem es zubereitet wird, eine Art Schnellkochtopf, der arabischen Ursprungs ist und aus zwei abgerundeten Kupfer- oder Eisenschalen besteht, die beim Kochen fest verschlossen sind. Das große Plus ist die schonende Zubereitung von Fisch, Meeresfrüchten und Fleisch, die im eigenen Saft garen. Eine beliebte Cataplana wird mit Schweinefleisch und Muscheln hergestellt – eine ungewöhnliche Kombination, die aber hervorragend passt! Ob die Muscheln offen sind, weiß man, wenn man einen Löffelstiel gegen die Cataplana schlägt: Ist der Ton tief und dunkel, dann sind sie noch geschlossen, ist er hell, ist alles fertig gegart.

Frango piri-piri: Hähnchen (frango) wird in kleine Stücke geschnitten und in heißem Öl in der Pfanne goldbraun gebraten, anschließend mit Salat und Brot gegessen. Der Clou ist die scharfe Piri-piri-Soße, mit der die Hähnchenstücke vor dem Braten übergossen und etwa zwei Stunden mariniert werden. Piri-piri kommt aus Afrika. Die Portugiesen haben die scharfe Schote in ihren Kolonien kennengelernt und, als sie nach der Revolution zurückkamen, in Portugal bekannt gemacht. Die kleinen paprikaähnlichen roten Schoten sind zum Beispiel in Kenia als Pilli-pilli bekannt.

Caldeirada: Es gibt sie überall an Portugals Küsten, immer kommen Fische der jeweiligen Region in den Topf: Caldeirada ist eine Art »Fischragout«, etwas ähnlich der französischen Bouillabaisse. Die Caldeirada der Algarve ist eine Komposition aus mindestens drei oder vier verschiedenen Fischsorten, Barsch (robalo), Seezunge (linguado) oder Brasse (sargo) fehlen fast nie. Die Fische, die man in den Markthallen frisch und oft schon vorbereitet kaufen kann, werden mit Kartoffeln, Tomaten, Zwiebeln, Paprika, Knoblauch und Weißwein gekocht.

Chouriço: Der beliebten geräucherten Wurst aus Schweinefleisch, Grieben und Knoblauch wird in der Algarve besonders viel Paprika zugesetzt. Eine Scheibe der würzigen Chouriço kommt z. B. immer in die Caldo verde, Portugals typische Kohl-Kartoffelsuppe. Gern wird die Chouriço auch auf einem kleinen Keramikgeschirr gegrillt, ein braun glasierter Tischgrill, den man auch in vielen Souvenirläden findet. In der Algarve gießt man hochprozentigen Medronho in die Grillpfanne, zündet ihn an und lässt das Ganze ein paar Minuten brennen. Das ergibt einen vorzüglichen Geschmack!

Pasteis de Bacalhau: Zubereitungen aus Bacalhau, Stockfisch, sind aus den Speisekarten in Portugal nicht wegzudenken, sind aber nicht jedermanns Sache. Sprichwörtlich gibt es 365 Rezepte, und was immer auf großen Anklang stößt, sind die frittierten Stockfischbällchen, die aus Kartoffelbrei, Zwiebeln, Stockfischstückchen und Petersilie bestehen. Sie werden als »Petiscos« in vielen Tascas und Cafés angeboten. Wenn sie frisch sind, ein Hochgenuss! Man isst sie zwischendurch als Snack oder zum Aperitif ganz einfach aus der Hand.

frisch: Sumo de laranja natural. Bier (cerveja) ist in Portugal ein sehr beliebtes Getränk. Am häufigsten wird das bei Lissabon gebraute Sagres getrunken. Superbock ist etwas süßlicher. Bestellt man Cerveja, bekommt man Flaschenbier, Imperial ist ein kleines Bier vom Fass, Caneca ein großes.

Wein

Zum Essen trinkt man normalerweise einen Tischwein (vinho da mesa) oder einen Hauswein (vinho da casa). Ein vinho tinto ist ein Rotwein, Vinho branco ein Weißwein. Bevorzugte Weine sind die Dão-Weine, die **Weine vom Douro**, aus dem Ribatejo und aus der Region Colares nordwestlich von Lissabon. Auch **Alentejo-Weine** werden gern getrunken. Vinho verde ist ein leicht moussierender, junger Wein, der aus Nordportugal kommt und etwa 20 % der portugiesischen Weinproduktion einnimmt. Die Trauben werden sehr früh geerntet und nur kurz vergoren.

Die **Weine der Algarve** wurden lange nicht zu den guten Portugals gezählt und eher als Tischweine getrunken. In jüngster Zeit hat sich die Qualität aber deutlich verbessert dank kleiner Weinbauern, die ihre Produktion umgestellt haben. In der offiziellen Landkarte der Weinanbauregionen Portugals hat die Algarve vier Regionen: In Lagoa wächst auf ca. 2000 ha rund die Hälfte der Algarvereben. Tavira ist das südöstlichste Weinanbaugebiet Portugals und erstreckt sich bis an die spanische Grenze. Die beiden kleinsten Anbaugebiete ind Lagos, das südwestlichste Weinbaugebiet Europas, und Portimão rund um die zentrale Fischereihafenstadt. Rebsorten sind vor allem Negra Mole und Periquita oder Trincadeira für Rotweine und Crato Branco für Weißweine.

Portwein

Portugals berühmtester Wein ist der Portwein aus der nordportugiesischen Stadt **Porto**, wo die Portweinfirmen sitzen. Das Anbaugebiet liegt weiter östlich an den Hängen des Douro. Nach der Weinlese wird eine Mischung aus teilvergorenem Rotwein und Branntwein mehrere Jahre in Holzfässern oder Flaschen gelagert. Süße Portweine werden gern als Dessertweine, trockene als Aperitif getrunken.

Spirituosen

In der Algarve ist der hochprozentige **Medronho** verbreitet. Auch Bagaço, ein Tresterschnaps, und Aguardente velha, alter Weinbrand, sind beliebte. Die Gläser werden meist randvoll gefüllt. Relativ süß ist der Kirschlikörginjinha.

Kaffee

Kaffee wird als Café oder **Bica** serviert, also als kleiner, starker Kaffee, oder als **Galão**, Milchkaffee im Glas. Wer Café com leite bestellt, erhält einen Milchkaffee in der Tasse. Meia de leite bezeichnet einen Milchkaffee mit etwas weniger Milch – ebenfalls in der Tasse serviert. Aromatischer im Geschmack ist oft der frisch gebrühte Milchkaffee Meia de leite à máquina.

BAEDEKER ÜBERRASCHENDES

6X

EINFACH UNBEZAHLBAR

Erlebnisse, die für Geld nicht zu bekommen sind

1. WANDERN

Die Küste entlang auf alten Fischer- und Hirtenpfaden, immer das Meer im Blick und die Brandung im Ohr – besser kann man sich die **Costa Vicentina** nicht erschließen. Infos zu den Wanderrouten: de.rotavicentina.com

2. INSELTAG

Auf die **Ilha de Tavira** kommen Sie zu Fuß! Also ohne Boot und ohne Ticketkosten. Bei Santa Luzia führt eine schmale Pontonbrücke über die Lagune und direkt auf die Insel.

3. KUNST AUS ALLER WELT

Eine riesige **Galerie** in einer **früheren Weinkooperative** in Lagoa: Wundern Sie sich nicht, wenn Sie außer Kunst auch noch alte Weinpressen und stapelweise Flaschen sehen können. Eintritt frei in diese entrückte Kunstwelt. (www.galeria-de-arte.net)

4. VON OBEN

Als würde man über der Ria Formosa schweben – der Weitblick vom Kirchplatz in **Cacela Velha** über die Inseln und das Meer dahinter gleicht fast dem Blick aus dem landenden Flugzeug oder einem startenden Heißluftballon. Ein seltener Genuss in der sonst so flachen Ostalgarve.

5. FISCHFANG

Wie der Fang von Thunfisch vonstatten ging, zeigt ein **Museumsraum** an originalem Platz: Das Hotel Vila Galé Albacora ist in einer alten **Thunfischstation** eingerichtet worden und hält mit der kleinen Ausstellung die Erinnerung wach. Der Raum ist öffentlich zugänglich: (www.vilagale.pt)

6. LANGES LEBEN

Gratis-Schluck mit Langzeitwirkung: In **Alte** strömt lebensverlängerndes Wasser einfach so aus einer Quelle.

INTERESSANTE MENSCHEN

Schuf den ältesten noch existierenden Globus: Martin Behaim

1459–1507
Geograf

Mit Christoph Kolumbus hatte er Kontakt und mit Ferdinand Magellan stand er in regem Austausch: Der Nürnberger Martin Behaim war in Portugal als Geograf hoch angesehen und an der Vorbereitung der portugiesischen Weltmeerbesegelungen beteiligt. 1484 hatte er in Lissabon vorgegeben, ein Schüler des bekannten Forschers und Mathematikers Regiomontanus zu sein – Regiomontanus, mit eigentlichem Namen Johannes Müller, war als Astronom in Nürnberg tätig und mit der Errechnung der Planetenstände beschäftigt. Der portugiesische Hof unter João II. hatte Behaim daraufhin in die **»Junta der Astronomen und Mathematiker«** aufgenommen, die den portugiesischen Seefahrern neueste theoretische Erkenntnisse lieferte. 1486 war Behaim vermutlich Mitglied der Expedition von Diogo Cão, der die afrikanische Küste bis in Höhe des heutigen Namibia entlangsegelte. 1491 kehrte er nach Nürnberg zurück und schuf dort einen Globus, der als der älteste noch erhaltene Erdglobus in die Geschichte einging. Er zeigt den Indischen Ozean als Binnenmeer, Japan weiter östlich als in der Realität. Amerika, das Christoph Kolumbus gerade erreicht hatte, fehlt noch völlig.

Als erster Europäer um Afrikas Südspitze: Bartolomeu Dias

1450–1500
Christusritter und Seefahrer

Vom portugiesischen König beauftragt, den Seeweg nach Indien zu finden, stieß Bartolomeu Dias 1487 von Portimão aus in See. Er umfuhr 1488 das Kap der Guten Hoffnung, war sich dessen allerdings nicht bewusst, da er in einen schweren Sturm geraten war. Erst auf der Rückfahrt wurde ihm klar, dass er die Südspitze Afrikas umsegelt hatte. Er bezeichnete das Kap als **Cabo Tormentoso** (Stürmisches Kap). João II. wählte einen optimistischeren Namen: Cabo da Boa Esperança (Kap der Guten Hoffnung), wohl auch als Ausdruck der Zuversicht, einen Meilenstein für die Entdeckung des Seewegs nach Indien gesetzt zu haben. Bartolomeu Dias war noch an weiteren bedeutenden Seefahrten beteiligt. Als Vasco da Gama im Juli 1497 zu seiner Fahrt nach Indien aufbrach, begleitete Bartolomeu Dias die Flotte bis auf Höhe des westafrikanischen Cabo Verde. Im

Jahr 1500 nahm er mit einem eigenen Schiff an der Fahrt teil, bei der unter der Führung von Pedro Álvares Cabral Brasilien entdeckt wurde. Auf dem Rückweg zog an der Südspitze von Afrika ein Unwetter auf. Bartolomeu Dias geriet in Seenot und kam in unmittelbarer Nähe des ehedem von ihm erkundeten Kaps ums Leben.

Weltfußballer: Luís Figo

geb. 1972
Fußballer

Unter den vielen Prominenten und Weltstars, die es zur Erholung in die Algarve zieht, gibt Figo als einer der wenigen ein Heimspiel. Eine einfache Bar im Hafen von Vilamoura, 1979 von Paulo China aufgemacht, war in den Familienferien die Stammbar des jungen unbekannten Luís – eine Bar, die in dem sonst mondänen Vilamoura aus dem Rahmen fiel. Mittlerweile hat Figo gemeinsam mit Paulo China – Einwanderer aus Moçambique und Inhaber mehrerer bekannter Algarvebars – eine eigene Bar in der Marina aufgemacht, das Sete Café, benannt nach seiner Rückennummer. Figo stammt aus Almada südlich von Lissabon und wuchs in einem gesichtslosen Arbeiterviertel auf. Dort spielte er Fußball in einem unbedeutenden Vorstadtverein, den Pastilhas, wurde in seinem Klub aber entdeckt. Mit

Luís Figo – Weltfußballer mit einem Hang zur Algarve

Beschreibt das Leben in abgelegenen Algarvedörfern: Lídia Jorge

zwölf kam er in die Jugendmannschaft von Sporting Lissabon, 1990 gab er dort mit 17 Jahren sein Debüt im Profiteam. Fünf Jahre blieb er bei Sporting, ging dann zum FC Barcelona, anschließend zu Real Madrid und wechselte von dort 2005 zu Inter Mailand. Im Jahr 2000 kürte Europa ihn zum Fußballer des Jahres, 2001 wurde er Weltfußballer des Jahres. Von 1991 bis 2006 spielte er in der **portugiesischen Nationalmannschaft**. 2015 kandidierte er für das Amt des FIFA-Präsidenten, zog die Kandidatur aber zurück, als durch den FIFA-Skandal die Strukturen in dem Verband deutlich wurden. Figo hat für seine Fußballkarriere ein Psychologiestudium abgebrochen.

Beschreibt die portugiesische Gesellschaft: Lídia Jorge

geb. 1946
Schriftstellerin

Lídia Jorge aus dem kleinen Algarveort Boliqueime in der Nähe von Albufeira ist eine der bekanntesten Autorinnen Portugals. Mit neun Jahren kam sie in Faro aufs Gymnasium und wurde dort erstmals mit (klein-)städtischem Leben konfrontiert. Sie studierte in Lissabon Romanistik und lehrte dort später Literaturwissenschaft an der Universität. Seit dem Erscheinen ihrer Romane in den 1980er-Jahren – u. a. »O Dia dos Prodígios« (Der Tag der Wunder) und »A Costa dos Murmúrios« (Küste des Raunens) – hat Lídia Jorge einen **festen Platz in der portugiesischen Gegenwartsliteratur**. Ihre Themen sind die politische und gesellschaftliche Situation in Portugal. In »O Dia dos Prodígios« schildert sie das Leben in dem verschlafenen Vilamaninhos, einem fiktiven Algarvedorf, in dem die Bevölkerung nach der Nelkenrevolution auf die großen Veränderungen hofft.

Aufklärerische Ideen: Marquês de Pombal

1699–1782
Staatsmann

Der Marquês – mit vollem Namen Sebastião José de Carvalho e Mello Marquês de Pombal – war wichtiger **Wegbereiter des aufgeklärten Absolutismus in Portugal**, unter José I. Außenminister und ab 1756 Premierminister. Er reformierte das Bildungswesen, die Staatsfinanzen, Handel und Gewerbe und arbeitete an der Loslösung von Großbritanniens wirtschaftlicher Hegemonie sowie an der Abschaffung der Sklaverei. In der Wahl der Mittel zeigte er sich allerdings wenig zimperlich. Leidenschaftlich bekämpfte er Jesuiten und Kleinadel, die mit ihren Privilegien seinen Reformbestrebungen im Wege standen. Hervorragend waren seine Verdienste um den Wiederaufbau von Lissabon nach dem Erdbeben 1755. Nach einem damals hochmodernen städtebaulichen Modell, das seinem weltanschaulichen Konzept entsprach, baute er die **Lissabonner Unterstadt** wieder auf. In der Algarve ließ er in gleicher Weise in nur fünf Monaten die Stadt Vila Real de Santo António auf schachbrettartigem Grundriss neu bauen – anstelle eines durch eine Flutkatastrophe zerstörten Ortes. Nach dem Tod von José I. fiel der Marquês in Ungnade und wurde in den Ort Pombal verbannt.

Algarve-Guerillero: José Joaquim de Sousa Reis

gest. 1838
Kämpfer

Als Anführer einer algarvischen Guerillatruppe ging José Joaquim de Sousa Reis unter dem Namen **Remexido** (Aufrührer) in die portugiesische Geschichte ein. Er stammte aus Estômbar und lebte lange in São Bartolomeu de Messines. Zu Regierungszeiten des absolutistischen Miguel war er Kommandeur einer militärischen Einheit. 1833 besetzten liberale Truppen Teile der Algarve, in den sich anschließenden Bürgerkriegen führte der Remexido die westalgarvischen Streitkräfte an. Der Bürgerkrieg wurde 1834 beendet, die Auseinandersetzungen gingen aber unterschwellig weiter. 1836 wurde der Remexido wieder aktiv. Mit einer kleinen bewaffneten Gruppe fiel er in die Dörfer ein und ging gegen Liberale vor. In einer Infanteriekaserne veranstaltete er ein Blutbad, etliche Soldaten wurden ermordet. Die **Guerillatruppe** hielt sich im unzugänglichen Bergland auf und konnte selbst durch Spezialeinheiten nicht außer Gefecht gesetzt werden. Letztlich wurde der Remexido 1838 östlich von São Marcos da Serra aufgespürt. In Faro wurde er zum Tode verurteilt und im August 1838 standrechtlich erschossen.

NACHGEFRAGT

WWW.VISITALGARVE.PT
Offizielle Website der Associação Turismo do Algarve

CARVOEIRO
Praia do Carvoeiro, Lagoa
Tel. 282 35 77 28

COSTA VICENTINA
Turismo Sagres
Rua Comandante Matoso
Tel. 282 62 48 73
www.sagresonline.com

Turismo Aljezur
Rua 25 de Abril 62
Tel. 282 99 82 29
www.cm-aljezur.pt

FARO
Rua da Misericórdia 8-12
Tel. 289 80 36 04
www.cm-faro.pt

LAGOS
Praça Gil Eanes
Tel. 282 76 30 31
www.visitalgarve.pt
www.cm-lagos.pt

OLHÃO
Largo Sebastião Martins Mestre 6A
Tel. 289 71 39 36
www.cm-olhao.pt

SAGRES
Rua Comandante Matoso
Tel. 282 62 48 73
www.sagresonline.com

SERRA DE MONCHIQUE
Largo São Sebastião
Tel. 282 91 11 89
www.cm-monchique.com

SILVES
Parque das Merendas, N124
Tel. 282 09 89 27
www.cm-silves.pt

TAVIRA
Praça da República 5
Tel. 281 32 25 11
www.cm-tavira.pt

BAEDEKER ÜBERRASCHENDES

10 SOUVENIRS

10 Dinge und Erinnerungen, die ich mitnehme …

1.

Ein paar wertvolle **Tropfen aus Alte**. Das Wasser aus der Quelle ist angeblich lebensverlängernd.

2.

Für das Schmuddelwetter daheim: ein **Schirm aus Kork**

3.

Eine Prise Meersalz, dann ist der Atlantik immer nah. Am besten kaufen Sie das kostbare **Flor de Sal**.

4.

Das klappt: Die **Scherenstühle aus Monchique** lassen sich gut transportieren.

5.

Sand in den Socken. Was heute noch stört, ist daheim ein schönes Andenken.

6.

Eine Flasche **Medronho**: Der Hochprozentige aus den Bergen beflügelt die Erinnerung.

7.

Köstliche Erinnerung: ein kupfernes **Cataplana-Gefäß**. Damit holen sich Hobbyköche den Geschmack der Algarve in die heimische Küche.

8.

Das Gefühl vom **»Ende der Welt«** und das Wissen, dass es hinterm Horizont immer weiter geht

9.

Eine große Tüte **Mandeln** – frischer sind sie nirgends zu haben.

10.

Saudade: Das angeblich so typisch portugiesische Sehnsuchtsgefühl kann als Fernweh ganz schön universell sein …

A
ANDALUSIEN

»
Selig ist das Auge,
das diesen Garten der
Schönheit sieht.
«

Ibn Zamrak

DAS IST ANDALUSIEN

Der Säulenwald in der Mezquita von Córdoba ist in der islamischen Welt bis heute einzigartig.

»SO KOMM ... UND SCHAU«

Die Verse, mit denen der Maure Ibn Zamrak im 14. Jahrhundert in seine Heimatstadt Granada einlud, in die Königin der andalusischen Städte, lassen sich erst recht als Einladung nach ganz Andalusien verstehen.

Und was gibt es nicht alles zu schauen in Al-Andaluz: den heiteren, dem Leben zugewandten Glanz der maurischen Paläste und die düster-schwermütige, jenseitsgerichtete Strenge christlicher Kathedralen, die Ocker- und Brauntöne karger Landschaften und das bunte Farbenspiel der Gärten und Orangenhaine, hitzeflirrende Sonnenblumen- und Getreidefelder und eine von Olivenbäumen gesprenkelte, bis zum Horizont reichende Hügellandschaft, blaues Meer und schneebedeckte Gipfel, stille weiße Dörfer, schroffe Burgen und stolze Städte. **Granada** ist mit seiner fantastischen Lage am Fuß der Sierra Nevada, mit seiner Geschichte, die Islam und Christentum in einzigartiger Weise zusammenbrachte, und seinen prachtvollen Bauten wie der Alhambra dei schönste Stadt Andalusiens. Oder doch **Córdoba**? Es erlebte seine größte Blüte während der Herrschaft der maurischen Omaijaden – schon in jenen Zeiten eine Großstadt mit unzähligen Moscheen, Palästen, öffentlichen Bädern, Schulen, Hochschulen und sogar Straßenbeleuchtung. Es war das Zentrum der islamischen Kultur des Westens und eine der fortschrittlichsten Städte Europas, in der sich Kalif Abd Ar-Rahman III. mit der Mezquita ein einzigartiges Denkmal gesetzt hat. Und **Sevilla**, Andalusiens Kapitale, hat man nur dann wirklich erlebt, wenn man zur Semana Santa in der Stadt war oder eine Feria mitbekommen hat.

Maurisches Erbe

Was Andalusien so faszinierend anders macht als andere südliche Regionen, sind die Hinterlassenschaften der Araber und Mauren. Sie gaben dem Land nicht nur seinen Namen, sondern verwirklichten in den 700 Jahren ihrer Anwesenheit eine **Hochkultur**, die vom Geist der Toleranz zwischen Moslems, Juden und Christen lebte. Wissenschaft, Künste und Poesie erblühten in al-Andaluz in einer in Europa bis dahin unbekannten Weise, strahlten weit in den restlichen Kontinent aus – wer weiß denn schon, dass die Mauren das Verfeinern von Speisen mit Kräutern und Gewürzen und angenehme Tischsitten inkl. Messer und Gabel nach Europa brachten?

Für eine Feria kann man gar nicht jung genug sein.

Temperament und Leidenschaft

Andalusien wiederum einzig auf die maurische Tradition zu reduzieren, hieße aber der Region nicht gerecht werden. Man zehrt nicht allein von diesem Erbe: Andalusien ist natürlich auch all das, was man sich unter **»Spanien pur«** vorstellt: Corrida, Flamenco, Caballeros, Senoritas und Sherry, zuhauf geboten in den touristischen Hochburgen – und doch kaum andalusisch.

Wenn man sich aber in die weniger aufgeregten Ecken des Landes wagt, wird man mit ein bisschen Glück erleben, was sich hinter den Stereotypen verbirgt – etwa **in einer kleinen Bodega**, in die man seinen Imbiss selbst mitbringt. Nach zwei, drei Copas trockenen Finos wird man sehen, wie die so stolzen, manchmal fast abweisenden Andalusier auftauen, dem Fremden ein Gläschen spendieren und ihm sogar etwas von ihrem Brot und Schinken anbieten. Und wenn der Abend fortschreitet, steht der eine oder andere vielleicht auf, fängt an zu tanzen, die übrigen klatschen mit und, tatsächlich, hier und da ruft man »Olé«. So geht es zu in einem Land, in dem das Leben erst beginnt, wenn anderswo in Europa schon das Licht ausgemacht wird.

STEINERNE ZEUGEN

Sie thronen zwischen Himmel und Erde und zeigen Zähne aus Zinnenreihen, die einst christlichen Eroberern entgegenbleckten: Andalusiens Burgen aus maurischen Zeiten wie hier die Alhambra in Granada. Als Zeugen der Geschichte künden sie von Abwehr, Kriegen und anderen aufreibenden Ereignissen.

Am Abend leuchtet die Alhambra vor der schneebedeckten Sierra Nevada. ▶

Repräsentativ im Löwenhof, einem der schönsten Orte der Alhambra in Granada

BEIM Bau der Festungen stand natürlich das Prinzip der Verteidigung und Abschreckung im Vordergrund – aber nicht ausnahmslos. Bei der Alhambra, der »roten Burg« über Granada, trügt der Schein. Und das mit voller Absicht.

Eine geniale Täuschung

Von außen betrachtet mag die Alhambra auf mögliche Feinde wie eine unerstürmbare Anlage auf einem Bergsporn gewirkt haben. Im Innern entpuppte sie sich als **orientalische Märchenwelt,** als bestens geplantes Sultansparadies auf Erden. Aus Hecken und Büschen stiegen berauschende Düfte auf. Reich ornamentierte Hufeisenbögen zeichneten feine Schatten auf die Steine. Als Sinnbild der Reinheit und des Lebens strömte das Wasser dahin. Inschriften zitierten aus dem Koran und priesen Allah, bunte Keramikbänder und Stuck-arabesken liefen über die Wände. In Bassins trieben die Spiegelbilder filigraner Arkaden, die die Grenzen zwischen Traum und Wirklichkeit verschwimmen ließen. Der militärische Charakter des Alhambra-Komplexes war der Vorburg vorbehalten, der Alcazaba, die von mehreren Türmen gekrönt wird.

Verwirrung dem Feind!

Entscheidend bei der Anlage von Burgen war gewöhnlich, dass sie sich über verschiedene topografische Ebenen legten. Und sie genossen selbstverständlich eine strategische Vorzugslage, erhöht über allem in der Umgebung. In Málaga wird Ihnen das auf doppelte Art vor Augen geführt: mit der Alcazaba und dem Castillo de Gibralfaro. Die Wege hinauf sind lang.

Feindesverwirrung war den Bauplanern das höchste Gebot: Die Abwehr von Anstürmen sollte auch im letzten Moment noch möglich sein. Deshalb gab es bei den Maurenburgen unterschiedliche Mauerringe und keine geraden Zugänge. Rückten gegnerische Truppen an, sahen sie sich gezwungen, Rampen und Tore in beschwerlichem Zickzack zu passieren. Das machte sie im treffendsten Wortsinn verwundbar. Auf Belagerungen war man in der Burg eingestellt: Es gab entsprechende Vorratslager und Zisternen. Dass die Kastelle mit zunehmender Rückeroberung, der **Reconquista,** doch in die Hände der Spanier fielen, die sie dann teilweise umgestalteten, war das Schicksal der Geschichte.

Bei der Alcazaba in Málaga ging es um die Verteidigung und um die Abschreckung von Feinden.

BAEDEKER DAS IST ...

ERSTÜRMEN SIE DIE BURG

Für Ihr besonderes Burgerlebnis ist die Alcazaba in Almería wie geschaffen. Am besten spätabends, dann erleben Sie die zauberhafte Atmosphäre aus Licht und hereinbrechendem Dunkel. Dort, wo sich heute die Gartenterrassen befinden, breitete sich ursprünglich die kleine Wohnstadt der Vorburg mit Soldatenhäusern und Wegen aus. Darüber gelangte man zum Palastkomplex der maurischen Burgherren. (www.turismodealmeria.org)

DIE SEELE TANZT

Es kracht. Es donnert. Es bebt regelrecht auf der Bühne. Dieser Sound, diese Vibrationen brennen sich ein, gehen ins tiefste Innere. Andalusien ist die Flamencoregion und der Flamenco selbst ist Kunst – auch wenn er schon mal folkloristisch verklärt wird. Beim Flamenco live dabei zu sein ist ein Erlebnis.

Immer im Takt bleiben … ►

SHOWTIME IN GRANADA

Sicher, Sie können Glück haben und erleben irgendwo in einer Kneipe einen spontan angestimmten Flamenco. Üblicher ist aber die Teilnahme an einer Show in einem sogenannten Tablao, wo Tradition und Kommerz auf angenehme Weise verschmelzen – am besten zu erleben in der Flamencostadt Granada. Als gute Adresse gilt dort die Casa del Arte Flamenco. (www.casadelarteflamenco.com)

DIE großen Drei des Flamenco lauten Gesang (cante), Tanz (baile) und Gitarrenspiel (toque). Seine Wurzeln sind jahrhundertealt, sie liegen im Milieu sozialer Randgruppen und sind untrennbar verbunden mit dem umherziehenden Volk der Gitanos. Das stammte wohl aus Nordindien, trat dann im 10. Jahrhundert als Musiker erst am persischen Hof auf und fasste schließlich im 15. Jahrhundert in Andalusien Fuß. Dort gehörten die Gitanos, wie andernorts auch, zu den Ausgegrenzten, den Fremdkörpern der Gesellschaft. Gemeinsam mit Landarbeitern und Tagelöhnern waren sie auf der untersten Sprosse der sozialen Leiter angesiedelt. Die Musik, der im Laufe der Zeit aufkeimende Flamenco, spendete Trost, gab Mut. Er ließ der Wehmut freien Lauf, stärkte das Gefühl der gegenseitigen **Solidarität** unter Besitzlosen und Unterdrückten. So stemmte man der Schwere des Lebens freie Gedanken

entgegen – oft ging es dabei um die Liebe, ihre Dramatik und Tragik.
Nach und nach wurde der Flamenco gesellschaftsfähig. Heute hat er in der Kultur Andalusiens längst seinen unverrückbaren Platz gefunden. Nichts, so scheint es, drückt das andalusische Lebensgefühl stärker aus als der Flamenco.

Leidenschaft über alles

Erlebt man eine Show in einer typischen Flamencotaverne, einem **Tablao,** darf man beim Engagement eine hohe Messlatte anlegen. Von den Auftretenden wird erwartet, dass sie alles hineinwerfen, was geht. Sie schnippen mit den Fingern, sie klappern mit Kastagnetten, sie stacheln sich mit »Olé«-Rufen gegenseitig an. Tänzerinnen und Tänzer, die Bailaoras bzw. Bailaores, wirbeln mit Trommelschritten umher.
Mimik und Gestik sind gleichermaßen wichtig, bei den Damen darf das Kleid so richtig durch die Luft wehen. Dann wiederum holen Sängerinnen und Sänger, die Cantaoras bzw. Cantaores, das Maximum aus sich heraus. Und bei den Soli der Gitarristen kann man mit bloßem Auge dem Saitenspiel der Finger kaum mehr folgen. Nur so gelingt es allen, Gefühle zu transportieren, die so charakteristisch sind für den Flamenco – Leidenschaft über alles! Darum geht es. Eine Variante unter den Ausdrucksformen ist der **tiefinnere Gesang** (cante jondo oder cante grande), der vor Schwermut und Klage über eine unglückliche Liebe geradezu aus der Seele fließt.

Der Flamenco ist ein Lebensgefühl, ein Teil der Alltagskultur in Andalusien.
Er fand auch Eingang in die Malerei auf Fliesen.

DAS AROMA ANDA-LUSIENS

Schmecken da Hasel- und Walnüsse durch? Mandeln vielleicht, Holz- und Zitronenaromen? Oder Pflaumen, Datteln und ein Hauch von Seesalz? Der Sherry gibt Andalusien ein ganz besonderes Aroma, schließlich hat er hier seine Heimat. Sherry ist allerdings nicht gleich Sherry ...

◀ Noch genießbar? Uralter Sherry im Ausstellungsraum der Bodegas Gonzales Byass in Jerez

BAEDEKER DAS IST …

DA LIEGT WAS IN DER LUFT

Willkommen im Allerheiligsten: Die Luft ist voller Aromen, wenn Sie ein Sherrylager betreten. Professionelle Führungen, auch auf Deutsch, bietet in Jerez de la Frontera ein Traditionsproduzent wie Sandeman an. Lassen Sie sich von den Gerüchen betören und erfahren Sie mehr über die Welt des Sherrys – eine Kostprobe am Ende versteht sich von selbst … (www.sandeman.com)

DER berühmte Wein aus Andalusien wird heute häufig eher als ein etwas aus der Mode gekommener Aperitif angesehen. Kenner schwärmen dagegen von seiner unverwechselbaren »Persönlichkeit« und dem überragenden Preis-Genuss-Verhältnis. Seinen unverwechselbaren Charakter gewinnt der Weißwein erst durch einen besonderen Ausbau, der einer jahrhundertealten Tradition folgt. Zunächst wird der Sherry aufgespritet, also durch Zugabe von Alkohol verstärkt. Dann folgen zwei eigenwillige, komplexe Reifeprozesse. In Andalusien können Sie den Sherry direkt an der Quelle probieren, ein Erlebnis, das auf den Geschmack bringt und zu den unterschiedlichsten Degustationsnotizen anregt.

Kreideböden und atlantisches Aroma

Der Sherry entstammt den Anbaugebieten zwischen Jerez de la Frontera, Sanlúcar de Barrameda und El Puerto de Santa María. Die Anbaufläche umfasst etwa 10 300 Hektar. Nicht allzu fern vom Meer breiten sich die Weingärten in atlantischem Klima aus. Das bedeutet unablässig abwechselnd land- und seewärts blasender Wind, 300 Sonnentage pro Jahr und vergleichsweise geringe Niederschläge. Kreideböden bilden einen idealen Grund. Dank ihrer Mischung mit Sand und Lehm speichern sie die Feuchtigkeit gut. Die alles beherrschende Rebsorte heißt **Palomino,** außerdem werden noch Pedro Ximénez und Moscatel angebaut.

Der Siegeszug des Sherrys

Wer wann genau den Sherry »erfand«, das Aufspriten mit Branntwein und das **Solera-Verfahren**, entzieht sich unserer Kenntnis. Fest steht, dass englisch-, irisch- und schottischstämmige Weinhändler im 18./19. Jahrhundert das Geschäft mit den edlen Tropfen ins Rollen brachten und dem Sherry zum Siegeszug verhalfen – und der hält bis heute an. Sherry aus Andalusien wird in die ganze Welt exportiert, sein Alkoholgehalt bewegt sich meist zwischen 15 und 22 Vol.-%.

Wenn Sie vor Ort einen »Sherry« bestellen, werden Einheimische damit kaum etwas anfangen können. Also besser gleich einen Fino (trocken, 15 – 18 % Vol.-Alkohol), einen milderen Amontillado (17 – 19 %,), einen leicht süßlichen Oloroso (17 – 22 %) oder einen schweren, süßen Cream (um 20 %).

OBEN: Sherry ausschenken ist eine Kunst.
UNTEN: Weine der Bodegas Tradición in Jerez und Palomino, die klassische Sherrytraube

DAS WILDE LEBEN

Durch die Lüfte schweben Gänsegeier und Steinadler, am Boden bahnen sich Rehe und Wildschweine ihren Weg durch Wälder und Strauchwerk. Berge, Sümpfe und Küsten geben Pflanzen und Tieren unterschiedlichster Art Raum. Viele Gebiete Andalusiens stehen als Naturparks unter Schutz. Einer der ökologischen Schätze ist der Nationalpark Doñana

Aussichtspunkt Mirador de la Amatista im Naturpark Cabo de Gata ▸

WIE knorrige Zauberwälder breiten sich Korkeichen im Naturpark **Los Alcornocales** aus. Schmetterlinge tanzen über Blumen und Felsen in der Sierra Nevada. Über der Sierra Mágina, dem Gebirgsmassiv am Rand des Olivenanbaugebiets von Jaén, kreisen Habichtsadler und Falken und halten Ausschau nach Beute. Agaven, Opuntien und Zwergpalmen haben sich an die Bedingungen in den kargen Gegenden um das **Cabo de Gata** angepasst. Andernorts fährt der Wind durch Aleppokiefern, verschwinden Eidechsen in Mauerritzen, gedeihen Zistrosen und wilde Olivenbäume – oder Steineichen, Ginster, Lavendel, Mastixsträucher, Myrten, Wacholder, Erdbeerbäume und aromatische Kräuter wie Thymian und Rosmarin. Wer vor den Küsten abtaucht, kann Bekanntschaft mit Delfinen machen, mit Zackenbarschen, Muränen und Rochen. Was für eine Vielfalt!

Unter Vögeln

Besonderen Raum nehmen die Sümpfe und Marschen der atlantischen Feuchtgebiete ein, wo viele Vögel Station machen – ob Löffler, Kraniche oder Graugänse, ob Fisch- oder Purpurreiher, ob Weiß- oder Schwarzstörche. Seidenreiher, Kormorane und Rohrweihen brüten hier ihre Eier aus. Ein Lieblingsplatz der Rosaflamingos liegt tief im Inland nordwestlich von Antequera. Die **Laguna de Fuente de Piedra**, ein Salzsee, ist die größte Flamingokolonie auf der Iberischen Halbinsel.

Naturmosaik

Ökologisch wertvoll ist auch der **Doñana-Nationalpark**: ein Mosaik aus Lagunen, Buschwäldern, Stränden, Wanderdünen und Sümpfen. Das Delta des Guadalquivir nimmt wichtigen Einfluss – aus seinen Ablagerungen gingen die Marismas (Marschen) hervor. Mit Ausnahme des Hochsommers sind diese markanten Ebenen überschwemmt und bieten Zugvögeln einen idealen Rastplatz auf ihrem Weg gen Afrika. In der Pflanzenwelt sorgt die Mischung aus Süß- und Meerwasser für Vielfalt, in der Region ansässig sind der Kaiseradler und der seltene Iberische Luchs, der vom Aussterben bedroht ist.

AUF BOOTSTOUR

In Sanlúcar de Barrameda startet eine Tour, die Ihnen den Nationalpark Doñana auf sanfte Weise näherbringt. Der Weg ist das Ziel: Sie fahren flussaufwärts auf dem Guadalquivir, Andalusiens König der Flüsse. Auf dem Programm stehen zwei geführte Landgänge mit Informationen (span./engl.) zu Ökosystemen, Flora und Fauna – Sie haben gute Chancen, Vögel und auch ein paar andere der über 120 Arten im Park zu Gesicht zu bekommen. Leinen los! (www.visitasdonana.com; unbedingt reservieren!).

LINKS: Leuchtturm im Naturpark Cabo de Gata
UNTEN: Der Nationalpark Doñana, ein wertvolles Naturmosaik und Vogelparadies

EIN WASCH-ECHTER ANDA-LUSIER

Bringt man Andalusien mit Prominenz in Verbindung, fallen einem wahrscheinlich zuerst die traditionellen Jetset-Tummelbecken von Marbella und Puerto Banús ein. Ein Andalusier aber ist berühmter geworden als alle anderen: Pablo Picasso.

Picasso ist allgegenwärtig: ein Plakat in Málaga ▶

…es de Argel (Delacroix) 1955

ER war ein Jahrhundertgenie, ein wandlungsfähiges Multitalent und Vorreiter des Kubismus: Pablo Picasso (1881 bis 1973). Mit seiner ungebremsten Experimentierlust revolutionierte er die gesamte Kunst des 20. Jahrhunderts.
Picassos Geschichte begann in Málaga. Dort kam er am 25. Oktober 1881 in einem Mietshaus an der zentralen Plaza de la Merced zur Welt. Seine ersten zehn Lebensjahre verbrachte er in der andalusischen Mittelmeerstadt. Zu seinen späteren Lebensstationen zählten Barcelona, Madrid und Paris. Im Winter 1900 besuchte Picasso seine Geburtsstadt zum letzten Mal. Später verbot er sich, das ihm verhasste franquistische Spanien zu besuchen. Und da General Franco das Land immer noch regierte, als Picasso 1973 starb, sah er sein Heimatland nicht wieder. Und obgleich ihm Frankreich zum persönlichen Schicksalsland geriet, verleugnete Picasso nie seine **andalusische Seele**, seine spanische Urheimat.

BAEDEKER DAS IST ...

IN PICASSOS WELT

Es gibt mittlerweile einige große Museen mit Werken des Jahrhundertgenies. In Málaga, im Museo Picasso, bekommen Sie einen ganz besonderen Einblick: Ein großer Teil der hier ausgestellten Arbeiten stammt aus den Privatsammlungen der Picasso-Kinder und -Enkel, darunter sind auch Arbeiten, die Picasso nie verkaufen wollte und im Atelier behielt. Daher ist die Ausstellung in Málaga eine sympathisch unsortierte Schau von intimen und längst weltbekannten Werken. Stile und Techniken sind so unterschiedlich und überraschend wie Motive und Materialien. (www.museopicassomalaga.org)

Das spanische Wesen

Betrachtet man Picassos Werke unter den Aspekten seines ursprünglichen spanischen Wesens, stößt man immer wieder auf interessante Zusammenhänge. Im Fall seines Meisterwerks »Guernica«, das 1937 unter dem Einfluss der Zerstörung der gleichnamigen heiligen Stadt der Basken im Spanischen Bürgerkrieg entstand, liegen sie natürlich auf der Hand. Dann gibt es vielerlei Motive, die den **Stierkampf** ins Bild rücken, der in Andalusien bis heute glühende Verehrung genießt. Picasso faszinierte die Dramatik des Spektakels von klein auf. Als er acht Jahre alt war, nahm ihn sein Vater José zum ersten Mal mit in die nahe gelegene Arena in Málaga. In den Stierkämpfen sah Picasso eine besondere Manifestation des Spaniertums, genauer gesagt: des männlichen. Zu dem französischen Schriftsteller André Malraux soll er einmal gesagt haben: »Das Leben der Spanier besteht darin, morgens zur Messe zu gehen, nachmittags zum Stierkampf und abends ins Bordell. Was ist der gemeinsame Bestandteil? Die Traurigkeit.«
Das Stierkampfthema in Picassos Werk konnte gleichermaßen für Gewalt wie für Erotik stehen.
Die **Siesta** war ein weiteres Sujet, das er verewigte und das bis in die Gegenwart eine heilige Rolle in seiner südspanischen Heimat spielt. Natürlich bildete er auch hier die Realität auf seine eigene, unnachahmliche Weise ab.

OBEN: Der berühmteste Sohn der Stadt ist nach Málaga zurückgekehrt.
UNTEN: Pablo und seine drei Jahre jüngere Schwester Dolores, genannt Lola, um 1889 in Málaga

UNTERWEGS IN ANDALUSIEN

Strandvergnügen, Naturerlebnis und Kulturgenuss auf höchstem Niveau: In Andalusien muss man auf nichts davon verzichten, denn alles lässt sich wunderbar unter einen Hut bringen.

Vormittags ein Ausflug in die **maurische Vergangenheit**, nachmittags eine Wanderung in **einsamer Natur** und abends **ins Meer** – das ist durchaus möglich, wenn man sich am »richtigen« Ort niederlässt. Das hängt nicht zuletzt davon ab, wie man nach Andalusien reist. Da die meisten Urlauber mit dem Flugzeug ankommen – die recht günstigen Flüge dauern ca. drei Stunden; mit dem Auto ist man drei Tage unterwegs, mit der Bahn ebenfalls – bietet es sich an, Andalusiens Ferienregionen anhand der Zielflughäfen vorzustellen.

Ankunft in Málaga: Costa del Sol

Málaga, die zweitgrößte Stadt Andalusiens, ist die Verkehrsdrehscheibe der Costa del Sol. Die »Sonnenküste« reicht von Tarifa im Südwesten bis zur Ostgrenze der Provinz Málaga; ihr Kern, die Küste von Málaga bis Estepona, ist das **größte zusammenhängende Feriengebiet Europas**. Wer kein begeisterter Strand- oder Partygänger ist, sollte nicht zu lange bleiben, steht doch das **Nachtleben** gleichberechtigt neben dem Strandleben – an Discos, Restaurants, Bars, Events und allen denkbaren Vergnügungen an den vollen Stränden herrscht kein Mangel.

Ruhiger wird es, je weiter man von der Küste ins bergige Hinterland kommt. Schon 10 – 15 km vom Strand bieten sich hübsche kleinere Hotels oder Ferienhäuschen für einen **entspannten Urlaub mit Ausflügen** in Städte wie Ronda oder Antequera an. Man sollte allerdings auch Granada gesehen und genossen haben. Die Costa del Sol ist zudem **Europas Golferparadies** schlechthin. **Costa Tropical** nennt sich der zur Provinz Granada gehörende Abschnitt der Costa del Sol östlich von Málaga. Da Bausünden bislang weitgehend vermieden worden sind, zeigt sich die Sonnenküste hier noch **am schönsten und ursprünglichsten**, auch wenn die Küstenlinie steil und die Strände daher klein sind. Der Tourismus rund um den Hauptort Almuñécar gibt sich eher familiär.

Ankunft in Jerez: südliche Costa de la Luz

Jerez de la Frontera ist **der günstigste Zielflughafen** für Ferien an der südlichen Costa de la Luz, ein Ziel für alle, die Sonne, Sand und Meer **ohne übermäßigen Disco- und Entertainmentrummel** genießen wollen. **Fantastische Strände** (insgesamt 265 km) mit

Ein etwas einsamerer Strand an der Costa de la Luz

feinstem Sand locken zum Bad im Atlantik. Für Wassersportler, hauptsächlich Surfer, gelten die einsamen Buchten als unübertroffenes Dorado. **Naturliebhaber** kommen im Nationalpark Coto de Doñana und in der Sierra de Grazalema auf ihre Kosten.
Kulturbegeisterten wird es in Cádiz an der Küste und im Binnenland in Jerez de la Frontera, den Pueblos blancos und vor allem im nicht weit vom Meer liegenden Sevilla gefallen. Das Hinterland ist das Land der Großgrundbesitzer, die sowohl Sherry, Manzanilla und Oliven anbauen als auch Kampfstiere und Pferde züchten – deshalb ist es auch ideal für **Reiterferien**. Bei der Feriendomizilsuche ist zu bedenken, dass die Strände nördlich des Guadalquivir zwar herrlich sind, aber verkehrsungünstig liegen, denn es gibt keine Brücke über die Flussmündung, sodass sehr weite Umwege über Sevilla notwendig sind, will man an die südliche Costa de la Luz.

Ankunft in Sevilla: nördliche Costa de la Luz und Guadalquivirbecken

Wer in Sevilla aus dem Flieger steigt, hat viele Möglichkeiten. Die nördliche Costa de la Luz ist nicht weit, und auch wenn es dort schon einige große Retortensiedlungen wie Matalascañas oder Novo Sancti Petri gibt, ist man glücklicherweise von Verhältnissen wie an der westlichen Costa del Sol noch weit entfernt. Die Coto de Doñana liegt gleich daneben, und auch Jerez de la Frontera erreicht man leicht. Nach Osten hin erstreckt sich von Sevilla aus das Guadalquivirbecken – nicht gerade einladend, denn diese Gegend heißt nicht umsonst **»die Bratpfanne Andalusiens«**: Hier erreicht das Quecksilber zwi-

»Weiße Dörfer« laden zum Bummel ein.

schen Juni und September problemlos über 40 °C! Aber um **Córdoba**, die alte Hauptstadt des Kalifats, kommt man nicht herum.

Ankunft in Almería: Costa de Almería

Urlaub an der Costa de Almería bedeutet, dass man **einigermaßen weit ab vom Schuss** ist (nach Granada sind es von Almería aus 170 km), dafür gibt es hier eine einmalige Natur und einige der besten, weil noch nicht überlaufenen Strände Andalusiens. Letzteres gilt vor allem rund um das Cabo de Gata. An keinem anderen Platz in Andalusien ist Afrika so gegenwärtig wie hier, wo es gerade mal an 25 Tagen pro Jahr regnet: Über braune, ab und an von schroffen Felsen durchbrochene vulkanische Hügel zieht sich ein spärliches Pflanzenkleid. Diese Landschaft steht unter Naturschutz; entsprechend wenig entwickelt ist die touristische Infrastruktur – anstatt Bettenburgen und Ferienanlagen sind hier vereinzelt Bungalowsiedlungen und kleinere Hotels zu finden. Lediglich San José ist etwas größer geraten, aber trotzdem ein angenehmer Ort zum Bleiben. Ganz anders sieht es an der Küste westlich von Almería aus: Sie ist das Hauptziel des Pauschal-Tourismus, was bedeutet, dass sich hinter langen, meist sehr gepflegten Stränden die Hotel- und Bungalowanlagen türmen und daran oft das Plastikfolienmeer der Treibhäuser anschließt. Kulturell ist an der Costa de Almería nicht allzu viel geboten, dagegen umso mehr Natur: Von jedem Küstenort aus kann man Tagesausflüge in die Sierra de Alhamilla oder in die Berge der Alpujarras machen,

BAEDEKER ÜBERRASCHENDES

6x ERSTAUNLICHES

Hätten Sie das gewusst?

1. ROSIGE AUSSICHTEN …

… haben Sie an der **Laguna de Fuente de Piedra**. An dem Salzsee im tiefen Inland können Sie sich unzählige Flamingos vors Fernglas oder Teleobjektiv ziehen.

2. »GROTTE DER WUNDER«

Auf Spanisch heißt sie **Gruta de las Maravillas** und hält mit der Pracht ihrer Tropfsteine und unterirdischen Seen das, was im Namen mitschwingt. Ein Top-Ziel in Aracena. (www.aracena.es)

3. STADT DER MUSEEN

Wer hätte gedacht, dass gerade **Málaga** als **»Stadt der Museen«** heraussticht? Über drei Dutzend stehen zur Wahl, angeführt von echten Tempeln der Kunst: dem Picasso-Museum, dem Centre Pompidou Málaga und dem Museum Carmen Thyssen. (www.malagaturismo.com)

4. SPIEGEL-ARMEE

Wie in einem Science-Fiction-Film fühlen Sie sich in der **Wüste von Tabernas.** Die ausgeklügelten Spiegelsysteme der Plataforma Solar de Almería fangen die Sonne ein und verwandeln sie in Energie. (www.psa.es)

5. HÖHLENLEBEN

Seltsam, dass in **Guadix** immer noch viele Menschen in Höhlen leben: in echten Wohnhöhlen, aber nicht frei von Komfort. Im städtischen Höhlenviertel Barriada de las Cuevas, verraten kalkweiße Schornsteine die Domizile im Fels. (www.guadix.es)

6. UNTER WÖLFEN

… dürfen Sie sich im **Lobo Park** südwestlich von **Antequera** fühlen. Hier haben die Raubtiere in den Großgehegen riesigen Auslauf. (www.lobopark.com)

wo das Klima so mild ist, dass schon die Mauren hier Zitrusfrüchte anbauten. In der Sierra de Alhamilla sieht es aus **wie im Wilden Westen** – das ist wörtlich zu nehmen, denn hier gibt es drei Kulissendörfer, die große Publikumsmagneten sind und in denen viele (Spaghetti-)Western gedreht wurden.

Nordost-andalusien

Bleibt noch eine Region, in der **Badeferien nicht möglich** sind und die auch keinen Flughafen direkt vor der Haustür hat. Das im Wesentlichen die Region Jaén umfassende Nordostandalusien ist eine Entdeckung wert: Das **größte Olivenanbaugebiet der Erde** ist etwas für Menschen, die sich an weiten, archaisch anmutenden Landschaften erfreuen können, die das Erlebnis in freier Natur suchen (in der Sierra de Cazorla) oder einen Sinn für herrliche Renaissancestädte wie Baeza oder Úbeda haben.

Mobilität

Will man nicht den ganzen Urlaub am Strand verbringen, wird man um einen Mietwagen oder das eigene Auto kaum herumkommen. Das Busnetz ist andererseits so dicht, dass man zumindest alle touristisch interessanten Orte problemlos erreicht. In den meisten Badeorten bieten örtliche Veranstalter Busausflüge ins Hinterland an, z. B. nach Granada. Andalusien per Bahn ist nur bedingt zu empfehlen, denn das Netz ist nicht allzu dicht. Vor allem liegen manche Bahnstationen kilometerweit außerhalb der Orte, in die man eigentlich möchte. Eine Ausnahme gibt es allerdings: den **Tren Al Andalus**.
www.renfe.com

Reisedauer und Touren

Wer viel von Andalusien sehen will, sollte sich **14 Tage für eine große Rundfahrt** Zeit nehmen. Ideal in jeder Hinsicht sind drei Wochen Aufenthalt. Dann kann man gut eine Woche Badeurlaub machen und eine Woche lang das Land erkunden. Von der Costa del Sol aus bietet sich dann eine Rundreise zu den drei Hauptattraktionen Andalusiens mit jeweils zwei Nächten Aufenthalt in Granada, Córdoba und Sevilla an. Von der südlichen Costa de la Luz aus erreicht man bequem Sevilla, Cádiz und Jerez de la Frontera; absolut empfehlenswert ist eine Rundfahrt in die Weißen Dörfer der Sierra de Grazalema. Wer nach einer Woche Badeurlaub an der Costa de Almería Lust hat, etwas zu unternehmen, kann die anschließende Woche mit einer Fahrt durch die Alpujarras nach Granada (ein Tag) beginnen, dort einen Tag verbringen, am dritten Tag via Jaén Baeza und Úbeda besuchen und am besten in Jaén übernachten. Auf der Rückfahrt nach Almería kann man sich noch die Höhlenstadt Guadix anschauen. Wer nur eine Woche Zeit hat, muss sich entweder für einen Badeurlaub oder für Kultur entscheiden. In letzterem Fall bieten sich zwei Alternativen: Nach Ankunft in Málaga kann man die schon oben erwähnte Rundreise zu den drei Hauptattraktionen Andalusiens machen oder eine gemütliche Tour durch die Weißen Dörfer unternehmen.

★★ TOP-ZIELE

Was sind die echten Highlights in Andalusien? Mit Sicherheit die majestätische Alhambra von Granada und die Mezquita von Córdoba. Mit Ùbeda und Baeza warten Perlen der Renaissance im Hinterland, und wer Naturelebnis sucht, findet es in den Marschen der Coto de Doñana und in der Wüste am Cabo de Gata.

Almería

★★
Alcazaba

Die mächtige **Burg** beherrscht die Stadt und den Hafen.Die zinnenbesetzten Türme und Mauern des zweitgrößten maurishen Bauwerks in Europa fordern schon aus der Ferne Neugier und Entdeckerlust heraus.

Baeza

★★
Renaissancestadt

Hoch über dem Tal des Guadalquivir liegt die Bilderbuch-Renaissancestadt mit herrlichen Plätzen und Straßen. Ein **Freilichtmuseum der Renaissance**: klobiges Pflaster, verschnörkelte Fassaden, Fenster mit schmiedeeisernen Gittern, historische Herrenhäuser mit arkadengesäumten Innenhöfen und den Wappen ihrer adligen Besitzer über den Eingangsportalen.

Cabo de Gata

★★
Naturparadies

Die **einzige natürliche Wüste Europas** ist ein Naturparadies von eigenartig karger Schönheit am Meer. Und lockte Filmleute an: Hier wurden Spaghetti-Western mit Clint Eastwood und Szenen aus »Lawrence von Arabien« gedreht. An keinem anderen Platz in Andalusien ist Afrika so gegenwärtig.

Córdoba

★★
Mezquita und Medina Azahara

Das einstige »Konstantinopel des Westens« glänzt mit der mehr als 1000 Jahre alten Mezquita, einem der großartigsten Denkmäler islamischer Baukunst auf westeuropäischem Boden und **Höhepunkt jeder Andalusiensreise**. Den Palast von Medina Azahara nannte Kalif Abd ar-Rahman III. nach seiner Lieblingsfrau Al-Zahra »die Blume«. Córdoba ist einfach packend und gehört zu Recht zum Weltkulturerbe.

Coto de Doñana

★★ Naturreservat

Im größten Naturreservat Europas jagt noch der Luchs, im **Vogelparadies** leben 360 Vogelarten in Pinienwäldern, Sümpfen und Lagunen. Das »Vorzeigeschutzgebiet« Andalusiens ist ebenso vielgesichtig wie fragil. Und mittendrin liegt das Dorf El Rocío, wo alljährlich die größte Wallfahrt Andalusiens stattfindet.

Gibraltar

★★ The Rock und Europa Point

Britannien an der Südspitze Europas: Die Felsenhalbinsel lockt mit ihrer exotischen Lage, Pubs, zollfreiem Einkauf, frei lebenden Affen auf The Rock und dem Blick nach Afrika am Europa Point. Es ist alles ein wenig »strange«, wie der Engländer sagen würde. Dazu passt, dass die Zufahrt die Landebahn des Flughafens quert.

Ein Zauber liegt über der Altstadt von Baeza, auch an der Plaza del Pópolo.

Fundão
Plasencia
Talavera de la Reina
Navalmoral de la Mata
Río Tajo
Carrasco 580
Castelo Branco
Garrovillas
Casas de Miravete
Embalse de Valdecañas
Montes Toledo
Rio Tejo
Río Tajo
Alcántara
Cáceres
Cañamero
Castilblanco
Valancia de Alcántara
Zorita
E S
Jabarriega 428
Navalvillar de Pela
Puebla de Don Rodrigo
Don Benito
PORTUGAL
Mérida
Elvas
Badajoz
Almendralejo
Alor 610
Reguengos de Monsaráz
Zafra
Pozoblanco
Llerena
Barragem de Alqueva
Embalse de Bembezar
Río Guadiana
Galaroza
P.N. Sierra de Aracena
Parque Natural Sierra Norte
Córdoba
Rosal de la Frontera
Aracena
Zufre
Palma del Río
P.N. Sierra do Vale da Guadiana
Mértola
Valverde del Camino
Itálica
Écija
Carmona
Sevilla
Alcalá de Guadaira
Osuna
Río Odiel
Huelva
La Puebla del Río
Dos Hermanas
Ayamonte
Isla Cristina
Tavira
El Rocío
Parque Nacional de Doñana
Parque Nat. Entorno de Doñana
Río Guadalquivir
Morón de la Frontera
Campillos
Matalascañas
Lebrija
Setenil
Sanlúcar de Barrameda
Arcos d. l. Frontera
Ronda
P.N. Sierra de las Nieves
El Puerto de Santa María
Jerez de la Frontera
Ubrique
Parque Natural Los Alcornocales
Marbella
Cádiz
Estepona
Costa de la Luz
Medina-Sidonia
Castellar de la Frontera
Costa
La Línea de la Concepción
Vejer de la Frontera
Algeciras
Gibraltar (U.K.)
Tarifa
Estrecho de Gibraltar
Ceuta (Esp.)
Tanger
MAROC
Tetouan
OCÉANO ATLÁNTICO
203
IP2
A23
109
A66
401
A5
N630
N502
N521
102
IP2
100
N430
104
A5
A6
N432
107
N432
256
N435
A66
N432
N502
N432
112
439
434
200
260
431
N435
N433
A66
493
457
A4
364
IP2
N435
472
A49
A92
A49
483
A4
IP1
384
357
393
369
381
AP7
N340
Mezquita
1000 Jahre christliche und islamische Architekturgeschichte
Medina Azahara
Die Palaststadt zeugt auch im Verfall noch von alter Pracht
Kathedrale Santa María
Eine der größten Kirchen der Menschheit
Alcázar
Die maurische Palastanlage und prächtige Residenz der christlichen Könige
Nationalpark
Pinienwälder, Sümpfe und Lagunen, ein Naturparadies nicht nur für Zugvögel
Sherry-Bodegas
Für Liebhaber der goldfarbenen Tropfen
The Rock
Britische Enklave und frei lebende Affen
Europa Point
Spektakuläre Ausblicke

LEGENDE
Baedekers Top-Ziele
Baedekers Reiseziele
100 km
© BAEDEKER
Castillo de Santa Catalina
In der Burg über der Stadt kann man übernachten
Stadtbild
Noch ein geschlossenes Ensemble im Renaissancestil
Stadtbild
Ein Freilichtmuseum der Renaissance
Alcazaba
Mächtige Burganlage oberhalb der Stadt
Naturpark
Vulkanisches Küstengebirge, Dünen und Vogelparadies
Alhambra
Komplex aus Mauern, Palästen und Gärten, ein irdisches Paradies
Capilla Real
Grabmal der Katholischen Könige Ferdinand und Isabella
Albaicín
Granadas Stadtzentrum in maurischen Zeiten
Museo Picasso
200 Kunstwerke aus dem Fundus der Familie von Picasso erinnern an den berühmtesten Sohn der Stadt
El Tajo
Aranjuez
Ocaña
Corral de Almaguer
Honrubia
Tuéjar
Alcázar de San Juan
Tomelloso
Daimiel
Manzanares
Munera
Almansa
Valdepeñas
Alcaraz
Yecla
Hellín
Jumilla
Cieza
Embalse del Cenajo
Río Segura
Caravaca de la Cruz
Mula
Murcia
P.N. de Sierra Espuña
Parque Natural Sierras de Cazorla, Segura y Las Villas
Sierra de Segura
Sagra 2383
Linares
Bailén
Andújar
P.N. Sierra Andújar
Úbeda
Baeza
Cazorla
Pozo Alcón
Huéscar
Vélez Blanco
Cúllar
Lorca
Jaén
P.N. S.a Mágina
Alcalá la Real
Baza
P.N. de la Sierra de Baza
Águilas
Cuevas de Almanzora
Mojácar
Priego de Córdoba
Guadix
Loja
Granada
Sierra Nevada
Parque Nacional de Sierra Nevada
Mulhacén 3481
P.N. Sierras Tejeda Alm. Alhama
Vélez-Málaga
Las Alpujarras
Motril
El Ejido
Almería
Parque Natural Cabo de Gata
Cabo de Gata
Nerja
Almuñécar
Adra
Málaga
Costa Tropical
Costa de Almería
Mar Mediterráneo
Melilla (Esp.)
ALGÉRIE
Calderina 1209
N400
A4
A3
N401
AP36
A43
N430
N322
A30
3203
412
414
415
330
3211
A7
A44
316
326
306
301
315
N432
A91
AP7
332
A92
N341
348
N340

In der Arena von Ronda wurden im 18. Jh. die Regeln des Stierkampfs entwickelt.

Granada

★★
Alhambra, Albaicín und Capilla Real

»Wer Granada nicht gesehen hat, hat gar nichts gesehen«, lautet ein alter Spruch. Schon der Name bezaubert: Granada klingt nach arabischen Nächten, erinnert an den Duft von Mandel- und Orangenblüten und lässt von Märchen aus Tausendundeiner Nacht träumen. Das **Erbe der Kalifen** sind die prächtige Alhambra und der Albaicín, das malerische alte Maurenviertel. Die **Katholischen Könige**, die all dem ein Ende setzten, sind in der Capilla Real bestattet.

Jaén

★★
Castillo de Santa Catalina

Das Castillo de Santa Catalina ist eine **Burg wie aus dem Bilderbuch**. Und man kann dort hoch oben über der Stadt sogar übernachten. Einzigartige Ausblicke auf die Stadt tief unten und das Meer von Olivenbäumen ringsum gibt es umsonst dazu.

Jerez de la Frontera

Feine **Weine** und feine **Pferde**, das passt in Jerez de la Frontera bestens zusammen. Die größte Stadt der Provinz Cádiz vereint Jerez-Wein, besser bekannt als Sherry, andalusische Rassepferde und den **Flamenco**. Den Sherry lernt man in den Bodegas kennen, für die Pferde und den Flamenco gibt es sogar Schulen. Bei Stadtfesten haben diese »großen Drei« natürlich ihre Auftritte.

★★ Sherry-Bodegas

Málaga

Die touristische Drehscheibe der Costa del Sol und quirlige Hafenstadt, die Besucher einst eher links liegen ließen, genießt heute den Ruf einer **Kulturmetropole** Dafür ist vor allem ein berühmter Sohn verantwortlich: Pablo Pi**casso**. Ihm sollte man unbedingt einen Besuch abstatten.

★★ Picasso

Ronda

Magische Wirkung geht vom viel gerühmten Ronda aus. Die Kleinstadt bildet als gewachsenes Gesamtwerk so etwas wie die Essenz Andalusiens: Plätze, Gassen, Maurenspuren und eine der ältesten Stierkampfarenen Spaniens. Doch den Unterschied macht El Tajo, **Andalusiens spektakulärster Schlund**, der sich mitten in Ronda öffnet, ein Schnitt durch die Stadt, bis zu 160 m tief. Ernest Hemingway und Orson Welles waren auch schon da.

★★ El Tajo und Plaza de Toros

Sevilla

Sevilla ist selbstbewusst und stolz, verführerisch wie die leibhaftige Carmen, **Andalusien in ureigenster Essenz**. Die Kathedrale Santa María ist die beeindruckendste in Spaniens Süden, das Viertel Santa Cruz eines der schönsten weit und breit und der Alcázar, der prächtigen Sitz der maurischen Kalifen, kommt der Alhambra ziemlich nahe. Und natürlich sind da noch die Nächte in den Bars ...

★★ Kathedrale Santa María und Alcázar

Úbeda

Die **Perle der Renaissancearchitektur** mit einem einmaligen Altstadtbild ist auch idealer Ausgangspunkt für einen Ausflug in die Sierra de Cazorla. Wie ihre Schwesterstadt Baeza gehört Úbeda zum UNESCO-Weltkulturerbe

★★ Renaissancestadt

ESSEN UND TRINKEN

Hauchdünn sind die Scheiben, die der Kellner in schwarzer Hose und strahlend weißem Hemd von der Schinkenkeule schneidet. So dünn, dass er das Messer durchschimmern sieht.

Die typische Taverne

Die Kulisse: eine Taverne in der Altstadt von Málaga, Kachelwände mit naiven Stierkampfmotiven, ein schmaler Gang mit langer Bar, als Tapas Sardellen, würzige Hackbällchen und eingelegte Oliven unter Glas, dahinter der schlichte Essraum, wo es ab 14 Uhr brechend voll wird, und wo es alles gibt, was die Region zu bieten hat: leckere Gazpacho, saftiges Kalbfleisch, frittierten Fisch und einfachen Salat. Keine Schnörkel, der Fernseher läuft und das Stimmengewirr übertönt die Musik des knallbunten Glücksspielautomaten.
So sieht sie aus, die typische andalusische Taverne – abseits der Strandpromenade mit Pommes und deutschem Filterkaffee. Und wer eintritt, guckt mitten hinein in die andalusische Seele.

Historisches Erbe

Andalusiens reiches historisches Erbe ist »schuld« an der wunderbar vielfältigen Küche. Aus maurischer Zeit stammen **Gewürze** wie Pfeffer, Zimt, Koriander, Muskatnuss, Kreuzkümmel und Safran sowie Mandeln, Honig und Orangen. Nach der Entdeckung durch Kolumbus brachten schwer beladene Schiffe im 15. Jh. Kartoffeln, Paprikaschoten und Tomaten aus Mittelamerika zu den Häfen von Cádiz und Sevilla. Das war die Geburtsstunde für die erfrischende, kalte Gemüsesuppe Gazpacho ebenso wie für das nahrhafte Kartoffelomelett Tortilla, ein Klassiker der spanischen Küche. Einfache Gerichte zwar, aber überaus beliebt.

Genießen auf Andalusisch

Olivenöl

Besonders auf dem Land ist die Küche **bodenständig** und Olivenöl dabei das Maß aller Dinge. Es stammt vor allem aus der nordandalusischen Provinz Jaén und hat bekanntermaßen eine so hohe Qualität, dass auch internationale Spitzenköche danach fragen .

Suppen und Eintöpfe

Heiße Suppen (sopas) und Eintöpfe (cocidos) sind im Hinterland Andalusiens beliebter als an der Küste, wo eine kühle Gazpacho gefragter ist. Grund dafür sind vor allem die niedrigeren Temperaturen in den Wintermonaten im Gebirge wie der Sierra Nevada. Dort gönnen sich die Bewohner gerne einmal einen schmackhaften Eintopf namens **Habas de jamón,** dicke weiße Bohnen mit Schinkenstücken. Aus Kichererbsen und Schweineragout wiederum ist die regional sehr gefragte **Olla de trigo.**

Diese Herren bereiten sich für den Ansturm auf ihre Tapas vor. Die können gerne auch edler ausfallen.

Hier blickt man in Andalusiens Seele.

Fisch und Fleisch

Natürlich hat die Region Spitzenköche wie den preisgekrönten Superstar Dani García, der in seinem Edelrestaurant Tragabuches in Ronda filigransten Fisch wie Zanderfilet und Steinbutt zubereitet. Doch es sind auch die einfachen, hüttenartigen Chiringuitos (Strandlokale) am Meer, die mit frittiertem Pescaíto frito locken und damit zeigen, wie sehr die Andalusier ihr Seafood verehren.
Die besten Krusten- und Schalentiere der andalusischen Küste gibt es in der Provinz Cádiz. **Gambas de Huelva** sind besonders gut und frisch, da sie nicht mit dem Treibnetz gefangen werden.
Fleisch wird gerne mariniert (en escabeche) oder in Öl und Knoblauch langsam gedünstet. Geschmortes Rindfleisch (estofado de ternera) ist dabei genauso gefragt wie Stierschwanz (rabo de toro), Kaninchen und Lamm. Und was wäre Andalusien ohne seine Schinken, Jamón serrano oder den noch edleren Jamón ibérico.

Der süße Schluss

Die Klöster Andalusiens haben eine lange Tradition in der Herstellung von Dulces. Mit Mandeln, Datteln und Honig verfeinern sie die Süßigkeiten zu kunstvollen Köstlichkeiten. Die Zutaten mögen maurischen

Ursprungs sein, die Namen sind umso christlicher. Aus Zucker und Melone ist Caballo del angel (Engelshaar); Tocinos de cielo (Himmelsspeckchen) besteht aus Mandelöl, Zitrone, Zucker und viel Eigelb.

Essen in Gesellschaft

Wann wird gegessen?

In den Küstenorten bieten international ausgerichtete Restaurants Pizza und Pasta zu nordeuropäischen Essenszeiten an. Anders dagegen im Landesinneren und in weniger besuchten Strandorten: Erst ab 13.30 Uhr essen die Andalusier zu Mittag und abends nicht vor 21 Uhr. **Gute Kleidung** ist ihnen dabei wichtig, selbst in einfachen Tabernas, wo Leute in Shorts und Schlappen schlicht als »sandalitos« gelten. Dabei ist die Gastfreundschaft der Andalusier legendär, zu jeder Uhrzeit.

Morgens, mittags, abends

Das Frühstück fällt jenseits vom Hotelbuffet eher schlicht aus. In den Bars gibt es einen Toast, ein Stück Kuchen oder Churros (Schmalzgebäck) – das war's. Die **Variation an Kaffees** ist dafür beachtlich. Zur Auswahl stehen Café solo (Espresso), Café con leche (Milchkaffee), Cortado (Kaffee mit einem Schuss Milch) und in Hafentavernen auch schon mal Carajillo (Kaffee mit einem Schuss Schnaps).
Mittags, aber vor allem abends ist **Tapeo** angesagt. Dann trifft man sich zu einem Glas trockenen Málaga-Wein, einem Glas Bier oder einem Gläschen Sherry und sucht sich aus, was die Theke zu bieten hat: Oliven, Käse, Venusmuscheln (conchas finas), ob als kleine Tapa oder etwas größere Ración. Wesentlich reichhaltiger als das Frühstück sind das Mittagessen (comida bzw. almuerzo) und vor allem das Abendessen (cena). Und die Andalusier nehmen sich gerne viel Zeit dafür – drei oder sogar vier Gänge sind die Regel.

»Ist hier noch frei?«

Im Restaurant gilt noch eine andere Regel: Niemals zu Fremden an einen Tisch setzen. Eine Frage wie »Ist hier noch frei?« wird nicht gestellt. Aber auch an einen freien Tisch setzt man sich nie einfach so. Grundsätzlich bleibt man zunächst im Eingangsbereich des Restaurants stehen. Binnen Sekunden kommt der Oberkellner, fragt nach der Personenzahl und unterbreitet Tischvorschläge. Dann werden die Gäste zum gewählten Platz geleitet.
Eine **Faustregel,** wenn Sie mit mehreren Gästen das Lokal besuchen: Einer zahlt die Rechnung. Das erleichtert die Arbeit des Kellners, der dann mehr Zeit hat – und lustvoll gekonnt wieder die hauchdünnen Schinkenscheiben von den Keulen schneidet.
Beim **Trinkgeld** am Ende sind Spanier eher knauserig. In Kneipen lässt man allenfalls etwas Wechselgeld auf dem Tresen liegen. In Restaurants gibt man um die fünf Prozent des Rechnungsbetrags, falls man zufrieden gewesen ist.

BAEDEKER WISSEN

TYPISCHE GERICHTE

Andalusiens Köche schwärmen von ihrem Olivenöl, dem Sherry und dem Schinken der Region. Doch auch maurische Einflüsse sind unverkennbar.

Pescaíto frito: Ob Sardinenspieße auf offenem Feuer, Flussforellen, Langostinos oder Tunfisch, frittiert mögen die Andalusier ihren Fisch besonders gern. In den Freidurías (Frittierstuben) und Chiringuitos (Strandkneipen) sind sie ein Hit. Frittierte Fischchen auf andalusische Art sind in Cádiz genauso beliebt wie in Sevilla oder Málaga, wo sie fritura malagueña heißen. Man bekommt sie auf die Hand oder an Tischen serviert, gerne auch als gemischte Platte verschiedener Fische (fritura mixta oder fritura variada).

Alfajores andaluces: Dieses andalusische Gewürzgebäck essen die Andalusier ganz besonders gern zum Kaffee. Es besteht, wie viele Produkte maurischer Tradition, aus Honig, Mandeln, Nelken, Zimt und Feigen – und etwas Sherry darf auch nicht fehlen.

Gazpacho andaluz: Die Suppe ist ja kalt! Wer das über die Gazpacho in einem andalusischen Restaurant sagt, bringt garantiert die anderen Gäste zum Lachen. Sie ist es absichtlich, in heißen Sommermonaten kommt sie sogar mit einem Krug Eiswürfeln auf den Tisch. Die Gazpacho besteht aus pürierten Tomaten und Paprika, Gurken, Knoblauch, Weißbrot-Bröseln und etwas Weinessig.

Jamón: Andalusien ist die Hochburg der Schinkenproduktion, und wer in seiner Bar oder Taverne keinen Schinkenhalter mit angeschnittener Keule stehen hat, führt wahrscheinlich ein japanisches oder friesisches Etablissement. An den Wänden und Decken rustikaler Restaurants hängen die Schinken sogar im Dutzend. Jamón serrano ist der Klassiker unter den Gebirgsschinken, der rund um den Ort Tréverez den besten Ruf genießt. Er wird gesalzen und getrocknet und reift dann mindestens zwölf weitere Monate. Jamón ibérico de Bellota ist die noch wertvollere Variante. Die Schweine der Rasse Pata negra ernähren sich drei Monate vor ihrer Schlachtung ausschließlich von Eicheln, was dem Geschmack seinen nussigen Gehalt verleiht. Am besten und teuersten ist der Jamón ibérico aus der andalusischen Provinz Huelva.

Tortilla: Andalusier lieben ihre Tortillas und bereiten sie das ganze Jahr über zu. Dabei kommt viel Öl in die Pfanne und dann die Kartoffelstückchen hinein. Sind sie goldbraun angebraten, gibt man sie in einen Topf mit geschlagenen Eiern, sie werden verrührt, dann als Masse wieder in die Pfanne gegeben und nach ein paar Minuten gewendet. Als Tapa bestellt man am besten einen pincho de tortilla, also einen Spieß mit einem Stück Tortilla.

Rabo de toro: Stierschwanz ist ein andalusischer Klassiker, zubereitet mit Zwiebeln, Kartoffeln und Tomaten, Knoblauch und Safranfäden. Zwar ist er überall in Andalusien beliebt, doch vor allem die Köche Córdobas und Málagas sind sich sicher, dass keiner auf der Welt die rustikale Kost so herrlich zubereitet wie sie selbst.

INTERESSANTE MENSCHEN

»El Rey Chico«: Boabdil

um 1459 – um 1536
König von Granada

Es ist nicht bekannt, wann **der letzte König von Granada**, Abu abd-Allah, von den Christen Boabdil oder »el rey chico« (»der kleine König«) genannt, geboren wurde. Jedenfalls war er Sohn des Königs Muley Hassan und dessen Frau Aischa. Seine Jugend prägten die Auseinandersetzungen zwischen dem Vater und seiner Geliebten, der Christin Soraya einerseits und seiner Mutter und dem Geschlecht der Abencerrajen andererseits. Diese wollten Boabdil auf den Thron heben, doch Muley Hassan erfuhr von der Verschwörung und ließ Mutter und Sohn im Comares-Turm auf der Alhambra einsperren. Sie konnten sich befreien und nach Guadix fliehen. Nur wenig später beendete ein Aufstand die Herrschaft Muley Hassans und 1482 bestieg Boabdil den Thron. Nachdem er die Christen bei Loja und Ajarquía geschlagen hatte, belagerte er 1483 Lucena, wo er jedoch in Gefan-

Federico García Lorca wurde für seine Überzeugung ermordet.

genschaft geriet und nach Córdoba gebracht wurde. Die Katholischen Könige zwangen ihn zur Unterwerfung. Sein Onkel Abu abd-Allah Muhammad el Zagal versuchte die Mauren gegen die Christen zu einen und zwang Boabdil an seine Seite, was die Katholischen Könige als Verrat auslegten und deshalb 1486 Loja angriffen. Wiederum wurde Boabdil gefangen genommen, wiederum musste er sich unterwerfen und sich zudem gegen El Zagal stellen, den er auch mit Unterstützung der Christen besiegte. Dennoch forderten diese 1490 die Übergabe Granadas; als Boabdil ablehnte, wurde ihm aufs Neue Vertragsbruch vorgeworfen und die Belagerung begann. Am 2. Januar 1492 zogen die **Katholischen Könige** in die Stadt ein. Boabdil verließ seine Heimat am 6. Januar und zog sich in die Alpujarras zurück, doch wurde er 1493 erneut vertrieben und fand Zuflucht beim König von Fès in Marokko. Über sein Todesjahr ist nichts bekannt. Ein spanischer Chronist des 16. Jh.s schreibt, Boabdil sei in den Diensten des marokkanischen Königs 1536 in einer Schlacht gefallen.

»Stimme des Flamenco«: Camarón de la Isla

1950 - 1992
Flamenco-Sänger

José Monge Cruz war ein schmächtiger, blonder, unscheinbar anmutender Gitano aus Isla del León/San Fernando in der Provinz Cádiz, weshalb ihn sein Onkel »Camarón« nannte, nach den fast durchsichtigen kleinen Krabben, die aus dem Atlantik vor Cádiz gefischt werden. Der Sohn eines Schmieds hatte mit acht Jahren seinen ersten Auftritt als Flamenco-Sänger, und schon damals erkannten die Experten, dass er wie kein anderer den »duende« ausdrücken konnte. Es begann eine beispiellose Karriere, die ihn zum **größten »cantaor« der Gegenwart** werden ließ und ihm 1975 den Nationalpreis für Gesang der Flamencoschule von Jerez de la Frontera eintrug. Er blieb zunächst beim traditionellen Gesang, vor allem während der kongenialen Zusammenarbeit mit dem Gitarristen **Paco de Lucía**. Später ließ er Elemente des Jazz und des Rock einfließen und schuf einen von ihm so genannten »flamenco rock gitano«. Als einer der wenigen Gitanos hatte er es geschafft, Anerkennung auch in der Welt der »payos«, der Nichtgitanos, zu finden, doch blieb er immer seiner Herkunft treu. Zur Beerdigung in seinem Heimatdorf folgten 50 000 Menschen dem Sarg.

Opfer der Faschisten: Federico García Lorca

1899 – 1936
Schriftsteller

Mit Federico García Lorca und anderen Schriftstellern der »Dichtergeneration von 1927« strebte die moderne spanische Lyrik einem letzten Höhepunkt vor Ausbruch des Bürgerkriegs zu. In Fuente Vaqueros in der Provinz Granada geboren, studierte er Philosophie, Literatur und Jura, hielt sich 1929/1930 in New York und Kuba auf und übernahm 1931 die Leitung der Wanderbühne »La Barraca«, die in der Provinz die spanischen Klassiker auf die Bühne brachte. Seine eigenen Dramen – am bekanntesten sind »Bernarda Albas Haus« und **»Bluthochzeit«** – spielen oft in andalusischer Umgebung. Ein zentrales Thema seiner Lyrik war ebenfalls die andalusische Heimat, ihre Landschaft und Kultur, ihre Mythen, die Leidenschaftlichkeit der Bewohner, insbesondere der »gitanos«. Federico García Lorca wurde am 19. August 1936 in Viznar von Falangisten ermordet. In Granada wurde 2015 in einem postmodernen Gebäude das Federico-García-Lorca-Zentrum eingeweiht. Auf einer Gesamtfläche von 4700 m^2 geht es um die Erhaltung, Pflege und das Studium seiner Werke.

Großmeister der Flamenco-Gitarre: Paco de Lucía

1947 - 2014
Gitarrist

Paco de Lucía, als Francisco Sánchez Gómez in Algeciras geboren, war der bedeutendste Flamenco-Gitarrist der Gegenwart. Ausgestattet mit einer grandiosen Spieltechnik, bestach er als Sologitarrist ebenso wie als Begleiter von Sängern, vor allem des legendären **Camarón de la Isla**. Er arbeitete auch mit Jazzgrößen wie Al Di Meola, Larry Corryell und John McLaughlin zusammen. 1983 schrieb er die Musik für Carlos Sauras Musik- und Flamenco-Film »Carmen«, wobei er sich in dem Film selbst darstellte. Paco de Lucía starb 2014 in Mexiko an einem Herzinfarkt.

Populärster Torero seiner Zeit: Manolete

1917 - 1947
Stierkämpfer

Manuel Rodríguez Sánchez, genannt »Manolete«, Spross einer Stierkämpferfamilie aus Córdoba, war der populärste Torero seiner Zeit. Nach seiner zehnjährigen Ausbildung triumphierte er von 1940 an in allen großen Arenen Spaniens und Lateinamerikas, von den »aficionados« seiner ruhigen Kampfweise wegen gerühmt. Er erfand eine neue Schrittfolge, die ihm zu Ehren »La Manoletina« genannt wird. Das Ende seiner Karriere und seines Lebens begegnete ihm in Linares in Gestalt des Stiers **»Islero«**, der ihn bei einer Corrida auf die Hörner nahm. Im Stierkampfmuseum von Córdoba sind viele persönliche Gegenstände Manoletes ausgestellt.

Volksheldin: Mariana Pineda

1804 - 1831
Revolutionärin

In Spanien wird sie in vielen Liedern, Gedichten und Bildern verehrt, Federico García Lorca setzte ihr in seinem gleichnamigen Drama ein Denkmal. Die in Granada geborene Mariana Pineda entstammte der unstandesgemäßen Verbindung eines adligen Kapitäns mit einer

Paco de Lucia sprengte die Grenzen des Flamencogitarrenspiels.

Landarbeiterin. Mit 14 Jahren lernte sie einen sehr viel älteren Mann, einen Anhänger des Liberalismus, kennen und lieben. Liberale Forderungen zu vertreten, war zur Zeit der Restauration unter der Herrschaft des absolut regierenden Ferdinand VII. lebensgefährlich. Als Pinedas Mann nach wenigen Jahren starb, stand sie mit zwei kleinen Kindern alleine da. Trotzdem verfolgte sie weiterhin die Missstände in ihrem Land, wies auf Unterdrückung und Gewalt hin und geriet selbst in große Schwierigkeiten. 1828 verhalf sie einem als Revolutionär Verurteilten zur Flucht und wurde ab diesem Zeitpunkt von der Polizei überwacht. Schließlich wurde sie **verhaftet** und nach standhafter Weigerung, dem Richter sexuell zu Willen zu sein oder die Namen ihrer liberalen Mitverschwörer preiszugeben, zum Tod verurteilt und mit der Garotte erdrosselt.

NACHGEFRAGT

WWW.SPAIN.INFO/DE
Website der spanischen Fremdenverkehrsbehörde mit umfassenden Reiseinformationen

WWW.ANDALUCIA.ORG/DE
Website der andalusischen Tourismuszentrale; ständig gepflegt und aktuell. Auch auf Deutsch.

WWW.ANDALUCIA.COM
Alles, aber auch wirklich alles über Andalusien. Teils auf Deutsch, verlässlicher ist Englisch.

WWW.JUNTADEANDALUCIA.ES
Portal der andalusischen Regierung, auch mit Kultur- und Touristikteil

ALMERÍA
Plaza de la Constitución, s/n
Tel. 950 21 05 38
www.turismodealmeria.org

BAEZA
Plaza del Pópulo, s/n
Tel. 953 77 99 82
http://turismo.baeza.ne

CABO DE GATA
San José, Avenida de San José, 27
Tel. 950 38 02 99
www.cabodegata-nijar.com

CÓRDOBA
Plaza del Triunfo
Tel. 957 35 51 79,902 20 17 74
www.turismodecordoba.org

COTO DE DONANA
www.mapama.gob.es/es/red-parques-nacionales (Website der spanischen Nationalparks)
http://donana.es/home

GIBRALTAR
13, John Mackintosh Square
Tel. (00 350) 20 045 000
www.visitgibraltar.gi
http://gibraltarinfo.gi

GRANADA
Plaza del Carmen, 9
Tel. 958 24 82 80
www.granadatur.com

JAÉN
Calle Maestra, 8
Tel. 953 19 04 55
www.turjaen.org
www.aytojaen.es

JEREZ DE LA FRONTERA
Plaza del Arenal
Tel. 956 33 88 74, 956 34 17 11
www.turismojerez.com
www.jerez.es

MÁLAGA
Plaza de la Marina, 11
Tel. 951 92 60 20
www.malagaturismo.com

RONDA
Paseo de Blas Infante s/n
Tel. 952 18 71 19
www.turismoderonda.es

SEVILLA
Plaza del Triunfo, 1
Tel. 954 21 00 05
Plaza San Francisco, 19
Tel. 955 47 12 32
Avenida de las Delicias, 8
Tel. 954 23 44 65
www.visitasevilla.es

ÚBEDA
Plaza de Andalucía, 5
Tel. 953 75 01 38
http://turismodeubeda.com

BAEDEKER ERINNERUNGEN

10 SOUVENIRS

10 Dinge und Erinnerungen, die ich mitnehme ...

1.

Ein Stück **luftgetrockneten Schinken,** vakuumverpackt

2.

Ein **Flamencokostüm** – vollendeter Klischee-Kitsch für die, die's mögen

3.

Eine Ahnung davon, zu welch meisterhafter **Baukunst** die Mauren fähig waren

4.

Bemalte Keramik, ob Teller oder Becher, ob als Deko- oder Gebrauchsgegenstand

5.

Eine **Picasso-Postkarte** oder ein -Poster aus dem Museum Picasso in Málaga

6.

Das **fröhlich-trubelige Gedränge** bei Häppchen und Wein in den Kneipen

7.

Das **Gefühl,** sich in den Gassen von Weißen Dörfern stets aufs Neue verlaufen zu können

8.

Einen **Flickenteppich** aus den Bergdörfern der Alpujarras, auch gut als Bettvorleger

9.

Das **Ambiente** auf Plätzen und Promenaden – Andalusier sind wirklich echte Freiluft-Menschen

10.

Eine **Intarsienarbeit aus Granada,** schön und leicht zu transportieren, z. B. als Schmuckkästchen

B
BURGUND

»
Wer wäre nicht
ergriffen von der
Schönheit dieser
Landschaft?
«

François Mitterrand

DAS IST BURGUND

Mittagsgebet in Ste-Madeleine in Vézelay: Die Sonne taucht den Chor in himmlisches Licht.

BURGUND VERWÖHNT

Mehr als 500 Jahre liegt die burgundische Herrschaft in den Niederlanden und im heutigen Belgien zurück, doch noch immer bezeichnet man dort Genussmenschen als »echte Burgunder«.

An Burgund führt kein Weg vorbei – aber viele fahren auf ihrer Reise Richtung Süden immer noch einfach durch. Zu verlockend sind das Mittelmeer oder die Provence, als dass man sich für die Bourgogne viel Zeit nehmen würde. Doch wer anhält und sich einfühlt in den vielleicht etwas behäbigen Rhythmus dieser Region, bleibt gerne und wird immer wieder zurückkehren. Den besonderen Reiz Burgunds macht der **harmonische Zusammenklang** aus: Die faszinierenden Kathedralen stehen inmitten gut erhaltener Altstädte, und unweit jeder romanischen Dorfkirche findet sich garantiert ein Gasthaus, dessen Küche und Keller Köstlichkeiten bieten. Burgund spricht all unsere Sinne an – es ist **das Reiseziel für Genießer**.

Kunst, Wein und Küche

Aufsehen erregt Burgund früher wie heute vor allem auf kulturellem Gebiet – wenn man den Kulturbegriff in seiner umfassenden Bedeutung verwendet: Die Kunst, der Weinbau und die Küche sind die Disziplinen, in denen die Region immer wieder führend war und ist. Überall stößt man auf Spuren seiner einstigen Bewohner – und manche sind echte Meisterleistungen! So kann man heute im Cure-Tal nicht nur wunderbar spazieren gehen, sondern erfährt dort auch, dass diese Ecke Burgunds bereits vor 120 000 Jahren bewohnt war. Eine ganze Epoche der Altsteinzeit, das Solutréen, wurde nach einem kleinen Ort bei Mâcon benannt, wo Tausende von Pferdeskeletten gefunden wurden. Die Keltenzeit wartet sogar mit einem Superlativ auf: Aus dem Grab einer Fürstin stammt der Krater von Vix im Museum von Châtillon-sur-Seine, das größte Gefäß seiner Art aus der Antike. Zum Schauplatz großer Geschichte wird Burgund im **Kampf um das antike Gallien**: Cäsar besiegte im nordburgundischen Alesia, heute Alise-Ste-Reine, die Gallier unter Vercingetorix.
Durch seine zwei Reformorden glänzte Burgund im Mittelalter auf geistig-religiösem Gebiet: Die **Cluniazenser und die Zisterzienser** unterhielten ein Netz von Klöstern. Die Ideale und der Machtanspruch dieser Orden schlugen sich in einer besonderen Baukunst nieder. Nimmt man die Fülle und die Qualität der Pfarrkirchen und der gotischen Kathedralen hinzu, wären sie alleine Grund genug für eine Burgundreise – gäbe es da nicht noch viele andere! Unter den Grands ducs d'Occident kommt es in der Spätgotik erneut zu einer kulturellen

Die Genüsse aus Burgund kann man natürlich auch mit nach Hause nehmen.

Blüte. Im niederländisch-burgundischen Großreich vermischen sich, dank des enormen Reichtums der Führungsschicht, die kulturellen Eigenheiten und Einflüsse aus den verschiedenen Landesteilen.

Im grünen Herz Frankreichs

Doch die Region ist nicht nur ein Reiseziel für Kunstinteressierte! An der Côte d'Or prägt der Weinbau nicht nur die Landschaft, er ist auch aus dem Alltag, den Traditionen und Festen nicht wegzudenken. Wobei Rebland nur ein Landschaftstyp im »grünen Herz Frankreichs« ist. Burgund ist **extrem vielfältig**. Zu den Flusstälern und Ebenen kommt der Morvan, ein dünn besiedeltes Mittelgebirge mit dichten Wäldern, Bächen, Flüssen und Seen und satten, von weißen Rindern bevölkerten Weiden. Er eignet sich hervorragend zum Wandern, Kanu und Kajak fahren. Bequemer ist es, auf einem Hausboot die Kanäle entlangzutuckern. Den krönenden Abschluss eines Tags bildet natürlich ein entsprechendes Abendessen. Burgund hat Restaurantsterne und Kochmützen wie kein anderer Landstrich Frankreichs, doch auch wer es lieber bodenständig und ein bisschen weniger anspruchsvoll mag, kommt hier garantiert auf seine Kosten.

LES CLIMATS – MEHR ALS NUR WETTER

Für die Franzosen und den Rest der Welt gehört der Wein zur französischen Nation wie ihre dreihundertsechzig Sorten Käse und ihre Kultur. Und nirgends gilt das so wie im Burgund.

Die berühmte Route des Grands Crus begleitet sanft gewelltes Rebland. ▶

»FRANKREICHS Weine sind von solcher Herrlichkeit und Vielfalt, dass ihr Genuss fast zur geistigen Tätigkeit wird«, schreibt der manchmal unersetzliche Friedrich Sieburg in seinem »Gott in Frankreich«. Die »Differenzierungspflichten« des Geschmacks seien immens – und das gilt besonders im Burgund. **»Les Climats«** heißt das unübersetzbare Wort, das das Geheimnis des Burgunders bewahrt. Nachem die 1247 Climats der **Côte d'Or** 2015 UNESCO-Welterbe wurden, kommt hier niemand mehr an diesem Wort vorbei.
Gemeint ist der typische Flickenteppich kleiner Weinberge mit eigenem Charakter, geprägt von Gestein und Erden, Regen, Sonnenschein und Sorgfalt der Winzer. Anders als auf den großen Anbauflächen im Bordelais kann der Winzer hier keinen Schönheitsfehler vertuschen. Die Weinreise entlang der legendären Côte d'Or führt von Dorf zu Dorf, nicht von Schloss zu Schloss. An den sanften Hängen umschließen Steinmäuerchen mit einem stolzen Portal die nur wenigen Hektar eines Grand Crus.
Griechen und Römer brachten die Reben ins Burgund. Die Mönche von Cluny und Cîteaux trugen die Tradition weiter, um den Messwein zu keltern. Die Herzöge schließlich waren erfolgreiche Lobbyisten des Burgunderweins. Die Einnahmen daraus waren bedeutend. So wurde das Hospiz von Beaune von seinem reumütigen Stifter Nicolas Rolin mit Weinbergen ausgestattet, die die Finanzierung des Spitals bis heute sichern.

Ritterliche Weinbrüder

Die Französische Revolution brachte die Zerstückelung des Großgrundbesitzes: Die 51 ha des **Clos de Vougeot**, einst von den Zisterziensern angelegt, sind heute in 90 Parzellen mit 80 Besitzern geteilt. Im 19. Jh. drohten erst der Mehltau, dann die Reblaus-Krise den Weinbau im Burgund zu vernichten. 1878 hatte der durch Wildreben aus Nordamerika eingeführte, winzige Schädling Meursault erreicht. Mit resistenten amerikanischen Rebenstöcken, die auf heimische Sorten aufgepfropft wurden, gelang der Wiederaufbau. Nun setzte man ganz auf Qualität und überließ den Anbau auf minderwertigen Böden den südlicheren Weinbaugebieten. Um dem Gewerbe wieder auf die Beine zu helfen, wurde die »Bruderschaft der Ritter vom Tastevin« gegründet, benannt nach der raffinierten Weinprüferschale aus Metall, die Uneingeweihte für einen Aschenbecher halten. Sie veranstalten alljährlich die Versteigerung der Hospizweine in Beaune – ein gesellschaftliches Ereignis ersten Ranges. Populärer ist das Fest des hl. Vinzenz, Schutzpatron der Winzer.

Ruhmreiche Reben

Die Pflege des Ruhms ist so aufwendig wie die Pflege der Reben. Dijon und Beaune rivalisieren um die Vermarktung des **Welterbes** der Climats de Bourgogne: Dijon will bis 2020 ein ganzes Stadtviertel als »Cité du Vin et de la Gastronomie« errichten, Beaune bis 2021 eine »Cité du Vin de Bourgogne«. Genauso sorgsam werden die Legenden gepflegt, die sich um jeden Wein ranken: Die Marquise de Pompadour soll den Romanée-Conti bevorzugt haben, ihr Beichtvater Meursault und Napoleon den Chambertin. Verbürgt ist, dass Neil Armstrong 1969 ein Etikett für eine Flasche Nuits-Saint-Georges auf dem Mond hinterlegte – in Jules Vernes Reise »Von der Erde zum Mond« ist auch davon eine Flasche mit dabei.

BAEDEKER DAS IST ...

MAISON DES CLIMATS

Das Museum in Beaune zeigt eine spannende Ausstellung mit ausführlichen Erläuterungen zu den Weinlagen und Gründen für ihre Anerkennung als Weltkulturerbe durch die UNESCO. (www.climats-bourgogne.com)

ORA ET LABORA

»Ihre Steine bekleidet sie mit Gold, ihre Kinder aber lässt sie nackt gehen« – so wetterte der hl. Bernhard bon Clairvaux gegen die Kirche und besonders die Benediktiner im benachbarten Cluny, die sich die damals größte Kirche der Christenheit geleistet hatten. Einfachheit als ethisches wie ästhetisches Programm: Das ist noch heute an den romanischen Klöstern des Zisterzienserordens abzulesen, der von Burgund aus ganz Europa eroberte.

◄ Streng gegliedert und schlicht wirkt der Kreuzgang der Zisterzienserabtei Fontenay.

ALS der **hl. Bernhard** 1153 mit 63 Jahren starb, war er ein berühmter Mann, Mittler zwischen Fürsten, einflussreich bei der Wahl von Päpsten. In Vézelay und Speyer hatte er König und Kaiser zum Zweiten Kreuzzug aufgerufen. Von den Mönchen forderte er radikale Rückkehr zu den Regeln Benedikts: **Beten und Arbeiten in strenger Askese**. Mit diesem Lebenswunsch trat der 22-jährige Sohn einer wohlhabenden und sehr frommen Adelsfamilie trotz schlechter Gesundheit in das Reformkloster **Cîteaux** in der Nähe von Dijon ein. Dies war gut ein Jahrzehnt zuvor von Robert, Abt von Molesme, gegründet worden, weil er in Molesme die rechte Zucht nicht durchsetzen konnte. In einem sumpfigen Bachtal schuf er den Neuanfang des Ordens, der seinen Namen vom Schilfrohr, »cistel«, ableitet.

Bernhard trug wie kein anderer zum ungeheuren Erfolg der **Zisterzienser** bei. Was allerdings nicht nur dem Charisma und der Eloquenz des »honigfließenden Doktors«, sondern auch der Zeit geschuldet ist: Das apokalyptische Jahr 1000 hatte das Abendland in lähmende Angst versetzt. Jetzt belebte sich die Christenheit – auch die von Bernhard geschmähten Mönche von Cluny, deren Gemeinschaft schon 910 mit Reformgedanken gegründet worden war, breiteten sich schnell in ganz Europa aus.

Der Abt von Cîteaux veranlasste zwischen 1113 und 1115 die Gründung der vier Primarklöster La Ferté, Pontigny, Morimond und **Clairvaux** – mit Letzterer beauftragte er den jungen Bernhard. 1119 wurde von Clairvaux aus das Kloster **Fontenay** gegründet. Bei Bernhards Tod hatte der Orden bereits 351 Tochterklöster – bis zum Ende des 13. Jh.s wurden es fast 700 in ganz Europa. Die »Carta Caritatis« legte die allen gemeinsamen Regeln fest.

Harmonische Schlichtheit

Zu den verbindlichen Vorschriften gehörte auch das in Clairvaux und Fontenay vorbildlich durchgeführte, zweckorientierte Bauprogramm: Das autarke Zisterzienserkloster entstand immer in der Einöde, aber nahe eines Wasserlaufs für Trinkwasser, Landwirtschaft und Fischzucht. Die Verwaltung oblag den **Mönchen**, die das Kloster selten verließen und insbesondere mit der Abschrift von Ordensregeln und heiligen Büchern beauftragt waren. Die Arbeit draußen übernahmen **Laienbrüder**, die weder lesen noch schreiben konnten. Mönche und Laienbrüder lebten getrennt, selbst in der Kirche stand zwischen ihnen die Chorschranke. Die Klosterkirche, ohne Turm, Portal und aufwendige Fassade, verzichtet auf Farben, buntes Fensterglas und fantastische Skulpturen wie sie etwa in Vézelay zu bestaunen sind. Anfangs war sogar der Chorabschluss hinter dem Hauptaltar nur ein einfaches Rechteck. »**Was ist Gott?** Er ist zugleich die Länge und Breite, Höhe und Tiefe«, schrieb Bernhard. Der Raum genügt als Zeichen seiner Anwesenheit.

Ans Kirchenschiff grenzen Kreuzgang, Refektorium und Kapitelsaal, in dem die Zisterzienser nicht zuletzt ihren Abt wählten. Im ersten Stock darüber liegt der Schlafsaal mit einer kleinen Treppe hinunter in den Chor der Kirche, denn die kurzen Nächte der Mönche wurden vom Gebet unterbrochen. Von der Unterbringung der Latrinen bis zur Einrichtung der Wärmestube war alles genau durchdacht und sollte auch Vergrößerungen erlauben. Trotz späterer Veränderungen und Lockerung der Vorschriften bleibt bis heute erkennbar, dass die Zisterzienser von Sizilien bis England über hundert Jahre lang dem **bernhardinischen Programm** folgten.

Fontenay: gefühlvolle Darstellung der Mutterliebe aus gotischer Zeit

ROMANIK IM RAMPENLICHT

Die auf der UNESCO-Welterbeliste verzeichnete Zisterzienserabtei Fontenay ist Besuchermagnet und Ort der stillen Einkehr zugleich. Lebendige Führungen demonstrieren das Klosterleben. Im Sommer dient die Abtei auch als Aufführungsort für Konzerte. (www.abbayedefontenay.com).

TIEF DURCH-ATMEN

Sie brauchen dringend eine Auszeit? Wilde, sattgrüne Natur statt grauer, hektischer Großstadt? Nur zwei Stunden Fahrt trennen Paris von den großen Seen und dichten Wäldern des Morvan, einem wahren Paradies für Wanderer und Wassersportfans.

Was für ein Panorma! Wanderungen im Morvan bieten herrliche Aussichtspunkte. ▶

DER Reichtum des **Morvan** waren schon immer seine dichten Wälder. Um dringend benötigtes Brennholz in die Hauptstadt zu schaffen, wurde bis 1843 der Canal du Nivernais gebaut. In Clamecy am Fuß des Morvan pflegt man die Tradition der Holzflößer. Bis heute kommen auch die Pariser **Weihnachtsbäume** von hier, wie die 13-m-Tanne für den Elysée-Palast. In Gouloux arbeiten sogar noch **Holzschuh-Macher**, in der Saboterie Marchand. Täglich machen Vater und Sohn hier bis zu 30 Paar Schuhe, die ab 25 € kosten (www.saboterie-marchand.com).

Land der Legenden

Der »Schwarze Berg«, wie der keltische Name des **dunklen Granitmassivs** lautet, ist reich an Legenden. So soll der Teufel auf die Anhöhe bei La Roche-en-Brénil einen riesigen Fels geworfen haben, den er eigentlich bis zum Abendläuten vor die Tür der Dorfkirche schleppen wollte, um sich die Seelen aller Gläubigen darin zu sichern. So war es mit Gott ausgemacht. Doch die Glocke läutete glücklicherweise, bevor Satan am Ziel war – und in manchen Nächten können Sie den Teufel noch vor Wut heulen hören. Wenn es nicht Wölfe sind, die im Morvan wieder gesichtet wurden. Die Köhler erzählten solche Geschichten, und die armen Bauersfrauen, die sich in Paris als Ammen verdingten oder zu Hause Findelkinder großzogen, um etwas dazuzuverdienen. Unter den mehr als 10 000 Pflegekindern, die um 1900 im Morvan unterkamen, war der kleine Jean Genet, der einer der umstrittensten Vertreter der modernen französischen Literatur werden sollte. Die Männer des Morvan fanden damals Arbeit mit ihren Ochsengespannen, die das Holz aus den Wäldern zogen. Allenfalls Roggen, mit dessen Stroh auch die Häuser gedeckt waren, konnte auf den kargen Böden wachsen.

Aus dem burgundischen Kalkstein-Meer erhebt sich der Morvan wie eine Granitinsel, die im 901 m hohen **Haut Folin** gipfelt. In **Bibracte** auf dem Mont Beuvray liegt Europas größte archäologische Grabungsstätte der Keltenzeit. Hier vereinte **Vercingetorix** die Gallier im Kampf gegen Cäsars Legionen. In den Wäldern des Morvan sammelten sich französische **Résistance**-Kämpfer zum Widerstand gegen die deutschen Besatzer im Zweiten Weltkrieg.

Avallon, Saulieu, Autun, Luzy und Corbingy sind die Ortschaften ringsum, die sich Tore zum Morvan nennen. Ein **Regionalpark** schützt das rauhe Mittelgebirge seit 1970. Die Themenhäuser des **Ecomusée du Morvan** erzählen vom mündlich überlieferten Erbe, von Flössern, Holzschuhmachern und Charolais-Rindern, vom Widerstand, Wein und den typischen Wildpflanzen.

Fast wie in Kanada

Das **Land der Seen** verspricht für jede Wasserratte die passende Aktivität. Der Lac des Settons gilt als Paradies für Surfer, Segler und Wasserskifahrer. Kletterreviere sind die Granitvorsprünge im sonst von Kalkstein beherrschten Burgund. Am besten lernen Sie die Region aber auf ihren vielen, gut gekennzeichneten Wanderwegen kennen. Zu Fuß, zu Pferd oder mit dem Mountainbike können Sie das Mittelgebirgsmassiv etappenweise auf dem **Fernwanderweg GR13** von Vézelay bis zum Mont Beuvray durchqueren – und unterwegs wilde Blaubeeren, Wurstspezialitäten und den leckeren Honig des Morvan probieren!

OBEN: Ohne Hektik mit dem Hausboot über den Canal de Nivernais schippern und entschleunigen
UNTEN: In der Saboterie Marchand von Gouloux werden Holzschuhe noch von Hand gefertigt.

BAEDEKER DAS IST ...

TOUR DU MORVAN PAR LES GRANDS LACS

Entlang des Fernwanderwegs »GR de Pays« wandern Sie auf der Tour du Morvan durch das Granitmassiv von See zu See, eine herrliche Rundwanderung durch eine oft überraschend kanadisch anmutende Natur. Gute Übernachtungsmöglichkeiten sorgen für unvergessliche Urlaubstage in den Bergen. (https://tourisme.parcdumorvan.org)

EINE BURG, UM ZU VERSTEHEN

Mai 1229. Ludwig IX., der Heilige, ist König von Frankreich. Der Bau der Burg Guédelon beginnt. Oder hätte beginnen können. In Wahrheit starten die Bauarbeiten im Mai 1998. Allerdings nur mit Mitteln des 13. Jahrhunderts. Ein Stück experimenteller Archäologie.

◀ Nur mit Hammer und Meißel wird die Burg Guédelon wie im Mittelalter erbaut.

DIE Idee dazu hatte Michel Guyot, der Besitzer des nur zehn Minuten entfernten Schlosses Saint Fargeau. Bei dessen Restaurierung war eine Festung zum Vorschein gekommen. Wie wäre es, eine neue Burg zu bauen? Nicht nur aus Sand. Ein Kindertraum.

Das Material muss der Grund selbst liefern, auf dem der Bau entsteht. Im Forst von **Guédelon** wird ein aufgelassener Steinbruch samt Wald erworben. Heute ist daraus ein Unternehmen mit 100 Beschäftigten geworden, die Hälfte davon Handwerker. Alljährlich leisten zudem 700 Freiwillige Frondienst für niedere Dienste. Das Geld bringen die Baustellenbesucher: Betreten erwünscht. Über 300 000 kommen jedes Jahr, um dank der Erklärungen von Steinmetzen, Zimmerleuten und Schmieden auf eine unglaubliche Zeitreise zu gehen.

Die Erbauer entwarfen ein Szenario wie für einen Film: Auftraggeber des Château de Guédelon wäre der jüngste Spross einer lokalen Adelsfamilie, geboren 1199. Mit knapp dreißig erhält er das Recht, eine Burg zu errichten. Für sich und 30 Personen, darunter seine Frau und vier Kinder, Soldaten und Gesinde. Die Festungsmauer mit Zinnen und Wehrgang, Tor und Türmen sollen im Geviert den Palas umschließen. Die wesentlichen Teile sind bereits zu sehen. Mit wissenschaftlicher Beratung orientieren sich die Erbauer am »philippinischen Modell« der vielen Befestigungen, die der Großvater Ludwigs des Heiligen zur Sicherung des Kapetinger-Reichs in Auftrag gab: Philippe II Auguste vervierfachte sein Territorium.

Im historischen Kittel, ...

... aber mit Schutzbrille und Sicherheitsschuhen hämmern die Schmiede das Eisen zu Werkzeugen, Gittern, Scharnieren und Nägeln. Zimmerleute errichten Gerüste, zimmern das Gebälk, bauen Maschinen wie die Tretradkräne, mit denen die Steine bis hoch auf die Türme gehievt werden können. Maurer errichten Gewölbe, Steinmetze hauen die verzierten Schlusssteine zu, Ziegelbrenner sorgen für Dachdeckung und Bodenfliesen.

Schlösser verpflichten

Wer die unendliche Mühe gesehen hat, mit der Guédelon entsteht, betrachtet mittelalterliche Burgen wie das nahe gelegene Ratilly und die zahllosen Schlösser Burgunds mit anderen Augen. Viele werden von **privaten Liebhabern** wie Michel Guyot erhalten, die ihr Vermögen einsetzen. Das Château de Drée aus dem 18. Jh. wird seit 1995 von Ghislain Prouvost, Spross einer nordfranzösische Industriellenfamilie, wunderbar restauriert. Noch eindrucksvoller ist Schloss Cormatin. 50 Jahre war es ohne Strom und Wasser dem Verfall preisgegeben. 1980 erwarben die drei Schlossbesitzer das Wunderwerk des 17. Jh.s für umgerechnet 300 000 Euro. Heute ist es ein Highlight jeder Burgundreise. Den jährlichen Unterhalt von 180 000 Euro bestreiten die Eigner mit den Eintrittsgeldern der 60 000 Besucher. Viele Schlösser sind schließlich seit Generationen in Familienbesitz: Das Wasserschloss Commarin schon seit 900 Jahren, Château d'Epoisses seit dem 17. Jh. und das prächtige Renaissanceschloss von Tanlay immerhin seit 1704: Von den 45 000 denkmalgeschützten französischen **»Monuments Historiques«** befinden sich ein Viertel in privater Hand. Eine Last, die oft nur mit Hilfe der Besucher zu tragen ist.

OBEN: Guédelon begeistert als kinderfreundliche Baustelle für tolle Zeitreisen ins Mittelalter.
UNTEN: Die Herstellung von Dachschindeln aus Holz ist eine handwerkliche Herausforderung.

BAEDEKER DAS IST ...

GUÉDELON – ECHTES ABENTEUER

Stein, Holz, Erde, Sand und Ton der Umgebung kommen auf Guédelon zum Einsatz, das ausschließlich mit Techniken und Materialien des Mittelalters gebaut wird. (www.guedelon.fr)

UNTER VOLL-DAMPF

Im Hof des schneeweißen Schlosses von Le Creusot, dem Château de la Verrerie, überraschen zwei konische Kegel, die wie kleine Abraumhalden aussehen. Das surreale Bild steht für ein selten gezeigtes Stück Burgund: seine Industriekultur. Beispiele? Die Stahldynastie Schneider und die Société d'Emboutissage de Bourgogne – der Haushaltsgerätehersteller SEB.

Le Creusot, einst Synonym für Frankreichs Stahlindistrie, scmiedet heute für Kernreaktoren. ▶

SICHER, inzwischen ist **SEB** vom hübschen Städtchen Selongey, wo das Unternehmen 1944 gegründet wurde, in die Nähe von Lyon gezogen. Aber der Firmenname zeugt noch vom Ursprung im Burgund. Und davon, dass es anfangs um die Herstellung von Töpfen und anderen Formen durch Tiefziehen ging. Der **Schnellkochtopf** von 1953 wurde zum Verkaufsschlager im französischen Wirtschaftswunder.

Burgund ist seit gallischer Zeit ein Zentrum der Eisenverarbeitung – aufs Ganze gesehen ging es dabei nur selten um Kochtöpfe. Die Zisterzienser in Fontenay betrieben im 12. und 13. Jh. die damals wohl größte Schmiede der Welt mit einem gewaltigen, wassergetriebenen Hammer. Der Naturforscher Buffon leitete im 18. Jh. nicht weit entfernt seine Musterschmiede. 1782 wurde in **Le Creusot** die Fonderie Royale eröffnet: Sie lieferte dem König, dann der Revolution Kanonen – und machte pleite. 1836 kaufte die **Familie Schneider** aus Lothringen das Unternehmen und machte Burgund zum **Zentrum der Stahlproduktion**: Von hier kam eine der ersten französischen Dampflokomotiven, hier wurden Gleise, Brücken und Kriegsgerät für Frankreich produziert. Die Schneiders wurden zum französischen **Pendant der Krupps** – und sprachen im anti-deutschen Klima ihren Namen bald lieber »Schneidre« aus.

Schneiderville

Die Schneiders zogen in ein damals leer stehendes Industriegebäude: Das Château de la Verrerie, eine 1787 von Marie-Antoinette gegründete und inzwischen bankrotte Kristallfabrik. Die einstigen Schmelzöfen der Manufacture des Cristaux de la Reine, eben jene schwarzen Kegel im Hof, ließen sie stehen, und dekorierten sie ringsherum mit selbst gemachten Kanonen. Der eine Kegel wurde zur Kapelle, der andere zum Theater. Paternalismus über vier Generationen hinterließ Kirchen, Denkmäler, Spital, Schule und eine Arbeitersiedlung in **Le Creusot**, das im 19. Jh. fast den Namen »Schneiderville« angenommen hätte.

Ohne Kohle kein Stahl

Anfangs konnte man in der Gegend von Le Creusot die brennbaren Steine am Boden auflesen. Im 17. Jh. wurde eine mit Pferden betriebene Maschine zur Kohleförderung aufgestellt. Das dazugehörige Städtchen heißt einfach La Machine. Schließlich wurde das ganze **Steinkohlerevier** um Monceau-les-Mines und Blanzy ausgebeutet, noch bis Ende des 20. Jh.s. Für An- und Abtransport entstand schon 1794 der **Canal du Centre**, einer der drei Burgunder Verbindungskanäle zwischen Atlantik und Mittelmeer, über Seine, Loire und Rhône. In den 1950ern engagierte sich Firmenchef Charles Schneider im französischen **Atomkraftwerksbau**. Als er 1960 starb, übernahm der belgische Baron Empain das Unternehmen. 1970 fusionierten die Schneider-Werke mit einem anderen Stahlkocher zu Creusot-Loire, das 1984 Insolvenz anmeldete. Ganz Frankreich war erschüttert, Tausende arbeitslos, das Imperium zerstückelt. Übrig blieben **Schneider-Electric** und die Reaktorschmiede **Creusot Forge**. Von der Blütezeit zeugt als Wahrzeichen der 1877 in Betrieb genommene 100-t-Dampfhammer, ein 21 m hohes, wunderbares Ungetüm (s. rechts). Wenn er zuschlug, war das 10 km weit zu hören. Aber er konnte auch eine Nuss knacken, ohne die Frucht zu zerquetschen.

GLÜCK AUF!

Vom harten Leben der Kumpel in den Kohleminen erzählt das Musée de la Mine in Puits St-Claude. Ausgestellt sind Grubenlampen, Maschinen des 19. Jh.s, aber auch moderne Roboter für den Abbau unter Tage. Die Schmalspurbahn »Tacot des Crouillottes« transportierte einst den Abraum aus den Hochöfen. (www.musee-mine-blanzy.fr)

UNTERWEGS IN BURGUND

Kunstliebhaber, Aktivurlauber oder Feinschmecker mit hohen Ansprüchen? Mit Weltkulturerbe, berühmten Weinbergen, vielen Wasserwegen und wilder Natur, einer ausgezeichneten Gastronomie und charmanter Lebensart verspricht das Burgund einen tollen Urlaub, der Kopf und Beine in Bewegung bringt.

Stadt und Land

Burgund ist ein dünn besiedeltes Land, weite Teile der Départements Yonne und Nièvre sind nahezu menschenleer. Die reichen Kohlevorkommen von Le Creusot machten den Großraum der **Hauptstadt Dijon** und das Saône-Tal zu mittelständischen Industriezentren. Die berühmten Weingegenden der **Côte d'Or** an der Steilstufe eines Jura-Plateaus prägen Kleinstädte und Dörfer. Seinen Namen verdankt der »Goldhang« um die Weinhandelsstadt Beaune den herbstlichen

La Charité-sur-Loire hütet mit seiner Prioratskiche einen Schatz cluniazensischer Romanik.

Farben der Rebhänge. Verträumte Dörfer mit kaum 100 Einwohnern, aber einem schmucken Schlösschen sind typisch für Burgund. Sie liegen zwischen sanften Hügeln und aussichtsreichen Kalkhochflächen, Wäldern und Wiesen, auf denen weiße Rinder und Schafe grasen.

Grüne Lunge

Das an Wald und Seen reiche Granitmassiv des **Morvan** lässt die Hektik der Großstadt schnell vergessen. An den Seeufern warten im Sommer Strändbäder auf Gäste. Wanderer finden im Naturpark überall Wege, auf denen Sie sich auch per Mountainbike bewegen oder einfach nur in Ruhe spazieren gehen können. Außer der herrlichen Natur gibt es bedeutende Kulturstätten wie die Ausgrabung von Bibracte, einst Hauptstadt der keltischen Häduer, die auf dem Gipfel des Mont Beuvray ihre Siedlung anlegten, und der Wallfahrts- und Welterbeort Vézelay. Bei gutem Wetter können Sie vom Haut-Folin sogar den Mont Blanc am Horizont ausmachen!

Naturschönheiten

Die Wälder Burgunds gehören zu den größten in Frankreich. Der Staatsforst von Pontigny erfreut mit landschaftlicher Vielfalt, im

Naturschutzgebiet Bois du Parc in Mailly-le-Château sind außergewöhnliche Pflanzenarten beheimatet. Seit 2019 schützt der neue Parc National des Forêts de Champagne et Bourgogne um Châtillon-sur-Seine herrliche Laubwälder. An der Loire erstrecken sich 10 000 ha Eichenwald im Forêt des Bertranges. Radeln Sie durch **Grand-Cru-Weinlagen** nach Dijon: Die Weinberge strahlen hier im Herbst so golden, dass das Département Côte d'Or danach benannt ist. Im Frühling sind die typischen **Bocage**-Landschaften besonders schön. Dann blühen die einst als Begrenzung der Felder angelegten Hecken aus Schlehen, Haselnuss, Ginster und Weißdorn. Spazieren Sie zwischen Wasserläufen und Buchsbaumhecken durch die Schlossparks von Ancy-le-Franc oder Cormatin. Zahlreiche Parks im Burgund tragen das Label »Jardin remarquable«.
Im Sommer sollten Sie ein Picknick am Ufer des Canal de Bourgogne planen oder an einem der vielen **Seen, Flüsse und Kanäle**, denn Burgund ist so dicht von Was-serläufen durchzogen wie kaum eine Region. Beobachten Sie am Zusammenfluss von Allier und Loire die Zugvögel und Biber, oder gehen Sie angeln im Morvan. Wandern Sie durch tief ins Kalkgebirge eingegrabene Schluchten wie das »Ende der Welt«, ein einsames Tal bei Nolay, mit hoch aufragenden Felsen und rauschendem Wasserfall. Erklimmen Sie den Roche de Solutré über sonnigen Rebhängen, genießen Sie die Fernsicht zu den Alpen – und werfen Sie einen Blick in die Steinzeit, das »Solutréen«.
Denn Burgund ist auch unter der Erde interessant. Die Geologie erzählt von der Entstehung der Eisen- und Kohlevorkommen, von Gebirgen aus Granit und Weinbergen aus Kalk und Mergel. Die Archäologie berichtet von vieltausendjähriger Besiedelung. Steigen Sie hinab in die Bergwerke von La Machine oder Blanzy, in die **Höhlen** in Arcy-sur-Cure, berühmt für ihre Felszeichnungen, oder in die Tropfsteinhöhlen in Blanot und Azé. Beeindruckend ist die Bootsfahrt durch die Wasserhöhlen der Bèze: Sie entsteht aus dem versickernden Wasser der Venelle und sprudelt in Bèze bei Dijon aus dem Boden. Unergründlich ist der Quelltopf der Fosse Dionne in Tonnerre. Burgund ist, für viele vielleicht überraschend, auch ein Land der Naturwunder.

Im Rhythmus der Region

Ob für ein Wochenende, eine Woche oder länger, ins Gepäck gehören feste Schuhe für Entdeckungstouren durch Städte und über Land. Nur zwei Fahrstunden trennen Burgund von Paris. Fernab der Massen können Sie sich hier auf nostalgische Spritztouren über ruhige, kurvenreiche Strecken durch herrliche Landschaften begeben. Auto und Motorrad sind ideale Reisemittel zu den Highlights der Region. I Die App »**Balades en Bourgogne**« stellt 120 Entdeckungstouren im Burgund vor, die Sie mit dem Auto, zu Fuß, per Rad oder im Kanu machen können.
Infos zu Nahverkehrsnetzen: http://viamobigo.fr

BAEDEKER ÜBERRASCHENDES

6X DURCHATMEN

Entspannen, wohlfühlen, runterkommen

1. RIECHEN, SCHAUEN, LAUSCHEN

Nehmen Sie sich Zeit, um im **Jardin du Phénix** von Varenne-l'Arconce duftende Rosen, aromatische Sträucher und traditionelle Heilkräuter zu entdecken. (www.lejardinduphenix.fr)

2. BLICK ZURÜCK, BLICK NACH VORN

Steigen Sie rauf und kommen Sie runter: Ein Spaziergang auf den berühmten **Felsen von Solutré** mit seinem Ausblick bis zu den Alpen ist ein Moment der Einkehr.

3. SICH TREIBEN LASSEN

Zahlreich sind die Seen, Flüsse und Kanäle Burgunds. Lassen Sie im Hausboot die Landschaft vorüberziehen oder radeln sie gemütlich am Wasser entlang. Besonders schön: der **Canal du Nivernais**. (www.canaldunivernais.com)

4. ENTSPANNUNG IM SPA

»Marie de Bourgogne« im Fünf-Sterne-Hotel **Cep in Beaune** erhielt 2017 den World Luxury Spa Award – buchen Sie das Peeling mit Traubenkernen eines Grand Cru! (www.hotel-cep-beaune.com)

5. RUHE FINDEN

Zur Besinnung kommen in der Abteikirche von **Pontigny**: Die Zisterzienser schufen den Raum aus Stein, Stille und Licht. (www.abbaydepontigny.com)

6. WAND AN WAND MIT DER NATUR

Der Trend zum Abenteuer mit Komfort in Hütte oder Baumhaus ist unübersehbar. In der **Domaine des Prés Verts** rauschen statt Verkehr nur Wasser und Wald. (www.cabanes-de-france.com)

★★ TOP-ZIELE

Burgunds landschaftliche Vielfalt und seine zahllosen Sehenswürdigkeiten kann man nicht einfach auf der Durchreise mitnehmen. Ob Städte, Dörfer oder Schlösser und Klöster – hier ist zusammengestellt, was Sie auf keinen Fall versäumen dürfen.

Alise Sainte-Reine

★★ MuseoParc Alésia

Hier wird ein Verlierer mit einer Statue geehrt: In der Schlacht von Alesia unterlag der Gallier **Vercingetorix** den Römern. Auf in eine Zeitreise in das Jahr 52 v. Christus.

Ancy-le-Franc

★★ Château Ancy-le-Franc

François I. hinterließ Frankreich einen der schönsten Renaissancebauten mit einer außergewöhnlichen Sammlung von **Wandmalereien** des 16. und 17. Jahrhunderts.

Autun

★★ Cathédrale St-Lazare

Mit »Gislebertus hoc fecit« signierte Meister Gislebertus seine Darstellung des **Jüngsten Gerichts** in der Kathedrale von Autun. Er schuf auch den ersten weiblichen Akt des Mittelalters: **Eva** mit nackter Brust.

Auxerre

★★ Fachwerk und Abbaye de Pontigny

Lassen Sie sich einfach treiben zwischen Fachwerkhäusern, von der berühmten Kathedrale bis zum charmanten Plätzchen St. Nicolas. Und danach ein Ausflug zum **größten Zisterzienserkloster Europas** nach Pontigny.

Beaune

★★ Hospice Hôtel-Dieu

Hier scheint sich alles um Spitzenköche, klangvolle Lagen und große Gewächse des Burgund zu drehen. Doch auch wer vegan lebt und keinen Alkohol trinkt, kommt in Beaune auf seine Kosten: Allein das bewegende **Altarbild des Jüngsten Gerichts** von Rogier van der Weyden im wunderschönen Hospiz lohnt die Reise.

Die verführerische Eva in der Kathedrale von Autun

Chalon-sur Saône

Ein Vorgeschmack auf den Süden: Das betriebsame Chalon ließ Stendhal 1837 an Marseille denken. Kein Zufall, dass hier jeden Sommer eines der größten **Straßentheaterfestivals** in Europa stattfindet.

★★
Chalon dans la Rue

Châteauneuf-en-Auxois

Ein **»schönstes Dorf Frankreichs«** – eines von 158, die so ausgezeichnet sind, und zweifellos zu Recht: Von der Anhöhe aus wacht die Burg seit dem Mittelalter über die Straße von Dijon nach Autun, die engen Gassen sind weitgehend andenkenladenfrei.

★★
Postkartenidylle

Cluny

Im **»Zweiten Rom«** stand einst die größte Kirche der Christenheit als Mittelpunkt eines der mächtigsten Klöster des Abendlandes. Fantasie und digitale Hilfsmittel lassen das über tausend Jahre alte Cluny wieder auferstehen. Ganz weltlich geht es zu im **barocken Wasserschloss** von Cormatin.

★★
St-Pierre-et-St-Paul und Château de Cormatin

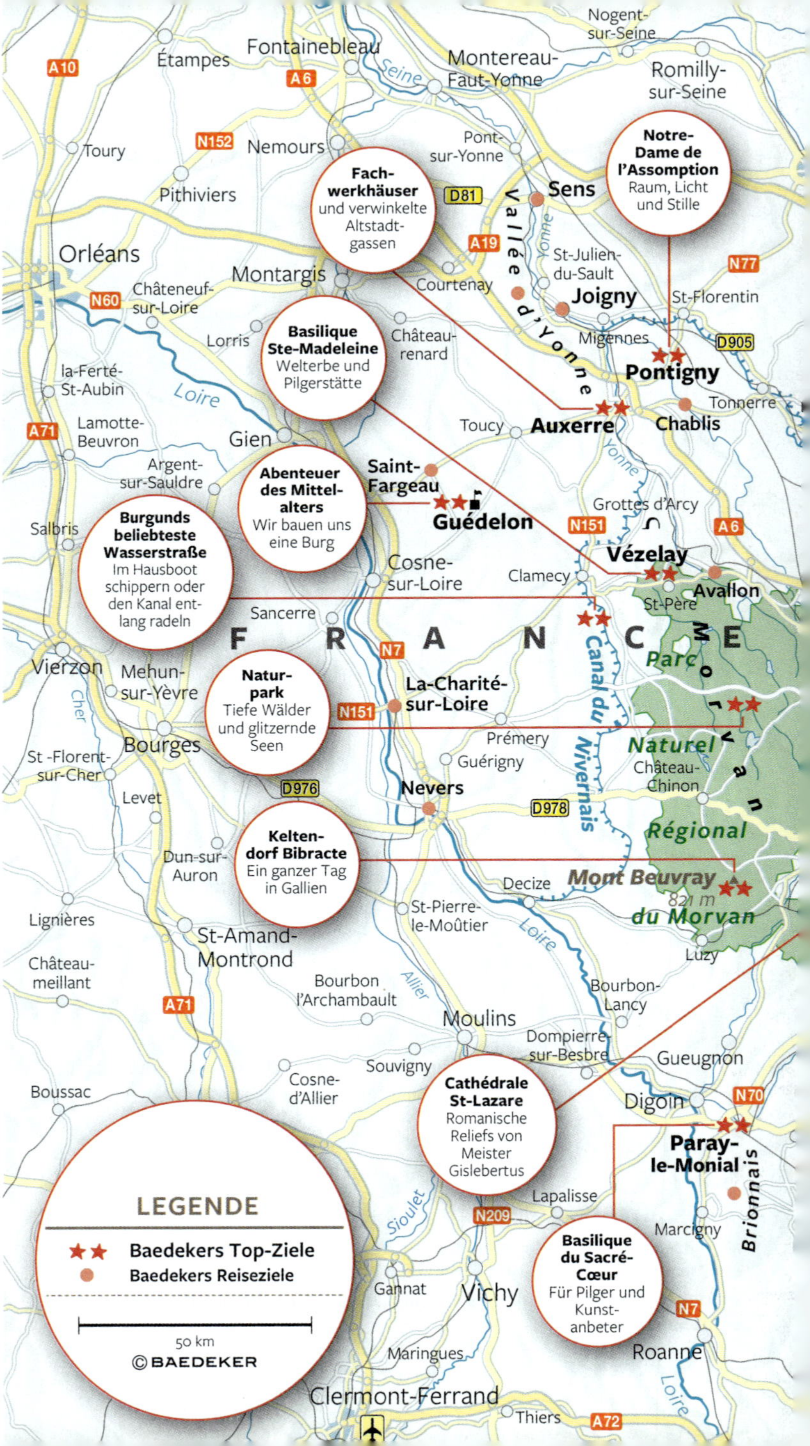

Fach-werkhäuser
und verwinkelte Altstadt-gassen
Notre-Dame de l'Assomption
Raum, Licht und Stille
Basilique Ste-Madeleine
Welterbe und Pilgerstätte
Abenteuer des Mittel-alters
Wir bauen uns eine Burg
Burgunds beliebteste Wasserstraße
Im Hausboot schippern oder den Kanal ent-lang radeln
Natur-park
Tiefe Wälder und glitzernde Seen
Kelten-dorf Bibracte
Ein ganzer Tag in Gallien
Cathédrale St-Lazare
Romanische Reliefs von Meister Gislebertus
Basilique du Sacré-Cœur
Für Pilger und Kunst-anbeter
LEGENDE
Baedekers Top-Ziele
Baedekers Reiseziele
50 km
© BAEDEKER
FRANCE
Fontainebleau
Étampes
Montereau-Faut-Yonne
Nogent-sur-Seine
Romilly-sur-Seine
Seine
Toury
Nemours
Pithiviers
Pont-sur-Yonne
Sens
Orléans
Montargis
Courtenay
St-Julien-du-Sault
Joigny
St-Florentin
Châteauneuf-sur-Loire
Lorris
Château-renard
Migennes
Pontigny
Tonnerre
Chablis
Vallée d'Yonne
la-Ferté-St-Aubin
Loire
Lamotte-Beuvron
Gien
Toucy
Auxerre
Argent-sur-Sauldre
Saint-Fargeau
Guédelon
Grottes d'Arcy
Salbris
Cosne-sur-Loire
Clamecy
Vézelay
Avallon
St-Père
Sancerre
Canal du Nivernais
Parc Naturel Régional du Morvan
Morvan
Vierzon
Mehun-sur-Yèvre
La-Charité-sur-Loire
Cher
Bourges
Prémery
Guérigny
St -Florent-sur-Cher
Château-Chinon
Levet
Nevers
Dun-sur-Auron
Decize
Mont Beuvray
821 m
Lignières
St-Pierre-le-Moûtier
St-Amand-Montrond
Luzy
Château-meillant
Bourbon l'Archambault
Allier
Bourbon-Lancy
Moulins
Dompierre-sur-Besbre
Gueugnon
Souvigny
Cosne-d'Allier
Boussac
Digoin
Paray-le-Monial
Brionnais
Lapalisse
Sioulet
Marcigny
Gannat
Vichy
Roanne
Maringues
Clermont-Ferrand
Thiers
A10
A6
N152
D81
A19
N77
N60
D905
A71
N151
A6
N7
N151
D976
D978
A71
N209
N70
N7
A72

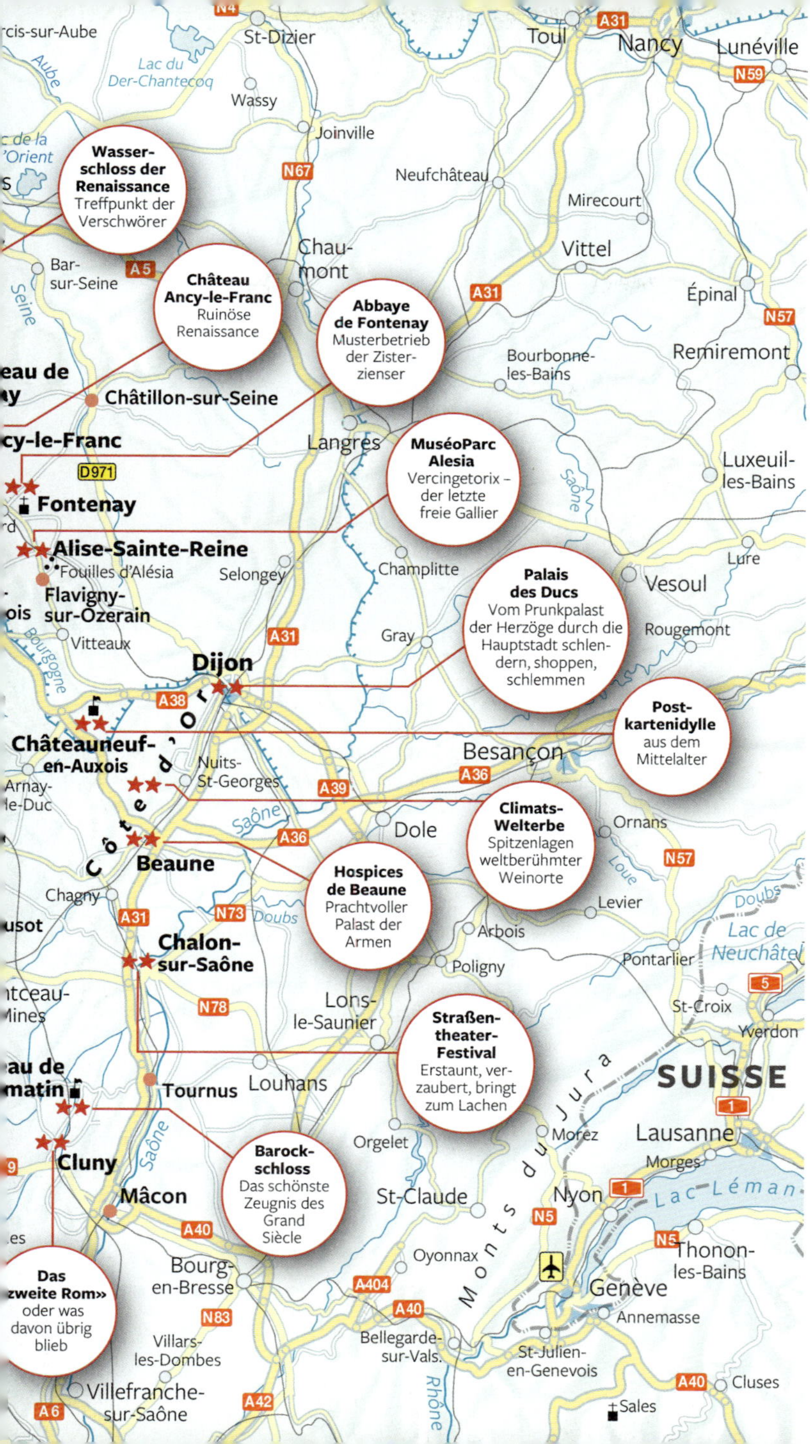
Wasser-
schloss der
Renaissance
Treffpunkt der
Verschwörer
Château
Ancy-le-Franc
Ruinöse
Renaissance
Abbaye
de Fontenay
Musterbetrieb
der Zister-
zienser
MuséoParc
Alesia
Vercingetorix –
der letzte
freie Gallier
Palais
des Ducs
Vom Prunkpalast
der Herzöge durch die
Hauptstadt schlen-
dern, shoppen,
schlemmen
Post-
kartenidylle
aus dem
Mittelalter
Climats-
Welterbe
Spitzenlagen
weltberühmter
Weinorte
Hospices
de Beaune
Prachtvoller
Palast der
Armen
Straßen-
theater-
Festival
Erstaunt, ver-
zaubert, bringt
zum Lachen
Barock-
schloss
Das schönste
Zeugnis des
Grand
Siècle
Das
zweite Rom»
oder was
davon übrig
blieb
St-Dizier
Lac du
Der-Chantecoq
Wassy
Joinville
Toul
Nancy
Lunéville
Neufchâteau
Mirecourt
Vittel
Chaumont
Épinal
Remiremont
Bourbonne-
les-Bains
Bar-
sur-Seine
Châtillon-sur-Seine
Langres
Luxeuil-
les-Bains
Fontenay
Alise-Sainte-Reine
Fouilles d'Alésia
Flavigny-
sur-Ozerain
Selongey
Champlitte
Lure
Vesoul
Rougemont
Vitteaux
Gray
Dijon
Châteauneuf-
en-Auxois
Côte d'Or
Nuits-
St-Georges
Besançon
Arnay-
le-Duc
Dole
Ornans
Beaune
Chagny
Levier
Arbois
Pontarlier
Lac de
Neuchâtel
Chalon-
sur-Saône
Poligny
St-Croix
Lons-
le-Saunier
Yverdon
SUISSE
Tournus
Louhans
Monts du Jura
Morez
Lausanne
Orgelet
Morges
Cluny
Mâcon
St-Claude
Nyon
Lac Léman
Oyonnax
Thonon-
les-Bains
Bourg-
en-Bresse
Genève
Annemasse
Bellegarde-
sur-Vals.
St-Julien-
en-Genevois
Villars-
les-Dombes
Villefranche-
sur-Saône
Cluses
Sales
Seine
Saône
Doubs
Loue
Rhône
Aube
A5
A31
A38
A39
A36
A40
A42
A404
A6
N4
N59
N67
N57
N73
N78
N83
N5
D971

Das Hospiz von Beaune vereint Traditionen von geistlichem Leben, Kunst und Weinbau.

Côte d'Or

★★ Route des Grands Crus

Gevrey-Chambertin, Meursault, Nuits-Saint-Georges ... wie eine sündhaft teure Weinkarte. Die Fahrt entlang der »Goldküste« duch wunderschöne Landschaft, hübsche Dörfer und **beste Weinlagen**.

Dijon

★★ Palais des Ducs und Musée des Beaux-Arts

Die prachtvolle Residenz der Burgunder Herzöge begeistert mit eleganter Architektur, südlichem Flair und Wohlfühlatmosphäre. 400 Jahre wurde am Herzogspalast gebaut, in dem heute das Kunstmuseum **fantastische Objekte aus der Blütezeit Burgunds** ausstellt.

Fontenay

★★ Abbaye de Fontenay

Eines der Wunder Burgunds und Welterbe: Die eindrucksvoll erhaltene **Zisterzienserabtei** liegt seit 900 Jahren abgeschieden im Wald.

Guédelon

★★ Château de Guédelon

Die Burg wird seit 1998 ausschließlich **mit Techniken des Mittelalters** errichet.

Mont Beuvray

»Gallia est omnis divisa in partes tres ...« Im **Keltendorf Bibracte** auf dem Mont Beuvray begann Cäsar mit der Niederschrift der Pflichtlektüre für alle Lateinschüler: De Bello Gallico. Archäologen bringen die Stadt unter dem Wald wieder zum Vorschein.

★★ Oppidum Bibracte

Morvan

Die von einem regionalen Naturpark geschützten **urwüchsigen Wälder** des wasserreichen Morvan sind ideales Ziel für ein Wochenende im Grünen

★★ Wandern

Paray-le-Monial

Die Herz-Jesu-Basilika von Paray-le-Monial gilt als **Meisterwerk der Romanik** und Miniaturmodell der Abteikirche von Cluny, als der Orden auf dem Gipfel seiner Macht war.

★★ Basilique du Sacré-Cœur

Tanlay

Nicht zufällig ist Schloss Tanlay eine beliebte Filmkulisse – hier wurden in den 1960ern Szenen der erotischen Abenteuer von »Angélique« gedreht. Die **bezaubernde Wasserburg** war immer eines der schönsten Renaissanceschlösser im Burgund und Schauplatz echter Verschwörungen.

★★ Château de Tanlay

Vézelay

In dem kleinen Wallfahrtsort am Jakobsweg rief der hl. Bernhard von Clairvaux Mitte des 12. Jh.s die Gläubigen zum Kreuzzug auf, sammelten Philipp II. und Richard Löwenherz ihre Heere, um ins Heilige Land zu ziehen. Seit Jahrhunderten strömen die Menschen hinauf zur **Magdalenenkirche**, einem Meisterwerk romanischer Baukunst.

★★ Basilique Ste-Marie-Madeleine

Vallée de l'Yonne & Canal du Nivernais

Im wunderschönen Tal der Yonne und auf dem Canal du Nivernais: Auf **Burgunds beliebtester Wasserstraße** werden Sie sich garantiert wie im Urlaub fühlen! Ob auf dem Hausboot oder per Rad am Kanal entlang.

★★ Canal du Nivernais

ESSEN UND TRINKEN

Burgund verführt mit erlesenen Weinen und genussvoller Esskultur die Sinne. Lassen Sie sich bei einem Kochkurs, einer Weinprobe oder einem Bummel über die Wochenmärkte in die Welt der Spezialitäten und burgundischen Lebenslust einführen.

Genuss und guter Geschmack

»Savoir vivre« bedeutet stilvoll zu genießen, und gutes Essen gehört in Frankreich immer dazu. Die UNESCO hat die französische Küche sogar zum Weltkulturerbe erklärt, und die Restaurants im Burgund sind mehr als geeignet, um sie zu entdecken. Weinbergschnecken, Charolais-Rinder und Geflügel aus der Bresse in Gesellschaft von zartem Gemüse, knackigem Obst, aromatischem Käse, Pilzen, Trüffel, Kastanien und Honig sind gefragte Erzeugnisse der Region. Die junge Garde am Herd kreiert Klassiker gern neu, Biere trotzen den Grand-Cru-Weinen und Bioprodukte gewinnen auf Märkten die Oberhand. Zum Essen sollten Sie einen **Wein** aus den Reben der Region probieren. Oder kosten Sie ein frisch Gezapftes: Das 0,2 l-Glas wird als »demi« bezeichnet, eine Halbe als »véritable«, der Liter als »formidable«.

Die drei Mahlzeiten des Tages

Beim Essen lassen sich die Franzosen gern ganz viel Zeit, beim **Frühstück** sind sie allerdings schnell. Eine große Bol, eine Porzellanschale mit Kakao oder Milchkaffee, dazu eine Tartine beurré, eine getoastete Baguettehälfte mit Marmelade, die in den Kaffee getunkt wird, ça suffit. Wird das Petit déjeuner im Café eingenommen, besteht es aus Kaffee, Tee oder Schokolade, Croissant oder Brioche und einem Glas Orangensaft. Die meisten Hotels bieten zum Frühstück auch Müsli, Käse, Schinken, Joghurt und Ei. Das **Mittagessen** (déjeuner) wird in den Restaurants, Bars und Cafés zwischen 12 und 14.30 Uhr als festes Menü mit Vorspeise, Hauptgericht und Nachspeise serviert oder à la carte selbst zusammengestellt. Günstiger ist der Plat du jour, der Tagesteller mit Café, oder ein Formule mit einem Hauptgericht und wahlweise Vor- oder Nachspeise. Das **Abendessen** (dîner) ab etwa 19.30 Uhr ist reichhaltiger und deutlich teurer als das gleiche Menü zu Mittag. Gute Lokale zeichnen sich auch immer durch eine umfassende Weinkarte aus. Kostenlos gereicht werden eine carafe d'eau (Karaffe mit Leitungswasser) und frisch aufgeschnittenes Bauernbrot oder Baguette.

Zu Tisch!

Bistros, Brasserien oder Sternelokale – den Tisch zu reservieren empfiehlt sich fast immer. Mittagessen im Weinberg, Biohof mit Bauernstube oder ein reizvoller Gasthof an der Route des Grands Crus? Im Burgund stehen talentierte Küchenchefs am Herd und zaubern mit regionalen Zutaten einer neuen Generation von Tierzüchtern, Käseproduzenten und Gemüsebauern wahre Gaumenfreuden. Zu-

An der Côte de Beaune gedeihen große Weine.

nehmender Beliebtheit erfreuen sich die **Tables d'hôtes**, bei denen der Gast nach Absprache in seinem Chambre d'hôtes, dem französischen B & B, Burgunder Gerichte speisen kann, ähnlich wie bei der **Ferme-Auberge**, wo nach vorheriger Reservierung auf einem Bauernhof rustikale Tafelrunden mit Erzeugnissen vom Hof geboten werden. Vielerorts vermitteln sympathische Küchenchefs für eine Stunde, einen halben oder ganzen Tag in entspannten **Kochkursen** und lockeren Workshops, wie Lieblingsrezepte und typische Spezialitäten der Region auch zu Hause mühelos gelingen.
Samstagabend und Sonntagmittag gehen die Franzosen gerne mit der Familie und Freunden außer Haus essen, entsprechend häufig heißt es dann »complet«, alle Tische belegt. Dafür ist Sonntagabend und Montag meist Ruhetag. Michelinsterne und Bistros sind schon lange kein Gegensatz mehr. Viele Sterneköche haben inzwischen auch **Bistros** eröffnet, wo Sie die erlesenen Gaumenfreuden der Chefs de cuisine preisgünstiger genießen können.

»
Wenn Sie nicht ein wenig zaubern können, stehen Sie in der Küche auf verlorenem Posten.
«
Sidonie Gabrielle Colette

Die burgundische Trüffel ist ein Luxusgewächs, das auf den Kalkplateaus oberhalb der Weinberge gedeiht, wo Trüffelplantagen mit Haselnusssträuchern, Weißbuchen und Schwarzpinien angelegt werden und der **teure Edelpilz** Mitte September bis Ende Januar mit Hilfe von Trüffelhunden erschnuppert wird. Trüffel

Dijon-Senf Für den **Lieblingssenf der Franzosen**. werden nur schwarze und braune Senfkörner ohne Schale verwendet, die beim Mahlen mehr Schärfe abgeben. Für das intensive Aroma wird die Senfsaat nicht entölt. Da Most, Branntwein oder Essig zugefügt werden, sind Weinbaugebiete geradezu prädestiniert für Senfmacher. Dijon besaß das Monopol seit dem 13. Jahrhundert. Dass heute auf der ganzen Welt »Dijon-Senf« gemacht wird, liegt daran, dass es lediglich ein Gütesiegel für eine bestimmte Zubereitungsart ist. Bis heute ist Dijon-Senf mit der Firma Maille verbunden, die das Original seit mehr als 270 Jahren nach dem Rezept des Gründers Antoine Maille herstellt. Werfen Sie in Dijon also einen Blick in die **Delikatessenboutique Moutarde Maille** in der Rue de la Liberté 32. Letztes Unternehmen, das den Senf nach überlieferter Handwerkstradition aus Burgunder Saat herstellt, ist die **Moutarderie Fallot** in Beaune. Das angeschlossene Museum erzählt Wissenswertes über den aromatischen Scharfmacher.
https://fr.maille.com, www.fallot.com

Kir Die Mischung von einem Drittel Crème de Cassis mit zwei Dritteln Weißwein verdankt ihren Aufstieg zum zweitbeliebtesten Aperitif der Franzosen dem Domherrn **Félix Kir**. Kir war burgundisches Eigengewächs: 1876 in Alise-Ste-Reine geboren, Priester und Pressesprecher des Bischofs von Dijon, dort ab 1945 Bürgermeister und Abgeordneter in der Nationalversammlung. 1951 hatte Kir den Fabrikanten Lejay-Lagoute und L'Héritier-Guyot die Verwendung seines Namens für den Kir erlaubt. Heute stellen vier Firmen aus Dijon den schwarzen Johannisbeerlikör **Crême de Cassis** her: Edmond Briottet, Lejay-Lagoute, Gabriel Boudier und L'Héritier-Guyot. Likör aus schwarzen Johannisbeeren, die in den Weinbergen wachsen, war als »Ratafia« allerdings schon lange vor Félix Kir zur Herstellung von »Blanc Cassis« beliebt. Wird der Weißwein durch Rotwein ersetzt, heißt der Cocktail »Kardinal« oder »Kommunarde«. Edelste Variante ist der **Kir Royal** aus Cassis und Champagner, ein perfektes Getränk für festliche Anlässe.

Käse Die Milchwirtschaft Burgunds liefert ideale Voraussetzungen für Käsesorten. Schon Ludwig XIV. und Napoleon liebten den kräftigen **Epoisses**, der mindestens vier Wochen in kühlen, feuchten Kellern reift. Ebenfalls ein reiner Kuhmilchkäse ist der mildere **Langres**, der mit dem Samen des Annattostrauches rot gefärbt wird. Der cremige **Chaource** mit weißer Schimmelrinde ist ein fettarmer Weinbergkäse aus leicht gesalzener Kuhmilch. Während seiner Herstellung wird der zartschmelzende **Duc de Bourgogne** mit Crème fraîche angereichert. Pyramiden, Rollen oder klein und rund sind die aus Rohmilch hergestellten **Charolais-Ziegenkäse**, ein Produkt des Terroir, das den besonderen Geschmack verleiht. Seit dem Mittelalter stellen die Mönche des Abtei **Cîteaux** den gleichnamigen, leicht würzigen Schnittkäse aus Kulmilch her – eine Rarität, die nur im Kloster verkauft wird.

BAEDEKER ÜBERRASCHENDES

6X UNTERSCHÄTZT

Genau hinsehen, nicht daran vorbeigehen, einfach probieren!

1. GUTE PINOT-NOIR-WEINE

Es muss nicht immer ein Premier oder Grand Cru der Côte de Nuits sein. Auch die **Côte Chalonnaise** bietet sehr ausgewogene, elegante Weine, die preisgünstiger zu haben sind. Eine gute Adresse: Jacqueson bei Chalon-sur Saône. (www.jacqueson-vins.fr).

2. SOUVENIR

Wie wäre es, statt Wein und Käse einen Stuhl zur Erinnerung aus dem Burgund mitzunehmen ? Die Blechstühle der Firma **Tolix in Autun** sind bestes Industriedesign. Der »Chaise A« steht sogar im New Yorker MoMa. (www.tolix.fr)

3. SCHARF-MACHER

Seit dem 18. Jh. beliefert das **Maison de Maille aus Dijon** Europas Fürstenhäuser mit edlen Senfsorten. Probieren Sie nicht nur die körnigen Klassiker, sondern auch die neu-este Jahreskollektion wie Senf mit Aubergine und einem Hauch Rosmarin. (https://fr.maille.com)

4. KOHLE UND STAHL

In **Le Creusot** herrschte Frankreichs Stahldynastie Schneider, die es mit dem Krupp-Imperium aufnehmen konnte. Im Schloss der Familie wird die unbekannte Geschichte vom Industriestandort Burgund erzählt. (www.ecomusee-creusot-montceau.fr)

5. SOMMER IM BURGUND

Es ist **angenehm warm, fast nie zu heiß** und es regnet selten. Die Touristenmassen, die im August den Rest von Frankreich übervölkern, verschonen Burgund zum Glück bislang.

6. BITTE TANKEN!

Seit Eröffnung der Autobahn 1970 halten die Pariser nicht mehr im Burgund. Bis dahin mussten sie auf der Fahrt in den Süden bei **Beaune** tanken. Nostalgiker haben die berühmte Tankstelle Bel-Air renoviert und einen Themenpark angebaut. (www.vintagebelair.com)

TYPISCHE GERICHTE

Wenn die Burgunder in ihrem Lieblingslokal sitzen, um die wichtigen Momente im Leben zu feiern, gehören Wein, Kir und köstliche Klassiker der Region dazu.

Bœuf bourguignon: Auch Meryl Streep schwärmte in der Filmkomödie »Julie & Julia« vom Bœuf bourguignon, eine Art Gulasch oder Schmorbraten, das zu den traditionellsten Familiengerichten in Frankreich gehört. Sein Geheimnis liegt in der langen Garzeit. Auf kleiner Flamme schmoren das Rindfleisch, Speck, Schalotten, Knoblauch, Karotten und Kräuter der Provence stundenlang im vollmundigen roten Burgunderwein. 15 Minuten vor dem Servieren kommen klein geschnittene Champignons in den Topf. Am besten schmecken dazu Kartoffeln, Kartoffelpüree oder Bandnudeln. Wichtig ist, dass sich die Soße gut mit der Beilage mischen kann.

Escargots de Bourgogne: Sie sind das Wappentier der burgundischen Küche. Schon die Römer aßen frittierte Weinbergschnecken. Seit 1979 steht Burgunds »Große Weiße« Schnecke, Helix Pomatia, unter Schutz. Sie wird traditionell im Sud gekocht und anschließend wieder ins Schneckenhaus getan, das dann mit einer Mischung aus Butter, Petersilie und Knoblauch aufgefüllt im Ofen überbacken wird. Auf den Tisch kommt sie im halben oder ganzen Dutzend in speziellen Tellern und mit passendem Werkzeug.

Jambon persillé: Wo burgundische Spezialitäten auf der Karte stehen, ist Schinkensülze mit Petersilie als Vorspeise dabei. Mit der Zubereitung kann man nicht nur Stunden, sondern Tage verbringen. Der beste Jambon persillé des Jahres wird jeden Herbst auf der Gastronomiemesse in Dijon gekürt.

Œuf Meurette: Weiße Eier in einer dicken, dunkelroten Weinsoße – bereits die Farben sind ein Genuss. Zuerst röstet man Zwiebelscheiben und Speckwürfel in Butter an, gießt dann roten Burgunder dazu, lässt alles eine halbe Stunde einkochen und porchiert die Eier darin. Dazu wird Toast gegessen.

Coq au vin: Das Beste, was dem zarten Bresse-Geflügel passieren kann, ist »Huhn in Wein«. Dafür ruht es 24 bis 36 Stunden in einer Marinade aus Suppengrün, Kräutern und Spätburgunder, bevor es scharf angebraten und mit Mehl bestäubt zweimal 1,5 Stunden schmort. Kurz vor Schluss kommen noch Speck und Pilze dazu. Voilà!

Pain d'épices: Angeblich haben die Großen Herzöge den würzigen Honigkuchen aus Flandern mitgebracht, aber auch von den Kreuzzügen ist die Rede. Seit 1796 stellt Mulot & Petitjean am Place Bossuet in Dijon das aromatische Gewürzbrot aus Weizenmehl, Anis, Muskat, Zimt und Nelken her.

Epoisses: Aus dem gleichnamigen Dörfchen bei Semur-en-Auxois kommt der bekannteste Käse des Burgund. Im 16. Jh. von den Mönchen der Abtei Cîteaux erfunden, geriet der Weichkäse mit orangeroter Rinde lange in Vergessenheit, bis die Käserei Berthaut die Produktion 1956 wieder ins Rollen brachte. Der Kuhmilchkäse wird während der Reifung mit Salzlake und Marc de Bourgogne gewaschen, der für das kräftige Aroma sorgt.

INTERESSANTE MENSCHEN

Die Idee der Evolution: Georges-Louis Leclerc, Comte de Buffon

1707–1788 Naturforscher

Schon 100 Jahre vor Alexander von Humboldt lieferte der auf Schloss Montbard geborene Comte de Buffon mit seiner »**Histoire Naturelle**« den ersten naturkundlichen Beitrag zur Erdgeschichte. Die 36-bändige Enzyklopädie stellte nicht auf der Grundlage biblischer Überlieferung, sondern wissenschaftlicher Fakten mineralogische, botanische und zoologische Entwicklungen dar und zählt zu den großen Errungenschaften der Aufklärung. Der Sohn eines betuchten Gerichtsrats aus Dijon studierte Jura und Medizin, doch sein Hauptinteresse galt der Naturkunde. Finanziell unabhängig, konnte er nach Italien reisen und in London Mathematik, Physik und Botanik studieren, wo er begeistert Newtons Schriften las, die er nach seiner Rückkehr in Frankreich übersetzte. 1733 wurde er Mitglied der königlichen Akademie der Wissenschaften, 1753 folgte die Berufung in die Académie française. Frei von theologischen Vorstellungen erklärte Buffon die Entstehung von Leben durch eine Urzeugung aus kleinsten Teilchen und ihre Entwicklung als Ergebnis klimatischer Veränderungen. Mit dem Vergleich von Skeletten wies er Ähnlichkeiten zwischen Mensch und Affe nach. Als Erster versuchte er das Alter der Erde wissenschaftlich fundiert zu bestimmen und kam auf mindestens 70 000 Jahre, in einigen Notizen steht sogar über 500 000 Jahre.

Femme fatale: Sidonie-Gabrielle Colette

1873–1954 Schriftstellerin und Sängerin

Ganz Paris tuschelte über Colettes skandalöse erste Ehe, als die gerade Zwanzigjährige aus dem burgundischen Provinznest St-Sauveur-en-Puisaye den Lebemann, Musikkritiker und Schriftsteller Gauthier-Vill heiratete. Dieser lebte ungeniert seine Affären aus, während die talentierte Colette zu Hause ihre Jugend zu Papier bringen musste, die ihr Gatte dann erfolgreich unter seinem Namen als »Claudine-Romane« verkaufte. Erst mit über 30 reichte Colette die Scheidung von »Monsieur Willy« ein – der Startschuss für ein **bewegtes Leben**, in dem sie noch zweimal verheiratet war. Colette gastierte bald als Tänzerin in Varietébühnen der Hauptstadt, hatte Affären mit Natalie Clifford Barney, zeitlebens eine gute Freundin, und der zehn Jahre älteren Mathilde und arbeitete als Journalistin für die Tageszeitung

»Le Matin«. Dass ihr Roman »**La Vagabonde**« 1910 für den Prix Goncourt vorgeschlagen wurde, bedeutete den Durchbruch. »Sie hat das menschlichste Herz der modernen französischen Literatur«, schrieb Marcel Proust nach der Lektüre ihres Romans »Chérie«, der 1920 erschien. Colettes Roman »**Gigi**« wurde 1958 als Musicalfilm zum Welterfolg. Neun Oscars gingen an die Story der hübschen Gigi, die um 1900 in Paris zur Kurtisane ausgebildet werden soll, aber so charmant ist, dass ihr reicher Verehrer sie heiratet. Colette wurde Präsidentin der Académie Goncourt, Mitglied der Ehrenlegion und erhielt als erste Frau Frankreichs ein Staatsbegräbnis. Ihr Geburtshaus in der Rue Colette 8 in St-Sauveur-en-Puisaye ist heute **Museum** .

Erste Europäerin im All: Claudie Haigneré

geb. 1957
Astronautin

Claudie kam im Startjahr von Sputnik in Le Creusot zur Welt, die Sterne standen also gut für eine europäische Karriere in der Raumfahrt. Und nachdem sie mit zwölf Jahren die Mondlandung im Fernsehen verfolgt hatte, stand ihr Entschluss fest: Sie wollte das Universum erkunden. Aber es gab keine Astronautenschule.

Drei Ehen und Ritterin der Ehrenlegion: Colette

So studierte sie Medizin. Doch als die French Space Agency Astronauten für Experimente auf der Weltraumstation suchte, war Claudie mehr als bereit. Nach einem langen und harten Training brach sie 1996 als erste Europäerin zu einer Mission ins All auf, zur russischen **Raumstation Mir**. 2001 heiratete sie den Astronauten Jean-Pierre Haigneré und flog erneut ins Weltall, diesmal mit zwei russischen Kosmonauten zur Internationalen **Raumstation ISS**. Im Jahr darauf wurde sie Ministerin für Neue Technologien, dann Europa-Ministerin. Haigneré engagiert sich im UNESCO-Programm »For Women in Science«, das Nachwuchswissenschaftlerinnen in der Forschung fördert.

Immer für Frankreich: François Mitterrand

1916 – 1996
Politiker

Kein französischer Präsident repräsentierte die Grande Nation länger als Mitterrand, der von 1981 bis 1995 das höchste Amt innehatte. Er trieb die deutsch-französische Aussöhnung voran – Mitterrands Händedruck mit Bundeskanzler Kohl auf dem Schlachtfeld von Verdun 1984 ging in die Geschichtsbücher ein. Geboren wurde Mitterrand in Jarnac im mittleren Westen Frankreichs. Im Zweiten Weltkrieg arbeitete er in der Verwaltung des Vichy-Regimes, später schloss er sich der Résistance an. Als die Gestapo auf seine Spur kam, floh er nach London und wurde Mitglied der Exilregierung General de Gaulles.
Zweimal – 1965 und 1974 – trat er erfolglos zur Wahl des Staatspräsidenten an. 1981 gewann er und war der erste Präsident der Fünften Republik aus den Reihen der Sozialistischen Partei. Zu Beginn seiner Präsidentschaft die **Todesstrafe abgeschafft**. Es folgte die Anhebung der Mindestlöhne, Verstaatlichung von Schlüsselindustrien und Banken. Angesichts der Wirtschaftskrise kehrte Mitterrand aber schnell zu einer liberalen Wirtschaftspolitik zurück und setzte die Nuklearverteidigung fort. Für Mitterrand war ein starkes Frankreich wichtig. Das konnte es nur innerhalb Europas geben, und so war er ein vehementer Befürworter der **Europäischen Union** und unterstützte nach anfänglichem Zögern auch die deutsche Wiedervereinigung.
Setzte er sich in Paris durch gigantische Bauvorhaben wie Louvre-Umbau, Bastille-Oper und Nationalbibliothek ein Denkmal, so erinnern in Burgund unzählige nach ihm benannte Straßen und Plätze an ihn. Vor seiner Präsidentschaft war er 30 Jahre lang **Bürgermeister von Château-Chinon** im Morvan. Seit 1946 pilgerte Mitterrand alljährlich an Pfingsten zum Felsen von Solutré. Was als Treffen ehemaliger Mitkämpfer begann, entwickelte sich als fester Bestandteil seiner Selbstinszenierung zum regelmäßigen Medientermin. Über 20 Jahre hielt Mitterrand seine Beziehung zu Anne Pingeot und die gemeinsame Tochter geheim. Eine Trennung von Ehefrau Danielle, Mutter dreier gemeinsamer Kinder, kam für ihn nie infrage.

Glückloser Erfinder: Joseph Nicéphore Niépce

1765 – 1833
Vater der Fotografie

Nur wenig Erfolg war dem technisch versierten Joseph Nicéphore Niépce aus Chalon-sur-Saône vergönnt, wo heute ein Museum seine bahnbrechende Erfindung vorstellt. Als Niépce nach jahrelangen Experimenten 1822 die erste Landschaftsfotografie gelang, zeigt nahezu niemand Interesse an der neuen Errungenschaft. Das **erste Lichtbild der Welt** –und das einzige von Niépce, das erhalten blieb – zeigt den Blick aus seinem Arbeitszimmer unweit von Chalon. Als Sohn eines königlichen Steuereinnehmers besaß Niépce zunächst die finanziellen Mittel für Forschungen. Mittels einer Lochkamera Bilder der Wirklichkeit an die Rückwand eines Kastens projizieren zu können, wurde zu seiner Lebensaufgabe. Acht Stunden Belichtungszeit braucht Niépce 1826 für seine Heliographie, um den Blick aus seinem Zimmer dauerhaft auf einer mit Asphaltstaub und Lavendelöl bestrichenen Metallplatte festzuhalten – die Geburtsstunde der Fotografie. Als sein Vermögen zur Neige ging, schloss Niépce 1829 einen Kooperationsvertrag mit dem wesentlich geschäftstüchtigeren **Louis Daguerre** (1787 – 1851), der die bahnbrechende Erfindung vermarktete, nachdem Niépce 1833 einem Schlaganfall erlegen war. Die Daguerreotypien brachten den Ruhm und wirtschaftlichen Erfolg, von dem Niépce immer geträumt hatte.

Festungsbaumeister Ludwigs XIV.: Sébastien Le Prestre de Vauban

1633 –1707
Architekt, Ingenieur und Militär

Die Lebensdaten Vaubans, der wahrscheinlich in St-Léger-de-Foucheret im Morvan zur Welt kam, decken sich ungefähr mit denen seines bevorzugten Auftraggebers, Ludwig XIV., für den er an die hundert Festungsbauten entwarf, instand setzte und modernisierte, um Frankreich mit einem steinernen Schutzgürtel zu sichern. Als hochbegabter Architekt, Ingenieur und Verteidigungsexperte wurde Vauban eine der bedeutendsten Persönlichkeiten seiner Zeit. Nach dem Besuch eines Karmeliterkollegs begann er im Regiment des Prinzen Condé seine militärische Ausbildung. Die zahlreichen Kriege Ludwigs XIV. boten Vauban reichlich Gelegenheit, sich intensiv mit Angriff und Verteidigung auseinanderzusetzen. Aber auch für die Wasserversorgung des Schlossparks von Versailles, die Schiffbarmachung von Flüssen und die Anlage von Kanälen zeichnete er verantwortlich. 1678 wurde Vauban Generalinspekteur des französischen Festungsbauwesens. Ein Dutzend seiner gewaltigen Wehranlagen, die von der enormen Schaffenskraft des Mannes zeugen, stehen als »**Netzwerk der bedeutendsten Vauban-Stätten**« auf der Welterbeliste der UNESCO.

NACHGEFRAGT

WWW.BURGUND-TOURISMUS.COM
Offizielle Homepage Burgunds, auch auf Deutsch

WWW.VINS-BOURGOGNE.FR
Weinkurse der École des Vins de Bourgogne in Beaune, auch Deutsch

ALISE SAINTE-REINE
1, Avenue de la Gare
21150 Venarey-les-Laumes
Tel. 03 80 96 89 13
www.alesia-tourisme.net

ANCY-LE FRANC
www.chateau-ancy.com

AUTUN
13, Rue Général Demetz
Tel. 03 85 86 80 38
www.autun-tourisme.com

AUXERRE
1 – 2, Quai de la République
Tel. 03 86 52 06 19
www.ot-auxerre.fr
www.auxerre.fr

BEAUNE
6, Boulevard Perpreuil
Tel. 03 80 26 21 32
www.beaune-tourisme.fr

CHALON-SUR-SAÔNE
4, Place du Port Villiers
Tel. 03 85 48 37 97
www.achalon.com

CHÂTEAUNEUF
La Capitainerie
1, Rue de la Coopérative
21320 Pouilly en Auxois
Tel. 03 80 90 77 36

CLUNY
6, Rue Mercière
Tel. 03 85 59 05 34
www.cluny-tourisme.com

CÔTE D'OR
B.P. 1601
21035 Dijon Cedex
Tel. 03 80 63 69 49
www.cotedor-tourisme.com

DIJON
11, Rue des Forges
Tel. 08 92 70 05 58
www.destinationdijon.com

FONTENAY
www.abbayedefontenay.com

MONT BEUVRAY
www.bibracte.fr

MAISON DU PARC DU MORVAN
58230 Saint-Brisson
Tel. 03 86 78 79 57
www.parcdumorvan.org
http://tourisme.parcdumorvan.org

PARAY-LE-MONIAL
25, Avenue Jean-Paul II
Tel. 03 85 81 10 92
www.tourisme-paraylemonial.fr

TANLAY
www.chateaudetanlay.fr

VÉZELAY
12, Rue Saint-Etienne
Tel. 03 86 33 23 69
www.vezelaytourisme.com

VALLÉE DE L'YONNE & CANAL NIVERNAIS
7, Rue du Grand Marché
58500 Clamecy
Tel. 03 86 27 02 51
www.clamecynivernais-tourisme.fr
www.canal-du-nivernais.com

10 SOUVENIRS

10 Dinge und Erinnerungen, die ich mitnehme …

1.

Eine paar Flaschen **Burgunder**, genüsslich gesammelt auf Weinproben in den Winzerdörfchen der Côte d'Or

2.

Ein Glas **Senf mit Cassis** von der Führung durch das Traditionsunternehmen Moutarderie Fallot in Beaune

3.

Den Wunsch wiederzukommen und den Tag am Place de la Libération in **Dijon zur blauen Stunde** ausklingen zu lassen, mit Blick auf bunte Wasserspiele

4.

Ein **göttliches Rezept** aus dem Schokoladenkurs **von** Bernard Dufoux **in** La Clayette

5.

Den Anblick der weißen **Charolais-Rinder** auf den grünen Weiden Burgunds

6.

Den **Sonnenstrahl**, der einen Pfeiler im Kirchenschiff der Zisterzienserabtei Fontenay zum Leuchten bringt

7.

Prickelnden **Crémant de Bourgogne** aus den Kellern von Bailly Lapierre

8.

Aquarellierte Drucke aus Buffons Naturgeschichte der Vögel im Buffon Museum von Montbard

9.

Feminine Mode und lässiges Outfit aus den kleinen Boutiquen in der Rue Carnot in Beaune

10.

Die in der Herbstsonne gelb leuchtenden **Weinberge von Chablis** – ein wunderbares Bild zum sich Zurückträumen …

E

ELSASS

»

Ich kann nicht vom Elsass reden, ohne es durch den Magen zu sehen. Die Esskunst ist bei uns ein Teil einer eingeprägten Kultur, eine humanistische Erfahrung.

«

Tomi Ungerer

DAS IST DAS ELSASS

Seit über 1000 Jahren ist das Münster das Herz von Straßburg.

EIN SCHÖNER GARTEN!

»Ah! Le beau jardin que voilá!« - »Oh! Welch schöner Garten!«, soll Sonnenkönig Ludwig XIV. ausgerufen haben, als er bei Zabern (Saverne) die Vogesen überschritt und das Elsass zum ersten Mal erblickte. Und ein schöner Garten ist die Region am linken Oberrhein bis heute geblieben.

Das Elsass bewahrt ein reiches kulturelles Erbe aus mehr als 2000 Jahren. Bauwerke aus Romanik, Gotik und Renaissance, klassizistische, barocke und wilhelminische Architektur und dazu moderne Gebäude, darunter eindrucksvolle Glaspaläste. In Strasbourg sind sämtliche Architekturstile vertreten, in Colmar locken Kunstwerke wie der Isenheimer Altar und die »Madonna im Rosenhag« alljährlich Zehntausende von Besuchern an, und in Mulhouse informieren mehrere Museen über die Entwicklung technischer Errungenschaften.

Alemannische Tradition und gallische Lebensart

Aber auch in den stimmungsvollen Festen und im Alltag der zum Teil noch Elsässerditsch sprechenden Menschen spiegelt sich die Geschichte der Region. Der besondere Reiz liegt in der Mischung aus alemannischen Traditionen und gallischer Lebensart, ist doch das Elsass, das als Zankapfel zwischen Frankreich und Deutschland mehrmals die Staatszugehörigkeit wechseln musste, von beiden Kulturen geprägt. Mit seiner **zentralen Lage in Europa** kommt ihm nicht erst heute eine wichtige Rolle im europäischen Einigungsprozess zu; schon die Vergangenheit hat gezeigt, welche Bedeutung das Elsass speziell für diese zwei Nationen hatte. Natürlich haben die Elsässer sich ihr Lebensgefühl nie nehmen lassen, doch die enorme Kraft, die hierfür nötig war, kann nur verstanden werden, wenn man sich die lange Rivalität zwischen Frankreich und Deutschland vor Augen hält.

Bewegung und Kulinarik

Bewegungssüchtige finden am linken Oberrhein ein reiches Feld. Der Naturfreund kann über die Vogesenhöhen mit ihren schattenkühlen Wäldern Wanderungen unternehmen oder die Aussicht von den Bergkuppen genießen. Radfahren und Reiten, Paragliding und Fahrten in Heißluftballons werden angeboten, auf Golfer warten einige schön gelegene Plätze, Wassersportler kommen in den Vogesenseen auf ihre Kosten, und Wintersportler treffen in vielen Hochlagen auf Loipen und Pisten mit teilweise alpinem Charakter.

Beste Laune in voller Trachtenmontur bei der Streißelhochzeit zu Seebach

Weniger Sportliche können die elsässischen **Rheinauen** mit ihrer reichen Tier- und Pflanzenwelt im Rahmen einer Minikreuzfahrt entdecken, oder man tuckert mit einem Kabinenboot, das man auch ohne Bootsführerschein steuern darf, über die Kanäle und lernt die Region aus dieser Perspektive kennen. Zudem lassen sich bei ausgewiesenen Feinschmecker-Kochkursen auch mehr und mehr Genießer in die Geheimnisse der Haute Cuisine einweihen.
Überhaupt steht der Genuss ganz weit oben bei den Elsässern. Einhellig begeistert sind alle Besucher von der guten Küche, in der sich französisches Raffinement und alemannische Deftigkeit vereinen. All die kulinarischen Köstlichkeiten zu probieren wie Flammkuchen, Choucroute, Baeckeoffe, Foie gras, Coq au vin oder den kräftigen Munsterkäse ist Pflicht. Auch die **Weine** gehören zu den besten Frankreichs und verführen zu manchem Großeinkauf. Zudem ist das Elsass für seine edlen Obstbrände bekannt.
Denn die schönen Ausflugsziele entlang der **Route des Vins**, die einsamen Wanderungen in den Vogesen und all die einzigartigen Kunstwerke wären doch nur halb so schön, wenn man anschließend nicht in gemütlicher Runde gut und lange tafeln könnte. War Ludwig XIV. von den landschaftlichen Reizen des »schönen Gartens« Elsass angezogen, so finden Touristen heute eine Region vor, die noch weitaus mehr zu bieten hat.

SCHLANKE FLASCHEN, GRÜNER ANBAU

Riesling, Pinot noir, Crémant & Co. sind mächtige Zugpferde für den Tourismus im Elsass. Im Weinberg tut sich allerhand, und längst nicht jeder Ökowinzer klebt sich extra ein Label auf die schlanke Flasche

Reben swoeit das Auge blickt in Kaysersberg nördlich von Colmar ▶

Es ist harte Arbeit, bevor man Riesling, Pinot noir und Crémant d'Alsace genießen kann.

RUND sieben Millionen Gäste aus aller Welt besuchen das Elsass jährlich, und viele kommen des Weines wegen. Sie unterscheiden sich doch sehr deutlich in ihren Vorlieben: Während Italiener den Gewürztraminer besonders schätzen, ist es bei den Holländern der Pinot blanc, Schweden und Dänen geht das Herz auf bei trockenen Rieslingen und Silvanern. Auch Deutsche schätzen den Riesling, kaufen aber nicht minder gerne Pinot gris, erläutert Foulques Aulagnon vom Elsässer Weinverband. Was nicht heißen soll, dass exakt nach Nationalität gekauft wird, aber Tendenzen lassen sich erkennen.

Mit dem **Crémant**, dem weißen Schaumwein, ist den Elsässern ein besonderer Treffer geglückt. Er hat nicht ganz soviel Kohlensäure wie der Champagner, und der Preis ist auch noch nicht ganz so hoch. Seine Beliebtheit steigt und steigt. Mittlerweile erzeugen die Winzer auch Cremant rosé, der aus Pinot Noir-Trauben gewonnen wird, so herrlich frisch und cremig schmeckt und dazu diese wunderbare Farbe besitzt.

Phönix aus der Asche

Die Welt des Weins sah für die Elsässer einst recht duster aus. Galt ihr Wein bis ins 19. Jh. als besondere Köstlichkeit –, die Habsburger haben ihn angeblich geschätzt –, sank der Stern nach dem

Zweiten Weltkrieg. Die neuen Möglichkeiten der mechanisierten Produktion nutzen viele Winzer, um Masse zu produzieren auf Kosten von Qualität und Charakter. So galten die Elsässer Weine unter Kennern so verstaubt wie die 1950-Jahre selbst und unter dem Strich als ziemlich uninteressant. Der echte Kenner bediente sich in anderen Regionen, wenn er spannende Weine wollte. Dann die Kehrtwende: Seit etwa zwei Generationen weht ein neuer Wind durch die Weinberge. Nun ist **Terroir** gefragt. Es reicht nicht mehr, den Kunden zu erzählen, dass der Wein trocken ist. Ist der Boden mineralisch oder tonig, schmeckt man Schiefer oder Granit heraus? Hier kann das Elsass gut mithalten. Der Boden wechselt und das Kleinklima auch. Mal rückt der Vogesenwald dicht an die Weinberge heran, mal weitet sich das Rebenmeer Richtung Rheinebene aus. Resultat: Vielfältige Erlebnisse auf der Zunge, kein Riesling schmeckt wie der andere. Genau das mag die neue Weinkundschaft. Kurzum: die Elsässer Weinwelt ist im Lot. Doch es tut sich was.

Alles öko?

Ganz klar sind intensiv bewirtschaftete Weinberge nichts für Ökopuristen. Weinanbau heißt oft Monokultur mit allen Konsequenzen. Da wird gespritzt und behandelt nach allen Regeln der konventionellen Landwirtschaft. Doch längst gibt es auch den gegenläufigen Trend. Wer mit wachen Augen durch die Winzerlandschaft fährt, entdeckt häufig die Labels **Vin Bio** oder **Demeter**. Während in Frankreich rund 6 Prozent der Winzer biologisch wirtschaften, kommen die Elsässer auf einen Schnitt von 15 Prozent. Und die »Dunkelziffer« liegt im Elsass sehr hoch. Viele Winzer produzieren »bio«, weil sie ihre Böden nicht belasten wollen und es gut finden, wenn in ihren Weinbergen noch Wildbienen fliegen und Kräuter gedeihen. Manche setzten sogar noch Pferde ein, um den Boden zwischen schmalen Zeilen zu umbrechen, statt ihre alten Reben auf Traktormaß zu trimmen. Von Labels wollen sie sich nicht einengen lassen, auch wenn so ein Aufkleber auf der Flasche durchaus verkaufsfördernd wirkt.

BAEDEKER DAS IST ...

À BIENTÔT DANS LES VIGNES!

Trotz aller Mechanisierung wird immer noch ein Gutteil der elsässischen Weintrauben von Hand gelesen. Versierte Hilfskräfte sind natürlich sehr gerne gesehen, bei manchen Winzern können auch unerfahrene Gäste mit anpacken. »Bis bald in den Weinbergen!« heißt es z. B. auf der Domaine Rieflé-Landmann in Pfaffenheim (www.seppi-landmann.fr) oder bei Vignoble Klur in Katzenthal (www.klur.net). Nach einem arbeitsreichen Tag winkt dann ein gemeinsames Abendessen als Belohnung.

ALLES RENNT

Am Tag des Heiligen Urban herrscht Hochbetrieb bei den Bergbauern. Die Vogesenrinder dürfen nun wieder auf die Hochalmen, ein Festtag für Kühe und Besucher.

◀ Mic Schmuck und Gebimmel geht es aus dem Vallée de Munster hinauf auf die Alm.

DER Abend vor dem Almauftrieb auf dem Hof der Wehreys unterhalb des Petit Ballon. Landwirt Jean Wehrey und seine erwachsenen Söhne polieren die Messingglocken ihrer Kühe auf Hochglanz. Auch jedes einzelne der schwarz-weißen Vogesenrinder wird bis in die Schwanzspitzen liebevoll und mit Stolz gestriegelt. Einen langen Winter haben die »Vaches vosgiennes« im Stall verbracht. Noch stehen sie ruhig im Stall und lassen sich das Bürsten gerne gefallen. Am Tag des Auftriebs gibt es für sie kein Halten mehr. Traditionell findet die »**Transhumance**« am 25. Mai statt, dem Tag des Heiligen Urban, Schutzherrn der Rinder. Mit dabei: Freunde, Nachbarn und Touristen. Denen wird das Warten auf den großen Run mit Pain chocolat, Kaffee und Akkordeonklang versüßt. Kaum öffnen sich die Stalltüren, drängt und drückt die Herde ins Freie und eilt im flotten Lauf, Leitkuh und Hirten an der Spitze, hinauf auf die Hochweiden am Petit Ballon. Die ganze Festgesellschaft folgt so rasch sie kann. Am Ziel werden die Rinder auf die Hochweiden entlassen. Ihr bunter Begleittross stärkt sich mit einer handfesten »Malkersmahlzeit«. An Michaeli, dem 29. September, geht es für die Kühe wieder retour.

Hart im Nehmen

Das **Vogesenrind** ist bestens an die rauen Verhältnisse angepasst. Niedrige Stockhöhe, trittsicher, keine Probleme beim Kalben in freier Natur und pumperlgsund. Die robusten Kraftpakete wären um ein Haar in Vergessenheit geraten, hätten nicht engagierte Landwirte, Jean Wehrey vorneweg, mit konsequenter Nachzucht die Rasse am Leben erhalten. Und das ist gut so. Denn Hochleistungskühe kämen auf dem Dach der Vogesen unmöglich zurecht. Die durchschnittliche Jahrestemperatur beträgt gerade mal 11 °C , unten im Tal bei den Winzern sind es freundliche 20 °C. Eisig pfeift der Wein selbst an Sonnentagen, Regen rauscht am Hauptkamm üppig nieder. Die Sommer sind kurz, der Boden ist karg. Das sind jedoch beste Bedingungen für würzige Bergkräuter – ideal für gute Milch und den daraus gewonnenen **Munsterkäse**, runde flache Laibchen mit strengem Geschmack. Etliche Bauernhöfe produzieren nicht nur den berühmten Munsterkäse, sondern haben sich mit der Bewirtung von Wanderern und Radlern ein zweites Standbein erschlossen. So können Gäste den ganzen Sommer lang vor Ort Käse und handfeste Kost probieren und die frei über die Weiden streifenden »Vosgiennes« bewundern.

BAEDEKER DAS IST ...

KÄSE SATT

Alles rund um Kühe, Käse und die Almwirtschaft von einst und jetzt vermittelt ein Besuch in der Maison de Fromage in Munster. Bäuerinnen zeigen mehrmals am Tag, wie der Käse von Hand hergestellt wird. Die Auswahl an Munsterkäse von verschiedenen Höfen zum Verkosten und Einkaufen ist groß. (www.maisondufromage-munster.com). Über Höfe, die den Almauftrieb feiern, informiert die Tourismusinformation in Munster (www.vallee-munster.eu).

OBEN: Die Münsterkäselaibe reifen drei Wochen in den Kellern der Fermes.

UNTEN: Auf den Bergbauernhöfen ist das Käsen Handarbeit. Der frisch geschöpfte Käsebruch lagert in Holzbottichen. Er entsteht, sobald Lab die Milch zum Stocken gebracht hat.

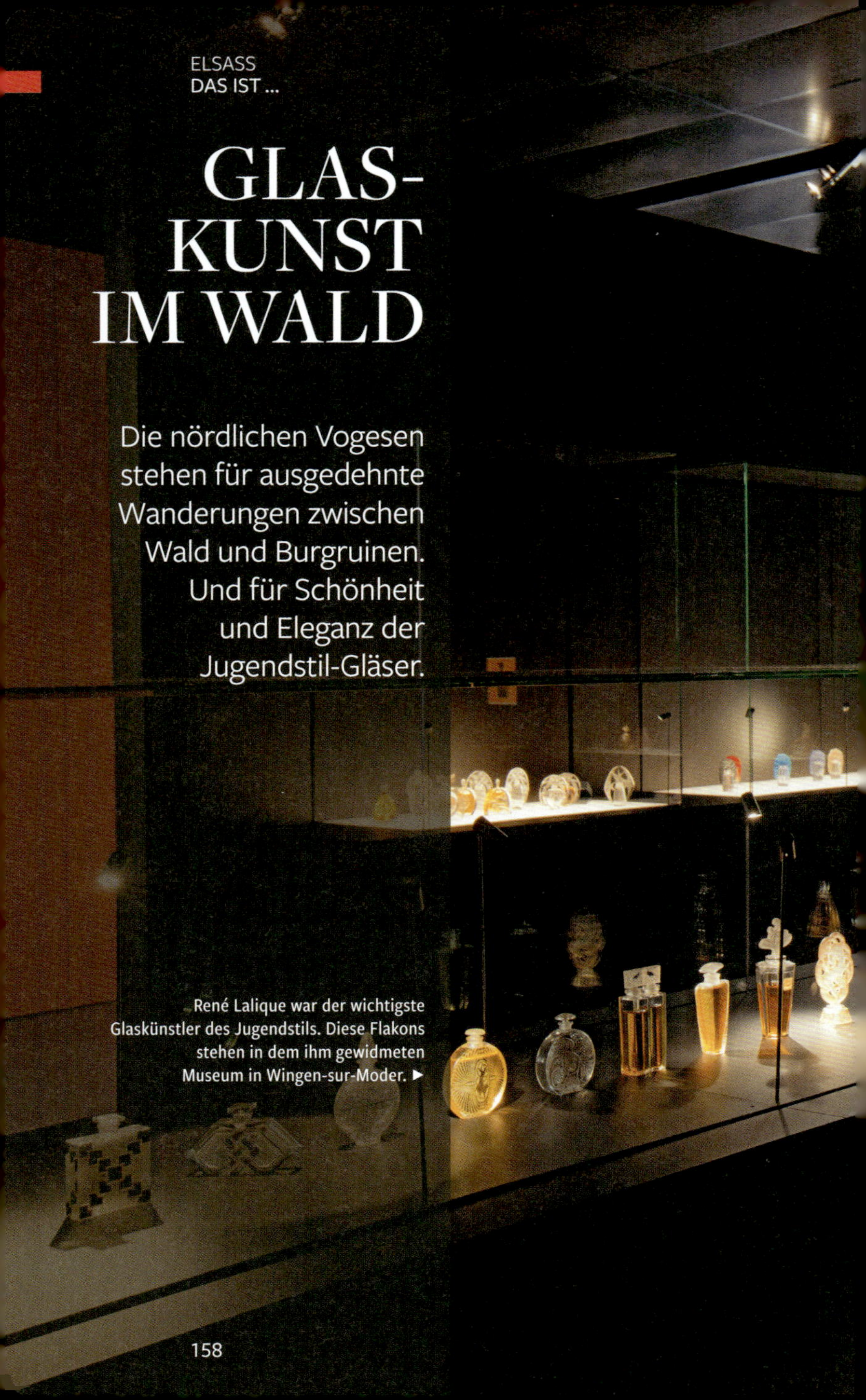

GLAS-KUNST IM WALD

Die nördlichen Vogesen stehen für ausgedehnte Wanderungen zwischen Wald und Burgruinen. Und für Schönheit und Eleganz der Jugendstil-Gläser.

René Lalique war der wichtigste Glaskünstler des Jugendstils. Diese Flakons stehen in dem ihm gewidmeten Museum in Wingen-sur-Moder. ►

DAS Nordelsass: Wald, soweit das Auge reicht, doch wirtschaftlich schwieriges Terrain. Das war nach dem Ersten Weltkrieg nicht viel anders. Das Elsass, beständiger Zankapfel zwischen Frankreich und Deutschland, hatte kriegsbedingt wieder einmal Mühe, auf die Beine zu kommen. Die französische Regierung versuchte in den 1920er-Jahren, mit kräftigen Finanzspritzen Investoren in die Region zu locken. Einer, der anbiss, war **René Lalique**.

Der große Glaskünstler

1860 in einem kleinen Dorf in der Champagne geboren, gelang ihm in Paris der Durchbruch als Schmuckzeichner, Juwelier und Goldschmied. Als »Erneuerer der Schmuckkunst« zählte er bald zu den großen der Belle Epoque. Cartier wurde auf ihn aufmerksam und nahm ihn in seine Kollektionen auf. Die berühmte Schauspielerin Sarah Bernard trug den von ihm entworfenen Schmuck und machte Lalique weithin bekannt. Mit so viel Promi-Rückenwind ging es steil aufwärts mit der Karriere. Schon bei der Weltausstellung in Paris im Jahr 1900 feierte man ihn wie einen Star.
Der Meister kreierte nicht nur anmutig geschwungenen Jugendstilschmuck, sondern **experimentierte** schon früh mit Glas. Anfangs ging es ihm um den Ersatz für die teuren Edelsteine. Bald entdeckte er aber die vielfältigen Möglichkeiten des Werkstoffs und seine besondere Eignung für Parfumflakons. Mit zierlich geformten, durchscheinenden Gefäßen erzielte er großen Erfolg. Seine herrlichen Fenster schmückten Luxusdampfer, den Orientexpress und Kirchen, seine Kühlerfiguren zierten Luxuskarossen von Bentley, Rolls Royce und Bugatti. 1912 verlegte sich Lalique ganz auf Glas. Die besten französischen Parfumeure, darunter Molinard und Houbigant, zählten zu Laliques Kunden. Die Nachfrage stieg, und die Auftragsbücher platzten. Da entschied sich Lalique zu expandieren. Und wo lässt sich Glas am besten herstellen? In Regionen, wo das Knowhow bereits vorhanden ist.

Alte Glasmacherregion

In den nördlichen Vogesen wird seit dem 15. Jh. Glas gemacht. Der Sandstein lieferte den Rohstoff Sand, der Wald ausreichend Brennmaterial für die Glashütten. Großzügige Unterstützung aus Frankreichs Staatsschatulle erleichterte Laliques Entscheidung für Wingen-sur-Moder, einem bereits bekannten Glasstandort. 1921 nahm seine »**Verrerie d'Alsace**« die Produktion auf. Nach René Laliques Tod 1945 Tod übernahm sein Sohn Marc die Geschäfte und spezialisierte sich auf Kristallglas. In den benachbarten Gemeinden Saint-Louis-le-Bitche und Meisenthal wird noch heute Glas hergestellt.d

KOSMOS AUS GLAS

Ein Museum würdigt die Jugendstil-Kreationen von René Lalique. Perfekt beleuchtet, werden Gläser, Kühlerfiguren, Parfumflakons und ausgefallene Schmuckstücke kunstvoll in Szene gesetzt. Filme zeigen, wie das berühmte Kristallglas produziert wird. (www.musee-lalique.com).

OBEN: Bugatti, Bentley und Rolls Royce statteten einige Modelle mit Kühlerfiguren aus Glas aus. Lalique setzte Schnelligkeit, Kraft und Eleganz in Szene.

UNTEN: Schönheit aus der Glut geboren – Vorführung im Lalique-Museum

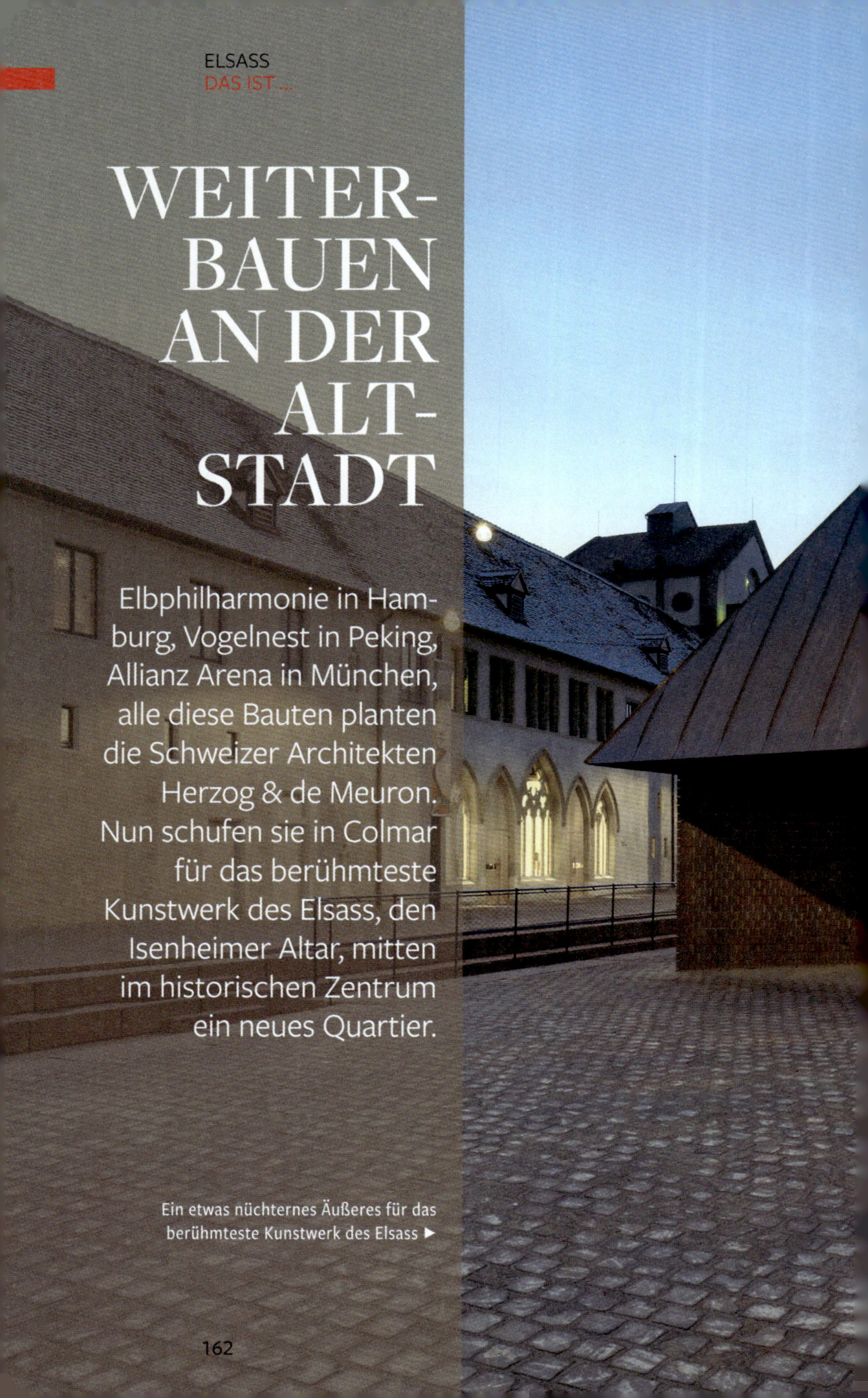

WEITERBAUEN AN DER ALTSTADT

Elbphilharmonie in Hamburg, Vogelnest in Peking, Allianz Arena in München, alle diese Bauten planten die Schweizer Architekten Herzog & de Meuron. Nun schufen sie in Colmar für das berühmteste Kunstwerk des Elsass, den Isenheimer Altar, mitten im historischen Zentrum ein neues Quartier.

Ein etwas nüchternes Äußeres für das berühmteste Kunstwerk des Elsass ►

OBEN: Das Musée Unterlinden hat neuen Raum für die moderne Kunst gewonnen.
RECHTS: Heilige, Engel, Dämonen und Wahngestalten bevölkern Grünewalds Isenheimer Altar.

ALS Guido Guersi, Abt des Antoniterklosters zu Isenheim bei Colmar, um 1512 bei **Matthias Grünewald** einen Altar in Auftrag gab, ging es ihm nicht um Kunst. Eine der wichtigsten Aufgaben des Klosters war die Pflege von Menschen, die am Antoniusfeuer (Ergotismus) litten. Gegen diese im Mittelalter weit verbreitete, entstellende Krankheit, einer Vergiftung durch das so genannte Mutterkorn im Roggenmehl, half damals einzig der Glaube. Der Anblick von Christi Geburt, Tod und Wiederauferstehung sowie Szenen aus dem Leben des Heiligen Antonius sollte den Todkranken und von Wahnvorstellungen geplagten **Trost spenden**.

Ein Schlüsselwerk

Auch heute drängen sich Scharen von Menschen vor dem Altar, der mittlerweile in Colmar steht und das **Musée Unterlinden** zum meistbesuchten Museum Frankreichs nach dem Louvre gemacht hat. Denn mit ihm hat Grünewald ein Werk geschaffen, das von Kunsthistorikern in einem Atemzug genannt wird mit Raffaels »Letztem Abendmahl« und anderen Ikonen der europäischen Kunst. Kein Jesus am Kreuz hat je gequälter ausgesehen, keine Nägel haben brutaler Fleisch durchdrungen, kein Auferstandener strahlte je so regenbogenfarben in die pechschwarze Welten-

EIN GESAMT-KUNSTWERK

Colmar besuchen und das Musée Unterlinden links liegen lassen wäre ein echtes Versäumnis. Von Grünewald bekannt sind 25 Einzelkompositionen, davon zehn an den Schauseiten des Isenheimer Altars, sowie 35 Zeichnungen. Sein Meisterstück ist der Isenheimer Altar, der auch heute noch die Sinne seiner Betrachter verwirrt. Vom Maler selbst ist fast nichts bekannt . (www.musee-unterlinden.com)

nacht. Rätselhaft setzte Grünewald die Geburt Jesu in Szene: Maria blickt zärtlich auf ihr (nicht sehr hübsches) Kind, während ein vielköpfiges Engelsorchester spielt. Unter den Engeln bringt einer, schlammgrün und mit dichten Federschuppen bedeckt, einen dämonischen Aspekt ins Geschehen.

Der geniale Kunstgriff

Rund 500 Jahre nach seiner Entstehung ist der Altar restauriert worden. Die Farben Grünewalds strahlen nun noch brillanter. Colmar, der französische Staat und andere Geldgeber haben sich nicht lumpen lassen und die Stararchitekten Herzog & de Meuron mit dem 44 Millionen Euro teuren Umbau und Erweiterung des Museums Unterlinden betraut. Dazu wurden die bisherigen Museumsräume in einem Kloster und in der Kapelle aus dem 13. Jh. umgebaut, ein gegenüber dem Museum gelegenes **Jugendstilbad** von 1903 einbezogen und hinter diesem ein dreigeschossiger Neubau errichtet. Mit seiner Verkleidung aus gebrannten Ziegeln und den Spitzbogenfenstern greift der sogenannte **Ackerhof** das Vorbild der gotischen Klosterkirche auf. Ein unterirdischer Gang, der auch als Ausstellungsfläche dient, verbindet die Baukörper. Das unter die Erde verbannte Flüsschen Sinn wurde zumindest ein Stück weit offengelegt. Ein kleines Häuschen mit exponierter Dachmütze, **La Petite Maison**, und ebenfalls mit gebrannten Ziegeln verkleidet, erinnert an eine Mühle, die hier bis ins 19. Jh. stand. Heute versorgt es die unterirdische Galerie mit Tageslicht und erlaubt Fußgängern Einblicke in den Untergrund. So entstand ein ganz **neues Museumsquartier**, das nicht nur die bisherige Ausstellungsfläche fast verdoppelt, sondern auch einen interessanten Kontrast zur putzigen Fachwerkaltstadt von Colmar bildet.

GANZ OBEN

Das Elsass ist Burgenland. Malerische Trümmer und wieder aufgebaute Ritterburgen setzten die abenteuerlichen Akzente. Am Hartmannswillerkopf jedoch sind die Mienen ernst.

◄ Sieht alt aus, bringt es aber gerade mal auf 120 Jahre: Wilhelm II. gab für die »Hohkönigsburg« eine Menge Geld aus.

2017 eröffnete das deutsch-französische Historial am Hartmannswillerkopf (rechts), das an den Ersten Weltkrieg erinnert: Blick in die Austellung (oben).

EINE der markantesten Burgen des Elsass ist die **Haut-Kœnigsbourg**. Auffallend heben sich ihre Türme vor der Kulisse des Vogesenrands ab. Erstmals erwähnt wurde die Stauferfeste im 12. Jh.; im Dreißigjährigen Krieg hielt sie einen Monat den Angriffen der Schweden stand, bis sie doch geplündert und in Brand gesteckt wurde. Über zweieinhalb Jahrhunderte später gelangte die bemerkenswert gut erhaltene Ruine in den Besitz von Schlettstadt (heute Sélé-stat). Damals gehörte das Elsass gerade mal wieder zum Deutschen Reich, und Schlettstadt schenkte den Trümmerhaufen 1899 seinem durchlauchten Kaiser Wilhelm II. Der geschichtsbegeisterte Monarch investierte enorme Summen in einen Wiederaufbau nach dem Vorbild einer mittelalterlichen Ritterburg. Zwischen 1901 und 1908 verwandelte sich die Anlage in eine Großbaustelle, auf der eine moderne Lok namens »Hilda« unter Volldampf das Baumaterial transportierte. Während Schlettstadt noch im mittelalterlichen Dunkel verharrte, brannte oben auf der Baustelle bereits elektrisches Licht. Der Kaiser hatte durchaus auch eine Ader für den technischen Fortschritt.

Als »Wahrzeichen deutscher Kultur und Macht« diente die Hohkönigsburg indes nur zehn Jahre. 1914 brach der Erste Weltkrieg aus und, knapp jenseits der Ländergrenze in Sichtweite der Burg, planierten die Franzosen eine Militärstraße für Truppenbewegungen von Nord nach Süd in die Vogesengipfel, die »**Route de Crêtes**«.

Der weite Weg

Wenn heute sportlich anspruchsvolle Radler in dichten Pulks die 77 Kilometer lange Route de Crêtes entlangsausen, denken die wenigsten daran, dass sie sich auf einer 1914–1918 hart umkämpften Grenze zwischen Deutschland und Frankreich bewegen. Die hundert Jahre alte, heute asphaltierte Militärstraße beginnt in Sainte-Marie-aux-Mines im Norden und endet am **Hartmannswillerkopf** (frz. Vieil Armand).

Rein landschaftlich ist der 957 Meter hohe Südvogesengipfel ein wunderbarer Platz, von hier reicht die Sicht über das Elsässer Tiefland bis zum Schwarzwald und die Schweizer Alpen. Als 2014 die damaligen Präsidenten François Hollande und Joachim Gauck hier zusammentrafen, war dies nicht der schönen Aussicht wegen. Sie legten den Grundstein für die erste **Erinnerungsstätte an den Ersten Weltkrieg**, die die einst verfeindeten Nationen gemeinsam bauten und die 2017 eröffnete. Auf dem Hartmannswillerkopf, der nach verheerenden Stellungskämpfen den Beinamen »Menschenfresser« oder »Berg des Todes« erhielt, starben je nach Quelle zwischen 15 000 und 30 000 deutsche und französische Soldaten. Bis die Oberhäupter beider Staaten diese Gedenkstätte als Symbol des Friedens und der Aussöhnung gemeinsam gründen konnten, mussten ganze 100 Jahre und ein weiterer Weltkrieg vergehen.

BAEDEKER DAS IST ...

DES KÖNIGS BURG

Dank des begeisterten Mittelalterspezialisten Bodo Ebhardt, der den Wiederaufbau der Haut-Koenigsbourg leitete, ist die Burg eine gut gelungene Mittelalter-Kopie, und ein Besuch macht nicht nur mit Kindern Spaß. Auch so manchen Künstler hat die Hohkönigsburg inspiriert: So soll sie die Vorlage für Minas Tirith in Peter Jacksons Fantasy-Verfilmung von Tolkiens »Herr der Ringe« gewesen sein. (www.haut-koenigsbourg.fr)

UNTERWEGS IM ELSASS

Das Elsass ist ein Land der kurzen Wege: Von Lauterbourg im Norden bis Mulhouse im Süden sind es auf der Autobahn nicht viel mehr als zwei Stunden. Im flachen Land kommt man gut voran, aber in den Vogesen muss man sich streckenweise durch enge und kurvenreiche Sträßchen kurbeln.

Auto, Bahn, Rad Ins Elsass reisen tatsächlich die meisten immer noch mit dem Auto. Wichtigste Verkehrsachse ist die **A 35**, die im Unterschied zu den meisten anderen französischen Autobahnen keine Maut kostet. Bei Reisen im zeitigen Frühjahr und Spätherbst (im Winter sowieso) sollten sich Vogesenbesucher auf winterliche Bedingungen einrichten. Während in den Winzerorten noch annehmbare Temperaturen herrschen, kann es oben auf über 1000 m glatt werden oder bereits geschneit haben. Eine reine Städtereise wäre aber in großen Teilen der Region auch mit der Bahn machbar.
Die Vogesen gehören fast immer zur Strecke der Tour de France. Insgesamt steht im Elsass jedem Radler vom Mountainbiker bis zum Genussradler ein weites, abwechslungsreiches Feld zur Verfügung.

Elsass für Einsteiger Wer lediglich drei Tage Zeit hat für ein Schnupperwochenende, beginnt **mit einem Tag Strasbourg** mit dem Besuch des Münsters und des Musée de l'Œuvre-Notre-Dame sowie einem Spaziergang durch Petite France und entlang der Ill zur Place de la République. Der folgende Tag sollte der **Weinstraße** gehören mit der Kirche in Rosheim, der imposanten Haut-Kœnigsbourg und den hübschen Orten Riquewihr und Kaysersberg. Nun bleibt die restliche Zeit noch frei für **Colmar**, denn das Unterlindenmuseum mit dem Isenheimer Altar gehört zu den Topzielen in der Region. Auch ist die Colmarer Altstadt besonders hübsch.

Erweiterte Tour Um sich einen weiteren Überblick zu verschaffen und ein wenig mehr Zeit zum Wandern, für sportliche Aktivitäten und all die kulinarischen Verlockungen des Elsass zu haben, benötigt man **ein bis zwei Wochen**. Interessante Ziele bei solch einer erweiterten Tour sind Wissembourg, Burg Fleckenstein, Saverne, Marmoutier, Ottrott und der Mont Sainte-Odile, Andlau, Dambach, Sélestat, Ribeauvillé mit den drei Burgen sowie Hunawihr, Turckheim, Eguisheim, Guebwiller, Murbach, Thann, Ottmarsheim und vor allem die Museen in Mulhouse. Elsass-Kenner, die sich auch einmal jenseits der ausgetretenen touristischen Pfade bewegen wollen, finden im Sundgau einen Ruhepol.

BAEDEKER ÜBERRASCHENDES

6X UNTERSCHÄTZT

Genau hinsehen, nicht daran vorbeigehen, einfach probieren!

1. BERG

Der Grand Ballon ist zugegebenermaßen höher, doch der **Donon** bei Schirmeck ist viel schöner. Und man hat diesen Prachtausblick meistens für sich allein.

2. MARMELADE

Eine schlichte Angelegenheit? Von wegen. Gute Konfitüre köchelt sanft zwei Stunden im Kupferkessel und die Früchte müssen vom Allerfeinsten sein. Am besten aus Wildsammlung, sagt Fabrice Krencker von **Confiture du Climont** in Schirmeck. (www.confituresduclimont.com)

3. RHEIN

Die wässrige Landesgrenze zwischen Deutschland und Frankreich ist mehr als nur ein Hindernis. **Petite Camargue** und die **Rheinauen** sind auch eine grandiose Welt für seltene Pflanzen und Tiere. (www.grandried.fr, www.petitecamarguealsacienne.com)

4. MUSEUM

Warum wird eines der bedeutendsten Museen des Elsass so wenig besucht? Im **Musée de l'Œuvre Notre-Dame** an der Place du Château in **Strasbourg** stehen doch einige der großartigsten Werke deutscher Kunst des Mittelalters!

5. KIRCHE

Groß ist die achteckige Kirche aus dem 11. Jh. in **Ottmarsheim** nicht. Aber ihr Vorbild ist es: die Pfalzkapelle von Karl dem Großen zu Aachen.

6. SAUERKRAUT

ist typisch fürs Elsass, mögen viele aber nicht. Seltsam, denn es ist nur eine Frage der **Zubereitung**, wie viele Restaurants mit Bravour beweisen. Sterneköche wie in der **Auberge de l'Ill** machen sich einen Sport daraus, dem »Sürkrüt« zu neuen Ehren zu verhelfen. (www.auberge-de-l-ill.com)

★★ TOP-ZIELE

Zur Schönheit der bewaldeten Höhen, der sonnigen Weinberge und der fruchtbaren Rheinebene kommen im Elsass kulturelle Sehenswürdigkeiten, nette Orte und genütliche Weinstuben: gleichermaßen ein Ziel für Wanderer, Weinkenner und Gourmets.

Colmar

★★ Petite Venise

Colmars Aufstieg zur **»Perle des Elsass«** begann vor rund 50 Jahren. Damals nahmen sich Sanierer das vor sich hinbröckelnde Fischerviertel vor und schufen das romantische »Klein-Venedig«, das Bilderbuchviertel an der Lauch.

★★ Musée Unterlinden

Die Stadt hat tief in die Kasse gegriffen, um ihren größten Schatz, das Museum Unterlinden im Dominikanerinnen-Kloster, ins rechte Licht zu rücken. Das gilt ganz besonders für den **Isenheimer Altar** von Mathias Grünewald, der ganz allein in der Klosterkirche präsentiert wird.

Eguisheim

★★ Stadtmauer

Der einzige Papst aus dem Elsass kommt aus diesem besonders hübschen Dorf. Das von einer Stadtmauer umschlossene Winzerstädtchen hat sich seinen kreisrunden Grundriss inklusive Mauer und schmalen Gässchen bewahrt.

Ecomusée d'Alsace

★★ Das alte Elsass

Das Écomusée d'Alsace ist Frankreichs größtes und beliebtestes **Freilichtmuseum**. Es präsentiert 72 traditionelle Fachwerkhäuser aus dem ganzen Elsass.

Grand Ballon

★★ Das Dach der Vogesen

Mit 1424 m ist der Grand Ballon der höchste Gipfel der Vogesen. Nur struppiges Gras und zähe Blümchen wachsen rund um den windumtosten Gipfel. Klare Tage belohnen die Ausflügler miteiner **bombastischen Rundumsicht**. Abends, wenn der Trubel nachlässt, die Sonne glanzvoll sinkt, Nebel die Täler füllt und die sanften Rücken der Vogesen im Blau verdämmern, schlägt die Stunde der Romantiker.

Haut-Kœnigsbourg

★★ Bilderbuchburg

Sie war der ganze **Stolz von Kaiser Wilhelm II.** und ist heute eines der beliebtesten Ausflugsziele im Elsass – die weithin sichtbare und gar nicht alte Bilderbuchfeste.

Kaysersberg

★★ Bilderbuchdorf

Albert Schweitzers Geburtsort zählt zu den schönsten Dörfern im Elsass. Die Weiss strömt mittendurch, und ihre 500 Jahre alte Brücke zählt zu den liebsten Fotomotiven. Vor den Häusern stehen Töpferwaren und die Tische der Gastwirte, man schlendert übers Kopfsteinpflaster und durch verträumte Winkel.

Papst Leo X. ziert den Brunnen von Eguisheim.

Château Rohan
Das elsässische Versailles
Abtei
Romanisches Schwergewicht
Kloster
Der Heilige Berg des Elsass
Altstadt
Weindorf mit Mut zur Farbe
Pont fortifié
Fotogene Brücke über die Weiß
Stadtmauer
Kreisrunder Vollschutz aus dem Mittelalter
Dach der Vogesen
1424 m – das ist der Gipfel!
Cité de l'Automobile
Ein Louvre für Autofans
FRANCE
Metz
Nancy
Lunéville
Sarrebourg
Saverne
Marmoutier
Phalsbourg
Bitche
La Petite Pierre
Bouxwiller
Molsheim
Mutzig
Rosheim
Obernai
Mt-Ste-Odile
Barr
Andlau
Dambach-la-Ville
Haut Kœnigsbourg
Sélestat
Ribeauvillé
Riquewihr
Hunawihr
Kaysersberg
Kientzheim
Colmar
Turckheim
Eguisheim
Munster
Rouffach
Guebwiller
Murbach
Grand Ballon
Ensisheim
Ecomusée
Thann
Mulhouse
Masevaux
Altkirch
Ferrette
Belfort
Épinal
St-Dié-des-Vosges
Gérardmer
Schirmeck
Remiremont
Vesoul
Montbéliard
Porrentruy

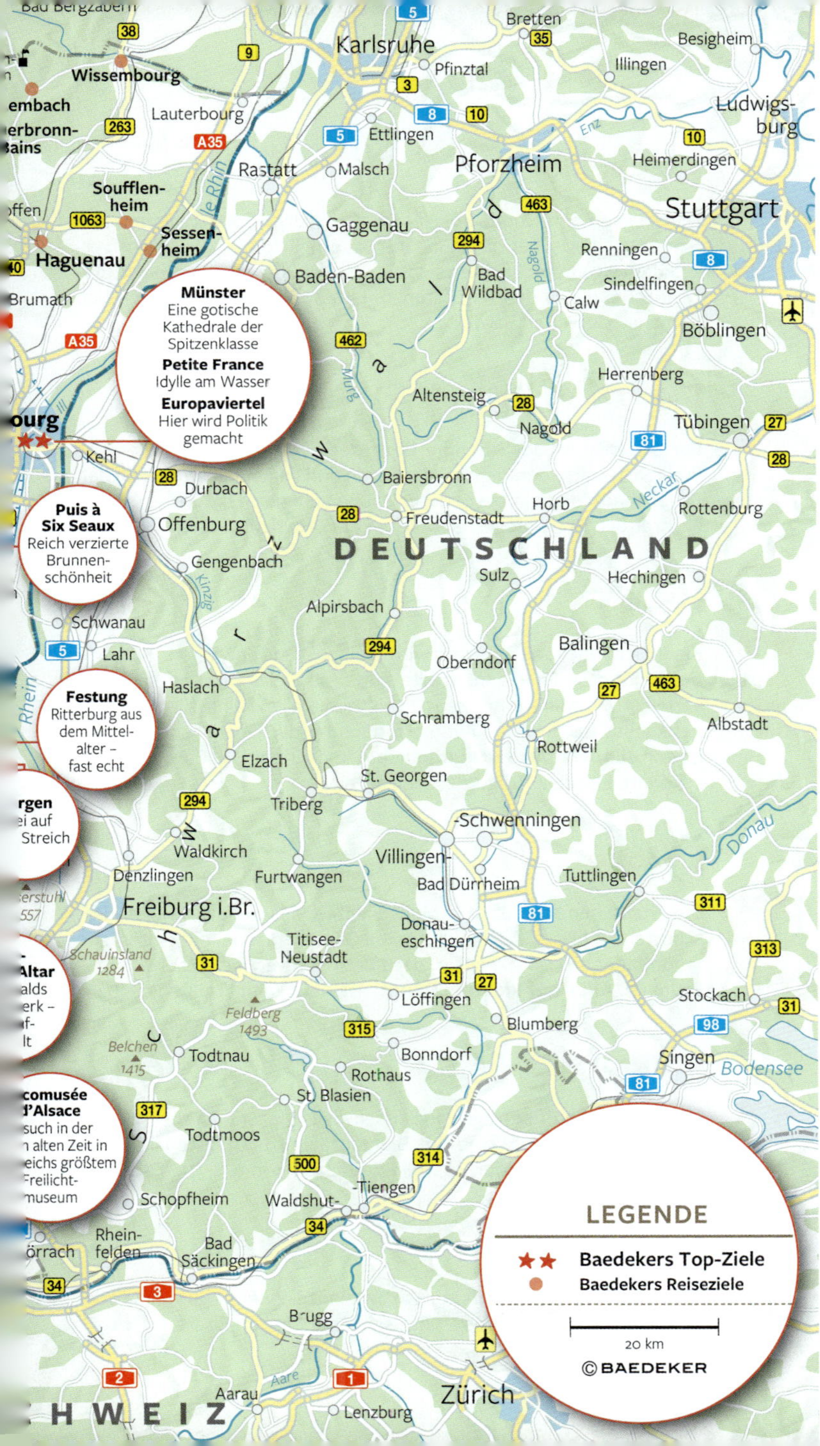

Münster
Eine gotische Kathedrale der Spitzenklasse
Petite France
Idylle am Wasser
Europaviertel
Hier wird Politik gemacht
Puis à Six Seaux
Reich verzierte Brunnenschönheit
Festung
Ritterburg aus dem Mittelalter – fast echt
LEGENDE
Baedekers Top-Ziele
Baedekers Reiseziele
20 km
© BAEDEKER
DEUTSCHLAND
Karlsruhe
Bretten
Besigheim
Pfinztal
Illingen
Ludwigsburg
Wissembourg
Lauterbourg
Ettlingen
Enz
Rastatt
Malsch
Pforzheim
Heimerdingen
Stuttgart
Soufflenheim
Sessenheim
Haguenau
Gaggenau
Baden-Baden
Bad Wildbad
Nagold
Renningen
Sindelfingen
Calw
Böblingen
Brumath
Murg
Altensteig
Herrenberg
Tübingen
Kehl
Baiersbronn
Durbach
Offenburg
Freudenstadt
Horb
Neckar
Rottenburg
Gengenbach
Kinzig
Sulz
Hechingen
Alpirsbach
Schwanau
Lahr
Balingen
Oberndorf
Haslach
Rhein
Schramberg
Albstadt
Rottweil
Elzach
St. Georgen
Triberg
Villingen-Schwenningen
Donau
Waldkirch
Denzlingen
Furtwangen
Bad Dürrheim
Tuttlingen
Freiburg i.Br.
Titisee-Neustadt
Donaueschingen
Schauinsland 1284
Löffingen
Stockach
Feldberg 1493
Blumberg
Belchen 1415
Todtnau
Bonndorf
Singen
Bodensee
Rothaus
St. Blasien
Todtmoos
Schopfheim
Waldshut-Tiengen
Rheinfelden
Bad Säckingen
Brugg
Aare
Aarau
Lenzburg
Zürich

Marmoutier

★★
St-Maurus

Hier liegen noch Hunde auf der Straße, riesige Sonnenblumen lehnen sich schwer über die Zäune der Bauerngärten. Akkurate Dorfverschönerungen beschränken sich aufs Umfeld der romanischen **Klosterkirche**, die zu den schönsten im Elsass zählt. In ihr vereinen sich Romanik, Gotik und Barock.

Mont Sainte-Odile

★★
Kloster Mont Sainte-Odile

Für Gläubige ist **der »heilige Berg des Elsass«** die bedeutendste Wallfahrtsstätte der Region. Alte Sagen und Legenden umranken den Odilienberg, den ein besonderer Zauber umgibt. Esoterikern gilt er als Kraftort, Archäologen erforschen die »Heidenmauer«.

Mulhouse

★★
Cité de l'Automobile und Cité du Train

Einen Schönheitswettbewerb wird Mulhouse nie gewinnen. Industrie bestimmt das Bild, die Vorstädte sind trist, vieles wirkt ein bisschen verlottert – und doch müssen alle hierher, die ein Faible für Verkehrsgeschichte haben: Die Oldtimersammlung der Gebrüder Schlumpf ist der **»Louvre der Autoindustrie«**, und nirgends in Europa gibt es schönere Eisenbahnzüge zu sehen als hier.

Obernai

★★
Puis à Six Seaux

Das Städtchen am Fuß des Mont Sainte-Odile gehört zu den hübschesten im Elsass. Auch hier winken Gässchen, eine mittelalterliche Stadtmauer, Fachwerkhäuser, dazu der reich verzierte Sechs-Eimer-Brunnen. **Alles auf kleinem Raum**, das Auto kann draußen bleiben.

Ribeauvillé

★★
Burgruinen

Drei Burgruinen überragen malerisch das Winzerstädtchen an der Weinstraße. **Fachwerkpracht**, Blumenzauber und nette Läden bescheren Ribeauvillé eindrucksvolle Besucherströme.

Riquewihr

★★
Altstadt

Ein bemerkenswerter **Mut zur Farbe** kennzeichnet Riquewihrs Fachwerkaltstadt. Vielen gilt es als das schönste Dorf im Elsass.

Bugatti-Edelkarossen wurden im elsässischen Molsheim gebaut.
Die größte Bugatti-Sammlung kann man in Mulhouse bestaunen.

Saverne

Nach Saverne zieht es Gartenfreunde der Rosen wegen, die für eine beispiellose Blütenpracht sorgen. Aber der Hauptgrund hierherzukommen ist das Schloss der Rohans, **ein elsässisches Versailles**.

★★ Château des Rohans

Strasbourg

Mittelpunkt der Stadt ist dien Place de la Cathédrale mit dem Münster **aus leuchtend rotem Vogesensandstein**. Es ist eines der bedeutendsten Denkmäler abendländischer Baukunst.

★★ Münster.

Das ehemalige **Gerberviertel** ist mit seinen idyllischen engen Gassen und blumengeschmückten Fachwerkhäusern, Brücken, Stegen und alten Mühlen Inbegriff des malerischen alten Strasbourg.

★★ Petite France

Zwischen den spiegelnden Glaspalästen eilen Kostüm- und Anzugträger aus ganz Europa hin- und her. Im Besucherzentrum erlebt man das **Parlament virtuell**.

★★ Europaviertel

ESSEN UND TRINKEN

Die elsässische Küche ist eine geglückte Synthese alemannischer Deftigkeit und französischer Raffinesse, oder wie es der elsässische Karikaturist und Autor Tomi Ungerer ausdrückte: »französische Qualität und deutsche Portionen«. Die grandiose Vielfalt hochwertiger Lebensmittel macht das Essengehen und Einkaufen zur reinsten Freude.

Vielfalt Leben wie Gott in Frankreich – das ist natürlich insbesondere im Elsass möglich. Gerade die Qualität der Nahrungsmittel lässt die Besucher von der anderen Rheinseite regelmäßig Stoßseufzer zum Himmel schicken. Füllhornartig schüttet die fruchtbare Rheinebene Köstlichkeiten aus: Spargel, frisches Gemüse, Salate aller Art, auch Weißkohl als Rohstoff für »choucroute«, das elsässische Nationalgericht. Weinbergpfirsiche vom Rebhang, frisches Obst der Streuobstwiesen, dazu Hecht, Zander, Karpfen aus den Flüssen und Seen, Reh, Hirsch, Wildschwein, Heidelbeeren aus den Vogesenwäldern, regional hergestellter Käse und lokale Wurstarten – kurzum ein Schlem-

merland. Ein wenig Wasser muss man in den ebenfalls reichlich vorhandenen Wein allerdings gießen. Aufgerüschte Nepplokale existieren zu beiden Seiten der **Route des Vins** ebenso reichlich wie in den fachwerkbunten Touristenvierteln von Straßburg und Colmar. Mancher Gourmetkritiker sorgt sich ernsthaft um die Esskultur im Elsass, wenn in seit Jahrzehnten guten Adressen der Besitzer wechselt und ein anderer Geist in die geliebten Restaurants einzieht. Den Abgesang auf die elsässische Küche braucht man jedoch nicht anstimmen: Es gibt sie durchaus, die kleinen Winstubs und gemütlichen Dorfgasthöfe, die Köchinnen und Köche, die Freude an gutem Essen haben und die Traditionen der Kochkunst hochhalten. Dazu natürlich die große Zahl an Sterneköchen, die dem Gast zeigen, was man mit Sauerkraut alles anstellen kann. Nur: Um abzunehmen ist eine Reise ins Elsass nicht geeignet. Bon appétit!

Essgewohnheiten

Zwar fällt das Frühstück (petit déjeuner) in Frankreich recht mager aus und besteht meist nur aus Milchkaffee (café au lait), Tee oder Schokolade, einem Croissant (Hörnchen) oder einem Stück Ba-

Wo bloß anfangen? Und womit aufhören?

TYPISCHE GERICHTE

Elsässer Küche wurzelt in einer bodenständigen, deftigen Hausmannskost, verfeinert durch einen französischen Einschlag. Gerichte wie Flammkuchen haben sich längst eine internationale Fangemeinde erobert.

Carpe frite: Im Sundgau ist der Karpfen der absolute Renner. In dieser Region im südlichen Elsass wird Karpfen gebacken oder gebraten, aber nie gekocht serviert. Als Beilagen gehören grüner Salat und Pommes frites dazu.

Kougelhopf: Allgegenwärtig ist der Kougelhopf bzw. Gugelhupf (Napfkuchen aus Hefeteig). In seiner süßen Variante befinden sich im Inneren Rosinen und Mandeln, salzig gibt es ihn mit Speck und Nüssen – beide Versionen schmecken zum Elsässer Riesling köstlich. Gugelhupf soll angeblich aus Österreich stammen und von Marie Antoinette, als sie von Wien nach Paris zu ihrer Hochzeit reiste, im Elsass eingeführt worden sein. Richtig umwerfend schmeckt er nur frisch, daher ist er als Souvenir weniger geeignet.

Kuchen und Törtchen: Zu den süßen Leckereien im Elsass zählen Obstkuchen wie Tarte aux pommes (Apfelkuchen) und Tarte aux myrtilles (Heidelbeerkuchen) sowie Soufflé au Kirsch (leichter Auflauf aus Zucker, Eiern und Kirschwasser). Die Konditoreien bieten eine hinreißende Auswahl an Köstlichkeiten an.

Flammekueche (tarte flambée): ist ein dünn ausgewalzter Brotteig, der – traditionell mit Crême fraîche oder Quark, Zwiebeln und Speck, zuweilen auch mit anderem Belag wie Knoblauch und Gruyère-Käse garniert und über offenem Feuer gebacken wird. Der Name »Flammekueche« geht auf die Zubereitung zurück: Man nutzte einst die ersten Flammen nach dem Anheizen des Ofens, um ihn zuzubereiten. Der Flammkuchen ist eine sher gesellige Angelegenheit, da er, auf großen Holzbrettern serviert, unter den Tischgenossen aufgeteilt wird. Ist er aufgegessen, lässt man sich den nächsten bringen.

Foie gras (»fette Leber«): Bei der Vorspeise Pâté de foie gras handelt es sich um Gänsestopfleber, die mit Trüffeln, Kalbfleisch, Madeira und Gewürzen zubereitet wird. Für die Tiere, die »gestopft« werden, ist dies eine grausame Tortur. In vielen Ländern ist das Stopfen aus Tierschutzgründen verboten – Frankreich hat die foie gras 2005 zum Kulturerbe erklärt und damit vom Tierschutz ausgenommen, ein fragwürdiges Manöver. Doch es muss keine Stopfleber-Pastete sein: Die Auswahl an anderen Pâtés ist immens.

guette, bestrichen mit Butter und Marmelade. Doch im Elsass besteht die erhöhte Chance auf ein reichhaltigeres Frühstück mit Wurst, Käse und Ei sowie Kougelhopf. Hotels bieten meist ein einfaches Frühstücksbuffet an. So oder so wird dem Mittag- und Abendessen große Bedeutung beigemessen. In der Regel essen die Elsässer zweimal täglich warm, wobei das Essen aus drei bis fünf Gängen bestehen kann und durchaus ein Gläschen Wein schon zum Mittagessen getrunken wird. Nach französischer Gepflogenheit wird das Mittagessen zeitig eingenommen (12 Uhr, midi), das Abendessen gegen 19.30 Uhr.

Die Lokale

Speiselokale im Elsass lassen sich in drei Kategorien unterteilen. Die einfachste Kategorie bilden die rustikalen **Fermes Auberges**, bewirtschaftete Bergbauernhöfe vor allem in den Nordvogesen, die einfache Speisen bzw. regionale Hausmannskost wie Münsterkäse im Angebot haben. Die Fermes Auberges sind sehr beliebt, was sich auch auf die Preise niedergeschlagen hat.
Im Allgemeinen etwas teurer als in den Fermes Auberges geht es in der **Wistub** (Haut-Rhin) bzw. **Winstub** (Bas-Rhin) zu. Angeboten werden in meist urig-rustikaler, aber auch teils recht edler Atmosphäre deftige Elsässer Gerichte. Die Weinkarte ist natürlich umfassend. Wer nur Appetit auf einen kleinen Imbiss, ein rasches Mittagessen oder auf einen Salat verspürt, sollte eine Bar, ein Bistro oder eine **Brasserie** aufsuchen.
Neben gutbürgerlichen Restaurants, der obersten Kategorie der Speiselokale, gibt es im Elsass natürlich auch sternegekrönte **Gourmettempel**, die mit großem Erfolg regionale Küche mit kulinarischen Einflüssen aus anderen Teilen der Welt verbinden. Immerhin verfügt das Elsass, verglichen mit anderen französischen Regionen, über die meisten Michelin-Sterne: in der Ausgabe von 2019 können sich 27 Restaurants rühmen, mindestens eines der begehrten Gütesiegel zu tragen.
Dem Café im deutschen Sinne entspricht in Frankreich der **Salon de Thé**, wo es Kaffee und Kuchen gibt.

Beim Essen

Eine freie Platzwahl ist in Frankreich nur in einfachen Lokalen üblich. In aller Regel wartet der Gast, bis die Bedienung einen Platz zuweist. Ein echter Fauxpas wäre es, sich an einen Tisch zu unbekannten Gästen dazuzusetzen nach dem Motto »Ist hier noch ein Platz frei?«.
Es ist unüblich, getrennt zu zahlen. Die Bedienung ist zwar im Preis enthalten (service compris), aber fünf bis zehn Prozent **Trinkgeld** werden vom Personal dennoch erwartet. Das Trinkgeld legt man auf das leere Tellerchen oder in die Rechnungsmappe. Meist wird ein Krug Leitungswasser (carafe d'eau) auf den Tisch gestellt.
Das **Rauchverbot** in allen öffentlichen Gebäuden gilt auch für Restaurants, Cafés, Bars und Discotheken.

BAEDEKER ÜBERRASCHENDES

6X TYPISCH

Dafür fährt man ins Elsass.

1.
WINZER

Auf der gesamten Route des Vins lässt sich Wein wunderbar verkosten und kaufen. In die **Cave historique** nach Strasbourg bringen 47 Winzer aus dem ganzen Elsass ihre besten Tropfen, um sie dort reifen zu lassen – und zu verkaufen (www.vins-des-hospices-de-strasbourg.fr)

2.
KIRCHEN

Im Elsass sind so viele romanische Kirchen erhalten, dass es zu einer ganzen »Route Romane« reicht. Zu den bedeutendsten zählt St-Pierre-et-St-Paul in **Rosheim**. (www.tourisme-rosheim.com)

3.
KÖCHE

Leben wie Gott in Frankreich ist natürlich auch im Elsass bestens möglich. Die Zahl der preisgekrönten Restaurants ist hoch, die der gemütlichen Gasthäuser und Weinstuben enorm. Ein gutes Beispiel findet sich in Niedermorschwihr: **Caveau Morakopf**. (www.caveau morakopf.fr)

4.
DORFSCHÖNHEITEN

Regelmäßig mischt das Elsass bei der Wahl der schönsten Dörfer Frankreichs ganz vorne mit. Eguisheim, Hunawihr, Mittelbergheim standen schon auf dem Podest, das blumen- und fachwerkbunte **Riquewihr** sowieso.

5.
FESTE

Wenn die Dörfer ihre Trachtenfeste feiern, strömen die Gäste in Scharen. Jetzt wird gegessen und getrunken, was Keller und Fass hergeben, gefeiert und getanzt. Besonders farbenfroh: die **Streißelhochzeit** in Seebach.

6.
BURGEN

Die Geschichte war unruhig, Festungen und Burgen zeugen davon. Viele Burgruinen haben sich zu Wanderzielen mit Traumaussicht gewandelt, gleich drei davon bietet **Ribeauvillé**. (www.ribeauville-riquewihr.com)

INTERESSANTE MENSCHEN

Weimar, Paris – und Dada: Hans (Jean) Arp

1886–1966
Maler, Bildhauer und Dichter

Der gebürtige Straßburger Hans Arp – »Hans Arp in allen Gassen« – war an der Entstehung der klassischen Moderne maßgeblich beteiligt. Besonders bekannt wurde er 1916 als Mitbegründer und literarischer Hauptvertreter des Dada; in späteren Jahren konzentrierte er sich im Wesentlichen auf die abstrakte Bildhauerei. Der zweisprachige Künstler, der am Ersten Weltkrieg nicht hatte teilnehmen wollen, weil er weder für die eine noch für die andere Seite war, und darum 1915 mit seinem Bruder ins Schweizer Exil gegangen war, änderte mit dem Aufstieg des Nationalsozialismus in Deutschland seinen Vornamen von Hans in Jean. Er zählte zu den **»entarteten« Künstlern** und floh deshalb während des deutschen Einmarschs in Frankreich an die Côte d'Azur.

Schöpfer der Freiheitsstaute: Frédéric-Auguste Bartholdi

1834–1904
Bildhauer

Bereits früh entwickelte Frédéric-Auguste Bartholdi eine Vorliebe für Monumentales. Ab den 1860er-Jahren trieb den Colmarer der ehrgeizige Gedanke um, ein gigantisches Werk zu schaffen, das die Freiheit zum Ausdruck bringen sollte. Seine große Zeit hatte der frankreichorientierte Künstler in den Jahren, als das Elsass zum Deutschen Reich gehörte, und er mit pathetischen Großwerken den Franzosen nach dem verlorenen Krieg gegen Deutschland zu neuem Selbstbewusstsein verhalf. Das bekannteste Werk dieser Phase ist der **»Lion de Belfort«**, der an die Belagerung der Festungsstadt im Deutsch-Französischen Krieg (1870/1871) erinnert. Weltberühmt aber wurde er durch ein Geschenk Frankreichs an die USA im Jahr 1886: die Freiheitsstatue in New York. In Bartholdis Geburtshaus in Colmar ist heute ein Museum eingerichtet. Eine Kopie der Freiheitsstatue steht am Ortseingang – im Kleinformat natürlich.

Spielend lernen: Johann Friedrich Oberlin

1740–1826
Pfarrer

»Ich bin Soldat. Gott, mein Herr, befahl mir durch meine Oberen, zu marschieren und in dem armen Steintal für ihn zu arbeiten«, schrieb der aus gutbürgerlicher Straßburger Familie stammende evangelische Pfarrer Oberlin bei seinem Amtsantritt in Waldersbach an seine Mutter. Er arbeitete dann auch hart, nicht nur für Gott, sondern vor allem für die Menschen im Steintal, einem verarmten Vogesental in der Nähe von Schirmeck. Der Philanthrop mit ausgesprochen sozialer Gesinnung förderte die wirtschaftliche Entwicklung, indem er Textilbetriebe einrichtete und eine kleine Leih- und Kreditbank gründete. Er bewirkte den Bau von Straßen und Kanälen, führte neue, gut tragende Kartoffelsorten ein, gründete auch Vorschulen und sorgte für die Verlängerung der Schulpflicht bis zum 16. Lebensjahr. In seiner 59-jährigen Tätigkeit gelang es **»Papa Oberlin«**, der einst armen Hochlandpfarre bescheidenen Wohlstand zu verschaffen. In den Vogesen und im gesamten Elsass ist man noch heute stolz auf Johann Friedrich Oberlin, einer der Väter der Sozialbewegung des 19. Jahrhunerts.

Großer Europäer: Pierre Pflimlin

1907 – 2000
Politiker

»Ein großer Gegner von de Gaulle, ein großer Freund der Deutschen«, war nach seinem Tod zu lesen. Der Jurist und Politiker Pierre Pflimlin stammte aus Roubaix nahe der französisch-belgischen Grenze, wuchs in Mulhouse auf und sprach perfekt Französisch und Deutsch. Als Mitglied des Mouvement Républicain Populaire (MPR) bekleidete er mehrere Ministerämter. 1958, auf dem Höhepunkt der Algerienkrise, wurde er zum **Ministerpräsidenten Frankreichs** ernannt. Es gelang ihm jedoch nicht, die politische Lage zu beruhigen. Keine zwei Wochen später übernahm Charles de Gaulle die Macht in Frankreich. Ihm stand Pflimlin von Anfang an skeptisch gegenüber. 1962 verließ er mit gleichgesinnten Parteigenossen aus Protest gegen de Gaulles Europapolitik die Regierung. 1959 bis 1983 war er **Oberbürgermeister von Strasbourg**. Als überzeugter Verfechter der europäischen Einigung erreichte er, dass Europarat und Europäisches Parlament, dessen Präsidentschaft er 1984 bis 1987 ausübte, in Strasbourg tagen.

Der Urwalddoktor: Albert Schweitzer

1875 – 1965
Arzt

Der gebürtige Kaysersberger Albert Schweitzer war evangelischer Theologe, Musiktheoretiker, Kulturphilosoph und Mediziner, Organist und Orgelbauer. Weltberühmt aber wurde er als Urwaldarzt. Seine Laufbahn begann Schweitzer nach dem Studium der Theologie und Philosophie als Dozent an der der Universität Straßburg. Als er sich bei einer Missionsgesellschaft um einen Einsatz in Afrika bewarb, wegen einer streitbaren Theologieschrift aber als unzuverlässig abgelehnt wurde, studierte er Medizin, denn als Arzt, glaubte er, werde man ihn

OBEN: Witzig, frech, auch derb und mit einem guten Schuss Erotik: Karikaturist Tomi Ungerer scheute Provokationen nicht.

UNTEN: Albert Schweitzer, Friedensnobelpreisträger und Urwaldarzt, war nicht ganz unumstritten.

mit Sicherheit nach Afrika schicken. 1913 gründete er in **Lambarene** (im heutigen Gabun) mit seiner Frau Helene ein Tropenhospital. Schweitzer brach immer wieder nach Europa auf, um dort mit Vortragsreisen und als Orgelvirtuose der Werke von Johann Sebastian Bach neues Geld zu beschaffen. In den 1950er-Jahren engagierte sich für Atomstopps und Abrüstung – die USA erklärten den weltbekannten Philosophen daraufhin zur unerwünschten Person. Kritik musste sich der schnauzbärtige Urwalddoktor auch von anderer Seite gefallen lassen: Der »Übermensch der Nächstenliebe« mit dem weißen Tropenhelm, dem Herrschaftssymbol des Kolonialismus, sei ein Rassist. Nie habe er Einheimische im Urwaldhospital zugelassen und nicht einmal die Sprache des Landes gelernt. Tatsächlich widmete sich der **Friedensnobelpreisträger von 1952** den Afrikanern intensiv als leidende Wesen, als Menschen hielt er sie für unkultiviert und faul. Trotzdem gilt der in Lambarene verstorbene und beerdigte Schweitzer als Vorbild und einer der größten Wohltäter des 20. Jahrhunderts.

Gegen den Strich: Tomi Ungerer

1931 – 2019
Zeichner und Autor

Mit seinen provokanten Zeichnungen machte sich der berühmteste zeitgenössische Elsässer nicht überall Freunde – in US-Bibliotheken waren seine Bilder- und Kinderbücher lange verboten. Nach der Schulzeit begab sich der aus einer Straßburger Uhrmacherfamilie stammende Tomi Ungerer auf Wanderschaft. Um nicht ins damalige Kriegsgebiet Indochina geschickt zu werden, meldete sich der überzeugte Pazifist 1952 freiwillig zu den Kamelreitertruppen der französischen Armee in Algerien. 1956 schiffte er sich nach New York ein, wo sein Aufstieg als Zeichner, Maler, Illustrator, Kinderbuchkünstler und Werbegrafiker begann. Zwischen 1985 und 1987 hielt er sich in Hamburg auf und lebte längere Zeit im Bordell, das ihn zu seinem Band »Schutzengel der Hölle« inspirierte, über dessen Karikaturen sich **Feministinnen wie Kleriker gleichermaßen empörten**. Selbst in seinen Kinderbüchern schimmern Ironie, schwarzer Humor und bisweilen diabolische Boshaftigkeit allenthalben durch. Auch mit dem Elsass und der elsässischen Mentalität setzte sich der Künstler gern auseinander: So zeichnete er das Elsass, Zankapfel zwischen Frankreich und Deutschland, einmal als ein knuddeliges elsässisches Männchen, das auf einem weiblichen Oberschenkel krampfhaft versucht, den französischem Strumpf mit dem deutschem Hüfthalter zusammenzubringen.

Seit 1976 lebte der bekennende Elsässer, der 2000 gemeinsam mit dem Straßburger Bürgermeister das »Centre Européen de la Culture Yiddish« gründete, hauptsächlich auf seiner Farm in Irland. Mit dem 2007 in Strasbourg eröffneten Tomi-Ungerer-Museum wurde erstmals in Frankreich ein lebender Künstler mit einem Museum geehrt.

NACHGEFRAGT

AGENCE D'ATTRACTIVITÉ DE L'ALSACE
24, rue de Verdun
68000 Colmar
Tel. 0389 29 81 00
www.tourisme-alsace.com
www.experience.alsace

ALSACE DESTINATION TOURISME
1, rue Camille Schlumberger
68006 Colmar
Tel. 0389 20 10 68
www.alsace-destination-tourisme.com

COLMAR
4, Place Unterlinden
68000 Colmar
Tel. 0389 20 68 92
www.tourisme-colmar.com

EGUISHEIM
22a, Grand Rue
68420 Eguisheim
Tel. 0389 23 40 33
www.ot-eguisheim.fr

ECOMUSÉE D'ALSACE
Chemin Grosswald
Ungersheim
www.ecomusee.alsace/de

CHÂTEAU DU HAUT-KŒNIGSBOURG
67600 Orschwiller
Tel. 0369 33 25 00
www.haut-koenigsbourg.fr

KAYSERSBERG
39, rue du Général de Gaulle
68240 Kaysersberg
Tel. 0389 78 22 78
www.kaysersberg.com

MARMOUTIER
1, rue du Général Leclerc
67440 Marmoutier
Tel. 0388 71 46 84
www.marmoutier.net

MONT SAINTE-ODILE
67530 Ottrott
Tel. 0388 95 80 53
www.mont-sainte-odile.com

MULHOUSE
1, Avenue Robert Schumann
68100 Mulhouse
Tel. 0389 35 48 48
www.tourisme-mulhouse.com

OBERNAI
Place du Beffroi
67210 Obernai
Tel. 0388 95 64 13
www.tourisme-obernai.fr

RIBEAUVILLÉ
1, Grand' Rue
68150 Ribeauvillé
Tel. 0389 73 23 23
www.ribeauville-riquewihr.com

RIQUEWIHR
2, rue de la Première Armée
68340 Riquewihr
Tel. 0389 73 23 23
www.ribeauville-riquewihr.com

SAVERNE
37, Grand'Rue
67700 Saverne
Tel. 0388 91 80 47
www.tourisme-saverne.fr

STRASBOURG
17, Place de la Cathédrale
67000 Strasbourg
Tel. 0388 52 28 28
www.otstrasbourg.fr

BAEDEKER ÜBERRASCHENDES

10 SOUVENIRS

10 Dinge und Erinnerungen, die ich mitnehme ...

1.

Wein und Crémant direkt vom Lieblingswinzer

2.

Kuchenformen und Schüsseln von den Töpfereien in Soufflenheim und Betschdorf

3.

Edle Tischwäsche aus den Vogesen direkt von den namhaften Herstellern in Gérardmer

4.

Munsterkäse von einem der vielen Bergbauernhöfe oder dem Haus des Käses in Munster

5.

Köstlichkeiten süß und salzig aus der Rue des Orfèvres, der Feinschmeckergasse in Strasbourg

6.

Hausgemachte **Marmelade** aus Wildfrüchten

7.

Bredele und Mannele: Die typischen Kekse und Hefe-Nikoläuse gehören zum Standard auf allen Weihnachtsmärkten. Das herzige Mannele gibt es auch in Plüsch – was zum Liebhaben für die Kleinen.

8.

Jugendstil-Kristallgläser und Flakons aus dem Shop im Musée Lalique in Wingen-sur-Moder und den nordelsässischen Glasmacher-Zentren

9.

Den richtigen Impuls vom »Kraftort« und Heiligen Berg des Elsass, dem Mont Sainte-Odile

10.

Unvergesslich: der erste Blick auf den Isenheimer Altar im Musée Unterlinden in Colmar

G

GARDASEE

»

Ein köstliches Schauspiel, der Gardasee

«

Johann Wolfgang von Goethe

DAS IST DER GARDASEE

Malcesine beschrieb Goethe dagegen sehr nüchtern: »An Limone vorbeigerudert, in den Hafen von Malcesine gefahren, Schloss gesehen.«

DER SCHÖNSTE ORT DER WELT

Gibt es den überhaupt? Bei diversen Umfragen unter Reiseprofis fallen die Ziele Palawan und Bhutan, Mallorca und die Malediven. Hemingway meinte, es sei Venedig. Biertrinker werden das Augustiner-Zelt während des Münchner Oktoberfests nennen.

Der Humanist und Rechtswissenschaftler Agostino Brenzone legte schlüssig dar: »Der schönste Erdteil ist Europa, und davon ist Italien der schönste Teil, von Italien wiederum der Gardasee und an diesem San Vigilio. Ergo ist **San Vigilio** der schönste Ort der Welt«. Der Mann folgte seiner Argumentation und ließ sich im 16. Jh. seine Villa auf der kleinen Halbinsel San Vigilio zwischen Torri del Benaco und Garda bauen. Vorbeischauen lohnt sich!

Suchtgefahr

Goethe und die spätere High-Society der Literatur wie Ibsen, Kafka, Rilke, Nietzsche, D. H. Lawrence oder Thomas und Heinrich Mann, aber auch König Juan Carlos, Prinz Charles und die Bundespräsidenten Richard von Weizäcker und Horst Köhler gehören zu den prominentesten Touristen am Gardasee. Doch schon die Römer liebten den »Benacus« besonders Sirmione mit den Heilquellen der Grotten des **Catull**. Er wie auch **Vergil** haben den Lago inbrünstig besungen. Und manchmal meint man, die Hälfte aller Gardasee-Urlauber von heute kannten Catull und Vergil persönlich: »Wir fahren ja schon seit zehn Jahren an den See...« – auch das begleitende Hochziehen der Augenbrauen hilft da wenig. Wer mit gerade mal zehn Jahren Gardasee-Erfahrung angeben will, kann gleich sagen, er sei das erste Mal am Lago. Der See ist zu etwa 60 Prozent ein Repeaterziel und gleichzeitig ein Urlaubsziel für alle Generationen. Papa und Mama der 1960er-Jahre sind inzwischen Opa und Oma. Die Tochter war schon im Bauch ihrer Mutter am See und nach der Geburt die folgenden 34 Jahre, ehe sie – selbst schwanger – den Kreislauf weiter ankurbelt. Aber auch die anderen 40 Prozent, die Erstbesucher, schweben in höchster Gefahr, bald zu den anderen 60 Prozent zu gehören

Liegt die Liebe zum See in den Genen? An schönsten Kindheitserinnerungen? Oder einfach an den tollen Burgen und niedlichen Häfen, den Olivenhainen und Zypressen, der Pizza aus dem Holzofen und den lauen Abenden bis nach Mitternacht? Oder ist der Gardasee für viele – wie für Signore Brenzone – einfach der schönste Ort der Welt? Warum auch in die weite Ferne schweifen, wenn es doch die nahe

Lago-Mischung macht. Sie macht süchtig. Über dieses Lago-Feeling, das sich bei jedem anders äußert, schrieb Heinrich Laube, ein in Vergessenheit geratener deutscher Dichter, in seinen Reisenovellen von 1834: »Er (der See, Anm.) ist kein Masculinum sondern ein Femininum. Er ist die erste italische Jungfrau, welche dem blöden, blonden Germanen, der von den Alpen heruntersteigt, mit dunklem südlichen Blicke in's Herz hineinsieht. ... Und wenn man in späten Jahren daran denke, so wende sich das Herz noch um vor süßem Schmerz.«

Vieles ist anders und doch wieder nicht

Sicher ist: Der See ist ein authentisches, gewachsenes Feriengebiet, ohne Bausünden oder unverschämter Abzocke. Einst war der See noch ein armes Gebiet, bewohnt von Fischern, Oliven- und Bergbauern. In den 1950er Jahren hielt der Camping-, in den 1960er Jahren der Albergo-Tourismus Einzug. Mit der Mistgabel verscheuchte man zunächst die Kühe, um Platz für Zelte zu machen. Und etwas später wurde das Kinderzimmer im Sommer vermietet, um den Besuchern, die schon damals wiederkamen, ein Bett anbieten zu können. Erst nach und nach wurde das Niveau angehoben und die ersten privaten Hotels mit ein paar Zimmern entstanden. Heute ist aus dem Albergo für 25 Mark die Nacht ein hübsches Vier-Sterne-Hotel mit Pool geworden. Die Besitzerfamilie allerdings ist geblieben. Wie auch ihre Gäste die ganzen Jahre über.

Punta San Vigilio, der schönste Ort der Welt?

SCHÖN-HEIT BRAUCHT ZEIT

Der Himmel leuchtet mit dem blauen See um die Wette, allmählich verschwinden die Uferorte im Sommerdunst, leicht spritzt die Gischt über die Reling . Der Dampfer hat im Norden abgelegt, wo der See schmal und von steilen Bergen umgeben ist wie ein Fjord. Je weiter es nach Süden geht, werden die Berge niedriger und schließlich gibt sich der See breit und flach, fast wie ein Meer. Wie ist das entstanden?

◄ Vom Rocca di Manerba geht der Blick nach Norden.

Riva im Norden liegt häufig schon ab vier Uhr nachmittags im Schatten, weil die Sonne dann nicht mehr über den Cima d'Oro und seine Nebengipfel blinzeln kann. Das schöne Castello von Malcesine wirkt mit dem mächtigen Monte-Baldo-Massiv im Rücken wie eine Spielzeugburg. Hinter dem kleinen Campione ragen die Steilwände 400 m senkrecht in die Höhe. Unten im Süden? Ab Gardone an der Westküste und ab Garda im Osten ebbt alles ab. Die Bergwelt hat ein Ende. Nur noch ein paar Hügel gibt's zu sehen.
Ansonsten gilt im häufig auftretenden Sommerdunst: Kein Ort, nirgends, weil von der Seemitte kein Meter vom flachen Ufer mehr zu erahnen ist.

Der Gletscher ist schuld

Die Form des Gardasees gleicht einem Gummihammer, mit dem man früher die Heringe für den Zeltaufbau in die Erde getrieben hat. Es waren insgesamt fünf Eiszeiten, die den Lago derart modelliert haben. Schönheit braucht eben seine Zeit. Im Großen und Ganzen reden wir von zwei Millionen Jahren, wobei die letzte dieser **fünf Eiszeiten** vor rund 20 000 Jahren den letzten Schliff gegeben hat, und zwar durch den Würmgletscher. Bei Malcesine war er noch 1000 m hoch, bei Garda, gerade mal gut 25 km weiter südlich, hatte er schon die Hälfte davon verloren. Die gewaltigen Wassermassen, die aus ihm strömten, transportierten Unmengen an Geröll. Das meiste blieb am Gletscherende als »Moräne« einfach liegen und formte die heutigen Hügel im südlichen Hinterland. Schließlich schmolz der Gletscher zwischen den Bergmassiven, und der Lago war in seiner ganzen Pracht vollendet.

Das ist gerade 15 000 Jahre her, in der Geologie höchstens ein Wimpernschlag. Denn eigentlich angefangen hat alles vor ungefähr 60 Millionen Jahren, als die Kontinentalplatten von Europa und Afrika kollidierten. Die Kruste wurde gestaucht und die Gebirgsbildung begann: die Geburtsstunde der Alpen.

So schön kann Geologie sein

Natürlich soll eine Bootspartie auf dem See nicht zur geologischen Expedition ausarten. Aber lassen Sie sich von den wunderschönen Panoramen nicht nur überwältigen, schauen Sie ein bisschen genauer hin: So schön kann Geologie sein! Die **fünf Inseln**, die allesamt sehr nahe am Ufer liegen, sind natürlich nichts anderes als aus dem Wasser herausragende Landmassen. Schön zu sehen an der Isola San Biagio zwischen San Felice und Manerba: Hat der See viel Wasser, etwa im Frühjahr nach der Schneeschmelze, muss man ein Boot benutzen, um auf die Insel zu kommen. Ist Niedrigwasser, etwa in den regenarmen Hochsommermonaten, kann man auf die Insel waten und sieht die »Schleifspuren« des Gletschers.
Wer weitere markante Hinterlassenschaften der Eiszeit en detail sehen möchte, fährt von Torbole hinauf nach Nago. Auf mittlerer Höhe sind die Marmitte dei Giganti ausgeschildert, **die »Gletschermühlen«**, die der Gletscher bei der Vorwärtsbewegung aus dem Fels gemahlen hat. Weiter westlich, bei Arco, die Marocche: als wäre es ein Stück Afrika. So weit das Auge reicht nur massive Felsbrocken, eine außergewöhnliche Trümmerlandschaft, die der Gletscher auf seinem Rückzug geformt hat.

Eine rüstige alte Dame: die »Siora Veronica«

SAIL AWAY!

Wind im Haar und ein Glas Prosecco in der Hand, rund um die »Siora Veronica« nur das Wasser des Gardasees. Die alte Dame, gebaut 1926, sticht als aufregende Alternative zum Dampfer bei gutem Wind mit zwei große Masten und vier mächtigen Segeln in den See: in der Saison beinahe täglich ab Malcesine. Die schönste Tagestour führt zur Isola del Garda, vom dörflichen Hafen zur adeligen Grandezza auf der Insel der Cavazza-Familie einerseits und geografisch vom schmalen Ober- zum bauchigen Untersee andererseits. Alle Infos unter www.sioraveronica.com/de

BESTES ITAL-IENI-SCHES KINO

Es ist heiß, sehr heiß. Es ist der 15. August. Ferragosto, gefühlt Italiens wichtigster Feiertag. Eigentlich »nur« Mariä Himmelfahrt, aber neben Weihnachten der wichtigste Familienfeiertag in Italien. Und alle dürfen mitmachen: Die Ferragosto-Familie am Strand lädt gerne auf ein Gläschen ein. Klappt es mit der Kommunikation, gehört man nachmittags fast schon dazu ...

Beim Palio delle Contrade in Garda ►

STAND UP PADDLING HISTORISCH

In vielen Orten vor allem am südlichen See sieht man im Frühjahr und im Frühsommer an windstillen Abenden, wenn der See glatt wie ein Babypopo ist, schmale Boote, gerudert von vier Männern im Stehen. Stand Up Paddling? Nein, die Teams trainieren für den Palio delle Bisse, den historischen Ruderwettkampf, der ab Mitte Juni an verschiedenen Orten in mehreren Rennen ausgetragen wird und Anfang August mit dem Finale der Sieger seinen Höhepunkt erreicht.

Mit Traditionen ist das oftmals so eine Sache. Sie verkommt zuweilen zur bloßen Folklore, bei der Touristen unter sich bleiben und die Einheimischen nur noch ans Geschäft denken. Am Gardasee ist das anders: Auch wenn im Zentrum des Geschehens die Ortsansässigen stehen, sind Touristen gern gesehene Gäste.

Ferragosto am Strand

Ferragosto gilt in Italien als der heißeste Tag, Höhe- und Wendepunkt des Sommers. Er ist **der perfekte Strandtag** und bestens geeignet, um zu erleben, wie eine italienische Familie funktioniert. Denn alle kommen, vom Opa bis zur Enkelin. Klapptische und -stühle werden schon morgens in Position gebracht, der Grill aufgebaut, egal ob der angelnde Papa in der Sommerhitze was fängt, denn Mama hat auf jeden Fall vorgesorgt. Die riesige Kühltasche unterm Sonnenschirm gibt quasi stündlich etwas her. Schöner ist italienisches Familienleben nicht einmal im Kino.
Überhaupt Ferragosto: In Desenzano feiern sie dann die **Zaubernacht**. Wer gerade in Garda weilt, darf sich an einer venezianischen Tradition jenseits von Campingstuhl und Badehose erfreuen: **Il Palio delle Contrade**, eine Regatta, wird mit Paraden, Fahnenschwenkern und Feuerwerk gefeiert. Wenn il Palio den Einheimischen nicht so wichtig wäre, könnte man fast meinen, eine Folklore-Show zu erleben.
Gleiches gilt für den **Palio delle Bisse**. Bisse sind Kanus, die im Stehen gerudert werden – eine Reminiszenz an Venedig. Die Bandiera del Lago zu gewinnen, ist immer noch eine große Ehre. Die Regatten werden von Juni bis August ausgetragen. Das Team Garda ist übrigens mit acht Titeln Rekordsieger.

Feuerwerk und Carbonara

Zwei Wochen nach Ferragosto neigt sich der Sommer langsam dem Ende entgegen. Riva sieht dann, am letzten August-Samstag, **La Notte di Fiaba**, die Märchennacht. Alle tragen Kostüme, um eine Legende zu feiern, in der es um die Schönheit des Himmels, der Berge und des Wassers geht. Theatervorstellungen, Konzerte und Begehungen mit kostümierten Führern, natürlich Musik

Still ruht der See. Beste Trainingsbedingungen für die Ruderer des Palio delle Bisse.

und Spiele runden ein Wochenende ab, das am Samstagnacht mit einem sehenswerten Feuerwerk über der Bucht von Riva sein Finale hat.
Traditionen haben oft auch viel mit Ernte und Danksagung zu tun. Seit 1929, immer Anfang Oktober, feiert Bardolino das Trauben- und Weinfest **Festa dell'Uva e del Vino**. Auch wenn in den letzten Jahren bald 100 000 Besucher kamen – es bleibt ein Fest der Weinbauern und Einheimischen. Im Zentrum steht natürlich die Verkostung der jungen Bardolino Classico und Bardolino Chiaretto an der Strandpromenade. Aber es kosten eben auch die Bauern und besuchen sich: Complimenti, hört man alle paar Meter, wenn der Kollege beim Freund und Konkurrenten ein Schlückchen nimmt und sich mit ihm über das Ergebnis freut.

Noch einheimischer wird es beim **Neujahrsschwimmen** im Januar, wenn sich die Unerschrockenen in den eiskalten See stürzen, und an Ostern in Brenzone bei der **Raccolta delle Olive**. Die Olivenernte gehört rund um den See zu den großen Ereignissen, und viele Dörfer feiern im November, am Ende der Ernte, ihr Fest dazu. Die jungen, noch trüben Öle werden stolz präsentiert und können verkostet, aber auch schon gekauft werden. Touristen sind – klar, es ist November – deutlich in der Minderheit. Auch am Kirchplatz von Malcesine, wo mit dem jungen Olivenöl auch die Carbonera gekocht wird, die es nur noch an solchen Feiertagen gibt: Gerührt von starken Männern, denn die Polenta mit Käse muss in den mächtigen Kupferkesseln erst mal richtig sämig werden ...

AUF DEN BALKON GEKOMMEN

Der Mythos lebt! Schon über 400 Jahre lang rührt die berühmteste Liebesgeschichte der Welt romantische Seelen. Sie kleben ihre Herzensgrüße an den oder die Liebste(n) hoffnungsfroh an die Casa di Giulietta und stören sich nicht daran, dass der berühmte Balkon eigentlich gar keiner ist. Machen Sie sich auf zu einem Spaziergang durch Verona mit einer echten Julia! Oder schreiben Sie ihr ...

Es wird sich noch ein Plätzchen finden für den Liebesschwur. ▶

DIE Fremdenführerin deutet auf eine Büste an der Portini de la Bra: »Er ist für all das verantwortlich.« William Shakespeare (1564 – 1616) schrieb mit »Romeo und Julia« die berühmteste Liebesgeschichte der Welt. »Sie war so möglich, sie ist glaubhaft, aber sie ist nicht bewiesen«, erzählt sie und reicht eine süße Verführung: Baci di Giulietta aus Marzipan und Zuckerguss.

Es gab sie wirklich

Shakespeare hat die Geschichte der großen Liebe zwar nicht erfunden, aber berühmt gemacht mit »An Excellent Conceited Tragedie Of Romeo And Juliet«, 1597 veröffentlicht. Schon zuvor hatten Masuccio Salernitano im »Novellino« (1476), Matteo Bandello (1485 bis 1561) und Luigi da Porto (1485 – 1529) den Stoff bearbeitet. William Painter übersetzte ihn ins Englische und Arthur Brooke lieferte mit »The Tragicall Historye of Romeus and Juliet« (1582) die Vorlage für Shakespeare.
Historisch gesichert ist, dass die verfeindeten Familien Montecchi und Capuleti zu Beginn des 14. Jh.s in Verona lebten. Die Montecchis, Romeos Familie, waren Anhänger der Kaiserpartei der Ghibellini, während Julias Familie Capuleti zu den päpstlichen Guelfi neigten. Die tragische Liebesgeschichte steht also symbolisch für den Machtkampf zwischen Klerus und Adel: Schaut man sich in Verona um, stehen die Kirchen deutlich im Schatten der weltlichen Paläste, Türme und Burgen, allen voran das mächtige Castelvecchio. Es ist ungefähr genauso alt wie die wahre Geschichte von Romeo und Julia, die sich um 1300 zugetragen haben soll.

Wo ist Romeo?

Umschlungen von einem Herzen steht im Gang zur **Casa di Giulietta** an der Wand »Nana und Dieter« oder »Gloria e Enrico« – Liebesschwüre als Graffiti. Pärchen küssen sich an historischer Stelle und suchen Liebesglück – nicht etwa den Liebestod. Ein paar Schritte weiter, im Hof des Palazzo Capuleti, steht eine Bronzestatue von Julia. Die rechte Brust ist glatt poliert. Beinahe

BAEDEKER DAS IST ...

SCHREIBEN SIE JULIA!

Liebeskummer? Liebesglück? Ganz einfach an »Julia, Verona, Italia« adressieren. Eine Antwort kommt bestimmt. Denn im »Juliet Club« kümmern sich viele freiwillige »Sekretärinnen« von Julia um die über 7000 Briefe, die die unglücklich Liebende pro Jahr erhält. Vielleicht gewinnen Sie sogar den Juliet Prize, der jedes Jahr an die drei schönsten (herzzereißendsten?) Briefe geht. Die Damen laden auch zu Julia-Stadtführungen ein. Mehr Expertinnentum geht nicht. (www.julietclub.com)

OBEN: Julia, ganz blank gegrapscht
RECHTS: Jetzt fehlt unten nur noch Romeo.

jeder Besucher grapscht sie ungeniert an. Denn wer das tut, dem wird die Liebe ewig hold bleiben.
Und der Balkon? Ist gar keiner! Das Capuleti-Haus hatte ursprünglich keinen Balkon. Den hat Shakespeare ja nur erfunden. Julias Balkon von heute ist – wie unromantisch – ein Sarkophag, den der damalige Leiter der Veroneser Museen erst 1935 anbringen ließ.
Im Haus des Romeo kann man auf einer Tafel lesen: »Romeo: Ach, ich verlor mich selbst; ich bin nicht Romeo. Der ist nicht hier: er ist – ich weiß nicht wo.« Dem jugendlichen Romeo und der 14-jährigen Julia waren nur **vier Tage Leidenschaft** vergönnt, doch in ihren Herzen war die Liebe eine ewige – die vielleicht aber nur deshalb so wahr und absolut ist, weil sie sich im Alltag nicht bewähren musste ... Egal! Alle lieben diese Geschichte. Darauf ein Glas Wein, natürlich Julia-Wein von der Cantina di Giulietta, ein einfacher Valpolicella rosso, den es im Julia-Haus zu kaufen gibt.

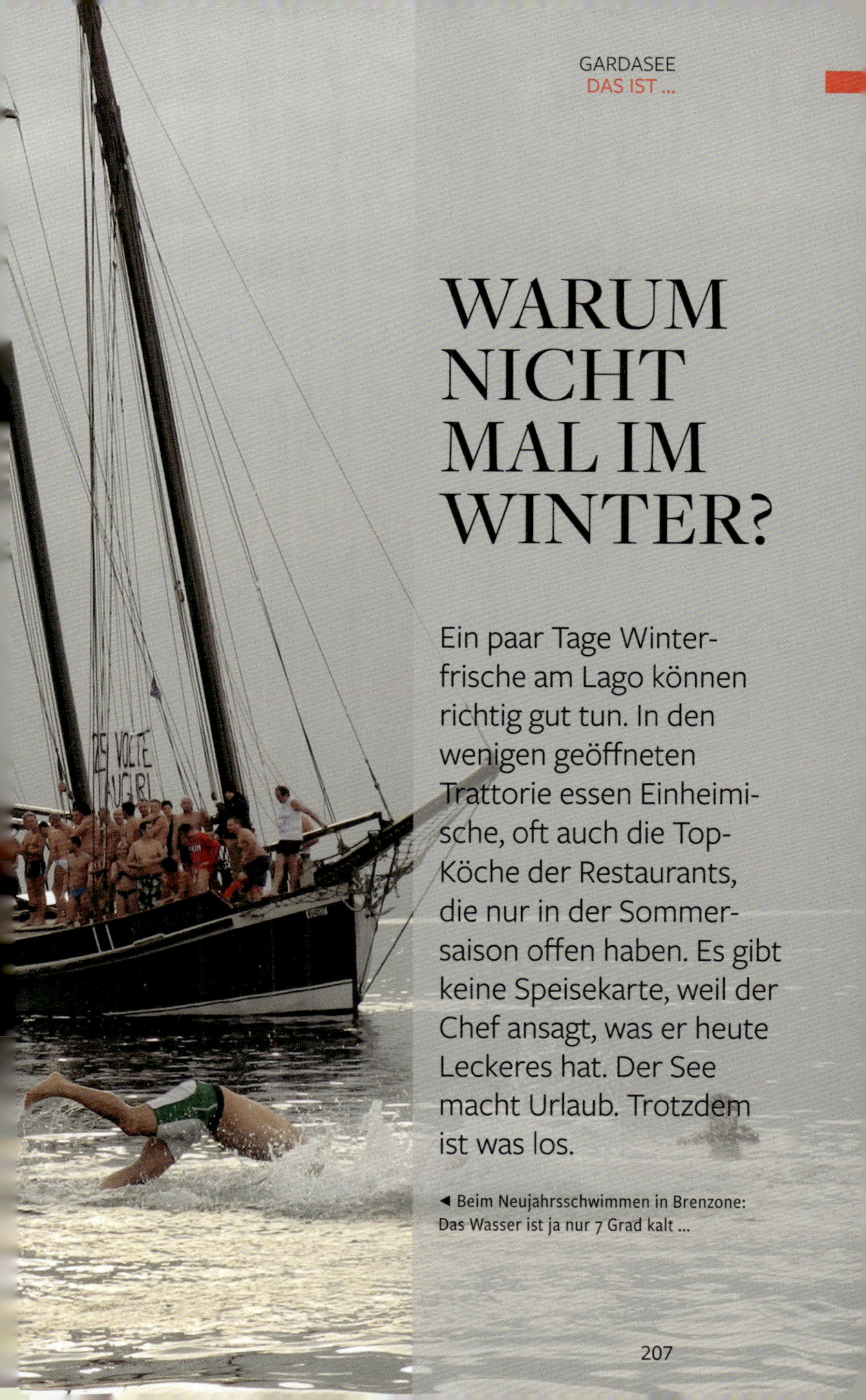

WARUM NICHT MAL IM WINTER?

Ein paar Tage Winterfrische am Lago können richtig gut tun. In den wenigen geöffneten Trattorie essen Einheimische, oft auch die Top-Köche der Restaurants, die nur in der Sommersaison offen haben. Es gibt keine Speisekarte, weil der Chef ansagt, was er heute Leckeres hat. Der See macht Urlaub. Trotzdem ist was los.

◄ Beim Neujahrsschwimmen in Brenzone: Das Wasser ist ja nur 7 Grad kalt ...

BAEDEKER DAS IST ...

OSTERN!

Ein wunderschöner sonniger Frühlingstag in Campo, einem Dorf bei Brenzone, das nur noch fünf Einwohner, aber am Ostermontag immer seinen großen Auftritt hat: mit Andacht in der kleinen Kapelle und Spaghetti con le Sarde, Vino und ausgelassener Stimmung. Die Nudeln werden in Kesseln über dem offenen Feuer gekocht, die Kuchen zum Nachtisch sind hausgemacht. Alles ist kostenfrei. Nur eine kleine Spende wird gern gesehen. Und man denkt nach: Ist der Lago vielleicht auch mal im Winter was, wenn Ostern schon so schön ist?

ES ist Winter. Der See erholt sich von Sonnencreme und Bikinis, Motorbooten, den Surfern und Kitern. Und auch von den Urlaubern. Doch plötzlich macht es platsch! Nochmal! Und nochmal ... Insgesamt springen an diesem Neujahrsnachmittag 38 Mutige beim Neujahrsschwimmen in Brenzone in den sieben Grad kalten Gardasee. »Eine wunderbare Tradition«, sagt **Anna Brighenti**, deren »Hotel Brenzone« schon seit 1911, als eine der ersten Herbergen am Ostufer, am heutigen Anleger Brenzone steht, wo die Neujahrsschwimmer in den Lago hüpfen. »Im Winter haben wir zu«, sagt Anna. »Es kommen einfach zu wenig Leute«. Und so machen Anna und ihr Sohn Pietro wie der See Urlaub.

Am Anfang war der Winter

Der Gardasee ist natürlich ein Sommerziel. Aber angefangen mit dem Tourismus am Lago hat alles im Winter, als die Highsociety klirrender heimischer Kälte auswich und den milden Gardasee-Temperaturen den Vorzug gab. »In den Anfängen des Gardasee-Tourismus sah das alles anders aus«, weiß **Oliver Mayr** vom »Grand Hotel Fasano« in Gardone Riviera. Das Hotel wurde 1888 gebaut, großzügig und elegant, in 1-A-Lage direkt am See, mit Wasserturm für fließendes Wasser in den Zimmern. »Die zahlungskräftige Kundschaft dafür war ja da«, sagt Oliver und nennt König Faruk von Ägypten, Kaiser Wilhelm II. und die österreichische Kaiserin Elisabeth. Wo einst König Georg von Sachsen im Liegestuhl lag oder Literaturnobelpreisträger Paul Heyse sein Gedicht »Letzter Wille«, eine Ode an den Gardasee, schrieb, entwickelte sich erstmals Tourismus. 1909 entstand das Casino für die mittlerweile zahlreichen Wintergäste, die sich bis zum Ersten Weltkrieg in Gardone einfanden. Den Seesüden eroberten auch Mailands vornehme Familien, die den Luxus von Gardone schätzten und in Sirmione die Heilquellen der Römer wieder entdeckten. »Ein Trauerspiel, dass sich um die Spielbank-Lizenz nach dem Zweiten Weltkrieg keiner mehr gekümmert hat«, sagt Oliver Mayr. »So etwas fehlt uns, um auch heutzutage wieder einen stabilen Winterbetrieb anbieten zu können.«
Ebenfalls um 1900 wurde sogar das Nordufer, im Jahresmittel deutlich kühler, als winterlicher Fluchtort entdeckt. Der österreichische Erzherzog Albert verlegte bereits 1872 seine Winterresidenz nach Arco. Und als Thronfolger Franz Ferdinand 1896 in Riva ins »Lido Palace« einzog, hatte es mehr als hundert Zimmer. Heute sind es 42. Es war die mondänste Zeit, als **K.u.k.-Monarchie und die Highsociety der Literatur** wie Ibsen, Kafka, Rilke, Nietzsche, D. H. Lawrence oder Thomas Mann den Norden um Riva bevölkerten. Heinrich Mann kam sogar 20-mal zu Besuch.

Der etwas andere Urlaub

Heutzutage ist der Winter-Wonder-Lago zwar weitgehend verwaist. Eigentlich schade und eine große Chance für alle, die mal den etwas anderen Lago-Urlaub machen wollen. Vielleicht springt man sogar mit in den See zu Neujahr, nachdem man vormittags noch am Monte Baldo beim Skilaufen war, oder man schaut einfach zu, wie der See Urlaub macht und sich erholt von Sonnencreme, Surfern und Bikinis. Und wem das dann doch zu frisch ist: An Ostern ist es schon etwas wärmer ...

SPECIALI

WIE BEI MAMA

Spinat-Gnocchi in Salbeibutter, weißes Kaninchenragout, Hecht in Sardellensoße, Polenta mit geschmolzenem Käse. So sieht sie aus, die Speisekarte der »Cucina tipica« des Gardasees jenseits von Pizza prosciutto und Spaghetti carbonara.

◄ Spezialität des Hauses: Fisch, was sonst?

NICHT einmal hohe kirchliche Würdenträger konnten sich angeblich beherrschen, wenn Spinat-Gnocchi in Salbei-Butter auf den Tisch kamen: Sie würgten, sprich schaufelten ein Stück nach dem anderen in sich hinein, bis die Kutte spannte. Schon hatte dieses typischste Gericht des nördlichen Gardasees seinen Namen weg: **Strangolapreti**, die Priesterwürger.
Aber auf nicht allzu vielen Speisekarten rund um den See werden Sie die Priesterwürger finden, auch wenn viele Restaurants mit »Cucina tipica« werben. Streng genommen gibt es nur einige wenige echte lokale Gerichte.

Frühmorgens in Cassone

Der See, besonders der Nordteil, war lange Zeit abgeschottet. Viele Orte waren bis zum Bau der Uferstraße Mitte der 1920er-Jahre nur per Boot oder äußerst beschwerlich zu Fuß über die Berge zu erreichen. Also bereiteten die Menschen zu, was sie hatten. Forellen, Blaufelchen und Sardinen aus dem See, Kaninchen, Käse von den wenigen Milchkühen. Und natürlich Limonen und Olivenöl.

Heute sind fast alle Speisekarten am See »gleichgeschaltet«. Die überall angebotene **Gardasee-Forelle** kann bei rund fünf Mio. Besuchern jährlich unmöglich immer eine echte sein. Die Mehrzahl stammt aus Zuchten im Trentino oder dem Tal der Sarca. Wer mal einen der letzten Berufsfischer erleben möchte, geht werktags so gegen sieben Uhr an den kleinen Hafen von Cassone. Dort kaufen die Einheimischen ihren Fisch frisch vom Boot für einen Euro pro Stück, nicht geputzt, nicht ausgenommen. Die meisten anderen der etwa 20 übrig gebliebenen Berufsfischer liefern ihren Fisch häufig direkt an wenige Restaurants.
Nach den Strangolapreti ist die zweite Spezialität des Trentino die **Carne Salada**, am besten con Fagioli, also Salzfleisch mit braunen Bohnen. Basis ist eine Rinderkeule, die in Meersalz, Rotwein und Kräutern eingelegt im Römertopf an einem kühlen Ort 30 Tage lang ruht. Der Klassiker am West- und Ostufer ist **Bigoli con le Sarde**, dicke, hausgemachte Spaghetti mit Sardinen, Olivenöl und Petersilie. Ebenfalls typisch: **Pasta con Ragu di Coniglio**, Kaninchenragout. Leider fast nur noch in Privathaushalten und nur zu Festtagen –

BAEDEKER DAS IST ...

TIEF DURCHATMEN UND GENIESSEN

Da bleibt einem schon mal die Luft weg, wenn man im »Miralago« in Pieve di Tremosine sein Mittagessen einnimmt, das ja in Italien manchmal genauso lange dauern kann wie das Abendessen. Die Terrasse ist wie ein Wintergarten frei schwebend über dem Abgrund gebaut, und beim famosen Rundumblick vergisst man schnell mal die gute Pasta auf seinem Teller. Spektakulärer kann man am Gardasee nicht speisen! (www.miralago.it)

und am besten im Kupferkessel gekocht! – wird die **Carbonera** serviert: Polenta mit geschmolzenem Käse. So selten, aber soo lecker!

Sonntags ist Spiedo-Tag

Der Süden war schon immer zugänglicher. Typisch sind **Luccio in Salsa**, Hecht in Soße, wobei die Soße aus in Olivenöl gebratenen Sardinen, verfeinert mit Kapern und Zwiebeln, gemacht wird. Und natürlich der **Spiedo alla Bresciano**, der riesige Fleisch-Kartoffel-Spieß, am offenen Feuer gegrillt. Richtig gute gibt's übrigens nur sonntags! An anderen Tagen besser die Finger davon lassen.
Man sieht, die Regionen am Gardasee sind nicht nur politisch in drei Provinzen aufgeteilt, sondern auch kulinarisch. Und jede Provinz kocht tatsächlich ihr eigenes Süppchen ...
Die wirklichen traditionellen lokalen Gerichte, die echte Cucina tipica, muss man suchen. Eine Hilfe zum Auffinden geben die Tipps bei den einzelnen Ortschaften in diesem Reiseführer.

Vom See direkt in den Kochtopf. Und wer Fisch nicht mag: Pasta con Ragu di Coniglio ist eine leckere Alternative.

UNTERWEGS AM GARDASEE

Trubel oder Ruhe?

Auf dem Lungolago bummeln, Leute gucken, Eis essen und in Schaufenster spähen? Oder lieber himmlische Ruhe und die herrliche Bergnatur direkt vor der Nase? Tagsüber übers Wasser brettern, am Strand liegen und abends auf einer Terrasse am Seeufer relaxen oder auf den Spuren der Römer, Skaliger, Venezianer und Österreicher die Geschichte der Gegend erkunden?

Zunächst ist zu klären, wo sich **die wichtigsten Ziele** am besten erreichen lassen. Acht von ihnen liegen am Ostufer, am nördlichen Teil des Ostufers erstreckt sich der majestätische Monte Baldo, im Süden um den Bauch des Sees prägen große Oliven- und Weinanbaugebiete das Bild. Das venezianische Ostufer ist etwas stärker vom Tourismus geprägt als das lombardische Westufer. Wer mehr die Ruhe sucht, schlägt sein Quartier eher oberhalb des Westufers, am Monte Baldo oder an den kleineren Seen auf. Und an der Trentiner Nordspitze fühlen sich besonders Wanderer, Kletterer und Surfer wohl.

700 m unter Madonna di Monte Castello liegt der See.

Von allem etwas

Badeurlauber, die das Panorama nicht sonderlich interessiert, zieht es in den Süden, speziell wenn sie mit Wohnwagen oder Campingausrüstung unterwegs sind. Im Hochsommer ist zu bedenken, dass die Wasserqualität in der fjordartigen Nordhälfte spürbar besser ist als im flachen Süden. Fast überall ist **Wassersport** in vielen Disziplinen möglich, wenngleich der Norden als Mekka der Surfer und Segler eindeutig die Nase vorn hat. Gleiches gilt für Kletterfreaks und Mountainbiker. Unerschrockene **Radler** investieren viel Energie in die Bewältigung der zahlreichen Serpentinen und anspruchsvollen Steigungen im Norden, Osten und Westen des Sees, während man im Süden auch gemütlich durch das freundliche Hügelland der Weinregionen hinter Bardolino und Manerba rollen kann.
Auch **Städte- und Kulturtouristen** sind im Süden gut aufgehoben: Verona, Mantua und Brescia, selbst Venedig und Mailand sind von dort lohnende Tagesausflugsziele.

Noch nicht überteuert

Der Gardasee ist eine Ferienregion, in der solide und zum Teil auch noch recht günstige **Drei-Sterne-Hotels** überwiegen. In einfachen Alberghi bezahlt man für ein Doppelzimmer mit Frühstück etwa 100 €. In den letzten Jahren sind auch Vier-Sterne-Hotels dazugekommen Das Gegenteil bietet der bauchige und flache Süden: **Campingplätze**, von einfach bis komfortabel ausgestattet, in großer Anzahl zwischen Bardolino und Manerba.

★★ TOP-ZIELE

Der Gardasee hat viele Gesichter, und die lernt man an einem Wochende nicht alle kennen. Also bleibt nur übrig, wiederzukommen, um das Beste gesehen zu haben. Hier ist es:

Arco

★★ Castel Toblino

Es gilt als **romantischste Burg im Trentino**: das auf einer Halbinsel mitten im gleichnamigen See gelegene Castel Toblino nördlich von Arco. Uralte Steineichen wachsen im Park rund um die Burg, Felswände rahmen den idyllischen See ein.

Garda

★★ Punta San Vigilio

»Der schönste Ort der Welt« schwärmte der Humanist Agostino Brenzone und belegte seine Meinung auch mit eigenwilliger Logik. Doch schon die Römer haben den Reiz dieses von Wiesen, Olivenbäumen und Zypressen bedeckten Ausläufers des Monte Luppia gespürt.

★★ Madonna della Corona

Geradezu **dramatisch** klebt die Kirche mit ihrem spitzen, hohen Turm an einem Steilhang des Monte Baldo auf 774 m mit Blick hinunter ins tief gelegene Etsch-Tal.

Gardone Riviera

★★ Vittoriale degli Italiani

Selbstbeweihräucherung, blanker Kitsch oder doch Kunst? Das ist im riesigen Anwesen des ebenso eitlen und selbstgefälligen wie exzentrischen **Gabriele d' Annunzio** (1863–1938) die Frage. Sicher jedoch ist: Das Vittoriale ist nicht die wichtigste, aber die außergewöhnlichste Sehenswürdigkeit am Gardasee.

Lago d'Iseo

★★ Franciacorta

Die **»Champagne Italiens«** beginnt südlich des Sees. Dieses wunderbare hügelige Weinbaugebiet hat sich einen ausgezeichneten Ruf als eine der besten Schaumweinregionen Italiens erworben.

★★ Monte Isola

Bis zu 400 m über dem Wasserspiegel ragt die weithin mit Wald bedeckte Fischerinsel Monte Isola aus dem See heraus: **die größte Insel** in einem südeuropäischen Binnensee.

Lazise

Die Stadtmauer ist noch fast vollständig erhalten. Innerhalb der Città vecchia sind **Autos verboten**, und Gelaterie gibt es reichlich: auf zum Bummel durch die entzückenden mittelalterlichen Gassen mit Läden, Cafés und Trattorie.

★★ Città vecchia

Limone

Limones Altstadt ist **hinreißend**, auch wenn man sie mit vielen teilen muss. Der Ortsname kommt allerdings nicht von den Limonen, der einst dort überall gezüchteten Zitrusfrucht …

★★ Città vecchia

Lonato

In der Casa del Podestà brachte der Politiker Ugo da Como seine **Kunstschätze** unter: Bücher, Handschriften, Gemälde, Skulpturen, Porzellan, Möbel, alles original und sehr wertvoll.

★★ Casa del Podestà

Mindestens so hübsch wie die Altstadt ist der kleine Hafen von Limone.

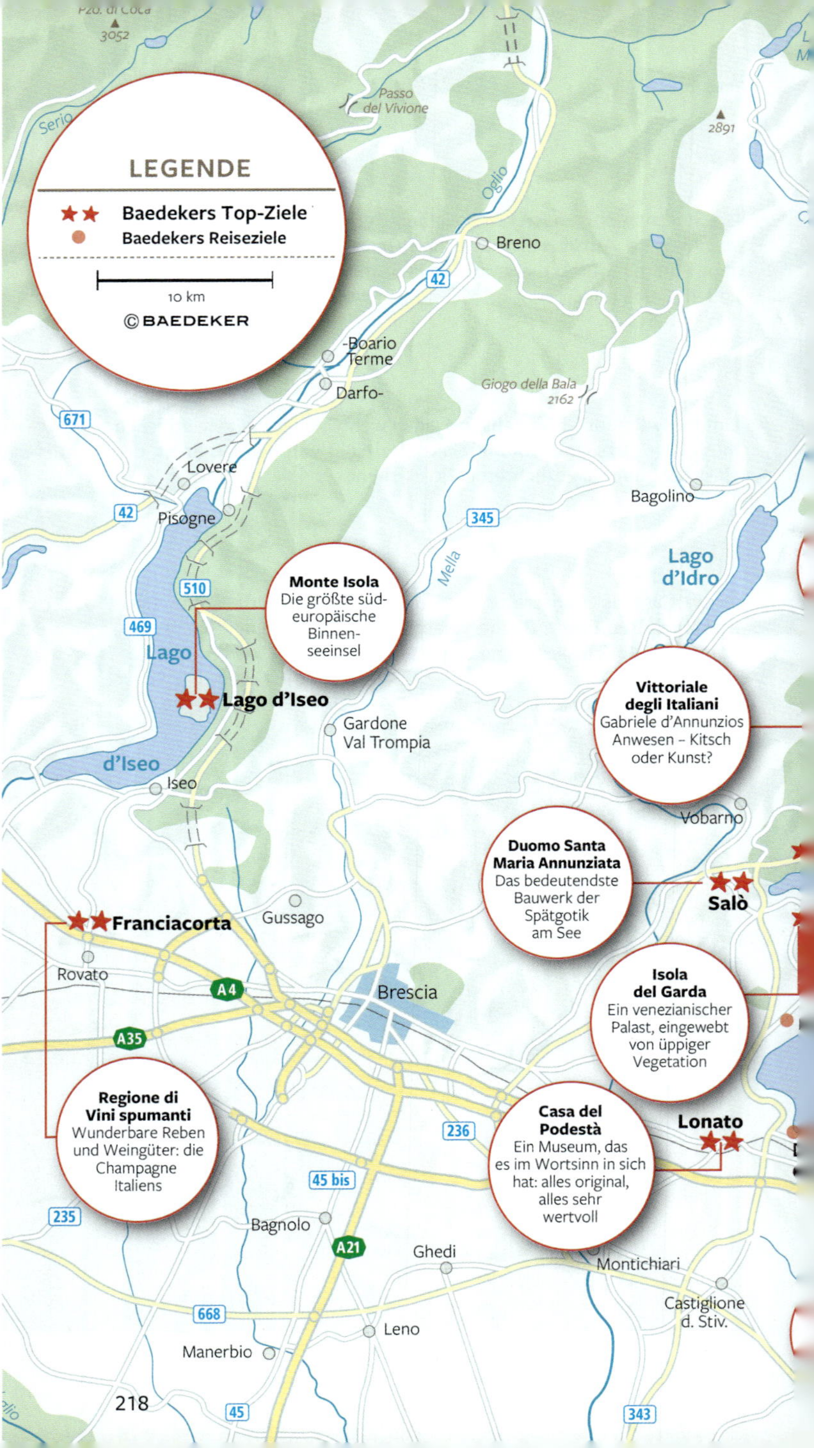
LEGENDE
Baedekers Top-Ziele
Baedekers Reiseziele
10 km
© BAEDEKER
Pzo. di Coca
3052
Passo del Vivione
2891
Serio
Oglio
Breno
42
Boario Terme
Darfo-
Giogo della Bala
2162
671
Lovere
42
Pisogne
Bagolino
345
Lago d'Idro
Mella
510
469
Lago d'Iseo
Monte Isola
Die größte süd-europäische Binnen-seeinsel
Lago d'Iseo
Gardone Val Trompia
Vittoriale degli Italiani
Gabriele d'Annunzios Anwesen – Kitsch oder Kunst?
Iseo
Vobarno
Duomo Santa Maria Annunziata
Das bedeutendste Bauwerk der Spätgotik am See
Salò
Franciacorta
Gussago
Rovato
A4
Brescia
Isola del Garda
Ein venezianischer Palast, eingewebt von üppiger Vegetation
A35
Regione di Vini spumanti
Wunderbare Reben und Weingüter: die Champagne Italiens
Casa del Podestà
Ein Museum, das es im Wortsinn in sich hat: alles original, alles sehr wertvoll
Lonato
236
45 bis
235
Bagnolo
A21
Ghedi
Montichiari
668
Castiglione d. Stiv.
Leno
Manerbio
45
343

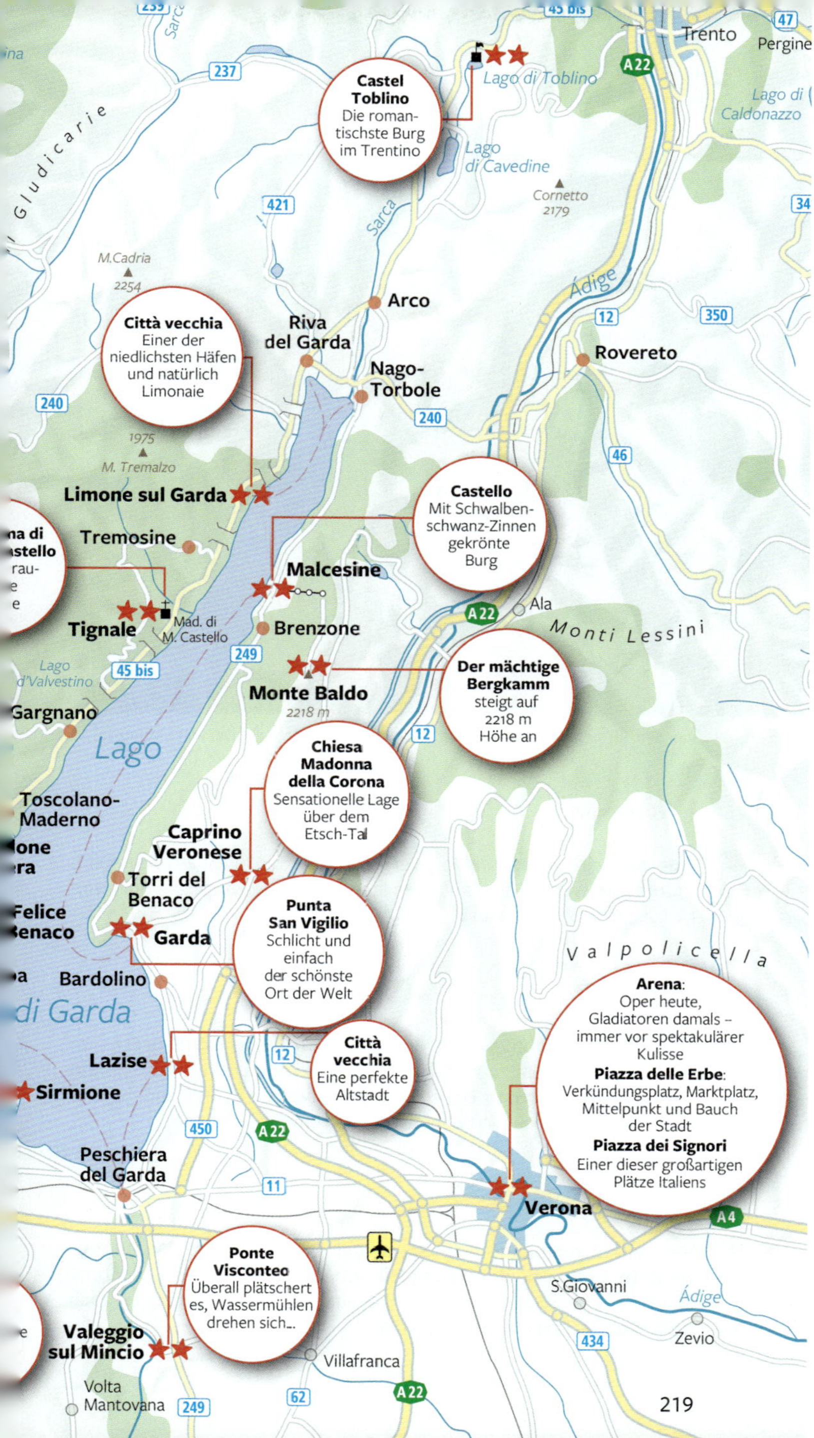
Castel Toblino
Die romantischste Burg im Trentino
Lago di Toblino
Trento
Pergine
Lago di Caldonazzo
Lago di Cavedine
Cornetto 2179
Giudicarie
Sarca
237
421
47
A22
M.Cadria 2254
Città vecchia
Einer der niedlichsten Häfen und natürlich Limonaie
Riva del Garda
Arco
Nago-Torbole
Ádige
12
350
Rovereto
240
1975
M. Tremalzo
Limone sul Garda
Castello
Mit Schwalbenschwanz-Zinnen gekrönte Burg
46
Tremosine
Malcesine
Ala
A 22
Monti Lessini
Tignale
Mad. di M. Castello
Brenzone
249
Lago d'Valvestino
45 bis
Der mächtige Bergkamm
steigt auf 2218 m Höhe an
Monte Baldo 2218 m
Gargnano
Lago
Chiesa Madonna della Corona
Sensationelle Lage über dem Etsch-Tal
Toscolano-Maderno
Caprino Veronese
Torri del Benaco
Punta San Vigilio
Schlicht und einfach der schönste Ort der Welt
Garda
Valpolicella
Bardolino
di Garda
Arena:
Oper heute, Gladiatoren damals – immer vor spektakulärer Kulisse
Piazza delle Erbe:
Verkündungsplatz, Marktplatz, Mittelpunkt und Bauch der Stadt
Piazza dei Signori
Einer dieser großartigen Plätze Italiens
Città vecchia
Eine perfekte Altstadt
Lazise
Sirmione
450
Peschiera del Garda
11
Verona
A4
Ponte Visconteo
Überall plätschert es, Wassermühlen drehen sich...
S.Giovanni
Ádige
Zevio
434
Valeggio sul Mincio
Villafranca
Volta Mantovana
62

Von den Türmen der Burg geht der Blick hinaus auf die Halbinsel von Sirmione.

Malcesine

★★ Castello

Goethe wäre einst beinahe verhaftet worden, weil er sie malte. Brautpaare werden sie ein Leben lang nicht vergessen. Die Burg von Malcesine ist ein Symbol für den ganzen See.

Monte Baldo

★★ Ganz oben

Er ist ebenso mächtig wie majestätisch. Sein Massiv hat mehrere Gipfel, die höchste Spitze wurde mit 2218 m vermessen. Stolze 35 km zieht sich **der höchste Berg am Gardasee** am Ostufer entlang und ist im Sommer genauso beliebt wie im Winter.

Salò

★★ Duomo Santa Maria Annunziata

Von außen recht unscheinbar, ist der Dom dennoch das **bedeutendste Bauwerk der Spätgotik** am Gardasee. Seine Errichtung zog sich über 50 Jahre hin, deshalb sind neben spätgotischen auch Renaissance-Stilelemente zu finden.

San Felice del Benaco

Auf der größten Gardasee-Insel begrüßt **Contessa Alberta** oder einer ihrer Brüder am kleinen Inselhafen und führt durch die Gärten und die Villa. Das Entkorken einer Flasche Chiaretto vollendet den historischen Abriss.

★★ Isola del Garda

Sirmione

«Die Perle unter den Inseln und Halbinseln«, lobte der römische Dichter Catull, und auch Goethe war beeindruckt von Sirmiones Schönheit und der **Bilderbuchburg** im Wasser.

★★ Castello

Tignale

Der Pfarrer von Tignale bedankt sich jeden Tag im Gebet, dass er an einem der schönsten Kirchenplätze Europas wirken darf. Recht hat er: Die Lage von Madonna di Monte Castello ist umwerfend: **700 m über dem See**.

★★ Madonna di Monte Castello

Valeggio sul Mincio

Die Attraktion von Borghetto, einem hübschen Vorort von Valeggio ist der 600 m lange Damm Ponte Visconteo. Er überspannt den Mincio. Überall **in der Altstadt plätschert es**, und an manchen Stellen treibt der Fluss Wassermühlen an.

★★ Borghetto

Verona

Das römische Amphitheater, errichtet im 1. Jh. n. Chr., war nach dem Kolosseum in Rom und der Arena in Capua das drittgrößte Bauwerk des römischen Imperiums für blutige **Gladiatoren**- und Tierkämpfe. Heute werden hier **Opernfestspiele** veranstaltet.

★★ Arena

Sie ist der **»Bauch der Stadt«** und einer der schönsten Plätze Italiens, auf dem wochentags ein Blumen- und Gemüsemarkt stattfindet. Nicht weit davon: die Casa di Giulietta, wo die tragische Liebesgeschichte von Romeo und Julia begann.

★★ Piazza delle Erbe

Wenn die Piazza delle Erbe der »Bauch der Stadt« ist, dann ist die Piazza dei Signori ihr »Salon«. Von seinem Denkmalsockel blickt streng **Dante** auf das Geschehen zu seinen Füßen.

★★ Piazza dei Signori

BAEDEKER ÜBERRASCHENDES

6X TYPISCH

Dafür fährt man an den Gardasee.

1. APEROL? HUGO?

Die Luft noch warm, aber die Sonne sagt ciao! Der Kellner kommt. Also: **Spritz**, auch Sprizz oder Veneziano, mit Weißwein (besser: Prosecco), Mineralwasser und Aperol? Oder lieber den **Hugo** mit Prosecco, Mineralwasser und Minze?

2. GUTE ALTE ZEIT

Sie lebt **auf den Dampfern** »Zanardelli« von 1903 und »Italia« von 1908 weiter. Schaufelräder, innen Messing und Holz, aus dem Schlot kommt – ökologisch nicht ganz korrekt – dichter Rauch. (www.navlaghi.it)

3. ICH BIN DER KAPITÄN

Selbst Bootfahren **ohne Führerschein**? Sogar mit 40 PS? Am Gardasee geht das. Nach kurzer Einweisung heißt es »Leinen los«, und derjenige, der am Steuer und Gashebel steht, ist der Kapitän.

4. SCHMETTERLINGE

An einem Septembertag ist der See auf einmal voll mit weißen und bunten Segeln, als flatterten Hunderte von Schmetterlingen übers Wasser. Dann wissen alle: Die **Centomiglia** hat begonnen, die renommierteste Segelregatta. auf dem See.

5. DAS CABRIO-FEELING

Das Dach geöffnet, die Sonnenbrille aufgesetzt, ein Tüchlein um den Hals und los geht's. Fahrspaß pur! Die schönste Cabrio-Tour dürfte die auf der **Gardesana Occidentale** sein.

6. LIEBESZEICHEN

In **Valeggio sul Mincio** band Nymphe Silvia ein Seidentüchlein zum Liebesknoten für ihren Malco. Genau so formen die Frauen von Valeggio ihren Nudelteig, gefüllt mit köstlicher Einlage. Man nennt sie – Tortellini.

ESSEN UND TRINKEN

Alle Welt spricht von gesunder Ernährung. Der Gardasee hat sie – zumindest, wenn man die in den letzten Jahren wiederentdeckte puristische Küche meint. Sie basiert auf Olivenöl, Fisch, Zitrone.

Gesund und lecker

Limone verzeichnet die höchste Konzentration an über 80-Jährigen in Italien. Vor allem Herzinfarkte sind hier deutlich seltener als im Landesdurchschnitt, was möglicherweise durch die Ernährung begünstigt wird. Doch Gesundheitsanforderungen hin und Kohlehydrate-Skeptiker her, am Gardasee bestimmt natürlich die **italienische Esskultur** das Geschehen auf Tisch und Teller. Ohne Pasta und Vino geht nichts. Ein Glas Wein dazu darf nicht fehlen.

Morgens, mittags, abends

Caffè, ein Brioche (Hörnchen) und ein Blick in die Zeitung, häufig im Stehen an der Bar – fertig! Morgens wird in Italien auf die Schnelle gegessen. La Colazione, das Frühstück, nimmt man mehr oder weniger im Vorbeigehen ein. Mittags hat man schon mehr Zeit – ab 12.30 Uhr für drei Gänge mit Wein, durchaus üblich. Während la Cena, das Abendessen ab 20 Uhr und auch später mit Aperitif und Weinfolgen mit Weiß und Rot zelebriert wird. Abgeschlossen wird jedes Essen mit Kaffee und vielleicht einem Grappa.
Besonders außerhalb der Saison haben am See fast alle Lokale nach 22 Uhr ihre Küche geschlossen. Nur der Holzkohleofen für eine Pizza brennt dann manchmal noch.

Osteria? Ristorante? Pizzeria? Locanda?

Während früher ein Ristorante (Restaurant) eher gepflegt und teuer und eine Trattoria ein eher einfaches Speiselokal war, sind die Grenzen heute verwischt. Auch eine Osteria ist nun keine Weinstube mit kleinen Gerichten mehr. Sicher ist nur: Wo Pizzeria steht, gibt es auch Pizza. Doch neben Pizze kann auch **Cucina tipica** zum Angebot gehören. Auf dem Land gilt: Eine Locanda, ein Landgasthof, hat meist noch immer einfache regionale Gerichte auf der Speisekarte (lista). Fast überall wird man zum Tisch geführt.

Wer bezahlt?

Einer bezahlt – meist der Tischvorstand, der Papa, der Opa oder der Einladende. Das gilt vor allem, wenn sich der große Familienkreis in den Trattorien trifft. Eine getrennte Rechnung (conto) kennt man eigentlich nicht, doch die Kellner (cameriere) haben sich daran gewöhnt, dass die Deutschen separate Rechnungen wünschen.
Coperto ist – außer in den meisten Pizzerie – selbstverständlich: in der Regel ab 1 € pro Person für Brot, Grissini, häufig auch Stofftischtücher und -servietten. Als **Trinkgeld** gibt man bis zu zehn Prozent des Rechnungsbetrags.

Vom Aperitif bis zur Zabaione

Aperitif Italien ist das Land des Aperitifs. Campari, pur, mit Soda oder Orangensaft gemischt, stammt aus Mailand. Sehr beliebt ist immer noch der Hugo, Prosecco mit einem Schuss Holunderblütensirup und Eiswürfeln. Seit Jahren schon schlürft man Aperol Spritz, den Longdrink aus sieben Teilen Prosecco und drei Teilen Aperol (Bitterlikör) plus einer Orangenscheibe und Eiswürfeln.

Tischgetränke Ein gedeckter Mittags- oder Abendtisch ohne Wein (vino) und Mineralwasser (acqua minerale), mit oder ohne Kohlensäure (con/senza gas)? Quasi unmöglich! Tischweine werden offen serviert; ältere Jahrgänge und Weine von hoher Qualität kommen werden am Tisch geöffnet. Natürlich gibt es auch Bier (birra), Wasser, Cola, Limonade (limonata) oder Fruchtsaft (succo di ...).

Antipasti, Pasta, Risotto, Zuppa Antipasti heißt schlicht vor der Pasta: Oliven (olive), Artischocken (carciofi), Wurst (salame) oder Schinken (prosciutto). Bresaola, dünne marinierte Scheiben eines abgehangenenn Rinderschinkens, ist eine lombardische Spezialität. Auch Carpaccio, sehr dünn geschnittenes rohes Fleisch oder roher Fisch mit Olivenöl, wird gerne zu Beginn gegessen.

Ohne Vorspeise geht nichts. Die heißt meistens **Pasta**. Nudeln sind nie Beilage, sondern immer Primo. Und so kann man zum ersten Gang fast immer zwischen Nudelarten mit diversen Saucen wählen. Gefüllt sind Ravioli und Tortellini, mit Käse überbacken die Lasagne. Eine Besonderheit sind Pizzoccheri, Bandnudeln aus Buchweizenmehl mit Kartoffeln, Kohl und geschmolzenem Käse, wie sie gelegentlich im nordwestlichen Gardasee-Gebiet angeboten werden. Gnocchi (Kartoffelklößchen) gibt es von einfach mit Salbei in Butter über Gnocchi di zucca mit Kürbis bis zu Strangolapreti mit Spinat.

Alternativ bietet sich eine **Suppe** an. Meistens werden Minestroni, Suppen mit verschiedenen Gemüsen, serviert oder eine Zuppa di fagioli (Bohnensuppe), mitunter auch Zuppa di ceci (Kichererbsensuppe). Es gibt auch Kuttelsuppe (trippa) oder Stracciatella, Kraftbrühe mit Eierstich.

Wenig vertreten ist **Risotto**. Der in der Po-Ebene angebaute Risotto-Reis steht in diversen Variationen auf der Speisekarte. Am bekanntesten sind Risotto alla milanese mit Safran und Risotto alla mantovana mit Salamistücken. Wer Risotto con le Rane bestellt, sollte wissen, dass er ein Reisgericht mit Froschschenkeln bekommt.

Fleisch, Fisch, Beilagen ... Hauptgerichte sind fast immer Fleisch oder Fisch. Ein vegetarisches Secondo ist selten, etwa Polenta rustica, die mit Butter und Zwiebeln gebraten wird, oder Carbonera: Polenta mit geschmolzenem Käse. Rind (manzo) und Kalb (vitello) sind sehr viel üblicher als Schwein

Ein üppiges Angebot in Verona

(maiale) oder Lamm (agnello). Lombata ist ein Lendenstück, Bistecca ein Steak, Cotoletta ein Schnitzel, Arrosto ein Braten, Stracotto ein Schmorbraten, der regional unterschiedlich zubereitet wird, und Ossobuco eine mit Gemüse gedünstete Kalbshaxe. Bollito misto, ein traditioneller Eintopf aus Kalb-, Hühner- und Rindfleisch, oft auch mit Zunge und Wurst, wird je nach Region mit Mostarda, eingelegten Senffrüchten, oder Salsa serviert. Die für den Gardasee typische hellbraune Sauce dazu besteht aus Rindermark, Brotbröseln, Fleischbrühe und viel Pfeffer.
Die leichtere Variante ist Fisch. Forelle (trota), Felchen (coregone) und Barsch (persico) sind weit verbreitet, doch stehen auch Stör (storione), Karpfen (carpa), Schleie (tnca), Aal (anguilla), Lachs (salmone) und Hecht (luccio) auf der Karte.
Bratkartoffeln mit Rosmarin (patate con rosmarino) und Salzkartoffeln (patate bollite) werden als Beilage (contorno) angeboten, häu-

TYPISCHE GERICHTE

Strangolapreti: »Priesterwürger« heißt dieses beliebte trentinische Gericht: Angeblich konnten sich bei den Spinat-Gnocchi in Salbei-Butter selbst hohe kirchliche Würdenträger nicht beherrschen, sondern würgten ein Stück nach dem anderen in sich hinein.
Für 2 Personen benötigt man 250 g gehackten Blattspinat, eine halbe gepresste Knoblauchzehe, je 125 g Ricotta und Weißbrot. Alles wird zusammengemixt, 1 Ei, 50 g geriebener Parmesan, 1,5 Esslöffel Semmelbrösel, etwas Salz, Pfeffer, Muskat sowie eine halbe Handvoll frischer Salbeiblätter und 25 g Butter kommen dazu. Die Spinatnocken kocht man im Wasser und schwenkt sie kurz in der Pfanne in der zerlaufenen Salbei-Butter.

Carne salada: Carne salada ist Salzfleisch, zu dem am besten braune Bohnen passen, dann con fagioli genannt. Dazu wird Rindfleisch mit Meersalz und Gewürzen mariniert. Dünn geschnitten kann man das Fleisch auch als Carpaccio essen.

Bigoli con le sarde: Zu den Gardasee-Klassikern an allen Ufern gehören Bigoli con le sarde, dicke, hausgemachte Spaghetti mit Sardinen, Olivenöl und Petersilie. Dazu benötigt man für 2 Personen lediglich 200 g Sardinen, 1 Zehe Knoblauch, Olivenöl, Salz und die dicken, spaghetti-ähnlichen Bigoli.

Pasta con ragu di coniglio: Ebenfalls mit Bigoli, aber auch mit Spaghetti, Makkaroni, Pappardelle oder Tagliatelle schmecken diese Nudeln mit weißem Kaninchenragout. 200 g klein geschnittenes Kaninchenfleisch ist die Grundlage für 2 Personen. Dazu kommen 30 g Pancetta oder Räucherspeck, 1 Zwiebel, 1 Knoblauchzehe, 1 Stange Sellerie, 2 Rosmarinzweige, 1 Esslöffel Olivenöl, 50 ml Weißwein, Salz und Pfeffer. Und natürlich die Pasta.

Luccio in salsa: Im Süden sollte man Hecht in Soße nicht auslassen, wobei die Soße aus in Olivenöl gebratenen Sardinen gewonnen wird, die man mit Kapern und Zwiebeln verfeinert. Dazu gibt's Polenta, selten als Brei, meist als geröstete Scheiben. Für 2 Personen benötigt man einen 400-g-Hecht, für die Soße 0,05 l Weißweinessig, 0,2 l Weißwein, 40 g Zwiebeln, Karotten, Sellerie, ein halbes Bund Petersilie, 1 Lorbeerblatt, Kapern in Essig, gesalzene Sardellen, Zimt, Salz, Pfeffer und natürlich Olivenöl aus der Gardaseeregion.

figer aber die unvermeidlichen Pommes Frites (patate fritte). **Polenta** gibt es entweder als warmen Maisbrei oder, besonders gern zu Fleischgerichten, gegrillt, kommt dann aber kalt in Scheiben auf den Rost.

Zum Abschluss

Dolci gehören selbstverständlich dazu, etwa Zabaione, eine mit Eigelb hergestellte Weinschaumspeise. Unter Cassata versteht man eine Eisspezialität mit kandierten Früchten. Profiterol sind Windbeutel, gefüllt mit Schokoladenmousse und Sahne oder Vanillecreme. Bei Tiramisu sollte man stets fragen, ob es hausgemacht ist (fatto in casa). Cotizze sind frittierte Apfelstücke und immer beliebt ist natürlich Eiscreme (gelato).
Lieber **Käse**? Direkt vom See kommen der aromatische Formaggela di Tremosine und der reifere Tombea von der gleichnamigen Hochebene. Der milde Monte Baldo sagt, woher er stammt. Weichkäse sind der Taleggio und Dolcelatte. Der Grana padano von der Po-Ebene gehört wie der Parmigiano, der Bagoss oder Bitto zu den Hartkäsen. Pecorino wird aus Schaf-, Cingherlin aus Ziegenmilch hergestellt, und zu einer guten Käseplatte gehört natürlich auch ein Gorgonzola.

Die Tropfen vom See

Lange Tradition am Gardasee

Die Reben für die bekannten und beliebten Tropfen stehen sämtlich auf den Hügeln im südlichen Uferbereich des Gardasees. Zudem sind die Anbaugebiete im Trentino und Valpolicella nicht allzu weit entfernt. Bekannte typische Weine der Gardasee-Region sind **Bardolino Classico** (etwas teurer, aber doch meist unter 10 € die Flasche), **Groppello** (ein guter kratzt qualitativ und preislich schon an der absoluten Oberklasse), **Chiaretto** (ein Rosé, der eiskalt und jung genossen wird), **Lugana** (immer eine gute Wahl) und **Bianco di Custozia**.

Weitere typische Weine

In Deutschland meist als Billigware bekannt, kommen aus dem **Valpolicella**-Tal östlich des Gardasees zwar durchaus gute und günstige Rotweine, aber auch feine Weine der mittleren Preislage wie der Ripasso oder sehr gehaltvolle Spitzengewächse wie der Amarone.
Im trentinischen Teil der Rgeion, nördlich des Gardasees, werden zwei vorzügliche, gehaltvolle Rotweine im mittleren Preisgefüge gekeltert: **Marzemino** und **Teroldego**. Dazu kommen einige gute Weißweine, wie v. a. der ebenfalls mittelpreisige **Nosiola**, der, wie der Name verrät, leicht nussig, aber dennoch frisch schmeckt. Diese älteste weiße autochthone Rebsorte des Trentino wächst im Valle di Cembra.

BAEDEKER ÜBERRASCHENDES

6X ERSTAUNLICHES

Hätten Sie das gewusst?

1. DIE MILCH MACHT'S

Echter **Limoncello** besteht aus 90%igem Alkohol, Zitronenschale und Zucker. Doch in Limone wird auch einer mit Milch gemacht. Vier Tage lang muss er ziehen. Zu probieren im Gemma in Limone. (www.ristoarntegemma.it)

2. VERRÜCKT

1438: Venedig muss seine Kriegsschiffe in den Gardasee gegen Mailand in Stellung bringen. Das geht nur über die Berge nach Torbole. Man sprengt eine Straße in den Fels, setzt Hunderte von Bäumen als Rollen und **2000 Ochsen** ein.

3. DREHWURM

Eine der besten Panorama-Ansichten, die man über dem See genießen kann, bietet die **Seilbahn** von Malcesine zum Monte Baldo. Das Tollste: Die verglasten Kabinen drehen sich. (http://funiviedelbaldo.it)

4. GEBURT DES ROTEN KREUZES

Es ist 3 Uhr morgens am 24. Juni 1859. Es geht um Italiens Unabhängigkeit. Die Schlacht von **Solferino** wird ein Gemetzel. Und sie wird der Anlass für die Gründung des Roten Kreuzes. (www.solferinosanmartino.it)

5. ZAHNWEH

Arthur Hruska, Begründer des Botanischen Gartens von **Gardone**, war auch Zahnarzt. Zu seiner Klientel zählten die russischen Zaren, die italienische und belgische Königsfamilie sowie Pius XII. und Johannes XXIII. (www.hellergarden.com)

6. MADRUZZO UND MUSSOLINI

Die Liebesgeschichte des Trentiner Fürstbischofs Madruzzo mit seiner Claudia erschien 1910 mit dem Titel **» Die Mätresse des Kardinals«** als Roman. Verfasser: Benito Mussolini.

INTERESSANTE MENSCHEN

Dichter, Faschist, Erotomane: Gabriele d'Annunzio

1863–1938
Exzentriker

Ein Exzentriker sondergleichen muss er gewesen sein, von gierigem Lebenshunger besessen, mit einem Hang zum Opium und zu schönen Frauen, zudem voll grenzenloser Selbstgefälligkeit und Eitelkeit. Gabriele d'Annunzio (1863 – 1938) war ein bedeutender, wortgewaltiger Dichter, ein »Kriegsheld«. Er bezeichnete sich selbst als **»Interpret des menschlichen Wahnsinns«**.

Ob er vielleicht doch eher ein Vertreter als ein Interpret dieser Spezies war, diese Frage tut sich zwangsläufig auf, wenn man seine berühmte Residenz am Gardasee, das Vittoriale degli Italiani betritt. Von 1921 bis zu seinem Tod lebte d'Annunzio in Gesellschaft seiner Frau und mehrerer Geliebten in dieser skurrilen Villa. Wenige Tage vor dem Erwerb hatte er die eigenmächtige, 16-monatige Besetzung von Fiume (heute Rijeka) beenden müssen: Entgegen dem Waffenstillstandsabkommen hatte er 1919 die Stadt, die Jugoslawien zugesprochen worden war, mit einer kleinen Gruppe von Bewaffneten besetzt. Ein anderes verrücktes Kriegsabenteuer hatte er sich am 9. August 1918 geleistet, als er mit seinem Doppeldecker über dem feindlichen Wien kreiste und antiösterreichische Flugblätter abwarf. Die Nähe zum Faschismus, der ausschweifende Lebensstil brachten sein schriftstellerisches Werk ins Zwielicht. Bekannt machte ihn 1889 der Roman »Il Piacere« (»Lust«), der von Nietzsche beeinflusst war. Er bekannte sich zu einem heidnischen Sinnen- und Schönheitskult und galt als einer der umstrittensten Lyriker Italiens: War er nun ein Begnadeter, ein Heiliger oder ein Aussätziger? Oder alles zusammen?

La Primadonna assoluta: Maria Callas

1923–1977
Opernsängerin

In New York als Tochter griechischer Einwanderer geboren, studierte Maria Callas ab 1937 Gesang am Athener Konservatorium. 1949 heiratete sie den italienischen Unternehmer Giovanni Battista Meneghini und bewohnte von 1950 bis 1959 mit ihm zusammen **eine Villa in Sirmione**. Callas gilt als eine der bedeutendsten Sängerinnen des 20. Jh.s, als »Primadonna assoluta«, mit einer technisch bestens ausgebildeten, biegsamen Stimme und einem fantastischen Stimmvolumen. Neben ihren Engagements an den großen Opernbühnen der Welt trat sie ab 1947 auch bei den Opernfestspielen in Veronas Arena

OBEN: Mit Vernunft hat die Ausstattung von Gabriele d'Annunzios Wohnsitz Vittoriale weniger zu tun: Kunst, Kitsch, Nippes und ein Schlachtschiff im Park.
UNTEN: Exzentrisch konnte Maria Callas durchaus auch sein.

auf und feierte überwältigende Triumphe. Die hatte sie eher ungewollt auch in der Yellow Press durch ihre Liaison mit dem griechischen Reeder und Milliardär Aristoteles Onassis Ende der 1950er-Jahre. Maria Callas starb in Paris an einer Lungenembolie. Ihre Asche wurde vor der Insel Skorpios in der Ägais verstreut.

Ein großer Unbekannter: Catull

ca. 87–54 v. Chr. Dichter

Gaius Valerius Catullus gehört zwar zu den ganz Großen, doch über sein Leben ist letztlich nur wenig bekannt. Geboren in Verona, ging er nach Rom, wo er zu einem Kreis junger, fortschrittlicher Dichter zählte. Für sie war die hellenistische Dichtkunst der Maßstab und der gelehrte Dichter ein Ideal. Aus Catulls Sammlung von rund 120 Gedichten wirken vor allem seine Verse über Freundschaft und Geselligkeit lebendig und frisch. Einfühlsam, aber auch deutlich sind seine Liebesgedichte um die zentrale Frauenfigur Lesbia.

Die fromme Asketin: Hl. Angela Merici

ca. 1474–1540 Ordensfrau

Angela Merici, geboren und aufgewachsen auf einem Bauernhof bei Desenzano, schloss sich bereits in jungen Jahren dem Dritten Orden des hl. Franziskus an, in dem die Laien zusammengefasst sind. Sie setzte sich mit ihren Freundinnen besonders für die Bildung von Mädchen und Frauen ein. Ihr asketischer Lebensstil, ihre Frömmigkeit und ihre Mitmenschlichkeit mehrten ihren Ruf. 1535 gründete sie die Gesellschaft der **Ursulinen**, die sich zwar zu einem Leben nach klösterlichen Regeln (Keuschheit, Armut, Gehorsam) verpflichteten, aber weiterhin in ihren Familien wohnten – das erste Säkularinstitut der Kirchengeschichte. Ihre Grundsätze bildeten die erste von einer Frau verfasste Regel für eine Frauengemeinschaft.

Der Meister der Bastionen: Michele Sanmicheli

1484–1559 Festungsbaumeister

Der in Verona geborene Michele Sanmicheli war einer der bedeutendsten Festungsbaumeister der Renaissance. Ab 1509 arbeitete er als Bauleiter am Dom in Orvieto, ehe er knapp 20 Jahre später als oberster Verantwortlicher für Festungen der Republik Venedig zuständig war, wozu auch auch die venezianischen Besitzungen auf Korfu und Kreta gehörten. Dort entwickelte er die so genannte bastionierte Front: Festungswälle mit Vorsprüngen zur Aufstellung von Geschützen. **In Verona** schuf er Torbauten wie die Porta Nuova, die Porta San Zeno und die Porta Palio, in Garda den Palazzo Carlotti und die Villa Guarienti an der Punta San Vigilio.

Taktiker, Intrigant, Ritter und Mäzen: Cangrande I. della Scala

Nachdem sein Bruder verstorben war, stieg der 20-jährige Cangrande I. 1311 zum Stadtherrn von Verona auf. Als Taktiker, Intrigant und Eroberer baute er die Führungsposition seiner Familie konsequent aus. Durch geschickte Kriegsführung **verwandelte er den Stadtstaat Verona in einen Flächenstaat**, in den Vicenza, Padua und Treviso einverleibt wurden, ohne die Großmacht Venedig zu brüskieren. 1318 folgte die Wahl zum Generalkapitän des lombardischen Ghibellinenbundes, des Bundes der Kaisertreuen. Verbannten aus anderen Städten gewährte er Asyl. Künstler, Gelehrte, Händler und Heerführer besuchten Verona. Cangrande lebt im öffentlichen Bewusstsein nicht nur als Förderer des Malers Giotto und des Dichters Dante Alighieri fort, sondern auch als kämpferischer Ritter: Als solcher ist er in seinem Grabmal vor der Kirche von Santa Maria Antica in Verona dargestellt.

1291–1329
Stadtherr
von Verona

Eigenwillig: Giovanni Segantini

Giovanni Segantini wuchs in Arco in ärmsten Verhältnissen auf. In Mailand absolvierte er eine Lehre als Dekorationsmaler, entwickelte aber gleichzeitig über Abendkurse an der Accademia di Brera seinen eigenen Malstil. Anfangs dunkel malend, hellte sich seine Palette später bis zu neoimpressionistischer Farbigkeit auf. Inhaltlich und formal ist Segantinis Malkunst auf das Wesentliche reduziert, thematisch im Vordergrund stehen die Gebirgslandschaft und das harte Leben der Bauern und Hirten. Zwischen Realismus, Symbolismus, Jugendstil und Neoimpressionismus behauptete sich Segantini eigenwillig. Seit den 1990er-Jahren wird er, dessen Werke jahrzehntelang als kitschig abgetan wurden, als **Wegbereiter der Moderne** angesehen.

1858–1899
Maler

Lebensfreude im Großformat: Veronese

Der aus Verona stammende Paolo Caliari, genannt Veronese, ist ein großartiger Schilderer venezianischer Lebensfreude und Prachtentfaltung, die sich in seinen religiösen und mythologischen Darstellungen widerspiegeln. Klare Kompositionen und leuchtende Farben sowie die wunderbare Umsetzung sinnlicher Motive zeichnen seine oft großformatigen Gemälde aus. Nachdem er sich 1553 in Venedig niedergelassen hatte, wandte er sich den klassisch-strengen Kompositionsauffassungen Tizians zu. Er schuf **figurenreiche Bilder**, darunter die prächtigen Festmahle und allegorische Deckenausschmückungen. Die vielen Aufträge konnte er nur mithilfe einer großen Werkstatt bewältigen.

1528–1588
Maler

NACHGEFRAGT

PROVINZ BRESCIA
www.bresciatourism.it

PROVINZ TRIENT
www.visittrentino.it

PROVINZ VERONA
www.turismoverona.eu

ARCO
Viale delle Palme 1
I-38062 Arco, TN
Tel. 04 64 53 22 55
www.gardatrentino.it

GARDA
Via Donatori di Sangue 1
I-37016 Garda, VR
Tel. 04 56 27 03 84
www.lagodigardaveneto.com

GARDONE RIVIERA
Via Repubblica 8
I-25038 Gardone Riviera, BS
Tel. 0 36 52 03 47
www.gardalombardia.de

LAGO D' ISEO
Via Tresanda 1
I-24060 Sarnico, BG
Tel. 0 35 91 09 00
www.prolocosarnico.it

LAZISE
Via Fontana 14
I-37017 Lazise, VR
Tel. 04 57 58 01 14
www.lago-di-garda.org/
lazise-gardasee.asp

LIMONE SUL GARDA
Via IV Novembre 29
I-25010 Limone sul Garda, BS
Tel. 03 65 95 47 20
www.visitlimonesulgarda.com

LONATO DEL GARDA
Piazza Martiri della Libertà 12
I-25017 Lonato, BS
Tel. 0 30 91 39 22 11
www.comune.lonato.bs.it

MALCESINE
Via Gardesana 238
I-37018 Malcesine, VR
Tel. 04 57 40 00 44
www.visitmalcesine.com/de

SALÒ
Lungolago Zanardelli 55
I-25087 Salò, BS
Tel. 03 65 29 68 01
www.comune.salo.bs.it

SAN FELICE DEL BENACO
Via XX Settembre 11
I-25010 San Felice del Benaco, BS
Tel. 03 65 55 86 11
www.comune.sanfelicedelbenaco.
bs.it

SIRMIONE
Viale Marconi 2
I-25019 Sirmione, BS
Tel. 0 30 91 61 14
www.sirmione.de

TIGNALE
Via Europa 5
I-25080 Tignale, BS
Tel. 0 36 57 33 54
www.tignale.org

VERONA
Piazza Bra/Via degli Alpini 9
I-37121 Verona, VR
Tel. 04 58 06 86 80
www.veronatouristoffice.it/
www.turismoverona.eu

BAEDEKER ÜBERRASCHENDES

10 SOUVENIRS

Dinge und Erinnerungen, die ich mitnehme ...

1.

Ein schwarzes Surfsegel aus dem legendären Point-7-Store in Torbole

2.

Gemaltes Brot von Sabine Frank aus Villa di Gargnano, auf vor Jahrzehnten beschriftetem Papier

3.

Millefoglie, ein Hauch von Blätterteiggebäck: aus der Pasticceria Bologna in der Via Garibaldi in Mori

4.

Grüne Glasstückchen von den Kieselstränden, rund geschliffen als Lago-Deko

5.

Segeltuch als Grundlage für **eine Hand- oder Sporttasche**: ein echtes Unikat von Kevlove in Gargnano-Bogliaco

6.

Nobles, **handgeschöpftes Papier** aus dem Papiermuseum von Toscolano

7.

Mein bunter Schuh: ausgewählt aus einem unendlichen Farbspektrum bei Sembini in Sandrà, Via Garibaldi 37 in Peschiera.

8.

Gutes **Gardasee-Olivenöl** für 12-15 € pro Liter: Am besten direkt aus einer Frantoio, einer Ölmühle

9.

Michelangelos David oder die barbusige Venus für den Garten zu Hause: aus Stein, groß, sehr gut imitiert, von Lonardi aus Peschiera-Mandella

10.

Der schönste Ort der Welt: die Punta San Vigilio bei Garda, ein wunderbares Bild zum sich Zurückträumen ...

K

KROATISCHE ADRIA

»

Wenn Du den Himmel
auf Erden sehen willst,
dann besuche Dubrovnik.

«

George Bernard Shaw

DAS IST DIE KROATISCHE ADRIA

Auf den Spuren von Winnetou und Old Shatterhand durch die smaragdgrünen Plitwitzer Seen

KROATIENS SÜDEN

Weiße Kiesstrände, unzählige winzige Inseln und tiefblaues Meer: Die kroatische Adriaküste zwischen Karlobag und Dubrovnik ist wie geschaffen für einen grandiosen Urlaub. Kaum ein Küstenabschnitt, an dem man nicht schwimmen, schnorcheln oder sonnenbaden kann, kaum ein Ort ohne Boots- und Tauchgeräteverleih.

Als in den 1960er-Jahren das damalige Jugoslawien sich als eines der ersten sozialistischen Länder für Urlauber aus dem Westen öffnete, gingen den ersten Besuchern fast die Augen über: Neben wildromantischen Felsküsten entdeckten sie traumhaft schöne Städte, deren architektonische Eigenarten vor allem auf Nord- und Mitteleuropäer fremd und geheimnisvoll wirkten. **Mit Zelt, Schlauchboot und Campingwagen** drängten Touristen an die Küste und gründeten Ferienkolonien, die sich oft über Jahre hinweg Sommer für Sommer in ähnlicher Besetzung hielten. Unzählige Deutsche, die heute zwischen 40 und 50 Jahre alt sind, haben im flachen, klaren Wasser dalmatinischer Buchten ihre ersten Schwimmversuche gemacht. Exakt den Geschmack der Urlaubsgäste traf auch die jugoslawische Vorliebe für Grillspezialitäten und herzhafte Beilagen.

Neubeginn an der Küste und im Hinterland

Dass diese paradiesische, freundliche Urlaubswelt zum Kriegsschauplatz werden könnte, war für viele eingefleischte Jugoslawien-Fahrer unvorstellbar. Dementsprechend tief war der Schock, den die Nachrichten und Bilder vom Jugoslawienkrieg 1991 bis 1995 auslösten. Ende der 1990er-Jahre setzte der Fremdenverkehr zögerlich wieder ein. Nach wie vor konzentriert sich das Hauptinteresse auf die Küste, doch auch für die **im Hinterland versteckten Naturschönheiten** lohnt sich ein Umweg. In Dalmatien bieten vier Nationalparks die Chance, seltene Pflanzen und Tiere in ihrer natürlichen Umgebung zu erleben: die verkarsteten Canyons von Paklenica, die Inselwelt der Kornaten, der Flusslauf der Krka und der weltliche Teil der Insel Mljet. Einen Ausflug wert ist auch der an der Grenze zu Bosnien-Herzegowina gelegene Nationalpark Plitwitzer Seen, wo zwischen 1962 und 1968 viele Szenen für die Winnetoufilme gedreht wurden. Auch die Zrmanja-Schlucht hatte als »Rio Pecos« und »Colorado« ihren Auftritt. Im Unterschied zur Küste hat sich das Hinterland aber noch nicht von den Kriegsereignissen erholt hat. Leer stehende Hotels und zerstörte Freizeitanlagen erinnern hier schmerzhaft an die jüngste Vergangenheit. Meiden sollte man die Orte deshalb nicht, denn gerade dort hat man die Einnahmen durch den Tourismus nötig.

Städte voller Geschichte

Dass **Dalmatien**, die geografisch-historische Region zwischen Istrien und Montenegro, trotz des Kriegs viele seiner kulturellen Schätze bewahren konnte, war eine der guten Nachrichten des Jahres 1995. Griechen, Römer, Byzantiner, Venezianer und Habsburger haben ihre Spuren in dieser Region hinterlassen, in der West und Ost, mitteleuropäischer und mediterraner Kulturkreis aufeinander treffen und zu einer eigenständigen Kultur verschmelzen. Die fast unverändert erhaltenen Städte mit ihren Treppengassen, stimmungsvollen Plätzen und Häuserfassaden aus dem hellen Stein der Region laden zum Bummeln ein. Das wohl eindrucksvollste Erbe der bewegten Vergangenheit, der **Diokletianpalast in Split**, begeistert wieder Besucher aus aller Welt. Die Blütezeit kroatischer Städtebaukunst ist in **Dubrovnik** besonders eindrucksvoll dokumentiert. Die einstige Stadtrepublik konnte es mit Venedig oder Genua aufnehmen. Mit ihrer von Festungsmauern umschlossenen Altstadt beansprucht die Metropole Süddalmatiens auch heute noch eine Sonderstellung. Sie hat alles, was die Küstenstädte Dalmatiens so sehenswert macht.

Nach dem Strand geht es zum Bummeln in die Altstadt von Primošten, das auf einem Inselchen liegt.

DIE PÄSSE BITTE!

Die blaue Adria stets im Blick, das Sehnsuchtsziel rückt immer näher: Noch eine gute Stunde bis Dubrovnik im Süden. Doch zuerst kommt das Küstenstädtchen Neum und dann – damit hat man nicht gerechnet – ein Grenzposten, Uniformen, aufmerksame Blicke. Hier zerschneidet ein Stück Bosnien und Herzegowina das kroatische Territorium. Ungewöhnlich.

Ausreise aus Kroatien bei Neum: Nach einer halben Stunde Fahrt ist man wieder zurück in der EU. ▶

CROSSMATCH
POLICIJA

AUF EINE KAVA

Die meisten Autos rauschen durch Neum einfach hindurch. Machen Sie es anders: Nehmen Sie sich bewusst Zeit für Neum. Halten Sie inne und trinken Sie Ihre Kava wie die Einheimischen: Nur nicht hastig! Nippen Sie gefühlt endlos daran (eine Kunst!) und lassen Sie einfach die Umgebung ein wenig auf sich wirken: Das EU-Land Kroatien ist hier zerteilt von einer Enklave, die den Alltag auf beiden Seiten der Grenze prägt.

WILLKOMMEN in Neum: Die kroatische Flagge mit der Šahovnica, dem Schachbrett-Wappen, begrüßt die Reisenden auf dem Landweg nach Dubrovnik. Sie flattert vor einem Restaurant, vor dem große Reisebusse parken. Drinnen jonglieren Kellner Ćevapčići-Grillteller durch den Speisesaal. Kaum jemand scheint zu stören, dass die Bedienung mit einer fast verwirrenden Selbstverständlichkeit kroatische Kuna entgegennimmt. War da nicht gerade ein Grenzbeamter? Ein aufmerksames Blättern im Reisepass?

Beliebte Enklave

Fast wähnt sich der Gast in Kroatien. Ist er aber nicht, sondern in Neum, dem **einzigen Küstenort des Nachbarlandes Bosnien und Herzegowina**. Der Platz ist entsprechend knapp, die Ferienhäuser also dichter gedrängt als anderswo, die Flächen für das Badetuch am Meer ohnehin. »In der Saison ist es wie ein Lotteriegewinn, einen Platz am Strand zu finden«, sagt die Verkäuferin im »Supermarket« an der Adria-Magistrale. Hier kaufen die Kroaten gerne ein, da die Preise niedriger sind als bei Ihnen zu Hause. Vor allem Fleisch sei billig, die Einfuhr ins Nachbarland allerdings limitiert, sagt die Verkäuferin. Das wird wenige Kilometer später klar, als die Magistrale wieder kroatisches Staatsgebiet und damit die Europäische Union erreicht: »Fleisch? Wurst?«, will der Grenzbeamte wissen. Nein. Dann rollt die Autokolonne weiter.

Blick in die Vergangenheit

Halt, nicht so schnell! In Neum ist es Zeit für eine Kava, die, als kräftiger Espresso, ohnehin zum Lebensgefühl in der Region gehört. So viel Zeit muss sein – um den Blick über das Meer schweifen zu lassen und um Antworten zu finden. Die liefert ein Blick in die Vergangenheit: Im Vielvölkerstaat Jugoslawien teilten sich alle Volksgruppen die Adria – zumindest offiziell. Das änderte sich, als der Staat blutig zerbrochen war. Die jungen Staaten Kroatien und Bosnien-Herzegowina verhandelten: Seither ragt Neum wie ein Keil in kroatisches Küstengebiet hinein. Und sichert dem Nachbarland einen knapp 24 km langen, teils nur 5 km breiten **Meereskorridor**, wie schon zu osmanischen Zeiten. Damals überließ die Stadtrepublik Ragusa, das heutige Dubrovnik, den Korridor bereitwillig den Türken – als Pufferzone zu den Venezianern.

Doppelte Staatsbürgerschaft

Neum ist über eine marode, schmale Serpentinenstraße an das Hinterland, angebunden. Von Sarajevo aus wird es regiert, als Teil der Herzegowina gehört es geografisch zu Dalmatien. Mit dem Herzen fühlen sich die meisten der rund 5000 Einwohner allerdings Kroatien näher: 95 Prozent besitzen auch den kroatischen Pass und dürfen in beiden Ländern wählen.

Und die Zukunft?

Dem offiziellen Zagreb ist der Korridor ein Dorn im Auge, ist doch die Urlaubsperle Dubrovnik nur über das Ausland zu erreichen. Ideen, diesen Zustand zu beenden, gab es schon viele: Eine 2,4 km lange Brücke über die kroatische Halbinsel Pelješac entpuppte sich als Millionengrab und liegt seit Jahren auf Eis. EU-Gelder könnten es richten, so die neue Hoffnung. Doch auch von einem möglichen Tunnel oder einer Transit-Autobahn um ihr Städtchen herum sind die Einwohner von Neum verständlicherweise alles andere als begeistert: Viele leben vom Tourismus – allein 10 000 private Betten gibt es! – und nicht zuletzt von der kräftigen Kava!

Politisch Bosnien-Herzegowina, geografisch Dalmatien, gefühlt Kroatien: Neum hat viele Identitäten.

AVE MARIA IM FRISÖRSALON

Im Frisörsalon spielt schon mal ein katholischer Radiosender Marienlieder. Und vor Feiertagen wie Allerheiligen kommt es vor größeren Friedhöfen regelmäßig zu Staus. Die katholische Kirche ist überall im Land präsent – und ziemlich mächtig.

In Dubrovnik lässt der Bischof von Zadar am Tag des hl. Blasius eine Taube fliegen. ►

BAEDEKER DAS IST …

IRDISCHER GENUSS, HIMMLISCHES FEST

Mit gegrilltem Lamm und Spanferkeln feiern die Kroaten gerne, dazu singen Klapa-Männerchöre oder auch mal berühmte Popstars. So genussvoll und weltlich wird Mariä Himmelfahrt alljährlich am 15. August gefeiert. Touristen – freilich nicht in Badeshorts – sind ebenso willkommen. Vor allem in den großen Wallfahrtsorten Sinj oder im herzegowinischen Medjugorje geht es dann sehr lebhaft zu!

LINKS: Auf Hvar starten am Gründonnerstag gleich sechs Prozessionen.
UNTEN: Gläubige berühren bei der Prozession am Tag des hl. Blasius die Reliquie.

DIE katholische Kirche zeigte sich wenig begeistert über den geplanten Bußgang von Königin Cersei Lannister: Die Figur der US-Fantasy-Serie **»Game of Thrones«** sollte beim Dreh **in Dubrovnik** an der Kirche des Hl. Nikolaus vorbeikommen – allerdings splitternackt. Die Kirchenväter äußerten ihren Unmut und prompt verwehrte die nationale Filmkommission die Genehmigung für den hüllenlosen Dreh. Später lenkte die Kommission zwar ein, nicht jedoch die Kirche: Das Gotteshaus musste nachgebaut werden.

Sünder willkommen

Dabei bewiesen die Kirchenväter von Dubrovnik in der Vergangenheit durchaus Toleranz – zumindest um den 3. Februar herum. Denn an diesem Tag wird seit 972 der Schutzpatron der Stadt, der **heilige Blasius (Sveti Vlaho)**, mit einer prunkvollen Prozession gefeiert, und damit auch wirklich alle teilnehmen konnten, war es einst auch Gefangenen, Sündern und Ausgestoßenen erlaubt, dann in die Stadt zu kommen. Dem Staatsfernsehen ist der von der UNESCO als immaterielles Welterbe geadelte Zug durch die Altstadtgassen heute eine Live-Übertragung wert. Doch nicht nur Dubrovnik hat seinen Schutzpatron. So ziemlich jedes Städtchen feiert seinen himmlischen Fürsprecher mit einem bunten und fröhlichen Volksfest.

Einmischen? Gerne!

Gelebter Glaube gehört in Kroatien zum Alltag. Fast neun von zehn Einwohnern bekennen sich offiziell zum Katholizismus. Papst Johannes Paul II. schaffte es 1994 bei seinem Besuch, rund eine Million Gläubige um sich zu versammeln – immerhin ein Viertel der Gesamtbevölkerung!
Die Kirche weiß diese Popularität sehr wohl zu nutzen: So kann es schon mal vorkommen, dass **vor Wahlen klare »Empfehlungen«** von der Kanzel gegeben werden. Oder dass man sich in andere Dinge einmischt: Vor der Einführung von Sexualkundeunterricht an kroatischen Schulen ließen sich die Kirchenväter zu einer Flugblattaktion in einer Supermarktkette hinreißen – deren Eigentümer selbstverständlich der Kirche nahesteht.

Heimlich wallfahren

So einflussreich war die Kirche jedoch nicht immer: Wer **im sozialistischen Jugoslawien** ein öffentliches Amt bekleidete, musste mit Nachteilen rechnen, wenn er seinen Glauben allzu offen praktizierte. Allerdings ist der Katholizismus tief verwurzelt: So kam es, dass viele Staatsdiener ihre Kinder heimlich taufen ließen. Niemand sollte etwas davon mitbekommen. Daher pilgerten auch viele Gläubige, die fernab von zu Hause und unbeobachtet von Nachbarn an der Adria Urlaub machten, **nach Veprić**, oberhalb von Makarska.
Der andächtig-stille Wallfahrtsort wird heutzutage aber längst nicht mehr heimlich aufgesucht. Im Gegenteil: Viele Kroaten verbinden die Zugehörigkeit zur katholischen Kirche mit einem offenen **Bekenntnis zur Nation** – denn Kroatien kannte seit dem Mittelalter kein eigenes Staatswesen. Dass Sprache und Kultur, trotz vieler fremder Herrscher, bis heute lebendig geblieben sind, wird dshalb vielfach der Kirche zugeschrieben.

LAND DER TAUSEND INSELN

Mal Azur, mal Türkis – je nach Sonneneinstrahlung. strahlt das Lichtspiel in der Blauen Grotte von Biševo, einer winzigen Insel südöstlich von Vis. Sie ist sicher eine größten Attraktionen der kroatischen Inselwelt. Aber es gibt noch 999 andere: Gerne wirbt Kroatien damit, das »Land der tausend Inseln« zu sein. Es sind sogar mehr.

Farbspiel in der Blauen Grotte von Biševo ▶

DAS Meer, die Sonne und ein Felsloch, durch das Licht unter Wasser einfällt: wunderbare Farbspiele, die der **Blauen Grotte** (Modra špilja) auf der Insel Biševo ihren Namen gaben. Bei ruhigem Meer kann man mit dem Boot hineinfahren. Dann glitzert das Wasser – je nach Sonneneinstrahlung – mal azurblau, mal türkisfarben und taucht die Höhle in ein fast unwirkliches Licht.
Im Hochsommer ist allerdings Geduld angesagt, dann ist der Andrang so groß, dass die offiziellen Ausflugsboote vor der Höhle ausharren müssen, bis sie einfahren können. Das Warten lohnt sich aber – wenn nur die Zeit nicht auf ein Minimum beschränkt wäre! Muss sie aber, denn das Farbspiel schimmert nur am Vormittag – und dann wollen alle hin. Dabei gäbe es in Dalmatien noch viele andere Inseln – etwa 500 kleinere und 79 größere – zu entdecken!

Wieviele sind es denn nun?

Das ist jedoch gerade einmal die Hälfte dessen, was Kroatien zu bieten hat, denn hier rühmt man sich gerne damit, das »Land der tausend Inseln« zu sein. Streng genommen sind es sogar noch ein paar mehr. Jahrzehntelang wähnte sich Kroatien in dem Glauben, 1185 Inseln zu besitzen. Dann wurde noch einmal nachgezählt und – wundersame Vermehrung – es waren plötzlich 1246. Kurzfristig tauchte auch die Zahl 1244 in den Werbebroschüren der Tourismuszentrale auf. Was war passiert? Für das Zahlenwirrwarr ist das Hydrographische Institut des Landes verantwortlich, das neue Kriterien festgelegt hatte. Seit einigen Jahren gilt nun: Ein Stück Land im Meer, das als Insel gelten soll, muss **mindestens 100 m² Fläche** haben. Alles andere sind Eilande und Riffe.

INSELHOPPING

Die Blaue Grotte auf Biševo ist einfach eine Naturschönheit. Aber nur zur richtigen Tageszeit! Am besten ist der Vormittag, zwischen elf und zwölf Uhr, wenn der Meeresboden das Sonnenlicht reflektiert. Am Nachmittag ist der Zauber längst schon verblasst! Doch dann trinken Sie ohnehin schon einen Espresso auf der beschaulichen Nachbarinsel Vis oder baden in der Grünen Grotte auf Ravnik – zum smaragdgrünen Farbspiel. Ein Cocktail an der mondänen Jachtpromenade von Hvar-Stadt rundet denTag ab. Mehr Inselgefühl an einem Tag geht kaum! Anbieter ab Split: Reisebüro Portal, Tel. 021 36 00 61, www.split-excursions.com

Wer auch immer die Kornaten »gemacht« hat: Göttlich sind sie allemal.

Keine Insel wie die andere

Doch egal, wie groß, jede Insel in Dalmatien hat ihren Reiz: **Pag** fasziniert mit grünen, knorrigen Olivenhainen, **Hvar** gilt als mondäne Dame, die mit dem Jet-Set und dessen Luxusjachten flirtet. Und **Lastovo**, ganz weit draußen in der Adria, besticht durch terrassenförmig gebaute Häuser, da sich alle Bewohner Sonne und gute Aussicht gleichsam teilen wollen.

Besonders faszinierend ist jedoch die Welt der **Kornaten**, ein (fast) unbewohnter Archipel mit 140 eingesprenkelten Inseln, Eilanden und Riffen, weit draußen im Meer. Davon stehen 89 unter besonderem Schutz. Viele sind schroffe Kalksteinklippen, nur spärlich bewachsen – und wie aus einer anderen Zeit. Der Legende nach schuf Gott die Kornaten. Als er mit der Schöpfung fertig war, hat er die übrig gebliebenen Steine einfach über seine Schulter geworfen. Die Felsstücke blieben verstreut im Meer liegen – als Inselarchipel Kornaten, das heute so gerne von Seglern umrundet wird.

Wo kommen sie her?

Ganz so einfach war es nicht, sagt hingegen die Wissenschaft. Und liefert auch gleich die Erklärung für die Entstehung der kroatischen Inselwelten: Als der Meeresspiegel um 13 000 v. Chr. stark anstieg, blieben gerade mal gut tausend Bergkuppen übrig – die bis heute als Inseln aus der Adria herausragen und ihren Besuchern allesamt ein Seufzen entlocken.

DER WIND MACHT DEN SCHINKEN

Mächtig hängt er von der Decke, bis sein großer Augenblick kommt: Hauchdünn aufgeschnitten, darf der luftgetrocknete dalmatinische Rohschinken bei keiner Feier und auf keinem typischen Vorspeisenteller fehlen. Zu den besten gehört der schinken aus Drniš – den auch berühmte Nichtkroaten schätzen.

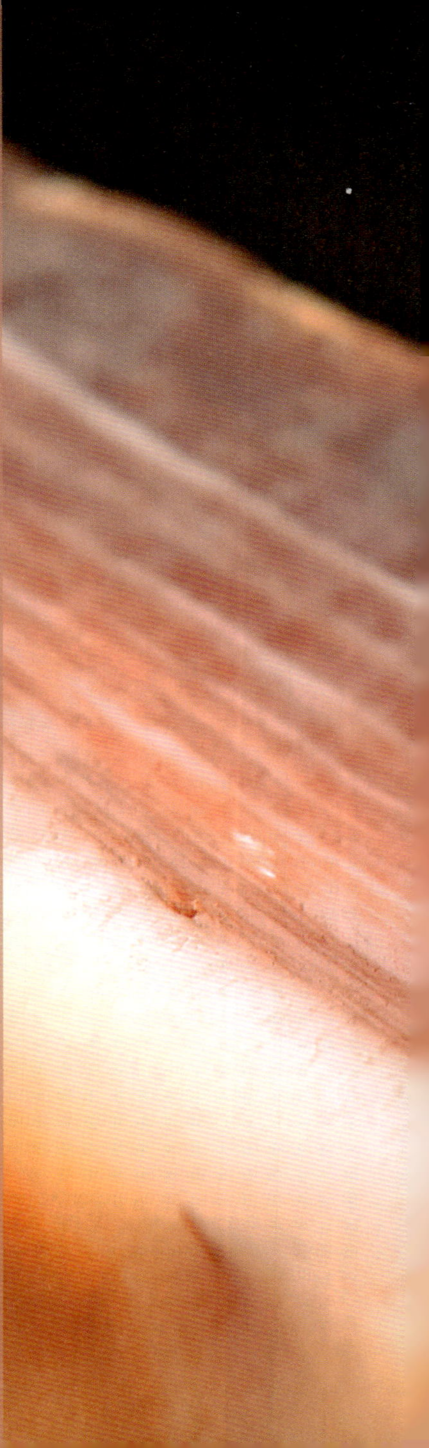

Er braucht sich vor dem Parmaschinken nicht zu verstecken. ▶

WER den luftgetrockneten Schinken aus Drniš (Drniški pršut) einmal gekostet hat, lässt sich zu vielem hinreißen – selbst zu einem Dankschreiben an den Bürgermeister des Städtchens. Das wird zumindest **Queen Elizabeth II** nachgesagt, die die Delikatesse bereits bei ihrer Krönung 1952 und zum Thronjubiläum ein halbes Jahrhundert später abermals servieren ließ. Auch der ehemalige US-Präsident George W. Bush goss seine Begeisterung für die zarten Schinkenkeulen in Papierform und schickte 2008 Post ins Rathaus von Drniš. So viel Lob, nur wegen einer schnöden Schinkenkeule?

Ohne Bora geht nichts

Mitnichten. Der geografisch geschützte Pršut aus Drnis hütet nämlich **ein besonderes Geheimnis**: Sein Geschmack lebt vom böigen Fallwind Bora, der über das dalmatinische Hinterland fegt und das Fleisch traditionell und auf natürliche Art trocknet. Früher hingen die Keulen am Baum, heute in Speichern mit speziellen Lüftungsfenstern. »Ohne Bora kein guter Pršut«, heißt es in Dalmatien. Zuvor jedoch wird das Schweinefleisch – unbedingt Hinterkeule und mindestens elf Kilogramm schwer – erst abgehangen, gesalzen, abgewaschen, gepresst und geräuchert. Das weiß man auch in Drniš, wo die Tradition des luftgetrockneten Schinkens seit Jahrhunderten bewahrt wird, neuerdings auch mit einem mehrtägigen Festival.

Im Schinkenmuseum

»Früher hat man den Schinken über der offenen Feuerstelle im Haus aufgehängt«, weiß **Joško Lokas**. Der Deutschkroate kennt sich bestens aus, denn er betreibt den Themenpark Etnoland Dalmati mit einem Schinkenmuseum. Dort baumeln mächtige Pršut-Keulen von der Decke. Ein Film erklärt auf Deutsch, wie die Spezialität erzeugt wird – überwiegend im Winter, wenn ohnehin keine Besucher kommen.

Lokas ging es zunächst um Traditionen, die er wiederaufleben lassen wollte – mit dalmatinischen Natursteinhäusern, in denen über der Feuerstelle gekocht wurde, während der Pršut auf dem Speicher trocknete. Mit einem Esel, einem Schmied und einem Steinmetz in alter Tracht. Also gründete er das **Etnoland Dalmati**, einen Themenpark, der den Besucher in das vorige Jahrhundert versetzt. Irgendwann kam das kleine Schinkenmuseum dazu. Der Probierteller Pršut wurde längst durch ein opulentes Menü nach Peka-Art erweitert, dazu wird getanzt und musiziert (unbedingt reservieren!).

BAEDEKER DAS IST …

EIN HIMMEL VOLLER SCHINKEN

Lust auf Drniški pršut? Joško Lokas serviert in seinem kleinen Schinkenmuseum im Etnoland Dalmati nicht nur die Geschichte des luftgetrockneten Rohschinkens, sondern natürlich auch die hausgemachte Spezialität. In traditioneller Tracht führen er und seine Frau Ana durch die Ausstellung. Dann wird der köstliche Schinken mit dem Messer hauchdünn aufgeschnitten – niemals mit der Schneidemaschine! (www.dalmati.com)

OBEN: Nur hauchdünn aufgeschnitten zergeht der Pršut auf der Zunge. Im Schinkenmuseum im Etnoland Dalmati beherrscht man diese Kunst.

UNTEN: Ohne ordentliches Salzen der Hinterkeulen gibt es keinen guten Schinken. Den Rest erledigt die Bora.

EIN SELT-SAMER GESELLE

Der Weg ans Meer führt durch das Velebit-Gebirge. Eine wildromantische Karstlandschaft: Schroffe Felsen, tiefe Schluchten und faszinierende Tropfsteingebilde unter der Erde, wo sich zuweilen auch skurrile Höhlenbewohner wie der Grottenolm verstecken – eine geheimnisvolle Welt, die es zu entdecken gilt.

◄ Eine geheimnisvolle Welt tut sich im kroatischen Karst auf.

OBEN: Eine Schönhheit ist der Grottenolm nicht. Er braucht über viele Jahre weder Licht noch Nahrung. UNTEN: Gut ausgerüstet wird die Erkundung einer Karsthöhle zum unvergesslichen Erlebnis. Marijan Buzov sorgt dafür.

BAEDEKER DAS IST …

MIT MARIJAN IN DIE UNTERWELT

Tauchen Sie in die wundersame Unterwelt der Karsthöhlen ein. Ideal dafür: die (noch) wenig frequentierte Höhle von Modrič. Touren organisiert Marijan Buzovs Touristikagentur Zara Adventure Agency aus Zadar, Tel. mobil 091 563 15 07, www.zara-adventure.hr

KEINE Touristenbahn, auch keine bequeme Treppe führen in die Unterwelt. Ein schmaler, natürlicher Zugang im Felsmassiv empfängt die Besucher in der **Modrič-Höhle (Špilja Modrič)** in Rovanjska. Höhlenforscher und Bergführer Marijan Buzov verteilt blau-gelbe Overalls und Helme mit Karbidlampe für ein stimmungsvolles Licht. Noch einige Tipps auf Deutsch, dann schlüpft die Gruppe hinein. Drinnen beginnt das Staunen: Bis zu 15 m hoch öffnen sich die unberührten Räume, mit mächtigen Stalaktiten, Stalagmiten und Säulen in phantasievollen Formen.

Ein Tropfsteingebilde, das aussieht wie ein Altar, war tatsächlich mal einer: Hier hat Marijan Buzov geheiratet – seine Braut trug Wanderschuhe, die 50 Gäste Schutzoveralls. Allzu kommerziell ist die 1985 entdeckte Höhle dennoch nicht. Buzov achtet darauf: »Höchstens 15 Besucher gleichzeitig, denn die Natur hat Vorrang«, sagt er. Auch er selbst betritt einige Abschnitte der 829 m langen Höhle nicht.

Eine Tour mit Marijan Buzov führt in die geheimnisvolle Welt der **Karsthöhlen Kroatiens**. Sie entstehen durch eindringendes Regenwasser, das das Kalkgestein ausspült. An der Oberfläche bilden sich typische Furchen, die sog. Karren. Stürzen die unterirdischen Hohlräume ein, kommt es zu den trichterförmigen Dolinen (dt. Täler): Zu den beeindruckendsten gehören der Rote See (Crveno jezero) und der Blaue See (Plavo jezero) bei Imotski. Sind die eingestürzten Hohlräume größer, spricht man von einem Polje (dt. Feld). Die gesamte Lika, nördlich des Velebit-Gebirges, ist solch ein Karstphänomen – und gilt mit über 700 km² wohl als das größte Polje weltweit.

In den Karsthöhlen bilden sich die typischen **Tropfsteine**: Stalaktiten entstehen, wenn Kalklösungen an der Höhlendecke austreten und wegen des Temperaturanstiegs Kalk ausgefällt wird. Dabei fällt ein Wassertropfen zu Boden, wieder löst sich Kalk aus – und ein Stalagmit wächst nach oben. Das unterirdische Tempo ist gemächlich: Tropfsteine wachsen nur einen Zentimeter pro Jahrhundert!

Anspruchslose Höhlentiere

Bislang sind nur wenige Höhlen im Velebit-Gebirge – etwa 30 Höhlensysteme sind hier länger als 250 m! – erforscht und für Besucher zugänglich. Das kann einem scheuen Wesen, das nur im Dinarischen Gebirgsmassiv zu Hause ist, nur recht sein: Dem **Grottenolm**, den kaum jemand zu Gesicht bekommt. Schön ist das Höhlentier nicht gerade – ein pigmentloser, käseweißer Schwanzlurch –, dafür umso faszinierender: Er benötigt kein Licht, ist deshalb blind und kommt jahrzehntelang (!) ohne Nahrung aus. Sein bescheidener Lebenswandel lässt ihn 100 Jahre alt werden.

UNTERWEGS AN DER KROATISCHEN ADRIA

Dalmatien, ein Farbspektakel in unzähligen Blautönen: Mal schimmert die Adria tiefblau über felsigem Karstgestein, mal überziehen azurblaue Wellen sandigen Untergrund. Und über allem leuchtet der Himmel in zartem Hellblau, die Farbe unbeschwerter mediterraner Leichtigkeit.

Von der Kvarner Bucht bis Prevlaka

Ein schmaler **Küstenstreifen** mit einem gebirgigen **Hinterland** (Dalmatinska Zagora) – das ist Dalmatien, ganz im Süden von Kroatien. Die lang gestreckte Insel Pag markiert im Norden den Übergang von der Kvarner Bucht zu Dalmatien. Im Süden endet die Region an der montenegrinischen Grenze, bei der Halbinsel Prevlaka. Wer die Küstenstraße mit dem Auto entlangfährt, legt etwa 450 km zurück. Das gesamte Gebiet Dalmatien, einschließlich der Inselwelt, umfasst eine Fläche von rund 12 900 km² – und ist damit etwa halb so groß wie Mecklenburg-Vorpommern.

Dinarisches Gebirge

Die hohen, bleichen Felsen des Dinarischen Gebirges schirmen die Küste von Rijeka bis Dubrovnik vor rauen Winden ab. Das steinige Bergla**nd ist teils kahl, teils bewaldet, die markantesten Erhebungen dieses Karstgebirges** sind der hinter Rijeka aufragende **Gorski Kotar** mit rund 1500 m und, etwas weiter südlich, das **Velebit-Gebirge,** dessen höchste Gipfel fast die 1800-Meter-Marke erreichen. Typisch für das hochporöse Kalk- und Dolomitgestein sind die zahlreichen Höhlen. Mit nicht weniger als 1431 m bohrt sich die Lukina jama (»Lukas Höhle«) ins nördliche Velebit-Gebirge, eines der längsten Höhlensysteme Kroatiens. Bricht der Kalkstein ein, entsteht ein Becken (polje), das meist landwirtschaftlich genutzt wird oder sich gar in einen See verwandelt, wie etwa der Blaue See bei Imotski.

Küste

Der **Küstenstreifen** ist oft recht schmal. Von Rijeka bis zur Mündung des Flüsschens Zrmanja nahe Zadar fallen die Hänge des Velebit-Massivs direkt ins Meer ab, erst weiter südlich bei Omiš weitet sich der Küstensaum. Die Strände sind meist felsig, vereinzelt gibt es Buchten mit feinem oder grobem Kies, Sandstrände dagegen kaum.

Inseln und »ertrunkene« Täler

Typisches Merkmal der dalmatinischen Küste sind die vielen kleinen, zum Teil fjordartigen Buchten und die zahlreichen Inseln, Eilande und Riffe. Ihre aus dem Wasser ragenden Kalkrücken sind die Gipfel eines einstigen Hügel- und Berglands, das nach der letzten Eiszeit überschwemmt wurde und »ertrank«. Ursprünglich waren große Teile der Inseln und des Küstensaums bewaldet. Doch bereits die Römer

Winnetou lässt grüßen: Der Zrmanja-Canyon bei Obrovac ist wie geschaffen als Kulisse für einen Wildwestfilm.

schlugen die Bäume, um Platz für Ackerland zu schaffen. Die Venezianer bauten angeblich weite Teile ihrer Stadt auf Eichenpfählen, die aus Dalmatien stammten. Außerdem benötigte man das Holz als Brennmaterial und für den Bau von Schiffen. Angesichts der schwindenden Waldgebiete verbot bereits 1319 der Stadtrat von Dubrovnik den Holzverkauf an Fremde. Doch obwohl man die Folgen des Raubbaus schon früh erkannte, ließ sich nicht verhindern, dass die kalte Bora den ungeschützten Boden wegfegte, sodass der weiße Kalkstein zutage treten konnte.

Wie vorankommen?

Am besten lässt sich die kroatische Adriaküste natürlich **vom Wasser aus** entdecken: Versteckte Badebuchten erreicht man zu Fuß manchmal gar nicht; und die Zentren vieler Küstenstädte liegen traditionell am Meer, meistens direkt am Hafen. Oft bietet der Blick vom Wasser auf die Stadt ohnehin die schönste Aussicht.
Für das Hinterland benötigt man allerdings einen fahrbaren Untersatz. Wer kein Auto dabei hat oder mieten möchte, ist auf Busse angewiesen, die relativ regelmäßig zwischen den Zentren verkehren. Eine der besten Varianten in Sachen Fortbewegung in Dalmatien ist die Anreise mit dem eigenen Auto, samt Boot auf dem Anhänger. Zum Glück kann man auch welche mieten, mit oder ohne Skipper, der sicherlich so manche verträumte Insel oder Bucht kennt.

★★ TOP-ZIELE

Das eigenliche Highlight an der Adriaküste Kroatiens ist das Meer, auch wenn es kaum Sand-, sondern meist Kieselstrände gibt. Es gibt fantastische Städte wie Dubrovnik und Split, aber auch die Natur kann locker mithalten: die Inselwelt der Kornaten, die Wasserwildnis von Krka und natürlich die smaragdgrünen Plitwitzer Seen.

Brač

★★ Goldenes Horn

Eine Landzunge aus feinem Kies, deren Spitze sich je nach Meeresströmung mal mehr nach Westen, mal mehr nach Osten ausrichet. Zlatni rat, das Goldene Horn auf Brač, ist ein **Postkartenstrand**.

Dubrovnik

★★ Stadtmauer

Die **wunderschöne Perspektive** bei der Stadtumrundung auf der Mauer verschlägt wohl jedem die Sprache.

★★ Altstadt

Gewaltige Festungsmauern umspannen die Paläste aus Gotik, Renaissance und Barock, die **Kunstschätze von Weltrang** hüten. Und dazu der südlich-mediterrane Charme.

★★ Berg Srd

Den besten **Panoramablick** auf Dubrovnik bietet der 412 m hohe Berg Srđ. An klaren Tagen reicht er sogar bis nach Italien.

Hvar

An der palmenumrankten **Uferpromenade** der Inselhauptstadt Hvar ankern mondäne Jachten, und in der schicken Lounge-Bar Carpe diem werden Cocktails fast im Akkordtempo gemixt. Die schönsten Urlaubsbilder auf Hvar entstehen auf der 1557 fertiggestellten **Spanischen Festung** hoch über der Stadt.

★★
Hvar-Stadt

Korčula

Längst schon sind die traditionellen Säbeltänze **Moreška, Kumpanija und Moštra** ein Wahrzeichen von Korčula– ein schöneres Bühnenbild als die Altstadtkulisse der Inselhauptstadt gibt es kaum!

★★
Traditionelle Säbeltänze

Kornaten

Mit steilen Kalkfelsen, zahllosen kleinen Inselchen, Riffen und einsamen Buchten sind die Kornaten das schönste **Segelrevier**.

★★
Inselwelt

Krka-Nationalpark

Dicht, grün und dschungelartig präsentiert sich die Landschaft im Krka-Nationalpark. Von sieben imposanten Wasserfällen ist der **Skradinski buk** der spektakulärste.

★★
Wasserwildnis

Im Anflug auf Dubrovnik: Mutige können diese Perspektive auf die Altstadt genießen.

SLOVENIJA
ITALIA
HRVATSKA
Jadransko More
Gorizia
Ljubljana
Zagreb
Trieste
Koper
Postojna
Novo Mesto
Kočevje
Karlovac
Delnice
Istra
Opatija
Rijeka
Pazin
Rovinj
Pula
Nesactium
Krk
Baška
Senj
Cres
Rab
Nehaj
M. Rajinac 1698
Ogulin
Slunj
Glina
Kupa
Plitvička Jezera
Bosanska Krupa
Bihać
Una
Plitwitzer Seen
Stara Novalja
Karlobag
Gospić
Udbina
Pag
Paklenica Nationalpark
Starigrad-Paklenica
Gračac
Nin
Zadar
Krka
Knin
Krka Nationalpark
Dugi otok
Ugljan · Pašman
Biograd na Moru
Drniš
Kornat
Kornaten
Šibenik
Primošten
Trogir
Šolta
Vis
Biševo
Palagruža
Ancona
Civitanova Marche
Tenna
S. Benedetto d. T.
Áscoli Piceno
Giulianova
Corno Grande
L'Áquila
Pescara
Ortona
Chieti
Sulmona
Vasto
Termoli
Nationalpark
Romantische Wasser-wildnis
Wasserfälle und Seen
Grandiose Landschaft und Winnetous Spielwiese
Pager Besonderheiten
Käse, Salz und Spitze
National-park
Wildromantische Schluchten, steil aufragende Felsen
Sveti Donat und Sveta Stošija
Zwei außergewöhnliche Kirchenbauten
Gruß an die Sonne und Meeresorgel
Licht und Klang im Rhythmus der Wellen
Nationalpark
Paradies aus zahllosen Inselchen
Sveti Lovro
Schlüsselwerk der Romanik in Dalmatien
Sveti Jakov
Kroatiens schönstes Gotteshaus
Stadt der vier Festungen
Altstadt und Diokletianspalast
Die Altstadt ist der Palast!
Blaue Grotte
Eigentlich genauso schön wie die berühmte »Schwester« auf Capri
Säbeltänze
Gut gegen Böse

LEGENDE
Baedekers Top-Ziele
Baedekers Reiseziele
50 km
© BAEDEKER
MAGYARORSZÁG
HRVATSKA
SRBIJA
BOSNA I HERCEGOVINA
CRNA GORA
SHQIPËRIA
Szigetvár
Pécs
Barcs
Mohács
Bjelovar
Virovitica
Harkány
Drava
Donji Miholjac
Kutina
Našice
Požega
Đakovo
Nova Gradiška
Slavonski Brod
Vinkovci
Novi Sad
Dunav
Šid
Bosanski Brod
Prijedor
Derventa
Banja Luka
Bosna
Sava
Brčko
Bijeljina
Doboj
Šabac
Drina
Vrbas
Tuzla
Maglaj
Loznica
Zvornik
Javornik
1021
Jajce
Žepče
Travnik
Zenica
Kladanj
Vlasenica
Valjevo
Ufer-promenade
Festung
Alte Brücke
Weltkulturerbe in Bosnien-Herzegowina
Livno
Buško jez.
Sarajevo
Višegrad
Užice
Tomislavgrad
Jablanica
Konjic
2088
Treskavica
Goražde
Imotski
Srbinje
Brela
Biokovo
1762
Mostar
Neretva
Pljevlja
Lim
Prijepolje
Makarska
Gacko
Hvar
Čapljina
Bjelasnica
1867
Pivsko jez.
Durmitor
2522
Ploče
Orebić
Narona
Stolac
Metković
Bijelo Polje
Korčula
Pelješac
Neum
Golija
1935
Šavnik
Lastovo
Mljet
Elafitische Inseln
Trebinje
Nikšić
Lastovo-Naturpark
Dubrovnik
Komovi
2484
Morača
Stadtmauer
Mächtig und praktisch uneinnehmbar
Altstadt
Flanieren auf glattgeschliffenen Steinplatten
Berg Srđ
Panoramablick über die Stadt und manchmal bis nach Italien
Cavtat
Herceg-Novi
Kotor
Podgorica
Cetinje
Budva
Skadarsko jez.
Shkodër
Drin
A3
A5
A1

Lastovo-Naturpark

★★
Wildromantische Insel

Dalmatien zeigt hier sein ursprüngliches, wildromantisches Gesicht. Wer **Natur und Einsamkeit** sucht, findet hier ein grünes Paradies, weit draußen im Meer.

Pag

★★
Käse, Salz und Spitze

Der kalte Bora-Fallwind wirbelt salzhaltige Wasserpartikel auf die Gräser und Wildkräuter der Insel. Die salzige Würze schmeckt man in Paški sir, der berühmtesten kroatischen Käsesorte. Er gehört zu wie die filigrane Spitzenkunst, die inzwischen immateriellen UNESCO-**Weltkulturerbe** ist.

Paklenica-Nationalpark

★★
Velika Paklenica

Hier treffen Berge und Meer eindrucksvoll wie kaum anderswo in Kroatien aufeinander. **Klettern und Wandern** ist angesagt.

Die Pager Spitzenkunst erlebt ein Comeback. Sogar Urlauber können sich bei einem Kurs in die Geheimnisse dieses Handwerks einweihen lassen.

Plitwitzer Seen

Jeder, der schon einmal Karl-May-Filme gesehen hat, kennt die Plitwitzer Seen: Sie sind **eines der schönsten Naturschauspiele im Südosten Europas**.

★★ Winnetous Welt

Šibenik

Das schönste Gotteshaus Kroatiens mit einzigartiger Bauweise Die Steinblöcke von Kuppel und Gewölbe sind ohne Mörtel verzapft.

★★ Sveti Jakov

Die Furcht vor den türkischen Angriffen war so groß, dass gleich **vier Festungen** gebaut wurden.

★★ Festungen

Split

Der Gewölbekeller führt direkt zum Meer, den Innenhof zieren aus Ägypten importierte Sphinx-Statuen: So hat sich der römische **Kaiser Diokletian** seinen Lebensabend vor 1700 Jahren in Split versüßt

★★ Altstadt und Diokletianspalast

Trogir

Das romanische Hauptportal mit reichem Skulpturenschmuck gilt als **Schlüsselwerk der romanischen Plastik** in Dalmatien. Meister Radovans Werk erzählt viel vom Alltag der Stadtbewohner.

★★ Kathedrale Sveti Lovro

Vis

Das Licht fällt durch ein unter dem Meeresspiegel gelegenes Felsentor in die Höhle und sorgt für ein **prächtiges Farbenspiel**.

★★ Blaue Grotte auf Biševo

Zadar

In Zadar gäbe es den »wohl schönsten Sonnenuntergang auf der ganzen Welt«, schwärmte einst Alfred Hitchcock. Inzwischen hat das Naturschauspiel Konkurrenz bekommen: eine Meeresorgel, der **Wind und Wellen** die Melodie vorgeben.

★★ Meeresorgel

Der vorromanische Rundkirchenbau Sveti Donaz ist berühmt für seine **hervorragende Akustik**. Sveta Stošija ist die größte Kathedrale Dalmatiens.

★★ Sveti Donat und Sveta Stošija

ESSEN UND TRINKEN

Südliche Lebenslust kommt beim Blick in Dalmatiens Kochtöpfe auf: Frische Zutaten aus Meer und Garten prägen die mediterrane Küche, die sich zwar bodenständig, aber keineswegs einfallslos präsentiert. Slow Food ist hier schon lange gelebte Tradition.

Mediterrane Kochkünste

Die Küche Dalmatiens ist mediterran: Hochwertiges Olivenöl gehört zu den wichtigsten Zutaten – sei es für den beliebten zarten Mangold, fangfrischen Fisch und Meeresfrüchte oder Weißbrot. Die Zubereitung der Gerichte ist meist ganz einfach, das Geheimnis sind Frische und Qualität oder **alte Familienrezepte**. Rosmarin, Lavendel und Lorbeer verleihen vielen Gerichten den letzten Schliff.

Je später, desto üppiger

Vielen Einheimischen genügt am Morgen meist ein Gebäckstück oder ein Joghurt. Keinesfalls verzichtet wird auf eine **Kava**. Dabei geht es nicht nur um den Kaffee: In einer Caffebar (Kavana, Kafić) trifft man sich den ganzen Tag über, bevorzugt im Freien. Wichtig: Nur keine Hektik beim Kaffee trinken! Am späten Vormittag werden entweder eine deftige **Marenda**, eine Art Arbeiterfrühstück mit Paštašuta (gekochtes Rindfleisch mit Makkaroni), Saubohnen (bob) oder gegrillte Sardinen (srdele na gradelama) gegessen. Alternativ dazu kommt ein spätes Mittagessen auf den Tisch, an heißen Sommertagen oftmals nur in Form einer Suppe (juha). Dazu trinkt man gerne **Bevanda**, mit Leitungswasser verdünnten Wein. Hunger sollte man sich für den Abend aufheben, wenn Fisch- oder Fleischgerichte üppig aufgetischt werden.

Frisch aus dem Meer

Fisch hat seinen Auftritt meist bodenständig **gegrillt,** seltener in einer üppigen Salzkruste. In besseren Restaurants wird der Fisch vorher zur Auswahl an den Tisch gebracht. Berechnet wird die Portion dann nach Gewicht; daher sind in der Speisekarte gewöhnlich nur Kilopreise angegeben. Ston auf der Halbinsel Pelješac gilt als Mekka für Liebhaber frischer Muscheln und Austern. Gute Langusten bekommt man von der Insel Lastovo, und in der Gegend um Metković sind Aal und Frösche sowie Flusskrebse eine Spezialität.

Traditionelle Zubereitung

Traditionell ist die Zubereitung von Fisch und Meeresfrüchten nach **Brodetto**-Art (brodet): In das suppenartige Ragout gehören bis zu sechs Arten Meeresfisch, die auf leichter Flamme in einem großen Topf köcheln. Dazu wird Polena (palenta) serviert. Nach **Buzara**-Art (buzara) werden Muscheln, Scampi und im Neretva-Delta auch Flusskrebse gerne zubereitet und dabei mitsamt Schale in einer würzigen Tomaten-Weißwein-Sauce mit viel Knoblauch sautiert. Königsdisziplin ist die **Peka**-Art (pod pekom): Dabei schmoren

OBEN: Am Hafen von Veli Lošinj gibt se ...
UNTEN: ... natürlich frischesten Fisch.

BAEDEKER ÜBERRASCHENDES

6X TYPISCH

Dafür fährt man an die kroatische Adriaküste.

1. WASSERBALL SPIELEN

Picigin – so heißt die in Split erfundene Variante des Wasserballspiels, ohne feste Regeln. Bis zu fünf Spieler, meist junge Männer, werfen sich den Ball im knietiefen Wasser zu. Das Publikum fiebert mit. Das gibt es nur am Stadtstrand Bačvice **in Split**!

2. WOMEN ONLY!

Männer bleiben außen vor, wenn maximal sechs Frauen in **Zadar** ablegen und eine Woche lang alles lernen, was das Seglerleben einfacher macht. Anbieter: Herling Meer-Erlebnis-Reisen, www.meer-erlebnis-reisen.de

3. HALSBINDE

Die kroatische Kavallerie trug stilvolle Schalbinden, die auf besondere Art gebunden waren: »à la croate.« Bis heute gilt daher Kroatien als **Heimatland der Krawatte.** Die Seidenbinden gibt es in den »Croata«-Boutiquen in allen größeren Städten.

4. FENSTER ALS SONNENUHR

Die Fenster des winzigen Gotteshauses **Sveti Križ in Nin** sind so ausgerichtet, dass das Licht auf bestimmte Stellen am Boden trifft – und die Kirche lange Zeit als Sonnenuhr und Kalender diente.

5. GONDOLIEREN-SPASS

Die roten Barkajol-Ruderboote verbinden die Altstadt von **Zadar** mit dem Festland: Die Überfahrt dauert gerade mal 1,5 Minuten. Gerudert wird die 71 m lange Strecke im Stehen – die mittelalterliche Tradition ist ein Erlebnis!

6. FRISCHER FISCH IN MITTELALTERLICHER LOGGIA

Die Altstadt von **Trogir** erinnert an ein großes Freilichtmuseum. Sogar der Fischmarkt ist stilvoll untergebracht: In der Stadtloggia, deren Dach auf neun Säulen ruht.

Lamm (janjetina) oder Tintenfisch (hobotnica) mit Kartoffeln, Karotten und Zwiebeln zwei Stunden unter einer gusseisernen Metallglocke in der Holzkohleglut. Viele Restaurants haben den **Soparnik** wiederentdeckt: mit Mangold gefülltes Fladenbrot auf Peka-Art. Bei allen Peka-Gerichten gilt: Vorbestellung muss sein!

Fleisch & Co.

Pršut, ein luftgetrockneter Schinken, ist im Duett mit Pager Käse (Paški sir) eine geschätzte Vorspeise. Pašticada-Schmorbraten gehört zu den bekanntesten dalmatinischen Fleischgerichten: Dazu wird das Rindfleisch mit Zitronensaft und Rosmarin mariniert, mit Speck gespickt und in Rotwein gegart. Lammgerichte, etwa von der Insel Pag, werden gerne nach Peka-Art zubereitet. Gasthäuser im Hinterland, etwa auf dem Weg zu den Plitwitzer Seen, grillen gelegentlich Spanferkel (odojak) am Spieß an der Straße. Balkan-Klassiker wie Ćevapčići oder Ražnjići finden sich nach wie vor.

Olivenöl: beste Qualität

Dunkelgrün und von durchsichtiger Farbe muss das perfekte Olivenöl in Kroatien sein. Vor allem die Sorten von den sonnenverwöhnten Inseln **Korčula, Brač oder Hvar** genießen einen guten Ruf. Der Preis richtet sich nach der Menge auf dem Markt: Von der äußerst harmonischen, fruchtigen Sorte Buharica, die nur im Osten der Insel Brač vorkommt, gibt es gerade mal 100 Liter pro Jahr, entsprechend viel muss bezahlt werden.

Fremde Einflüsse

Die fremden Herrscher haben ihre kulinarischen Spuren hinterlassen: Unübersehbar ist der italienische Einfluss bei Risotto (rižot), Gnocchi (njoki), Pasta (tjestenina) und Pizza (pizza). Palatschinken (palačinke) werden in bester österreich-ungarischer Tradition aufgetischt. Türkischer Mokka (turska kava) wird in dalmatinischen Restaurants nur noch selten serviert. Der Burek aus Strudelteig, bei uns eher als Börek bekannt, ist mit Fleisch gefüllt in vielen Bäckereien erhältlich. Vegetarische Varianten sind mit Käse (pita sa sirom) oder Spinat (zeljanica) gefüllt.

Restaurantkultur

Enfache Gaststätten wie Gostiona/Gostionica oder Bife (Büfett) schonen den Geldbeutel. Hausgemachte Küche kommt auch in einer Konoba, einer rustikalen Taverne, in der gerne über dem offenen Feuer gekocht wird, auf den Tisch. Ein Restoran/Restauracija (Restaurant) oder Riblji restoran (Fischrestaurant) richtet sich eher an gehobenere Ansprüche. **Gesplittete Rechnungen sind verpönt:** Mal zahlt einer der anwesenden Männer, das nächste Mal ein anderer, oder jeder legt großzügig einen Geldschein auf den Tisch. Ein Trinkgeld von etwa 10 Prozent gilt als angemessen. Die meisten Restaurants öffnen gegen Mittag und schließen gegen 23 Uhr, im Sommer auch später. Außerhalb von Städten, vor allem auf den Inseln, bleiben viele Lokale von Herbst bis Frühjahr geschlossen.

TYPISCHE GERICHTE

Jenseits von Ćevapčići, Ajvar & Co. offenbart sich eine ausgesprochen vielfältige, gleichwohl bodenständige dalmatinische Küche, die gerne auf frische Zutaten vor allem aus Garten und Meer setzt.

Dalmatinischer Rinderschmorbraten (dalmatinska pašticada): Das Rindfleisch wird mindestens einen Tag lang in Essig, Zitronensaft und Rosmarin mariniert. Vor allem in den folgenden beiden Varianten wird es weiterverarbeitet: geschmort mit Rotwein, Karotten (und/oder anderem Gemüse), luftgetrocknetem Schinken und Oliven oder mit Zwiebeln, Sellerie und etwas Muskat, Rotwein und Tomatenmark.

Scampi in Tomaten-Weißwein-Sauce: Auf Buzara-Art werden die Scampi mitsamt Schale in einer würzigen Sauce serviert. Dazu werden Zwiebeln glasig gedünstet, dann kommen Tomatenstücke, Knoblauch, Salz und Pfeffer dazu und die Scampi dazu, aufgegossen wird mit Fischfond und/oder Weißwein. Zum Abschluss kommt frische Petersilie drauf. Dazu gibt es viel Brot und kühlen Weißwein.

Viška pogača (Sardellen-Teigtasche): Zunächst wird ein Teig mit Mehl, Essig, Salz, Olivenöl, Wasser und Kräutern wie Rosmarin zubereitet. Als Füllung werden Zwiebeln, Tomaten, Salzsardellen, Kapern, Oliven, Pfeffer und Olivenöl vermengt. Die Viške pogače werden im Ofen gebacken und dann in Stücke geschnitten, dazu wird gerne dunkelroter Plavac von der Insel Vis serviert.

Fischragout mit Polenta: Für ein Brodet-Fischragout werden Meeresfische (z. B. Drachenkopf, Meeraal) mit Zwiebeln, Knoblauch, Tomaten, Petersilie, Lorbeerblättern und Weißwein in einem großen Topf geröstet, dann mit Olivenöl, Wein und Wasser aufgegossen. Dazu wird gerne goldgelbe Polenta (Palenta) serviert. Die gekochten Fischstücke werden darauf angerichtet, ehe der suppenartige Fischtopf darüber gegossen wird. Eine Alternative ist Brot. Als Getränk bietet sich der auch beim Kochen verwendete Weißwein an.

Rožata auf dalmatinische Art: Eier, Milch und Zucker gehören in die Rožata, eine Variante der französischen Crème caramel. Zunächst wird der Zucker ikaramellisiert und in feuerfeste Förmchen gegossen. Anschließend wird eine weitere Menge Zucker mit Milch erhitzt, mit schaumig gerührten Eiern vermengt –evtl.gibt man Vanillezucker oder einige Tropfen Rosenwasser hinzu –, auf die Förmchen verteilt und in einem Wasserbad im heißen Ofen gegart und nach dem Erkalten auf Dessertteller gestürzt.

INTERESSANTE MENSCHEN

Meister seines Fachs: Juraj Dalmatinac

Anf. 15. Jh. bis 1473/75
Baumeister

Juraj Dalmatinac ist der bekannteste kroatische Künstler am Übergang von der Spätgotik zur Renaissance. Das Hauptwerk des aus Zadar gebürtigen Baumeisters und Bildhauers ist die **Kathedrale von Šibenik**, deren Bauhütte er leitete. Zur selben Zeit war er auch in Venedig und Ancona tätig, wo er die Kaufmannsloge errichtete. Er entwarf Kirchen, Wohnhäuser und Befestigungsanlagen (z. B. in Dubrovnik), aber auch ganze Städte: So entstand Pag auf seinem Reißbrett. Darüber hinaus hat der in Venedig ausgebildete Bildhauer in ganz Dalmatien Skulpturen und Kleinplastiken gefertigt.

Eroberer und Christenverfolger: Diokletian

236/245–312
Römischer Kaiser

Salona, das heutige Solin bei Split, ist die Geburts- und Sterbestadt des spätrömischen Kaisers Diokletian, der mit dem monumentalen Palast in Split ein gewaltiges Zeugnis seiner Macht hinterließ. Er wurde 284 **in Kleinasien zum Kaiser** ausgerufen. Die Liste seiner Taten und Entscheidungen ist lang. So gelang es ihm, die Germanen wiederholt zu besiegen, Nordwest-Gallien sowie England zurückzuerobern und die ägyptischen Aufstände niederzuschlagen. Er drang bis weit in den Mittleren Osten vor und unterwarf Persien. Ein ausgeklügeltes Steuersystem, effiziente Verwaltungsstrukturen und die Neugliederung der Armee gehen ebenfalls auf ihn zurück. Bekannt ist Diokletian aber auch als Verfolger der Christen, deren Religion unter seiner Herrschaft verboten wurde.

Bekanntester Insulaner von Hvar: Petar Hektorović

1487–1572
Dichter und Übersetzer

Petar Hektorović aus Hvar war einer der bedeutendsten Vertreter der dalmatischen Renaissanceliteratur. Er verfasste Heldenlieder und Versepisteln und übersetzte antike Schriftsteller, darunter auch Ovid. Sein originellstes Werk ist die naturnahe Fischeridylle »Ribanje i ribarsko prigovaranje«, zu Deutsch **»Fischen und Fischergespräche«**, in der er eine Reise rund um Hvar beschreibt. Hektorović verarbeitete darin Volkslieder der Fischer seiner Heimat. In Stari Grad auf Hvar baute er sich die Burg Tvrđalj.

2001 gewinnt Goran Ivanišević in Wimbledon.

Kroatischer Volksheld: Goran Ivanišević

Geb. 1971
Tennisspieler

Man stelle sich einen talentierten Sportler vor, der sich zur absoluten Weltspitze zählen darf und urplötzlich nichts mehr zu leisten imstande ist; einen Tennisspieler, die Nr. 2 der Weltrangliste, der aus Verzweiflung über seine indiskutablen Leistungen ein Racket nach dem anderen zertrümmert. Für das Wimbledonturnier 2001 erhielt er eine Wildcard, weil er einen großen Namen trug: Goran Ivanišević. Und dann gewann er ein Match nach dem anderen, auch das Finale gegen Patrick Rafter: Wimbledonsieg! Sein **unglaubliches Comeback** ließ den in Split geborenen Ivanišević zum Volkshelden in Kroatien werden.

BAEDEKER ÜBERRASCHENDES

6X UNTERSCHÄTZT

Genau hinsehen, nicht dran vorbeigehen, einfach probieren!

1. KONKURRENZ

Die Wehrmauer von **Ston** gilt als eine der größten Wehranlagen, nicht nur in der Region, sondern sogar weltweit! Einst umfasste sie 41 Türme, 7 Bastionen und 2 Festungen – und wird viel seltener besucht als die Stadtmauer von Dubrovnik. Unfair!

2. KAUM BEKANNTER VORFAHR

Den Rotwein Zinfandel aus Kalifornien kennt jeder. Einen seiner Vorfahren, den auf **Šolta** angestammten Dobrišić hingegen nur wenige. Beim Agroturizam Kaštelanac erfährt man mehr über die seltene Rebe. (www.agroturiam-kastelanac.com)

3. FALLSCHIRM UND CO.

Das Universalgenie **Faust Vrančić** ließ sich von den technischen Zeichnungen Leonardo da Vincis inspirieren und konstruierte danach im 17. Jh. einen Fallschirm. Ein Museum auf der Insel Prvić erinnert an ihn.

4. WUNDERBARE FABELWELT

Das idyllisch auf einem Eiland gelegene **Kloster Visovac** bewahrt eine bebilderte Ausgabe von Aesops Fabeln aus dem 15. Jh. – eines von weltweit nur noch drei erhaltenen Exemplaren!

5. TRUTZIGE WEHRKIRCHE

In dem beschaulichen Fischerdorf auf Havar ragt eine Wehrkirche heraus, die fast keine Fenster hat, dafür ein kleinen Schatz hütet: Werke von Tizian und Bassano.

6. IM SCHATTEN DER BLAUEN GROTTE

Das Farbspiel der Grünen Grotte auf **Ravnik** ist mindestens genauso schön wie das in der bekannteren Blauen Grotte auf der Nachbarinsel Biševo – hat jedoch einen Vorteil: Hier darf (noch) gebadet werden.

Pop-Ikone: Severina Kojić

geb. 1972
Sängerin und Model

Man nennt sie nur beim Vornamen: Severina, gelegentlich »Seve« oder gar **»Seve Nacionale«**. Die in Split geborene Pop-Sängerin Severina Kojić (geb. Vučković) ist seit Jahren beliebt wie keine andere. Mehr als 15 Alben hat sie bereits veröffentlicht, sich als Schauspielerin, Model und Moderatorin versucht. Ein in der Öffentlichkeit aufgetauchtes privates Erotik-Video sorgte 2004 für enormen Aufruhr im katholischen Kroatien – da Severina bislang immer die moralische Flagge hoch gehalten hatte. 2006 vertrat sie ihr Land nur mäßig erfolgreich beim Eurovision Song Contest in Athen. Die Kroaten feiern sie trotzdem weiterhin als die Pop-Ikone ihres Landes schlechthin.

Verehrt: Ivan Meštrović

1883–1962
Bildhauer

Wer sich die Denkmäler Dalmatiens genauer anschaut, wird bald die »Handschrift« oder den Namen eines Bildhauers ausmachen können, der bereits Lebzeiten prominent und verehrt war – Ivan Meštrović. Der aus Otavice im Hinterland von Šibenik stammende Meštrović studierte in Wien und lehrte von 1922 an in Zagreb an der Kunstakademie. Da er sich nicht in den Dienst der italienischen Besatzer stellen wollte, lebte er ab 1942 in der Schweiz; 1947 zog er in die USA, beigesetzt ist er in seinem Heimatdorf. Sein Werk ist am besten zu studieren in seiner ehemaligen Sommervilla in Split.

Ein Genie: Nikola Tesla

1856–1943
Ingenieur

Der Physiker und Elektroingenieur wurde in Smiljan in der Bergregion Lika geboren. Er studierte Maschinenbau in Graz und Prag und ging 1884 in die USA, wo er zunächst bei T. A. Edison arbeitete. Später war er vor allem in New York tätig. Tesla gehörte zu den fleißigsten Elektroingenieuren seiner Zeit: **Über 700 Patente** gehen auf ihn zurück. Am bekanntesten dürfte die sog. Tesla-Spule (Tesla-Transformator) zur Erzeugung von Hochspannung sein.

Hoch hinaus: Blanka Vlašić

geb. 1983
Hochspringerin

Die in Split geborene Leichtathletin gilt als eine der besten Hochspringerinnen der Welt. Höhen über 2 m sind ihr Zuhause – bereits über 100 Mal hat sie dies bei Wettkämpfen bewiesen. Die **zweifache Weltmeisterin** trennt seit 2009 noch ein einziger Zentimeter vom bislang höchsten Frauensprung (2,09 m, 1987, gesprungen von der Bulgarin Stefka Konstadinova).

NACHGEFRAGT

KROATISCHE ZENTRALE FÜR TOURISMUS

Stephanstr. 132
60311 Frankfurt/Main
Tel. 0049 69 2 38 53 50
www.croatia.hr

BRAČ

Porat bolskih pomoraca bb,
21420 Bol
Tel. 021 63 56 38
www.bol.hr
Porat 1, 21400 Supetar
Tel. 021 63 05 51
www.supetar.hr

DUBROVNIK

Brsalje 5, 20000 Dubrovnik
Tel. 020 32 38 87
www.tzdubrovnik.hr

HVAR–STADT

Trg Svetog Stjepana 42, 21450 Hvar
Tel. 021 74 10 59
www.tzhvar.hr

KORČULA

Obala dr. Franje Tuđmana 4
20260 Korčula
Tel. 020 71 58 67 und 71 57 01
www.visitkorcula.eu

KORNATI-NATIONALPARK

Butina 2, 22243 Murter
Tel. 022 43 57 40
www.np-kornati.hr

NATIONALPARK KRKA

Trg Ivana Pavla II br. 5
22000 Šibenik
Tel. 022 20 17 77
www.npkrka.hr

NATURPARK LASTOVO

Trg Svetog Petra 7, 20289 Ubli
Tel. 020 80 12 52
www.np-lastovo.hr

PAG

Od Špitala 2, 23250 Pag
Tel. 023 61 12 86
www.tzgpag.hr

NATIONALPARK PAKLENICA

Dr. Franje Tuđmana 14a
23244 Starigrad-Paklenica
Tel. 023 36 91 55
www.np-paklenica.hr

PLITWITZER SEEN

53231 Plitvička jezera
Tel. 053 75 10 14
www.np-plitvicka-jezera.hr

ŠIBENIK

Fausta Vraničića 18
22000 Šibenik
Tel. 022 21 20 75
www.sibenik-tourism.hr

SPLIT

Peristil bb
(im Diokletianpalast)
21000 Split
Tel. 021 34 56 06
www.visitsplit.com

TROGIR

Trg Ivana Pavla II/1
21220 Trogir
Tel. 021 88 56 28
www.tztrogir.hr

VIS

Šetalište Stare Isse 5
21480 Vis
Tel. 021 71 70 17
www.tz-vis.hr

ZADAR

Ilije Smiljanića 5
23000 Zadar
Tel. 023 21 22 22
www.zadar.travel

BAEDEKER ÜBERRASCHENDES

10 SOUVENIRS

10 Dinge und Erinnerungen, die ich mitnehme …

1.

Eine Tüte **Arancini**, getrocknete und kandierte Bitterorangen aus dem Neretva-Delta – sie haben so gar nichts mit schnödem Christstollen-Orangeat gemeinsam

2.

Ein **Lavendelsäckchen** von der Insel Hvar: Damit der mediterrane Duft den Sommer zu Hause im Kleiderschrank noch ein wenig verlängert

3.

Ein Stück **Paški sir**, Pager Käse aus Schafsmilch, der so herrlich würzig schmeckt

4.

Ein **mundgeblasenes Weinglas**, das der Laden im Museum des antiken Glases in Zadar verkauft – aus zerbrochenem, recyceltem Glas

5.

Eine Tüte **Paprenjak**: Pfefferkuchen von der Insel Hvar, nach altem Rezept, neu und sehr erfolgreich vermarktet

6.

Die Erinnerung an eine **frische Auster** aus Ston

7.

Einen schönen **weißen Stein** vom Strand, zerfurcht von der Natur

8.

Ein Glas **Bio-Feigenmarmelade** aus dem Supermarkt, mit einem Hauch Kakao oder Orange verfeinert. Köstlich und passt in jeden Koffer!

9.

Das **Gefühl endloser Weite**, wenn das Festland auf den Inseln Vis oder Lastovo mehr als 40 Kilometer entfernt zurückbleibt

10.

Das Staunen über so viel **Einsamkeit** mitten in Europa, auf menschenleeren Eilanden und Riffen im Kornaten-Inselarchipel

P

PROVENCE

»

Es tut nicht gut zu arbeiten, wenn die Zikade singt.

«

Provenzalisches Sprichwort

DAS IST DIE PROVENCE

Über Marseille leuchtet Notre-Dame de la Garde.

DAS LICHT DES SÜDENS

Erreicht man auf der »Autoroute du Soleil«– schon der Name ist eine Verlockung – die Region Drôme, gerät man unvermittelt in den Bann des Südens. Ginster und Olivenbäume setzen gelbe und grüne Akzente in die von einem strahlend blauen Himmel gekrönte Landschaft. Der Duft von Kräutern betört die Sinne.

In Grignan erinnert das hoch aufragende Renaissanceschloss an Madame de Sévigné, eine der gebildetsten Frauen unter Ludwig XIV. Spätestens Mitte November wird auf den Märkten von Nyons und Richerenches das »schwarze Gold«, wie man die Trüffel auch bezeichnet, gehandelt. Weiter gen Süden dominieren immer mehr Weinreben die Region, das Anbaugebiet Côtes du Rhône. Hin und wieder ein heller Farbtupfer zwischen dem Grün der Reben, die kleinen Dörfer mit ihren Steinhäusern wirken wohltuend zurückhaltend. Die Päpste, die im 14. Jh. in **Avignon** im Exil residierten, machten Chateâuneuf zur Sommerfrische und begünstigten den Weinanbau. Heute erstrecken sich die Weinfelder fast über die gesamte Gemeinde und noch darüber hinaus. In Avignon selbst, das während des päpstlichen Exils eine wahre Blütezeit erlebte, ist das mittelalterliche Stadtbild unübersehbar durch deren Bautätigkeit geprägt. Wie ein steinerner Koloss überragt der Papstpalast alle anderen Gebäude. Dem französischen König Philipp dem Schönen behagte all dies so wenig, dass er auf der anderen Seite der Rhône Villeneuve-lès-Avignon zur Festung ausbauen ließ. Die Verbindung über den Fluss war damals noch über den Pont St-Bénézet möglich, die berühmte »Pont d'Avignon«, die immer wieder durch Hochwasser schwer beschädigt wurde, so dass man sich den Wiederaufbau schenkte.

Im Land des Mistral

In Aix-en-Provence hat man schon fast das Mittelmeer erreicht. Das Universitätsstädtchen, das auf der Beliebtheitsskala der Franzosen hoch oben steht, hat eine aristokratische Vergangenheit, die ihre schicken Innenhöfe vor den neugierigen Augen der Touristen versteckt. Es gibt dennoch genug zu sehen. **Paul Cézanne** konnte sich sein Leben lang nicht von der Stadt lösen. Gemeinsam mit Émilie Zola durchstreifte er das Umland von Aix bis zur Montagne Ste-Victoire. In seiner Besessenheit vom Licht und den Farben des Südens malte er den Berg immer und immer wieder. Wenn der Mistral am heftigsten blies, befestigte er seine Staffelei mit einem Stein und malte weiter. Für einen anderen Künstler gilt dies auch. **Van Gogh** kam nach Arles, wo seine künstlerische Produktivität ihren Höhepunkt erreichte.

Das Licht des Südens über Èze-Village. Zum Meer geht es 430 m senkrecht hinab.

Auch ihn zog es zum Malen immer wieder ins Freie, ebenso wie Matisse, Picasso und viele andere. Alle waren angetan von dem sich immer wieder verändernden Licht und der Farbigkeit des Südens. Nicht selten war der Mistral die Ursache dafür. Er macht die Luft klar und holt alles, was in der Ferne ist, nahe heran. Als der Mistral einmal wieder heftig blies, schrieb van Gogh an seinen Freund Emile Bernard, jetzt wisse er, warum Cézannes Pinselstrich manchmal unsicher, manchmal ungeschickt sei, seine Staffelei wackele eben.

Die Blaue Küste

Bei Marseille wandelt sich das Bild. Nicht mehr pittoreske Dörfer, sondern dichter Verkehr, industrieller Aufschwung mit all seinen Begleiterscheinungen, aber auch eine über 2600 Jahre alte Geschichte und kulturelle Vielfalt prägen die Metropole im Süden. In Richtung Osten, bei Cassis, zeigt sich die Küste **schwindelerregend schön**. Toulon, der Marinehafen, ist nicht mehr weit und schließlich St-Tropez. Hier kann man sich noch immer vergnügen, seit Brigitte Bardot dem einstigen Fischerdorf an der Côte d'Azur zu Berühmtheit verhalf. Im Sommer kommen die Reichen und Schönen mit ihren Ferraris und Yachten, um sich in den Cafés zu zeigen und sich an der Plage de Tahiti zu sonnen.

COWBOYS DER CAMARGUE

Der weite Himmel und die Steppe verfließen zu einer flirrenden Fata Morgana. Nur wenige schmale Straßen erschließen die topfebene amphibische Landschaft. Einsam liegen die Mas, die weiß getünchten Höfe der Stier- und Pferdezüchter. Hier sind die Gardians zu Hause.

◄ Wasser und Weite bestimmen die Heimat der Gardians.

OBEN: Kleines Rennen zur Ferrade, dem Brandmarken im Korral. Nach der Einweisung und einiger Übung können auch Reiteleven daran teilnehmen.

UNTEN: Urtümliche Kraft besitzt das meist wild lebende Camargue-Pferd, eine kleine, starke, genügsame Rasse, deren Herkunft im Dunkeln liegt.

REITEN WIE EIN GARDIAN

Auf dem Rücken der Camargue-Pferde erlebt man die herbe, urtümliche Landschaft besonders intensiv. Die Besitzer der der Manade Saliérène, Francoise und André Peytavin, sind Rinder- und Pferdezüchter. Dementsprechend geht es hemdsärmelig, aber herzlich zu. »Stage Gardian« heißt der einwöchige Reitkurs, bei dem man lernt, wie ein Camargue-Cowboy im Sattel zu sitzen. Manade Saliérène, Mas de Capellane, Saliers (D 37) Tel. 06 27 24 09 34, www.manadesalierene.com.
Weitere Anbieter von Reitkursen und Info zur Camargue unter www.promenades-a-cheval.com, www.saintesmaries.com.

ZWISCHEN dem Grand Rhône und dem Petit Rhône ist das Mündungsdelta tischeben. Bei Mistral geht alles in Deckung. Bäume und Sträucher bieten keinen Schutz vor dem brutalen Nordwind, der hier noch einmal so richtig aufdreht. Den Flamingos im Etang de Fangassier scheint das nichts auszumachen. Zu Zehntausenden nisten sie im Frühjahr auf den Schlammbänken des Salzsees. Birdwatcher können sich den zwischen Austerngrau, Lachsrosa und Grellrot changierenden Vögeln von Saintes-Maries-de-la-Mer über die Digue à la Mer nähern, einen Deich, der das fragile System von Salzteichen vor dem Meer schützt.

Die wahren Herren

An der Landspitze von Beauduc endet der Deichweg. Wasser links, Wasser rechts, dazwischen von Gischt und Salz ausgelaugtes Treibholz. Mehr »Land's End« geht nicht. Dann, wie aus heiterem Himmel, preschen weiße Pferde vorbei. Niemand ist zur Stelle, um die temperamentvollen Schimmel zu zähmen. Denn echte Camargue-Pferde leben in Freiheit. Herrscher über die 1000 km² große Weite von Salzseen, Reisfeldern, Salinen und Sümpfen bleiben **die »gardians«**, die Cowboys der Camargue. Und das auch auf dem Asphalt. Hoch zu Ross treiben Gardians auf der Landstraße von Le Sambuc zum Etang de Vaccarès eine Herde schwarzer Stiere vor sich her. Unter den Hufen bebt der Asphalt. Die Autos müssen warten.

»C'est cool«

Geritten wird im Stil der **»Monte camarguaise«**, auf einem Sattel mit hohem Vorder- und Hinterzwiesel; dadurch hat man einen sehr sicheren Sitz. Die Zügel werden locker mit der linken Hand geführt, die Beine sind gestreckt und bis zum Knie fest ans Pferd gedrückt. Ein Höhepunkt ist das Zusammentreiben der Kälber zur Ferrade, dem Brandmarken. Dazu müssen die Tiere im kreisrunden Holzgatter vereinzelt werden. »Ganz ruhig, c'est cool«, beschwichtigt Reitlehrerin Ludivine von der Manade Saliérène ihre Schützlinge, »ihr müsst nur ein weites Spalier bilden, damit die Viecher nicht auf dumme Gedanken kommen und jedes Kalb in der Box landet.« Das klingt ganz einfach, und ist es dann auch.

BLÜHENDE PARADIESE

In kaum einer anderen Region Frankreichs blüht es so üppig wie in der Provence. Denn seitdem Briten im 18. Jahrhundert hier ozeanische Drachenbäume, syrischen Hibiskus und indische Magnolien gepflanzt haben, hat der »Gartenspleen« Generationen von Provenzalen infiziert. Besuchern geht es nicht anders.

Was ein »falscher französischer Garten ist«, lernt man im Pavillon de Galon. ▶

EIN Garten verlangt viel Geduld, auch in der sonnenreichen Provence. Im Sommer 2003 machte eine Jahrhunderthitze selbst uralten, tief verwurzelten Platanen zu schaffen. Und dann der Mistral! Im Winter 1956 fielen Zigtausende Olivenbäume dem eisigen Nordwind zum Opfer. Oder man hat mit Ungeziefer zu kämpfen, etwa mit dem Roten Rüsselkäfer, der die Palmen an Cannes' Croisette zu Fall brachte.

Wie man ein Paradies schafft

Fünf Jahre lang haben Bibi und Guy Hervais im Gelände des »**Pavillon de Galon«** den Gräsern und Wildblumen beim Wachsen zugeschaut. Sie notierten, wo die Wiese schon Anfang Juni Hüfthöhe erreichte. Zeichneten auf Plänen die Stellen ein, wo in der Augusthitze alles Grün verbrannte. Bibi schickte Schafe über das Land, um es vom Wildwuchs zu befreien. Die beiden entschieden sich für einen »falschen französischen Garten«.
Die klassische Aufteilung des **jardin français** in von Buchs und Rosmarin eingefasste »Gartenzimmer« behielt das Paar bei, auf starre Symmetrien und akkurate Parterres wurde aber verzichtet. Die Gartenzimmer sind mal rund, mal quadratisch, mal rechteckig, die Buchsbaumzwillinge an den Durchgängen in unterschiedliche Formen geschnitten. Scheinbar banale Sträucher wie der Sommerflieder wechseln ab mit botanischen Besonderheiten wie der Négrette de Porquerolles, einer alten provenzalischen Feigenart von der Insel vor Hyères.

Eine Dame aus Kanada

Als eine der ersten Gartenkoryphäen meldete sich Louisa Jones zur Besichtigung an. Der Besuch der Kanadierin, die dem südfranzösischen Garten zu Rang und Ansehen verholfen hat, kam einem Ritterschlag gleich – es folgte die ministeriell geförderte Aufnahme in den handverlesenen **Kreis der »Jardins Remarquables«**, der »Bemerkenswerten Gärten« Frankreichs. Nicht weniger als 45 davon liegen in der Region Provence-Côte d'Azur (www.parcsetjardins.fr).

IM GARTEN WOHNEN

Nicht nur im Pavillon de Galon in Cucuron (www.pavillondegalon.com) kann man morgens mit Blick in den Garten seinen Café au lait trinken. So luxuriös wie in den drei Suiten im barocken Landschlösschen bettet man sich zwar nicht überall, das Wichtigste ist aber ohnehin die Lage zwischen Beeten und Terrassen. 19 charmante Chambres d'hôtes und Ferienwohnungen haben allein die »Gîtes de France« gelistet. (www.gites-de-france.com/séjours thematiques/séjours jardin)

Keine Symmetrie, keine akkuraten Parterres im Pavillon de Galon

Als Louisa Jones sich in den 1980er-Jahren vornahm, die Gärten im unteren Rhône-Tal zu sichten, wurde ihr beschieden, dass es im Süden »keine echten Gärten« gebe. »Garten«, darunter verstand man damals üppig blühende »mixed borders«, deren Pracht in den Ziergärten Englands und Westfrankreichs das Auge erfreut. Die Gärten Südfrankreichs aber seien traditionell keine Lust- oder Zier-, sondern Bauern- und Nutzgärten mit Obstbäumen, Gemüsebeeten und landwirtschaftlichen Nutzpflanzen wie Lavendel oder Rosmarin.

Jones ließ sich nicht beirren. In wenigen Jahren konnte die ehemalige Dozentin der University of Washington in Seattle über 300 Gärten zwischen Nîmes und Menton begutachten. In ihrer zweiten Karriere als Gartenjournalistin schrieb sie zwei Dutzend Bücher über die Gärten in der Provence (www.louisajones.fr). Ihre Botschaft ist angekommen. Heute stehen um die **80 Parks und Gärten** den Besuchern offen (www.parcsetjardinspaca.com).

Und im April wird das »Festival des Jardins de la Côte d'Azur« gefeiert, 2017 hieß das Motto »Das Erwachen der Sinne« (festivaldesjardins.departement06.fr). In den Gärten zwischen Cannes, Nizza, Grasse und Antibes gibt es für die Sinne eigentlich keine Auszeit. Denn schon im April blüht der Süden in voller Pracht.

GROSSES THEATER

Weltberühmte Regisseure und experimentierfreudige Newcomer bringen beim Festival d'Avignon Jahr für Jahr ein fulminantes Programm auf die Bühne. 2016, zum siebzigjährigen Jubiläum, war das nicht anders – schließlich ist das Publikum das so gewohnt

◄ Zum Jubiläum gastierte die Comédie française auf dem Festival d'Avignon.

Eine Bühne für jedermann – am buntesten ist das Theaterfestival auf den Straßen.

SCHON die Zahlen für den Jubiläumsjahrgang des renommiertesten Theaterfestivals der Welt lassen seinen Rang erkennen: nicht weniger als 100 Ensembles, 1416 Inszenierungen, 125 Spielorte und 128 000 Zuschauer.

Theater ohne Grenzen

Im Sommer 1947 brachte Jean Vilar, Direktor des Théâtre National Populaire in Paris, drei Stücke auf die Bühne im Ehrenhof des Palais des Papes, zugleich wurde im Papstpalast Avantgardekunst präsentiert. Dazu eingeladen hatten der Dichter **René Char** und der Kunstbuchverleger **Christian Servoz** – die Geburtsstunde eines Theaterfestivals, das von Anfang an auch für andere Kunstformen offen war. 1967 führte Jean-Luc Godard den Film »La Chinoise« auf, kurz danach ebnete Maurice Béjart dem modernen Tanz den Weg auf die Bühnen. Das Festival erlangte schnell internationale Berühmtheit. In den Mauern des Papstpalasts hat nahezu jeder Große des internationalen Theaterlebens sein Bestes gegeben, Schauspielerlegenden wie Gérard Philipe und Jeanne Moreau, Regisseure wie Bob Wilson und Peter Brook.

»In« oder »Off«?

Was 1947 mit 4818 Zuschauern begann, ist zum Megaevent geworden, das die Stadt an der Rhône für einen Monat in einen Ausnahmezustand versetzt. Lange vor der offiziellen Eröffnung pflastern Theaterplakate die Wände, hängen an Straßenlaternen. In den Hotels ist keine Bettritze mehr frei, die Restaurants bleiben bis tief in die Nacht geöffnet. Im Morgengrauen besetzen die Theatertruppen ein paar Quadratmeter Straße, Platz, Park, um ab elf Uhr das auserkorene Terrain zu bespielen. Kompanien wechseln einander im Zweistundentakt ab. Ebensooft werden neue Plakate hochgezogen und Handzettel verteilt. 2015 waren es eineinhalb Millionen Plakate – 14 Tonnen Papiermüll. Besucher stehen jeden Tag vor der Qual der Wahl. Die Gretchenfrage bleibt »In« oder »Off«? Denn seit 1966 macht das Festival Off mächtig Konkurrenz. Im Gegensatz zu den an feste Spielorte gebundenen Aufführungen des In macht sich das Off in der ganzen Stadt breit. Motto: **Platz ist auf der kleinsten Bühne**, auch wenn es nur zwei Quadratmeter in einem Hof sind.

Hitzig wird über die Inszenierungen diskutiert, über die Stars der Académie Française geklatscht. Zuschauer machen sich mit Kissen und Picknickkörben zu einer zwölfstündigen Inszenierung auf, ein Marathon, der in Avignon niemanden schreckt. Anders als etwa die Drohung des Festivalleiters Olivier Py, Avignon zu verlassen, wenn der rechtslastige Front National bei den Kommunalwahlen siegen sollte. Oder die Frage, ob die miserabel bezahlten Bühnenarbeiter und freien Künstler streiken dürfen, weshalb 2014 die Eröffnungsvorstellungen ausfielen. Derweil versprühen die Ventilatoren auf den Caféterrassen einen feinen Wassernebel, der die Gemüter abkühlt.

BAEDEKER DAS IST ...

DAS GEDÄCHTNIS DES THEATERMARATHONS

25 000 Bücher, Filme von spektakulären Aufführungen, Interviews auf Video, Kostüme, Manuskripte, Fotos und Mitschnitte lassen in der Maison Jean-Vilar die Geschichte des Festival d'Avignon Revue passieren.
8 Rue de Mons, Montée Paul-Puaux, www.maisonjeanvilar.org
Geöffnet während des Festivals (außer 14. Juli) tgl. 10.30–13, 14–18, sonst Mi., Do. 9–12, 13.30–17, Di., Fr. 13.30–17, Sa. 10–17 Uhr.
Außer bei Sonderausstellungen ist der Eintritt frei.

DES LANDES GANZE FÜLLE

Es gibt kaum einen Ort, in dem nicht an einem oder sogar mehreren Tagen Markt gehalten wird. Besonders zwei Dinge zeichnen die provenzalischenMärkte aus: für die Gegend typische Produkte, und zwar von Erzeugern, die nur das anbieten, was aus ihren Obstgärten, Feldern und und Ställen kommt. Nichts wie hin

.

Markttag in Aix ►

Chèvre
NATURE

IN der heißen Jahreszeit kommen sogar noch die »Marchés nocturnes« hinzu, die erst abends stattfinden, wenn die Hitze abgeklungen ist. Das schont zum Beispiel zarte Zucchiniblüten und den empfindlichen Ziegenfrischkäse.

Ein Spitzenkoch kauft ein

Samstags verwandelt sich **Arles** in die längste Marktmeile der Provence. Bis zu 600 sinnenbetörende Stände versetzen die Stadt in einen Ausnahmezustand. Tellines, daumennagelgroße Muscheln von den Stränden der Camargue, sind zu schimmernden Haufen aufgetürmt. Man kauft sie »dessablées«, »entsandet«, das erleichtert die Zubereitung. Mit Knoblauch und Olivenöl kurz in der Pfanne geschmort ein Genuss! Violettbraune Violets, die die Taucher am Cap d'Agde von den Felsen geschabt haben, liegen wie Juwelen in einer Spanholzschatulle – man isst die jodhaltigen, bitteren Muscheln roh, mit etwas Zitronensaft. Daneben hat eine Fischersfrau Couteau-Muscheln zu Bündeln geschnürt, frische Langustinen liegen im glitzernden Eisbett.
Auf tritt **Jean-Luc Rabanel**, der Ausnahmekoch mit blonder Mähne und Knollennase à la Depardieu. Er herrscht über ein gastronomisches Imperium aus Gourmettempel, flottem Bistro und Meeresfrüchtebar. Wenn er an einem Stand stehen bleibt, kommt das einem Ritterschlag gleich. Das weiß Gemüsebauer Yannick Perez, bei dem Rabanel ein halbes Dutzend Tomatensorten findet, das weiß auch Jinno Raitetsu. Der Japaner baut bittere Goya-Gurken, Sojabohnen und purpurne Shiso-Kresse an. Rabanel zählt zu den Stammkunden, denn: »Der Markt ist für mich als Inspirationsquelle unersetzbar«.

Sonnenwarm auf den Markt

Es geht aufs Land südlich von Carpentras. Der Ruf des **»Marché paysan« von Velleron** hat zwischen Mont Ventoux und Durance einen Ruf wie Donnerhall. Von weither strömen die Kunden zum fußballfeldgroßen Gelände an der vielbefahrenen D31. Es gibt charmantere Orte in der Provence, kein Zweifel, aber kaum eine bessere Auswahl an Obst und Gemüse. Nur Produzenten bekommen in Velleron einen Standplatz, so will es das Statut. Noch sonnenwarm kommt auf den Markt, was auf den fruchtbaren Böden des Pays des Sorgues geerntet wird. Auberginen leuchten fliederblau oder schimmern milchweiß. Goldgelbe Muscattrauben duften verführerisch. Zebra-, Ananas- oder Cornu-des-Andes-Tomaten haben die typische ledrige Haut von Freilandgemüse. Honigsüße Canteloup-Melonen sind zu Bergen aufgeschichtet. Gelbrosa gefleckte Coco-de-Paimpol-Bohnen, knackiger Mangold und Knoblauchzöpfe gehen durch die schwieligen, braungebrannten Hände der Bauern (April–Sept. Mo.–Sa. 18–20.30, Okt.–März Di., Fr., Sa. 16.30–19 Uhr).

Orte und Termine

Die Märkte der Region sind auf **www.marches-provence.com** aufgelistet, geordnet nach Wochentagen und Départements (84: Vaucluse, 30: Gard, 26: Drôme, 13: Bouches-du-Rhône, 04: Alpes-de-Haute Provence, 05: Hautes-Alpes).
Herunterladen kann man den Prospekt **»Les Marchés en Provence«** mit einer Karte sowie einem Kalender der vielen gastronomischen Feste und landwirtschaftlichen Messen.

VOM MARKT AUF DEN TELLER

Zu jedem Markt gehört mindestens ein Bistro in strategisch bester Lage. Hier kehren die Marktbeschicker ein, hier trifft man sich nach dem Markt. Unsere Favoriten für beste Cuisine du marché: in Arles das Bistro A Côté (Mo./Di. geschl., www.bistro-acote.com), der »lockere« Ableger des Sternerestaurants L'Atelier (links Patron Rabanel), und in Velleron die Auberge du Marché (Mo./Di. geschl., www.laubergedumarche.com).

HEILIGE BERGE

Seit dem hohen Mittelalter pilgern die Provenzalen: auf die Sainte-Victoire, weil fromme Eremiten sich damals in die Höhlen am Berg zurückzogen, und zur Sainte-Baume, weil die Büßerin Maria Magdalena dort in einer Grotte Zuflucht gefunden haben soll. Machen Sie es ihnen nach.

◄ Auf dem Sentier de Grande Randonnée geht es auf den heiligen Berg Sainte-Victoire.

EIN Netz von Fernwanderwegen durchzieht die Provence. Ein Klassiker: der GR 9, der dem Kamm der »heiligen« **Montagne Sainte-Victoire** folgt und dann zum zweiten heiligen Berg der Provence führt, der **Montagne Sainte-Baume**. Der trockene Winter mit klarer Luft, das milde Frühjahr, der späte Herbst – die Jahreszeiten setzen kaum Grenzen für diese Wanderung. Nur im Hochsommer können die Wege wegen Brandgefahr gesperrt sein.

Auf dem Königsweg

Der Aufstieg auf die Montagne Sainte-Victoire zu **Beginn der dreitägigen Wanderung** auf dem rot-weiß markierten »Sentier de Grande Randonnée« gerät schweißtreibend. Unten im Tal, groß wie eine Streichholzschachtel, das Schloss von Vauvenargues, das Picasso 1958 kaufte. Der Wind heult über Krüppelkiefern und Buchsbäume hinweg. Mit jeder Kehre hinauf auf den gut 1000 m hohen Walfischbuckel schlägt der Puls flotter. Am schwindelerregenden Abgrund wandert man über den schmalen Kamm weiter, vorbei am eisernen Croix de Provence und der Orientierungstafel am Pic des Mouches.

Südlich von Puyloubier haben Bagger eine Wunde gerissen, rot leuchten die **Tuileries de Marseille** aus dem Grün der Garrigue. Viel Zeit zum Gucken in die Grube, aus dem der Ton für die Dachziegel der Provence gewonnen wird, bleibt nicht: Über 25 km lang ist die heutige Etappe. Den Anfang machen Lavendelfelder und Rebzeilen. Olivenbäume setzen silbriggraue Tupfer in die Ebene, über der sich die Sainte-Victoire verabschiedet. Wieder und wieder hat Cézanne den Berg aus dieser Perspektive gemalt, insgesamt 60 Mal. Genausooft geht der Blick zurück, bis ein Pfirsichbaum mit rot-weißem Balken den Weg nach Trets weist.

Am letzten Tag ist der Himmel so stahlblau und glasklar, wie es nur der Mistral bewerkstelligen kann. Ein Tag für die dicke Jacke, denn auf dem kahlen **Saint-Pilon**, dem 994 m hohen Gipfel der Sainte-Baume, hat der grimmige Wind freies Spiel. Mindestens einmal im Leben pilgert jeder gute Provenzale zur heiligen Grotte, die sich in der Felswand in 886 m Höhe öffnet. Maria Magdalena – die neutestamentliche Büßerin – soll hier 33 Jahre lang gelebt haben. Schon die französischen Könige sind hergepilgert, weshalb dieser Abschnitt des GR 9 auch **»Chemin des Rois«** genannt wird. Der Aufstieg zur Grotte ist wegen des schattigen Walds auch im Sommer ein Vergnügen.

Die Backen sind knallrot, die letzten Sträucher weichen grauweißem Fels, aus dessen Ritzen Rosmarin und Thymian sprießen: Der Gipfel der Sainte-Baume ist erreicht. Im Norden thront die beeindruckende Mauer der Sainte-Victoire über einem Teppich von Wäldern und Reben, im Osten trumpfen die Ausläufer der Alpen auf, im Süden gleißt die Bucht von La Ciotat: ein Blick von fast gewalttätiger Schönheit.

Etappen

1. Tag: Von Vauvenargues-Cabassols nach Puyloubier (16 km, ca. 6 Std.)
2. Tag: von Puyloubier –St-Zacharie nach Nans-les-Pins oder zur Hostellerie de la Ste-Baume (26–28 km, 6–7 Std.)
3. Tag: Von Nans-les-Pins nach Signes (16 km, 6 Std.)

Karten: Institut Géographique National TOP 25 (1:25 000), www.ign.fr
Info: Verlauf des GR 9 unter www.gr-infos.com (»Cucuron–St-Zacharie« und »St-Zacharie–Port Grimaud«)

HÜTTENZAUBER

Das Licht geht um 22.30 Uhr aus, die Etagenbetten in den 3- bis 8-Personen-Zimmern sind spartanisch ausgestattet. Hüttenwirt und Wanderführer Daniel Gorgeon ist ein Original, die Stimmung ausgelassen. Wer mit schlichtem Komfort inklusive Gemeinschaftsdusche und -küche leben kann, ist in einer »Gîte d'étape« prima aufgehoben. Die in Puyloubier an der Südflanke der Montagne Sainte-Victoire liegt mitten im Dorf, Bettzeug und Decke werden gestellt. Info: www.gite-dgorgeon.com

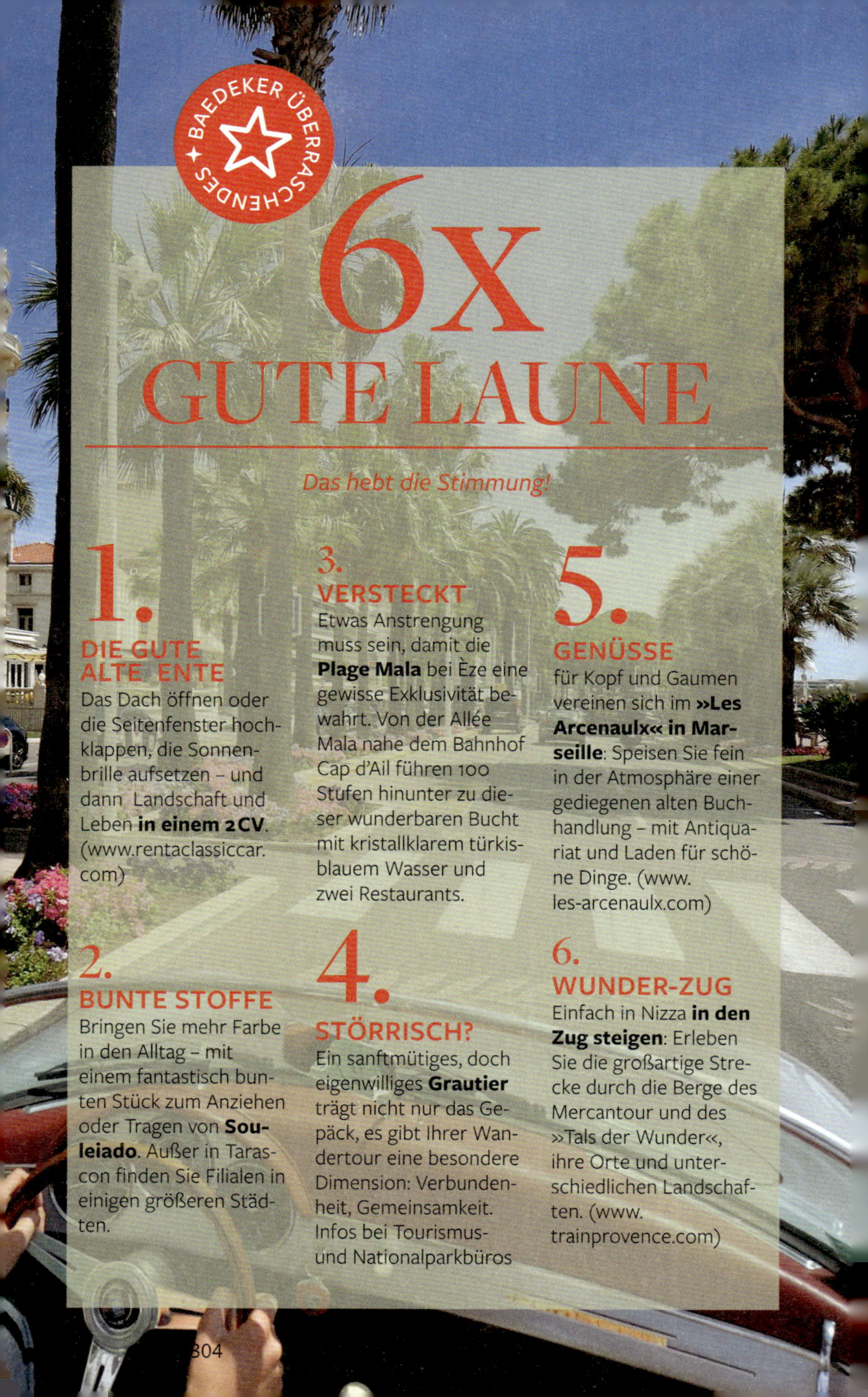

BAEDEKER ÜBERRASCHENDES

6x GUTE LAUNE

Das hebt die Stimmung!

1. DIE GUTE ALTE ENTE

Das Dach öffnen oder die Seitenfenster hochklappen, die Sonnenbrille aufsetzen – und dann Landschaft und Leben **in einem 2CV**. (www.rentaclassiccar.com)

2. BUNTE STOFFE

Bringen Sie mehr Farbe in den Alltag – mit einem fantastisch bunten Stück zum Anziehen oder Tragen von **Souleiado**. Außer in Tarascon finden Sie Filialen in einigen größeren Städten.

3. VERSTECKT

Etwas Anstrengung muss sein, damit die **Plage Mala** bei Èze eine gewisse Exklusivität bewahrt. Von der Allée Mala nahe dem Bahnhof Cap d'Ail führen 100 Stufen hinunter zu dieser wunderbaren Bucht mit kristallklarem türkisblauem Wasser und zwei Restaurants.

4. STÖRRISCH?

Ein sanftmütiges, doch eigenwilliges **Grautier** trägt nicht nur das Gepäck, es gibt Ihrer Wandertour eine besondere Dimension: Verbundenheit, Gemeinsamkeit. Infos bei Tourismus- und Nationalparkbüros

5. GENÜSSE

für Kopf und Gaumen vereinen sich im **»Les Arcenaulx« in Marseille**: Speisen Sie fein in der Atmosphäre einer gediegenen alten Buchhandlung – mit Antiquariat und Laden für schöne Dinge. (www.les-arcenaulx.com)

6. WUNDER-ZUG

Einfach in Nizza **in den Zug steigen**: Erleben Sie die großartige Strecke durch die Berge des Mercantour und des »Tals der Wunder«, ihre Orte und unterschiedlichen Landschaften. (www.trainprovence.com)

UNTERWEGS IN DER PROVENCE

Küste oder Binnenland? Die Mittelmeerküste ist in erster Linie ein Reiseziel für Sonnenanbeter, während die »klassische« Provence andere Bedürfnisse befriedigt, auch wenn es in der Camargue und südlich von Marseille lange Sandstrände gibt.

Côte d'Azur

Wer zur Hochsaison an die Côte d'Azur fährt, muss die Strände mit vielen anderen teilen. Und dies, obwohl sie zwischen Menton und Cannes – begleitet von dichter Bebauung – oft sehr schmal sind und unterhalb der Durchgangsstraße liegen; meist sind es **Kiesstrände**. Erst südwestlich von Fréjus/St-Raphaël werden die Strände breiter und sandig. Die schönsten **Sandstrände** findet man um St-Tropez und bei Hyères auf der weit ins Meer vorspringenden Halbinsel Giens. Traumhafte Buchten besitzt die unter Naturschutz stehende Insel Porquerolles. Abends spielt die Côte d'Azur ihren zweiten Trumpf aus: das legendäre **Nachtleben**, das – insbesondere in Nizza, Cannes, Monaco, Juan-les-Pins und Saint-Tropez – seinem Ruf gerecht wird, jedoch keineswegs nur den »Schönen und Reichen« vorbehalten ist.

Provence

In diesen Teil Südfrankreichs reist man, um eine **zauberhafte Landschaft** zu genießen und atmosphäre- und traditionsreiche Orte zu erleben, seien es alte Städte oder verträumte Dörfer. Insbesondere Avignon ist im Juli, bei seinem berühmten Festival, ein echter »Hotspot«. Keine unbedeutende Rolle spielen die hervorragende Küche der Provence und ihre exzellenten Weine. Große Anziehungskraft übt die Region auf die Freunde antiker Altertümer aus, denn in Südfrankreich sind die Relikte der Römerzeit so zahlreich und gut erhalten wie sonst kaum in Europa. Zu nennen sind da besonders Orange, Arles, Vaison-la-Romaine, die griechisch-römische Stadt Glanum bei St-Rémy und nicht zuletzt der großartige Pont du Gard. Auch das Mittelalter hat zahlreiche eindrucksvolle Zeugnisse hinterlassen, allen voran den mächtigen Papstpalast in Avignon. Die Kathedralen in St-Gilles und Arles sind ebenso sehenswert wie die berühmten **Zisterzienserklöster** Senanque, Silvacane und Le Thoronet oder die Ruinen der Abtei Montmajour, beeindruckend auch die vollständig erhaltenen Festungsmauern von Aigues-Mortes. Eine Reihe von Museen – v. a. in Aix, Antibes, Arles, Nizza, St-Tropez, St-Paul-de-Vence – präsentiert die für die Region berühmten Künstler des 19. und 20. Jh.s, auch wenn der Bestand nicht allzu groß ist. Neben den kulturellen Highlights bietet die Provence selbstredend ein unendliches Betätigungsfeld für Wanderer, Radfahrer und sonstige Fans von Betätigung in wunderbarer Natur.

★★ TOP-ZIELE

Mondän versus große Vergangenheit: Während sich an der Côte d'Azur in Nizza, St-Tropez und Monaco immer noch der (Geld-) Adel sonnt, wartet die Provence mit großartigen Bauten wie dem Pont du Gard und nicht minder großartiger Natur wie den Gorges du Verdon auf. Und über allem der Duft von Lavendel.

Aix-en-Provence

★★ Cours Mirabeau und Montagne Ste-Victoire

Wohl nirgends kommt man der noblen, dennoch angenehm kleinstädtischen Atmosphäre der alten Hauptstadt der Provence näher als auf dieser **Prachtmeile unter Platanen.**
Über Vauvenargues ragt die Montagne Sainte-Victoire auf, eines der berühmtesten Motive von **Paul Cézanne**.

Arles

★★ Arènes und St-Trophime

Die Römer bauten eines der größten **Amphitheater** in Gallien. Heute ist es der ideale Platz für die Ferias, die unblutigen Stierspiele, und für den krönenden Abschluss des Fests der Gardians.
Die bedeutendste romanische Fassade der Provence an St-Trophime ist eine **herrliche Bilderbibel**, in Stein gehauen.

Frankreichs berühmteste Brücke steht in Avignon.

Avignon

Zehn Päpste residierten in Avignon. Drei bauten den Bischofspalast zu einem der **großartigsten Zeugnisse gotischer Architektur** überhaupt um. Wer ihn betritt, findet sich einem Labyrinth wieder.

★★ Palais des Papes

»Sur le pont d'Avignon, … « Wer kennt dieses Kinderlied nicht – der Pont St-Bénézet ist die berühmteste Brücke Frankreichs. Dabei steht nur die Hälfte von ihr.

★★ Pont St-Bénézet

Eine **Schatzkammer Alter Meister**: die reichste Sammlung früher italienischer Kunst in Frankreich nach dem Louvre mit 300 Werken von Botticell bis Ghirlandao und der Schule von Avignon.

★★ Musée du Petit Palais

Beaulieu-sur-Mer

Èze-Village thront **auf einem Felsen** 430 m über dem Meer. In den Gassen warten Kunsthandwerker und Parfümerien.

★★ Èze-Village

Camargue

Unter dem vom Mistral blankgeputzten blauen Himmel strahlt das Grün der Reisfelder, grasen in den Sumpfwiesen kleine schwarze Stiere und weißgraue Pferde, staksen die rosa Flamingos, glitzern die Salzlagunen …

★★ Lagunen und Salzsümpfe

Forcalquier

Die Abtei über dem Tal der Durance besitzt einen einzigartigen Schatz: das **größte romanisches Bodenmosaik in Frankreich**.

★★ Abbaye de Ganagobie

Gordes

Künstler und Schriftsteller entdeckten den zauberhaften Ort. Und die Abbaye de Senanque liefert eines der ikonischen Bilder der Provence: die Abtei inmitten **endlos scheinender Lavendelfelder**.

★★ Bilderbuch-Provence

Gorges du Verdon

Der **Grand Canyon der Provence**, ein Mekka für Wanderer, Kletterer und Kanuten. Vielleicht begleitet Sie dabei ein Königsadler.

★★ Schlucht

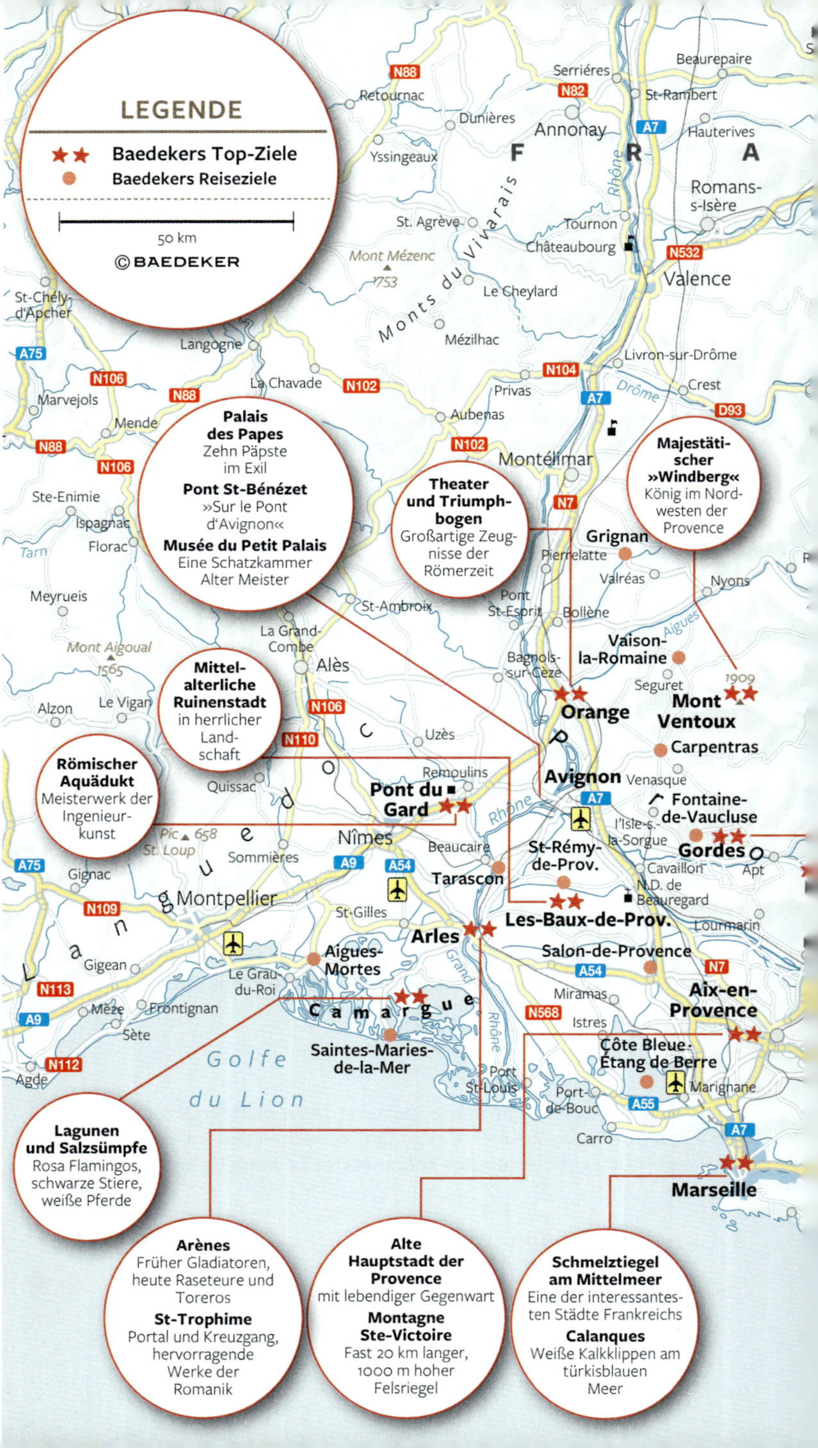

LEGENDE
Baedekers Top-Ziele
Baedekers Reiseziele
50 km
© BAEDEKER
Palais des Papes
Zehn Päpste im Exil
Pont St-Bénézet
»Sur le Pont d'Avignon«
Musée du Petit Palais
Eine Schatzkammer Alter Meister
Theater und Triumphbogen
Großartige Zeugnisse der Römerzeit
Majestätischer »Windberg«
König im Nordwesten der Provence
Mittelalterliche Ruinenstadt
in herrlicher Landschaft
Römischer Aquädukt
Meisterwerk der Ingenieurkunst
Lagunen und Salzsümpfe
Rosa Flamingos, schwarze Stiere, weiße Pferde
Arènes
Früher Gladiatoren, heute Raseteure und Toreros
St-Trophime
Portal und Kreuzgang, hervorragende Werke der Romanik
Alte Hauptstadt der Provence
mit lebendiger Gegenwart
Montagne Ste-Victoire
Fast 20 km langer, 1000 m hoher Felsriegel
Schmelztiegel am Mittelmeer
Eine der interessantesten Städte Frankreichs
Calanques
Weiße Kalkklippen am türkisblauen Meer
F R A
Monts du Vivarais
L a n g u e d o c
P
C a m a r g u e
Golfe du Lion
Retournac
Serriéres
Beaurepaire
St-Rambert
Dunières
Annonay
Hauterives
Yssingeaux
Romans-s-Isère
St. Agrève
Tournon
Châteaubourg
Mont Mézenc
1753
Valence
Le Cheylard
St-Chély-d'Apcher
Mézilhac
Langogne
Livron-sur-Drôme
La Chavade
Crest
Privas
Drôme
Marvejols
Mende
Aubenas
Montélimar
Ste-Enimie
Ispagnac
Florac
Tarn
Grignan
Pierrelatte
Valréas
Nyons
Meyrueis
St-Ambroix
Pont St-Esprit
Bollène
La Grand-Combe
Aigues
Mont Aigoual
1565
Alès
Bagnols-sur-Cèze
Vaison-la-Romaine
Seguret
1909
Alzon
Le Vigan
Orange
Mont Ventoux
Uzès
Carpentras
Remoulins
Quissac
Pont du Gard
Avignon
Venasque
Fontaine-de-Vaucluse
Pic St. Loup
658
Rhône
l'Isle-s.-la-Sorgue
Nîmes
Beaucaire
St-Rémy-de-Prov.
Gordes
Sommières
Cavaillon
Apt
Gignac
Tarascon
N.D. de Beauregard
Montpellier
St-Gilles
Les-Baux-de-Prov.
Lourmarin
Arles
Aigues-Mortes
Salon-de-Provence
Gigean
Le Grau-du-Roi
Grand Rhône
Miramas
Aix-en-Provence
Mèze
Frontignan
Istres
Sète
Saintes-Maries-de-la-Mer
Côte Bleue · Étang de Berre
Agde
Port St-Louis
Port-de-Bouc
Marignane
Carro
Marseille
N88
N82
A7
N532
A75
N106
N102
N104
D93
N7
N110
A9
A54
N109
N113
N568
N112
A55

ITALIA
Chambéry
Pontcharra
Allevard
Voiron
Pic du Frêne
2805
St-Jean-de-Maurienne
Grenoble
Pic de l´Etendard
3468
Valloire
la Grave
Vizille
le Bourg-d'Oisans
La Mure
La Bérarde
4102
Barre des Ecrins
Corps
Col de Mensée
St-Bonnet
Orcières
Alpes du Dauphiné
Veynes
Gap
Embrun
Serres
Tallard
Laragne-Montéglin
Sisteron
Moûtiers
Val d'Isère
Pralognan
Val Thorens
Lanslebourg-Mont-Cenis
Termignon
Modane
3508
Mt. Thabor
3186
Bardonecchia
Susa
Briançon
Sestriere
Abriès
Guillestre
2857
Pic St-André
Lac de Serre-Ponçon
Ubaye
Barcelonnette
Tête de l´Estrop
2961
Mont Ténibre
3031
Villa
Orco
Balme
Usséglio
Caselle
Dora Ripária
Avigliana
Torino
Perosa Argentina
Chisone
Pinerolo
Bòbbio Pèllice
Monviso
3841
Paesana
Saluzzo
Po
Accéglio
Maira
Dronero
Vinádio
Cúneo
Stura di Demonte
Valdieri
Isola
Tinée
ITALIA
Alpen der Provence
Atemberaubende Schluchten und berühmte Pässe
Abbaye de Ganagobie
Größtes romanisches Mosaik Frankreichs
Grand Canyon der Provence
Mekka für Wanderer, Kletterer und Kajakfahrer
Château-Arnoux
La Javie
Digne
Ganagobie
Forcalquier
Mézel
Alpes de Provence
Oraison
Manosque
Durance
Moustiers
Castellane
Lac de Ste. Croix
Riez
Gorges du Verdon
Verdon
Barrage de Castillon
Annot
Entrevaux
St.-Auban
Guillaumes
Massif du Mercantour
St.-Martin-Vésubie
Tende
Tournefort
Var
Sospel
San Remo
Monte-Carlo
Menton
MONACO
Vence
Beaulieu-sur-Mer
Gourdon
Grasse
Comps-sur-Artuby
Aups
Barjols
St-Maximin-la-Ste-Baume
Cotignac
Argens
Carcès
Draguignan
Le Muy
Lorgues
Le Thoronet
Brignoles
Le Luc
Cannes
Massif de l'Esterel
Fréjus
St-Raphaël
Nizza · Nice
Antibes
Massif des Maures
Ste-Maxime
Collobrières
Cuers
Toulon
Hyères
St-Tropez
Le Lavandou
la Seyne-sur-Mer
Giens
Iles d´Hyères
Ile de Porquerolles
Méditerranée
Casino und Hochhäuser
Refugium und Bühne für Reiche
Mondäne Côte d'Azur
mit »italienischer« Altstadt
Abtei
Meisterwerk der Zisterzienser-Romanik
Legendärer Hotspot
Man muss mal dort gewesen sein ...
Chapelle du Rosaire
Das Meisterwerk von Henri Matisse
Fonadation Maeght
»Ein magischer Ort, kein Museum«
Èze-Village und Corniches de la Riviera
Grandiose Panoramen hoch über dem Meer
A41
A43
A49
A51
A57
A8
N75
N6
N90
N85
N91
N94
D1006
S25
D93
D900
21
D6085
D4085
N202
D6204
N555
N97
N98
N8
D560

Farbenrausch in der Camargue

Les-Baux-de Provence

★★ Ruinenstadt

Ein **fast irreales Bild**: Aus den in der Garrigue verstreuten Kalkfelsen wachsen bizarre Ruinen empor.

Le Thoronet

★★ Kloster

Zisterzienserarchitektur in Reinkultur: klare, mathematisch-geometrisch berechnete Proportionen und die Schmucklosigkeit.

Luberon

★★ Postkarten-Provence

Im Luberon gibt sich die Provence **geheimnisvoll und mystisch**. Alte Dörfer mit Burgruinen setzen die Akzente in den Weinbergen, den Obsthainen und Gemüsefeldern an seinen Flanken.

Marseille

★★ Multikulturell

Marseille ist seit je ein **Schmelztiegel voller Energie**, in dem alle möglichen Einflüsse zusammen-strömen, ein großer Katalysator der mediterranen und der einstigen kolonialen Welt.

★★ Calanques

Schmale Buchten schneiden tief in **zerklüftete weiße Kalkfelsen** ein: Die Calanques ziehen Ausflügler und Kletterer in Mengen an.

Massif du Mercantour

★★ Südalpen

Bergwanderer und Alpinisten, Radsportler, Skifans und Kajakfahrer finden hier e**in großartiges Revier** vor.

Monaco

★★ Casino und Hochhäuser

Hongkong am Mittelmeer: Für den Wandel Monacos vom »Operettenstaat« zum Wirtschaftsunternehmen ließ Fürst Rainier kräftig bauen. Das prächtige Casino stand aber schon lange vorher.

Mont Ventoux

★★ Der »Windberg«

Der 1912 m hohe Mont Ventoux, provenzalisch »ventour«, trägt seinen Namen zu Recht, denn der **Mistral** braust über ihn hinweg.

Im Casino von Monte Carlo kann man sein Geld im Wortsinn aufs Spiel setzen.

Nizza

Mythos alter Zeiten: Zuckerbäckerarchitektur neben Appartementblöcken, die gepflegte Strandpromenade an sechsspuriger Straße.

★★ Mondän

Orange

Im **besterhaltenen Theater der Antike** und einem der schönsten dazu gibt es heute Open-Air-Kino, Opern und Konzerte.

★★ Théâtre Romain

Pont du Gard

Die **größte »Wasserleitung« der antiken Welt** ist 275 m lang und verläuft fast 50 m hoch über dem Fluss Gardon.

★★ Aqädukt

Saint-Tropez

Das unscheinbare Fischerdorf wurde zum **Treff der Reichen** und/oder Schönen bzw. derer, die sich dazurechnen.

★★ Hotspot

Vence

Henri Matisse schuf in der Kapelle nach eigenem Bekunden sein Meisterwerk. In der Fondation Maeght verbinden sich **Natur, Architektur und Kunst** der klassischen Moderne auf wunderbare Art.

★★ Chapelle du Rosaire und Fondation Maegth

ESSEN UND TRINKEN

Jede Menge Sonne und uralte Traditionen in Landwirtschaft und Küche: Aus diesen Ingredienzien werden die Delikatessen der provenzalischen Küche gemacht.

Leichte Küche Die Küche der Provence ist eine leichte Küche: viel Gemüse und Obst, Kräuter, Knoblauch, Tomaten, Oliven und Olivenöl aus der Region, Fisch aus dem Meer, zartes Lamm aus Sisteron und der Crau, Rind und Reis aus der Camargue, Ziegen- und Schafskäse. Kein Wunder, dass sie hoch in Kurs steht, kann sie doch als Muster für moderne Ernährung gelten – und sie **schmeckt einfach großartig**. Entstanden sind die meisten Spezialitäten des sonnenverwöhnten Landstrichs aus der Kost der armen Leute: die Bouillabaisse aus dem Fisch, den die Fischer als unverkäuflich vom Markt nach Hause nahmen, Pissaladière und Socca in Nizza als dünne Fladen aus Weizen- oder Kichererbsenmehl, die man mit dem belegte, was gerade billig zu bekommen war, oder die Ratatouille als dicker Eintopf.

Kulinarische Feste Die heimischen Produkte werden in Festen geehrt, die dem Rhythmus des bäuerlichen Jahres folgen. Auf Wallfahrten wird um Regen oder schönes Wetter gebetet oder für die Getreideernte, das Einbringen des Lavendels und die Weinlese gedankt. Je nach Jahreszeit stehen andere Erzeugnisse im Mittelpunkt: Melonen in Cavaillon, Trüffel in Richerenches, Kastanien in Collobrières ...

Meilensteine der Küche Als die Bibeln der provenzalischen Küche gelten zwei Klassiker der Kochliteratur: »Le Cuisinier Durand« von **Charles Durand** (1830) und »La Cuisinière Provençale« von **Jean-Baptiste Reboul** (1897, mit 1120 Rezepten). Im Dörfchen Villeneuve-Loubet bei Nizza erblickte 1846 **Auguste Escoffier** das Licht der Welt, der die Haute Cuisine von Grund auf erneuerte. Schon mit 13 Jahren stand er am Herd seines Onkels. Wie köstlich die Kreationen des »Königs der Küche« waren, lässt sein Geburtshaus als Musée de l'Art Culinaire bis heute beim Anblick der alten Küchengeräte ahnen. Gut 130 Jahre später, 1987, wird ein Bauernjunge aus Castel-Sarrazin im Südwesten zum Küchenstar von Monaco: Alain Ducasse schwingt den Kochlöffel im Hôtel de Paris im Restaurant Louis XV und setzt der klassischen Haute Cuisine regional inspirierte Gerichte entgegen: Brandade vom Stockfisch, Kaninchen mit Oliven, Huhn in Kräutern, Gnocchi mit Schinken – der Michelin honoriert die Revolution am Herd 1990 mit drei Sternen. Bis 2008 bleibt Ducasse der einzige Dreisternekoch in der Region Provence-Alpes-Côte d'Azur; dann kommt Gerald Passedat hinzu (Le Petit Nice in Marseille), und 2013 wird der 35-jährige Arnaud Donckele »geadelt« (La Vague d'Or in St-Tropez).

Auf dem Markt in Vaison-la-Romaine gibt es »Saucissons« in allen Varianten.

Spezialitäten der Provence

Suppen

Unter den Suppen (soupes) nehmen die Fischsuppen eine besondere Stellung ein. Berühmt und sehr teuer ist die **Bouillabaisse**, ursprünglich ein einfaches Essen der Fischer. 1980 riefen die Marseiller Köche eine Charta der »echten« Bouillabaisse ins Leben. Ähnlich ist die **Bourride**, die neben Fisch grüne Bohnen, Karotten und Kartoffeln enthält und mit Aïoli (Knoblauchmayonnaise) gereicht wird. Aigo-Saou ist eine Suppe aus weißem Fisch und Kartoffeln. Die **Soupe au pistou** besteht v. a. aus weißen Bohnen und Gemüse und wird mit Pistou serviert, einer Paste aus Knoblauch, Olivenöl, Speck und Basilikum.

Fleisch

Eine typisch provenzalische Fleischzubereitung sind Ragoûts wie die **Daube**. Das Lamm der Haute-Provence – das Agneau de Sisteron IGP – schmeckt geschmort oder gebraten ebenso gut wie vom Holzkohlengrill. Kenner schätzen die Pieds et paquets, mit Tomaten, Wein, Olivenöl und Kräutern geschmorte Lammfüße und Lammkuttel-Päckchen. Das Originalrezept der renommierten Saucisson d'Arles schreibt Schweine- und Eselsfleisch vor.

Obst und Gemüse Die Täler der Rhône und der Durance gehören zu den großen Gemüse- und Obstgärten Frankreichs. Gemüse und Salat (légumes, salades) gibt es in großer Vielfalt. In aller Welt bekannt ist die **Salade niçoise**. **T**omates à la provençale heißen die mit Olivenöl, Knoblauch und Petersilie gegarten Tomaten; ähnlich werden auch Auberginen (aubergines) und Zucchini (courgettes) geschmort. Etwas exotischer sind gefüllte Zucchiniblüten (fleurs de courge farcies). Zwiebeln, Zucchini, Auberginen, Tomaten, Paprika und Knoblauch, in Olivenöl gedünstet, ergeben die **Ratatouille**. Artischocken, Fenchel und Mangold sind sehr beliebt. Im der Region Nizza steht der Mangold hoch im Kurs; eine beliebte süße (!) Variante ist die Tourta de blea, eine Tarte mit Mangold, Rosinen und Pinienkernen. Für die Bagna cauda wird rohes Gemüse in ein heißes Gemisch aus Olivenöl, zerstoßenen Sardellen und Knoblauch getaucht. Berühmt sind die Départements Drôme und Vaucluse für ihre **Trüffeln**, ca. 80 % der französischen Ernte kommen von dort.

Fisch und Krustentiere Meeresfrüchte aller Art (poissons, crustacés) spielen in der Mittelmeerküche eine überragende Rolle. Geschätzt werden außer den genannten Suppen die **Brandade** aus Stockfisch, Kartoffeln und Olivenöl sowie Fisch vom Grill. Auch Tintenfisch bzw. Kalmar (calmar, seiche), Muscheln (moules, coquilles), Austern (huîtres), Langusten (langoustes) und Garnelen (crevettes) sollte man versuchen.

Von hier kommt der Châteauneuf-du-Pape.

Der rohe Rogen vom **Seeigel** (oursin), der in schmalen roten Streifen an der Innenwand sitzt, ist ein luxuriöser feiner Imbiss.

Diverses aus Mehl

Häufige Beilage – besonders zu Schmorfleisch wie der Daube – sind Nudeln (pâtes), im Gegensatz zur italienischen Pasta als Eiernudeln. Neben den verschiedenen Varianten der Pizza und dem Pan bagnat, einem mit Tomaten, Artischocken und Anchovis gefüllten Brot, ist die **Pissaladière** sehr beliebt. Besonders in Nizza und Menton mit ihrer italienischen Vergangenheit, aber auch sonst ist der Einfluss Italiens, genauer Liguriens, erkennbar am großen Angebot an Pasta wie Ravioli, Tortellini, Cannelloni, Lasagne und Gnocchi, außerdem an der Socca, dem Kichererbsenfladen aus dem Ofen.

Käse

Die zahlreichen Käsesorten (fromage) werden meist aus Schafs- oder Ziegenmilch hergestellt. Sie sind bekannt unter Namen wie Annot, Banon (im Winter aus Schaf-, im Frühjahr aus Ziegenmilch), Bossons (auch in Olivenöl mit Gewürzen eingelegt, Bossons macérés), Brousse, Cachat, Claqueret (eine Art Weißkäse, der mit gehackten Zwiebeln serviert wird), Picodon, Poivre d'Ane (mit Kräutern der Provence), Sospel.

Desserts

Eine große Nachspeisenpalette hat die Provence nicht entwickelt. So wird oft Obst aller Art aus den Plantagen der Region zu feinen Magenschließern verwendet, etwa als Salat, Tarte, Eis oder Kompott.

Süßes

Viele Orte haben ihre Spezialität wie Marseille die Navettes (trockene Schiffchen aus Mürbteig), Aix-en-Provence die feinen Calissons, Avignon die Papalines (alkoholisch gefüllte Schokokugeln) und Carpentras die Berlingots (Bonbons). Beliebt ist der weiche weiße **Nougat aus Montelimar**, ähnlich dem Türkischen Honig, z. T. mit Schokolade oder Likör aromatisiert oder mit kandierten Früchten verfeinert.

Wein

Das Land des Rosés

Die Güter, oft »Domaine« genannt, produzieren exzellente Weine, und zwar weit überwiegend Rosé. Das ist nicht verwunderlich, passt doch ein kühler, aromatischer Rosé perfekt in die provenzalische Landschaft. Doch bis in die 1990er-Jahre rümpften viele die Nase, wenn man ihnen einen Côtes de Provence oder gar einen Rosé vorsetzte. Das hat sich gewaltig geändert: Fast 30 % des in Frankreich konsumierten Weins ist heute Rosé! Und vor allem die Provence liefert ihn, mit 40 % der Gesamtproduktion des Landes.
Kaum eine Weinregion verarbeitet so viele **Rebsorten** wie die Provence: Grenache, Mourvèdre, Syrah, Cinsault, Cabernet, Sauvignon, Ugni blanc sind nur die bekannteren Namen. Weintechnisch ist die

TYPISCHE GERICHTE

Bouillabaisse: Die legendäre Fischsuppe, einst die Resteverwertung der Fischer von Marseille, ist heute eine teure Gourmandise. Außer Unmengen von Felsenfischen für die eigentliche Suppe gehören sieben Edelfischsorten dazu, aromatisiert wird sie mit Olivenöl, Knoblauch, Safran und Orangenschale. Zuerst wird die Suppe mit Weißbrot und Rouille – eine Art scharfer Knoblauchmayonnaise – verspeist, dann das Fischfleisch mit einer großen Kartoffel. Eingeweihte schwören darauf, dass die Rouille auf der Basis einer gekochten Kartoffel gerührt wird.

Fougasse: Perfekt zum Picknick oder zum Apéritif passt der provenzalische Fladen mit viel Olivenöl im Teig, den es in vielen Variationen gibt: meist mit Oliven, dazu zum Beispiel getrocknete Tomaten, Ziegenkäse, Tapenade oder Sardellen, oder auch nur feingehackte Kräuter der Garrigue. Am besten frisch vom Blech und noch warm genießen!

Pissaladiere: Die provenzalische Version der italienischen Pizza, vom großen Blech, belegt mit Zwiebeln, Sardellen und Oliven. Außer der Teigqualität und der richtigen Ofentemperatur ist ausschlaggebend, dass die Zwiebeln (in rauen Mengen!) vor dem Backen sehr langsam ganz weich geschmort werden. Manche machen sie mit etwas Zucker noch süßer.

Lamm: Ob als Kotelett vom Grill mit vielen Kräutern, als 5 bis 6 Stunden sanft geschmorte Keule oder als umwerfend duftende Daube: Das zarte Lammfleisch der Provence ist legendär. Im bergigen Hinterland nähren sich die Schafe (für das Agneau de Sisteron IGP) von vielfältiger Flora, in der steinigen Crau (für das Agneau de Crau AOP) vom salzhaltigen Heu, das als »foin de Crau AOP« begehrt ist.

Daube: Etwas für Liebhaber herzhafter Ragouts. Eine Daube – in der Provence sagt man »üne dobe« – macht man aus Fleisch vom Rind oder Stier bzw. Lamm, das in kleinere oder größere Würfel geschnitten mit Zwiebeln, Speck und Aromaten wie Gelbe Rüben, Knoblauch und Kräuter in Wein geschmort wird. Ergänzt wird sie, überraschenderweise, mit Eiernudeln oder Kartoffelpüree.

Salade niçoise: Der in aller Welt bekannte Klassiker aus Nizza – ursprünglich war er ein Mittagessen – verlangt traditionell außer bestem Olivenöl eine Reihe frischer Zutaten: grüner Salat, Tomaten (gesalzen und gut abgetropft), Paprika und grüne Bohnen, schwarze Oliven, Artischocken und Sardellen. Hartgekochte Eier und Thunfisch dürfen sein, Kartoffeln gehen gar nicht. Dazu geröstetes, mit Knoblauch eingeriebenes Brot.

Region zweigeteilt, in »Südliche Rhône« zwischen der Ardèche und dem Luberon und »Provence« in den Départements Bouches-du-Rhône und Var. Die **Südliche Rhône** vereint außer den den großen AOCs Côtes du Rhône (Villages), Côtes du Ventoux und Côtes du Luberon renommierte kleine: Châteauneuf du Pape, Gigondas, Vacqueyras, Tavel, Lirac, Rasteau und Beaumes-de-Venise. 2005 wurde der Muscat de Beaumes-de-Venise als »Cru« ausgezeichnet. Der Bereich **Provence** umfasst drei AOC-Anbaugebiete (Côtes de Provence, Coteaux Varois-en-Provence, Coteaux d'Aix-en-Provence) mit etlichen Unterappellationen.

Wein kennenlernen

Viele Güter bieten Verkostungen und Führungen durch ihre Keller und Weinberge an. Oder man mietet sich auf einem der z. T. jahrhundertealten Güter ein, die Gäste beherbergen. Wer mehr über den Weinbau wissen möchte, kann Weinmuseen oder Weinkurse besuchen. Im Luberon und am Mont Ventoux gibt es geführte Wanderungen und Reittouren durch die Weinberge.
www.routedesvinsdeprovence.com, www.randocheval.com, www.alpimondo.com

Essen gehen

Was gibt es wo?

Tempel der Haute Cuisine finden sich ebenso wie familiäre Restaurants mit alten regionalen Spezialitäten oder die informellen Lokale mit den neuzeitlichen Standards von Pommes bis Pizza. Für kleine Mahlzeiten zu moderatem Preis geht man in ein Bistro oder eine Brasserie. Fastfood-Lokale und Pizzerien findet man wie in ganz Europa in Mengen. Marseille, Nizza und andere Städte vergeben an Restaurants, die die heimische Küche pflegen, ein werbekräftiges Label.

Menüs

Die meisten Restaurants bieten zwei bis drei Menüs zu festem Preis an (Vorspeise, Hauptgericht, Dessert). Oder Sie essen à la carte, doch das ist um einiges teurer. Oft kann man zwischen einem Plat du jour (Tagesgericht mit Nachspeise), der Formule (Hauptgericht und wahlweise Vorspeise oder Dessert) oder menu du jour (drei Gänge) wählen, das üppigste ist ein Menu gastronomique oder Menu dégustation. Viele hochklassige Restaurants bieten unter der Woche mittags ein deutlich preisgünstigeres Menü an, oder sie betreiben einen »billigen«, informellen Ableger.

Getränke

Besonders in der Provence schätzt man als Apéritif einen Pastis, einen Anislikör, der mit Eiswasser verdünnt wird. In den meisten Restaurants wird **offener Wein** angeboten, von dem man ein Glas (un petit blanc/rouge), un quart (0,25 l) oder une carafe (0,5 l) bestellt. Flaschenweine werden als ganze (bouteille) oder halbe Flasche (de-

Ein lauschiger Winkel in Aix-en-Provence und ein perfekter Platz, um den Tag ausklingen zu lassen.

mie bouteille) angeboten. Man unterscheidet zwischen Flaschenbier (anette) und Bier vom Fass (pression). Ein Glas vom Fass (0,25 l) wird als demi (!) bezeichnet, eine Halbe (0,5 l) als Véritable oder Sérieux. Mineralwasser mit Kohlensäure heißt eau minerale gazeuse, ohne solches Eau naturelle / Eau plate. Kostenloses Leitungswasser wird meist ohne Aufforderung gebracht, sonst bitten Sie um »une carafe d'eau / de l'eau«. Das Essen wird gern mit einem Kaffee abgeschlossen. Wer einen café oder **Petit noir** bestellt, erhält einen kleinen Espresso. Wünscht man Milchkaffee, verlangt man Café crème, Grand crème oder Café au lait. Außer schwarzem Tee (thé) sind auch Kräutertees beliebt (tisane, infusion).

Im Restaurant

Mittags haben die Restaurants etwa von 12 bis 14.30 Uhr geöffnet, abends ab 19, im Sommer an der Küste bis ca. 23 Uhr, im Winter bis 21.30 Uhr. Im Süden geht man üblicherweise ab 21 Uhr zu Tisch. Eine Reservierung immer sinnvoll.
Getrennte Rechnungen sind nicht üblich, aber möglich. Das eigentliche Bedienungsgeld ist inbegriffen (service compris), als **Trinkgeld** hinterlässt man – wenn man eines gibt – bis ca. 5 % in bar, auch bei der Bezahlung mit Bank- oder Kreditkarte.

INTERESSANTE MENSCHEN

Malen in freier Natur: Paul Cézanne

1839 – 1906
Maler

Der Sohn eines wohlhabenden Bankiers in Aix-en-Provence sollte Jurist werden, wandte sich aber bald der Malerei zu. Zunächst schulte er sich an klassischen Meistern wie Michelangelo, Delacroix, Tintoretto; sein Schulfreund Émile Zola machte ihn mit den Impressionisten bekannt, vor allem beeinflusste ihn Camille Pissarro. Mit ihm ging er 1873 nach Auvers-sur-Oise und arbeitete – das war neu – unter freiem Himmel. Mit hellen Farben gab er **Stimmungen in Licht, Luft und Natur** differenziert wieder. Als er sich 1874 an der ersten Ausstellung der Impressionisten beteiligte und nur Hohn erntete, zog er sich nach Aix zurück und arbeitete dort 27 Jahre in strenger Abgeschiedenheit.

Er gilt als Hauptmeister der nachimpressionistischen Kunst; sein Wort »La réflection modifie la vision« (»Das Denken verändert das Sehen«) weist ihn als Vater der modernen Malerei aus. Durch die Rückkehr zur klassischen Ästhetik gab er der modernen gegenständlichen Kunst (Fauvismus, Kubismus) Impulse. Cézanne starb 1906 in seiner Geburtsstadt.

Vater der modernen Kochkunst: Auguste Escoffier

1846 – 1935
Koch

Auguste Escoffier ging bei seinem Onkel in Nizza in die Lehre, dann arbeitete er in Paris, Luzern und Monte-Carlo, bevor er in England Karriere machte und zum »**König der Köche und Koch der Könige**« avancierte. Von 1898 bis 1921 war er Küchenchef des Londoner Carlton. Sein umfangreiches Rezeptwerk ist immer noch Grundlage des professionellen Kochens, insbesondere »Le guide culinaire« (1903), »Livre des menus« (1912), »Ma cuisine« (1934). Er entwickelte nicht nur viele heute klassische Rezepte (**»Pfirsich Melba«** ist wohl das bekannteste), er reformierte und rationalisierte auch die Arbeit in der Brigade und führte einen bis heute gültigen Verhaltenskodex ein: Der Koch arbeitet sauber und penibel, er raucht und trinkt nicht bei der Arbeit, er schreit nicht. Er modernisierte viele Zubereitungsverfahren; so ersetzte er u. a. die schweren spanischen und deutschen Saucen durch leichte Reduktionen. In seinem Geburtshaus in Villeneuve-Loubet erfährt man mehr über sein Leben und sein Werk.

LINKS: Paul Cézanne arbeitete in strenger Abgeschiedenheit in Aix-en-Provence.
UNTEN: Petrarca, der erste moderne Mensch?

BAEDEKER ÜBERRASCHENDES

6X UNTERSCHÄTZT

Genau hinsehen, nicht dran vorbeigehen, einfach pobieren!

1. ANRÜHREND

Zauberhaft schön ruhen die Nordeuropäer, die an der Côte d'Azur Genesung suchten und doch oft schon jung starben. Die Grabmäler auf dem **Cimetière du Vieux Château in Menton** trauern noch heute. (www.tourisme-menton.fr)

2. CRAZY

Eine Trutzburg mit schönem Garten – doch irritieren eigenartige, teils phallische Skulpturen und drinnen seltsame Dinge wie Kapitell figuren nach Inka-Art und grotesk gestaltete Türen auf der **Burg in La Napoule**. (www.chateau-lanapoule.com

3. LAND ART

Das modern gestaltete Museum **Gassendi** in Digne verbindet Altes und Neues, Kunst und Wissenschaft, Drinnen und Draußen – auch mit den Installationen von Andy Goldsworthy u. a. in den Bergen der Umgebung. (www.digne lesbains-tourisme.com)

4. SUZY SOLIDOR

Die schillernde Figur der Pariser Nachtclubszene kannte viele berühmte Maler und war süchtig nach Selbstporträts – 40 davon bilden eine einzigartige Sammlung in der **Burg von Haut-de-Cagnes**. (www.cagnes-tourisme.com)

5. UNAUFFÄLLIG

hatten nach päpstlicher Vorschrift die **Synagogen i**n Carpentas und Cavaillon zu sein. Umso prachtvoller wurde der Gebetssaal gestaltet. (www.cavaillon.com, www.carpentras.fr)

6. WELT IM KLEINEN

Ein wuchernder Garten, der kleine Arbeitstisch – in Harmas in Sérignan-du-Comtat hat **Jean-Henri Fabre** in unermüdlicher Neugier beobachtet und liebevoll beschrieben, wie Grabwespen, Mistkäfer und Spinnen leben. (www.harmasjean henrifabre.fr)

»Homer der Insekten«: Jean-Henri Fabre

1823 – 1915
Naturwissenschaftler

Fabre war ein genialer Naturwissenschaftler und gilt – was außerhalb Frankreichs kaum bekannt ist – als **Vater der modernen Verhaltensforschung**. Der Sohn eines armen Bauern entdeckte früh seine Liebe zur Natur. Mit 18 Jahren erhielt er ein Stipendium am Lehrerseminar in Avignon, anschließend unterrichtete er in Carpentras, Ajaccio und Avignon. Seine erste und größte Entdeckung, das Beuteverhalten der Grabwespen, trug ihm die Bewunderung Darwins ein, mit dem er dann viele Jahrzehnte in Briefwechsel stand. Er war schon über 60, als er mit einem Darlehen des britischen Philosophen John Stuart Mill bei Sérignan-du-Comtat ein Anwesen erwerben konnte, den »Harmas« (»Brachland«), wo er seine Forschungen fortsetzte. Mit seinem zehnbändigen Hauptwerk, den »**Souvenirs entomologiques**« (1879 – 1907), wurde er einem größeren Publikum bekannt. Furore machte auch die deutsche Übersetzung (Titel: »Erinnerungen eines Insektenforschers«) von Friedrich Koch, einem pensionierten fränkischen Pfarrer. Fabre starb in Sérignan.

Malen als Existenzkampf: Vincent van Gogh

1853 – 1890
Maler

Vincent van Gogh wurde als Sohn eines Pfarrers in Zundert bei Breda (Niederlande) geboren. Nach einem gescheiterten Theologiestudium begann er um 1880 zu malen; in schweren, dunklen Farben stellte er die Bauern und Grubenarbeiter seiner Heimat dar. 1886 ging er nach Paris und kam mit Künstlern wie Paul Gauguin in Kontakt. Er arbeitete impressionistisch, die Farben wurden heller und kräftiger. Als er 1888 **nach Arles** übersiedelte, war er von der Intensität des Lichts und der Farben der Provence völlig überwältigt; er schuf einen völlig neuen Stil, mit dem er Landschafts- und Stadtbilder, Stillleben und Porträts in ausdrucksstarken Farben und seinem charakteristischen groben, kräftigen Pinselstrich malte. Nach wiederholten seelischen Krisen ging er 1889 in die psychiatrische Anstalt nach **Saint-Rémy-de-Provence**, anschließend nach Auvers-sur-Oise; immer jedoch arbeitete er unter Hochdruck und mit dem Mut des Verzweifelten weiter bis zu seinem Selbstmord im Alter von 37 Jahren. Erst Jahrzehnte später fand van Gogh Anerkennung, entdeckte man in ihm den Überwinder des Impressionismus. Sein Werk inspirierte die Expressionisten.

Ein »Wilder«: Henri Matisse

1869 – 1954
Maler

Henri Matisse, im nordfranzösischen Le Cateau-Cambresis geboren, malte zunächst impressionistisch. Unter dem Einfluss von Paul Gauguin, Paul Cézanne und Claude Monet wandelte er sich um die Wende vom 19. zum 20. Jh. zu einem der maßgebenden Überwinder dieser Stilrichtung; seine Bilder wurden flächenhafter und farbintensiver. »Fauves« (»Wilde«), so wurden Matisse und die Maler seines Kreises abschätzig genannt. Der **Fauvismus** setzt alles Körperliche und Räumliche in Flächen und Farben um, er verzichtet auf die feine Nuancierung des Impressionismus; seine Bilder leben aus den Effekten von Farbe und Farbkontrast. Als letztes großes Werk gestaltete er 1947–1951 die Rosenkranzkapelle in Vence. Matisse starb in Nizza-Cimiez.

Retter des Provenzalischen: Frédéric Mistral

1830 – 1914
Schriftsteller

Frédéric Mistral – der Name ist kein Pseudonym! – wurde als Sohn eines Bauern in Maillane in der Nähe von Saint-Rémy-de-Provence geboren. Der Anstoß zu seinem literarischen Schaffen und die Begeisterung für die provenzalische Sprache kam von dem älteren Joseph Roumanille. 1859 erschien sein erstes Werk, der Roman »Mirèio« (frz. »Mireille«). Mistral war der bedeutendste Erneuerer der provenzalischen Dichtung. Mit Théodore Aubanel und Joseph Roumanille gründete er 1854 die Gruppe der »Félibres«, die sich dieser Erneuerung widmete und deren Wirken noch heute in Frankreich hoch geachtet wird. 1904 erhielt er (zusammen mit dem spanischen Dramatiker José Echegaray) den **Literatur-Nobelpreis**.

Nachhaltige Wirkung: Nostradamus

1503 – 1566
Arzt und Seher

Er hat den Sturz Helmut Kohls vorhergesagt und auch den aktuellen US-Präsidenten Donald Trump, oder doch nicht? ...
Michel de Nostre-Dame wurde in St-Rémy-de-Provence als Sohn einer konvertierten jüdischen Familie geboren. Nach dem Studium der Freien Künste und der Medizin wurde er Leibarzt Katharinas von Medici und Karls IX. von Frankreich. Beachtliche Erfolge bei mehreren Epidemien, vor allem durch desinfizierende Mittel und Hygienevorschriften, trugen ihm die Missgunst seiner Kollegen ein, und er musste sich verborgen halten. In dieser Zeit begann seine Beschäftigung mit astrologischen und kosmologischen Themen. Aus den Sternkonstellationen zog er Schlüsse, die er in düsteren, geheimnisvollen Versen niederlegte. Diese »**Centuries astrologiques**«, 1555 in Lyon erschienen, erregten ungeheures Aufsehen (der Vatikan setzte sie auf den Index, da sie auch den Untergang des Papsttums voraussagten) und haben bis heute ein ebenso intensives wie missbräuchliches Nachleben. Nostradamus starb in Salon-de-Provence, wo er ab 1547 gelebt hatte.

Der »erste moderne Mensch«: Francesco Petrarca

1304 – 1374
Literat

Im italienischen Arezzo geboren, kam Petrarca 1311 mit seiner Familie nach Avignon, ab 1317 studierte er in Montpellier und ab 1323 in Bologna die Rechte. Nach Frankreich zurückgekehrt, traf er 1327 auf die Frau, die er als »Laura« unsterblich machte. Nach ausgedehnten Reisen durch Frankreich, die Niederlande und Deutschland, wo er in Bibliotheken nach antiken Handschriften forschte, zog er sich 1337 nach Fontaine-de-Vaucluse bei Avignon zurück, ab 1362 lebte er überwiegend in Venedig. Petrarca war der **Wegbereiter des Humanismus**. In seinen lateinischen Schriften belebte er die Antike neu; seine italienischen Gedichte mit ihrer Gestaltung der leidenden und reflektierenden Seele und ihrem Ideal der schönen Frau wurden zum Vorbild der europäischen Liebesdichtung. Er wird als »erster moderner Mensch« apostrophiert, wofür auch die (angeblich) **erste zweckfreie Besteigung eines Bergs** steht: sein Gang auf den Mont Ventoux am 24. April 1336.

In allen Stilen zu Hause: Pablo Ruiz Picasso

1881 – 1973
Maler

Der im spanischen Málaga geborene Maler, Bildhauer, Grafiker und Keramiker gilt als der bedeutendste Künstler der klassischen Moderne. Sein Werk zeigt eine einzigartige Souveränität im Umgang mit der Tradition, mit seiner eigenen Geschichte und mit den unterschiedlichsten künstlerischen Mitteln und Techniken. Nach Lehrjahren bei seinem Vater studierte er an den Akademien von Barcelona und Madrid, und nach einigen Parisaufenthalten zog er 1904 nach Frankreich. Seine eigentliche Heimat wurde die Côte d'Azur, an der er sich 1936 endgültig niederließ: »Damals begriff ich, dass diese Landschaft meine Landschaft war«.

Wesentliche Orte seines Schaffens waren Mougins, Golfe-Juan, Antibes, Vallauris, Cannes und Vauvenargues. Seine über 70 Jahre dauernde künstlerische Tätigkeit sah ganz unterschiedliche Phasen: von den melancholischen Bildern der Blauen und Rosa Periode zum Kubismus (bahnbrechend die »**Demoiselles d'Avignon**« 1907), von der abstrahierend-figürlichen Darstellung zur surrealistischen Skulptur, von Illustrationszyklen nach antiken Texten zu Stierkampfdarstellungen, Porträts und Variationen zum Thema »Künstler und Modell«. Nach dem Zweiten Weltkrieg beschäftigte sich Picasso, inspiriert von der Werkstatt Ramié in Vallauris, intensiv mit der Keramik und schuf auch ein großes grafisches Œuvre. Picasso, der auch für seine ausbeuterischen Beziehungen zu mehreren Frauen bekannt war, starb in Mougins; bestattet ist er am Schloss Vauvenargues, in dem er 1958 drei Monate lebte und arbeitete.

NACHGEFRAGT

CÔTE D'AZUR
64 La Canebière, 13001 Marseille
Tel. 04 91 56 47 00
www.tourismepaca.fr

RIVIERA - CÔTE D'AZUR
455 Promenade des Anglais
06203 Nice Cedex 03
Tel. 04 93 37 78 78
www.cotedazur-tourisme.com

AIX-EN-PROVENCE
300 Avenue Giuseppe Verdi
13100 Aix-en-Provence
Tel. 04 42 16 11 61
www.aixenprovencetourism.com

ARLES
Boulevard des Lices, 13200 Arles
Tel. 04 90 18 41 20, www.arles-tourisme.com, www.arles.fr

AVIGNON
41 Cours J. Jaurès, 84000 Avignon
Tel. 04 32 74 32 74
www.avignon-tourisme.com
www.avignon.fr

BEAULIEU-SUR-MER
Place G. Clemenceau, 06310 Beaulieu-sur-Mer, Tel. 04 93 01 02 21
www.otbeaulieusurmer.com

FORCALQUIER
13 Place du Bourguet, 04301 Forcalquier, Tel. 04 92 75 10 02, www.haute-provence-tourisme.com

GORDES
Le Château, 84220 Gordes
Tel. 04 90 72 02 75
www.gordes-village.com

GORGES DU VERDON
Moustiers, Domaine de Valx
Tel. 04 92 74 68 00
www.parcduverdon.fr

LES BAUX-DE-PROVENCE
Maison du Roy, Rue Porte Mage
13520 Les Baux-de-Provence
Tel. 04 90 54 34 39
www.lesbauxdeprovence.com

LE THORONET
Parking L. Rainaud, 83340 Le Thoronet, Tel. 04 94 60 10 94
www.tourisme-lethoronet.com

LUBERON
20 Av. Ph.-de-Girard, 84400 Apt
Tel. 04 90 74 03 18
www.luberon-en-provence.com

MARSEILLE
11 La Canebière, 13001 Marseille
Tel. 0826 500 500
www.marseille-tourisme.com

MONACO
2 a Boulevard des Moulins
MC-98030 Monaco Cedex
Tel. 00377 92 16 61 16
www.visitmonaco.com

NIZZA
5 Proménade des Anglais
06000 Nice, Tel. 04 92 14 46 14
www.nicetourisme.com, nice.fr

ORANGE
5 Cours A. Briand, 84100 Orange
Tel. 04 90 34 70 88
www.orangetourisme.fr

SAINT-TROPEZ
Quai Jean-Jaurès
83990 Saint-Tropez
Tel.0892 68 48 28
sainttropeztourisme.com

VENCE
8 Place du Grand-Jardin, 06140
Vence, Tel. 04 93 58 06 38
vence-tourisme.fr

BAEDEKER ÜBERRASCHENDES

10 SOUVENIRS

Dinge und Erinnerungen, die ich mitnehme

1.
Ein schönes Teil aus fröhlich gemustertem **Indienne-Stoff,** z. B. von Souleiado in Tarascon

2.
Ein **ungewöhnliches Parfüm** von Didier Gaglewski in Grasse, 12 Rue de l'Oratoire. Auch für Männer ...

3.
Das **Bling-bling von Saint-Tropez**: am Hafen und am Strand Pampelonne

4.
Calissons – die echten aus Aix von einem der legendären Confiseure wie Béchard, Brémont oder Weibel

5.
Die **Synagogen** von Carpentras und Cavaillon, jahrhundertealte, großartige Zeugnisse jüdischer Kultur

6.
Am **Gleitschirm über dem Canyon du Verdon** oder dem Lac de Ste-Croix fliegen, im Reich der Falken und Adler (verdon-passion.com)

7.
Das **Unerwartete, Nicht-Gesuchte,** das ganz Persönliche von einem Wochenmarkt, einem »brocante« oder aus der Antiquitätenmetropole L'Isle-sur-la-Sorgue

8.
Erstklassiges, **Olivenöl** mit AOP, am besten direkt aus einer Ölmühle. Für 20 € pro Liter, aber auch für 50 € oder noch mehr

9.
Eine **Savon de Marseille** aus Olivenöl, von Fer à Cheval in Marseille (66 Chemin de Ste-Marthe), von Marius Fabre oder **Rampal-Latour** in Salon

10.
Sonnenaufgang auf dem Mont-Ventoux: das große Aah nach früher Fahrt oder nach einem (geführten) nächtlichen Aufstieg

S

SALZBURGER LAND

»

Die ganze Stadt
ist Bühne.

«

Max Reinhardt

DAS IST DAS SALZBURGER LAND

Salzburg, ein barockes Gesamtkunstwerk: der Dom, jede Menge Kirchen und darüber die Feste

URLAUB IM PARADIES

Das zumindest behauptete einst die Salzburger Tourismuswerbung. Zu viel versprochen? Kaum! In diesem freundlichen Land zwischen Bergen und Seen kann jeder sein eigenes kleines Paradies finden. Und hat dabei kaiserliche Vorbilder, denn schließlich hat schon Franz Joseph I. selig die Sommerfrische in Bad Ischl verbracht. Gekrönte Häupter unterschiedlichster Länder genossen ab dem 19. Jh. die Szenerie im Gasteiner Tal und brachten einen Hauch Belle Époque in die majestätische Berglandschaft, wo man heute außer auf sportlich Ambitionierte auch auf **Wellness**-Anhänger setzt. Was einst als Kuranwendung eher bieder mit Trinkbechern und Moorbädern daherkam, zeigt sich nun als umfassendes Angebot von ausgedehnten Badelandschaften und ausgefeilten Saunagängen über Beautycenter bis zu wohl riechenden Kräuteraufgüssen und Lichttherapien.

Still ruht der Altausseer See.

Wer einfach nur die Ruhe liebt, kommt ebenfalls auf seine Kosten: Geruhsame Almen und einsame Gebirgsseen inmitten grandioser Berge, tosende Wasserfälle und stille Wälder zeigen, dass man im Salzburger Land den **Wert einer intakten Natur** erkannt hat. Sie gilt es zu schützen, nicht nur wegen der anziehenden Wirkung auf die Touristen. Ein gutes Beispiel für diese Erkenntnis ist die Ausweisung des Nationalparks Hohe Tauern, in dem die beiden höchsten Berge Österreichs liegen, der Großglockner und der Großvenediger.

Sportfreunde willkommen

Ein ausgedehntes, gut ausgebautes **Wanderwegenetz** zeigt den Touristen, wo es langgeht. Bergwanderer und Kletterer schätzen das Hochgebirge mit schroffen Felsen, eisigen Gletschern und herrlichen Panoramablicken. Gleitschirmflieger lassen sich hier gerne den Wind um die Nase wehen. Dass man die Berge auch mit einem stabilen Zweirad bewältigen kann, beweisen Mountainbike-Routen. Wer es flacher und gemächlicher liebt, nimmt stattdessen vielleicht den Tauernradweg entlang der Salzach unter die Pedale. Die **Seen** des Salzburger Landes und des Salzkammerguts laden zum Baden, Surfen oder Segeln ein. Wenn die Temperaturen fallen, sind Skifahrer und Snowboarder nicht weit.

Kulturmetropole Salzburg

Als Kulturmetropole par excellence gilt die **Mozartstadt** Salzburg. Der Mozartwoche im Januar folgen die Osterfestspiele und die Festspiele Pfingsten Barock. Wichtigstes Ereignis sind natürlich die weltberühmten Salzburger Festspiele im Sommer, die dann von den Kulturtagen im Herbst abgelöst werden – kaum ein Tag also, an dem in der Stadt nichts los wäre. Viel gerühmt wird Salzburg auch für sein vollständig erhaltenes **barockes Altstadtensemble**: Die stolze Festung Salzburg schaut hinab auf enge Gassen und weite Plätze, die sich schon zu Mozarts Zeiten ähnlich präsentierten. Was im Bombenhagel des Zweiten Weltkriegs zu Bruch ging, wurde sorgfältig restauriert. Auch die Liste namhafter Museen und Kunstsammlungen ist beeindruckend, vom Dommuseum mit seinen sakralen Schätzen und der Residenzgalerie bis zum Museum am Mönchsberg mit seiner Kollektion klassischer Moderne und internationaler Kunst seit 1945.
Viele Künstler, Musiker und Schriftsteller zog es schon in vergangenen Jahrhunderten an die Seen des Salzkammerguts – Mahlers Komponistenklause am Attersee oder die Via Artis in Bad Aussee sind beredtes Zeugnis für die inspirierende Wirkung dieser herrlichen Gegend.

Grüße
von der
Alm

ALMEN-GLÜCK

Die Alm ist ein ultimativer Sehnsuchtsort der Salzburger und Salzburg-Besucher. Die Alltagshektik verfliegt, Kuhglocken-Sound löst das Handygebimmel ab, und eine einfache Almjause wird zum Geschmacksfeuerwerk. Besonders genuss- und wanderfreundlich gestaltet sich das Outdoor-Erlebnis auf dem Salzburg Almenweg durch den Pongau.

◄ Wenn der Almabtrieb ansteht, neigt sich die Saison dem Ende zu.

AUF 350 Kilometer Länge schlängelt sich der Weitwanderweg durch Österreichs almreichste Region. Jeder der 31 Abschnitte kann separat begangen werden, natürlich auch die Etappe am Südfuß des majestätischen Hochkönig-Massivs. Mit dem Wanderbus gelangt man zum Arthurhaus in 1500 Meter Höhe, Rucksack geschultert, dann geht es los. Nennenswerte Anstiege gibt es auf dem 12 Kilometer langen Weg zum Dientner Sattel keine. Gleich drei stimmungsvolle Einkehr-Stationen hat, etwa auf der Hälfte der Strecke, die Widdersberg-Alm zu bieten.

Gemütliche Hochkönig-Etappe

Eine davon ist die **Brandstätt-Hütte**, die von der Familie Schwarzenberger bewirtschaftet wird. Sie scheint sich unter den Felsgewalten ganz klein zu machen. Ihr Äußeres ist schlicht und rustikal. Die Balken und Schindeln von der Sonne braun gebacken, in den Fenstern wuchert der Blumenschmuck, nebenan plätschert ein Brunnen. Der Almhund hält Kälber auf Distanz, die am liebsten mit auf der Terrasse hocken würden.

Das Warten auf die Brettljause lässt sich gut überbrücken.

Speckjause und Bauernkrapfen

240 Rinder übersommern auf der **Widdersberg-Alm**, erzählt Herr Schwarzenberger, 17 davon gehören zu seinem Hof. Wie seit Generationen wird die Milch an Ort und Stelle verarbeitet. Almkäse und Buttermilch schmecken köstlich. Der Speck für die Brettljause stammt aus der Landwirtschaft im Tal, ebenso der naturtrübe Apfelsaft und der Holundersaft. Eine Spezialität sind die Bauernkrapfen, die ganz frisch zubereitet werden. Ein Schnapserl gefällig? Obstler und Birnenbrand sind die Klassiker auf der Brandstätt-Hütte. »Wenn genug Zeit ist, setze ich auch Zirbenschnaps an«, erzählt Frau Schwarzenberger.

Lektion 1 am Almenweg: Man muss nicht auf Gipfel kraxeln, um die ganze Palette an Panoramen geboten zu bekommen. Den Rücken an die sonnenwarmen Balken gelehnt, lässt man den Blick schweifen. Im Rücken von Brandstätt-Hütte, Molterau-Hütte und Schartenhütte – voneinander nur durch ein paar Steinwürfe getrennt – ragen aus einem Meer von Geröll die Steilwände des Hochkönig-Massivs in die Höhe. An der 3000 Meter-Marke beendet eine Linie aus Zacken, Spitzen und scharfkantigen Graten ihren Himmelssturm.

Übernachtung auf der Alm

Die blumen- und kräuterreichen Almmatten stecken das Terrain für jene Outdoor-Freunde ab, die lieber auf halber Höhe dahinwandern – sei es, weil Kinder mit von der Partie sind oder weil sie gerne landestypische Produkte verkosten. Wer das Erlebnis ganz und gar auskosten will: In vielen der **120 bewirtschafteten Hütten** am Salzburger Almenweg kann man auch übernachten. Dann startet der nächste Wandertag gleich mit einem zünftigen Almfrühstück. Etwas Disziplin ist angesichts der kulinarischen Verlockungen schon gefragt. Doch es gibt auch Almenweg-Abschnitte, wo die Wege steil bergan führen und die Kilos purzeln.

BAEDEKER DAS IST ...

AUF DEM ALMENWEG

Die Hütten auf der Widdersberg-Alm sind etwa von Juni bis etwa Anfang Oktober bewirtschaftet; in dieser Zeit verkehrt auch der Hochkönig-Wanderbus regelmäßig zwischen Maria Alm und Arthurhaus, dem Ausgangspunkt der beschriebenen Ertappe. Die Webseite www.salzburger-almenweg.at bietet detaillierte Streckenbeschreibungen und Höheprofile. Kurzentschlossene können Wander-Pauschalangebote buchen. (Salzburger Almenweg, Markt 1, A-5620 Schwarzach/Pongau, Tel. 00 43 (0) 6415 72 12);

KUNST LIEGT IN DER LUFT

Salzburg im Sommer. Die Stadt summt wie ein Bienenkorb, beinahe mit den Händen zu greifen sind die Anspannung und Vorfreude, die sich Schlag Festspiele-Auftakt in höchster Kunst verdichten wird. Superlative in Oper, Konzert und Schauspiel fünf Wochen lang – dafür stehen die seit 1995 souverän von Helga Rabl-Stadler dirigierten Festspiele.

◄ Verdienter Applaus: Anna Netrebko holt am Ende der »Aida« Dirigent Riccardo Muti auf die Bühne.

UNUMSTRITTENER Publikumsliebling an der Salzach ist Anna Netrebko. Welche Parade-Rolle wird die Diva assoluta heuer verkörpern? Das Programm wird eifrig diskutiert, nicht nur von den Kulturjournalisten, auch am Grünmarkt oder in den Gasthäusern. Ein Dauerbrenner auch die Buhlschaft, manchmal als die **bedeutendste Nebenrolle der Welt** bezeichnet. Nur 30 Sätze gewährte ihr Hugo von Hofmannsthal im Mysterienspiel »Jedermann«, doch diskutiert werden ihre erotische Ausstrahlung und ihr Kleid, als gäbe es kaum Wichtigeres in der Theaterwelt. Und wie harmoniert sie mit dem Jedermann, 2017 erstmals von Tobias Moretti verkörpert? Ebenso aufregend ist das Society-Rahmenprogramm mit Galas, Soirees und Events.

Ganz Salzburg als Bühne

Was dieses Festival einzigartig macht: Die Opern-, Musiker- und Schauspiel-Größen teilen sich die Altstadt mit dem Publikum, den Salzburgern und den Touristen – frei nach Max Reinhardts Motto »Die ganze Stadt ist Bühne«. Gut möglich, dass man im Festspielbezirk einem Weltstar über den Weg läuft oder im Restaurant Triangel einem gefeierten Schauspieler, der nach einer umjubelten Aufführung auf einen Absacker vorbeischaut. Fotografien und Widmungen von Stars spicken die Wände, und die Heurigenbänke vor dem Lokal sind ein erstklassiger Platz, um zu sehen und gesehen zu werden.

Auf engstem Raum

Apropos: Die Festspiele sind gewachsen, der verfügbare Platz ist in etwa gleich geblieben. Ein Festspiel-Führer vermittelt eine Ahnung von der enormen Logistik, die hinter dem Werk steckt. »Ein Klassiker: Beim Jedermann am Domplatz fängt es zu regnen an. Sollte das passieren, setzten sich 2500 Leute in Bewegung zum Großen Festspielhaus – denn dort muss die Bühne ebenso aufgebaut sein wir am Domplatz. Haben alle wieder Platz genommen, wird fertiggespielt, dann wird sofort umgebaut, weil danach noch meistens ein Konzert auf dem Programm steht.« Manchmal verschaffen sich die Festspielmacher etwas Raum: Wenn die Kostümabteilung aus allen

BAEDEKER DAS IST ...

FESTSPIELLUFT SCHNUPPERN

Ein Spaziergang über die Hofstallgasse, ein Mittagessen im Triangel, gefolgt von einer Führung durch die glanzvollen Festspielhäuser – so kann man auch ohne Kartenkontingent Festspielluft schnuppern. Führungen: tgl. 14.00, Juni, Sept. auch 15.30, Juli, Aug. auch 9.30, bei Proben und Aufbauarbeiten Entfall mgl.; Treffpunkt: Hofstallgasse 1, www.salzburgerfestspiele.at

Society-Auftrieb vor dem Festspielhaus

Nähten platzt, wird etwa originales Festspielgewand zu Schnäppchenpreisen abverkauft.

Eine dicke Brieftasche und eine Portion Glück braucht es, um Karten für die begehrten Neuinszenierungen zu ergattern. Doch unter den **200 Aufführungen** sind auch viele günstigere mit dem Potenzial für Gänsehaut-Feeling. Und kostenlos sind die Siemens-Festspielnächte am Kapitelplatz, wo man Glanzstücke der besten Festspielsaisonen, aber auch die ein oder andere aktuelle Produktion in bester Qualität genießen kann. Ungezwungen, ohne Dresscode, und mit der schön beleuchteten Festung im Hintergrund – auch das ein stimmungsvolles Erlebnis!

Auf und davon

Der hochsommerliche Touristenrummel ist nicht nach Jedermanns Geschmack. Manche Salzburger vermieten ihr Refugium, etwa an Künstler, und flüchten aufs Land. Ende August kehrt dann etwas Ruhe ein. Bis zum nächsten Jahr. »In der Nicht-Saison ist Salzburg, wie jedermann weiß, bezaubernd. Jetzt ist Saison«, meckerte einst der Schriftsteller **Alfred Polgar**.

EINE PRACHT, DIESE TRACHT!

»Würde jede Frau ein Dirndl tragen, so gäbe es keine Hässlichkeit mehr« – niemand anderer als Vivienne Westwood, Ikone des schrillen Modedesigns, hat's verkündet. Gut zu beobachten ist das in Salzburg, der »Welthauptstadt« der Tracht, und noch mehr dirndlt es im steirischen Ausseer Land.

Ein Dirndl-Oberteil entsteht im Salzburger Heimatwerk. ▶

BAEDEKER DAS IST ...

TRACHTEN-SHOPPIING

Trachtenmode Lanz in der Schwarzstr. 4, für Kinder am Kranzlmarkt 1/Getreidegasse, www.lanztrachten.at, ist Trendsetter seit 1922. Klassisch, aber mit innovativen Akzenten nähert sich das Salzburger Heimatwerk (Neue Residenz, www.salzburgerheimatwerk.at) dem Thema – sehenswert sind die wechselnden Ausstellungen im historischen Kellergewölbe. Bei Jahn-Markl gegenüber (Residenzplatz 3, www.jahn-markl.at) bildet elegante Wildlederbekleidung einen Schwerpunkt. Trachten Stassny, Getreidegasse 35, für Kinder Nr. 30, ist eine weitere Top-Adresse für Salzburger Stil und Authentizität. Oder, wenn es kürzer sein soll, nur: Lanz Trachtenmoden, Schwarzstraße 4, 5020 Salzburg, Tel. 0662 87 42 72, www.lanztrachten.at

DIE bunten Tupfer, die elegante Dirndl, Trachtensakkos und Lederhosen im Salzburger Straßenbild setzen, sind eine Augenweide. Den Startschuss gaben in den 1920er Jahren findige Modemacher wie **Josef Lanz**, die etwa zeitgleich mit dem Auftakt der Festspiele die ländliche Kleidung behutsam in die Gegenwart holten und sie »salonfähig« machten, etwa in Form festlicher Seidendirndl. Bald flanierten weltberühmte Künstler und Festspiel-Besucher in Tracht durch Salzburg. Marlene Dietrich etwa wurde zu einer Botschafterin des neuen Modestils und half dabei, auch die Salzburger wieder mehr auf Tracht einzustellen.

Trendsetter seit Beginn der Festspiele

Festspielmode aus dem Hause Lanz ist immer noch en vogue. Zu den illustren Kunden des Familienbetriebs in der Schwarzstraße zählen Königin Silvia von Schweden und Prinzessin Caroline von Monaco, Tommy Hilfiger, der Dirigent Christian Thielemann und Placido Domingo, erzählt Theresa Lanz. Die junge Absolventin der Esmod München entwirft die **jährlich zwei Lanz-Kollektionen**, die auch in Geschäften in St. Gilgen und Wien sowie über Partner in München, Kitzbühel, Schweiz und die USA vertrieben werden. Wer ein Dirndlkleid ausführen will, das es nur einmal gibt, ist im Lanz-Maßatelier in der Imbergstraße goldrichtig. Lanz fertigt ausschließlich in eigenen Werkstätten unter Verwendung heimischer Naturmaterialien – mit Ausnahme mancher Seidenstoffe, die es hierzulande nicht gibt.

Klassisch gibt den Ton an

»Ich bin eher für die klassische Variante. Ein Dirndl ohne Bluse finde ich furchtbar. Knieumspielend geht in Ordnung, aber alles was kürzer ist, geht nicht. Und durchsichtige Stoffe finde ich ganz schrecklich«, umreißt die Chefdesignerin die Philosophie des Hauses in Sachen Authentizität und

Fesch im Dirndl, fesch in der Lederhos'n ...

Stilsicherheit. Um sich inspirieren zu lassen, studiert sie aktuelle Modetrends und recherchiert im hauseigenen Stoffarchiv. Sie selbst kombiniert gerne Materialien und schafft damit neue, reizvolle Synthesen zwischen Tradition und Moderne.

In **Maigrün und Lachsrosa**, trendig-verspielt präsentiert sich etwa ein Festtags-Dirndl, das Theresa Lanz gerade einer Kundin auf den Leib geschneidert hat. Über die Seidenschürze, ein Ausseer Handdruck, krabbeln Marienkäfer. Der Farbton des lachsrosa Oberteils findet sich auch auf dem dunkelgrünen Rock wieder. Ein Unikat – dementsprechend auch kostspieliger.

Der Markt ist umkämpft

Allein in der Stadt Salzburg buhlen mehr als zwei Dutzend Trachtengeschäfte um Kundschaft. Vom Traditionsbetrieb über junge Wilde, die sich dem Kulturgut nach dem Motto »Erlaubt ist, was gefällt«, schrill, keck und sehr bunt annähern, bis hin zu Billiganbietern erstreckt sich das Trachtenuniversum – da ist für jeden was dabei. Modische Attribute fließen auch über Accessoires ein. Ob Handtasche, Gürtel, Trachtenschmuck, eine Strickweste für wärmere Abende oder ein passender Hut: In den **Shops der Altstadt** wird man garantiert fündig.

Retrotrend oder urbane Realitätsflucht sagen die einen zur Trachten-Renaissance, die seit einigen Jahren im alpenländischen Breiten zu beobachten ist. Die Lanz-Chefdesignerin hat eine andere Erklärung. »Auch viele junge Menschen identifizieren sich mit Tracht. Im Dirndl oder in der Lederhose fühlt man sich einfach gut und tritt selbstbewusster auf«.

ALTES KRÄUTERWISSEN NEU

Im Salzburger Land wird das Wissen um Heilpflanzen, einst vorwiegend mündlich überliefert, auf vielfältige Weise erfahr- und erlebbar gemacht. Gartenführungen, Wildkräuter-Wanderungen und Kräuterfeste gehen vom Lungau bis in den Flachgau in Szene, so auch in Fuschl am See.

Die Kräuteruhr in Sophie Brandstätters Kräutergarten ▶

nde Kraut zur rechten Zeit
Steigert den Gallenfluss, fördert die Fettverdauung: Löwenzahn
Artischockensaft als Cholesterin senkender Digestif
Kümmel, Fenchel und Anis befreien von Blähungen
Johanniskraut vertreibt trübe Gedanken
Vitamin C gegen Schlappmachen: Hagebuttentee
Melisse beruhigt und gleicht aus zum Feierabend
Ein Wacholderbad entmüdet die Muskeln nach dem Sport
Kürbissamen stärken die Blase für eine ungestörte Nacht
Knoblauch schützt sicher vor Verkalkung
Herzstärkender Schlummertrunk: Weißdorntee
Natürlich einschlafen und gut durchschlafen mit Baldrian und Hopfen
10 Brennnessel
11 Enzian
12 Wermut
13 Löwenzahn
Artischocke
14 Fenchel
Kümmel
15 Johanniskraut
16 Hagebutte
17 Melisse
18 Wacholder
Kürbiskerne
19 Knoblauch
20 Weißdorn
21 Baldrian
22 Hopfen
23 Lavendel
24
1
2
Weißdorn
Hafer

ZUM Beispiel die Brennsessel. Was von jeher mit Schmerzen assoziiert wird, bekommt im Kräutergarten von Sophie Brandstätter eine heilsame Facette. »Im Mai hat die Brennnessel eine besondere Kraft. Sie enthält viel Eisen, ihr Tee wirkt entschlackend und blutbildend«, sagt **die Kräuterexpertin**, während sie ihre Besucher durch ihr blühendes Reich am Ortsrand von Fuschl am See führt. Brennnessel einfach überbrühen, zum Tee viel Wasser trinken, rät sie zu einer wohltuenden Frühjahrskur für den Körper.

Kräuterparadies am Mühlenweg

In kleinen Hügelbeeten gedeihen 140 heimische Kräuter und Heilpflanzen. Es duftet, Bienen gaukeln von Blüte zu Blüte, Vögel zwitschern. Kräuteraffin war sie schon immer, erzählt die Pensionistin. Seit einigen Jahren beschäftigt sie sich intensiv mit den Wirkungen von Heilpflanzen, hat Ausbildungen zur TEH-Praktikerin und FNL-Kräuterexpertin absolviert, bereitet Salben, Säfte sowie Räuchermischungen zu und be-

Tee aus Bergnelkenwurz hilft u.a. bei nervösen Herzbeschwerden.

treut – das zweite Jahr allein – den am Waldrand gelegenen Kräutergarten auf dem Weg zur Rumingmühle.
Zu jedem Pflänzchen hat die Fuschlerin eine Bedienungsanleitung parat. Gegen Brennnessel-Jucken hilft Spitzwegerich. Einfach den Saft auf die irritierten Stellen reiben – und die Reizung klingt rasch ab. Im übernächsten Beet reckt der Gelbe Enzian seine Blätter in den Himmel. Die aus den Wurzeln extrahierten Bitterstoffe fließen in Lebertropfen ein. »Eine gute Kur, wenn man nicht schlafen kann. Das hat oft mit der Leber zu tun«.
Frau Brandstätter gibt Gesundheitstipps, verrät Rezepte für schmackhafte Kräutergerichte und führt das Räuchern mit Zirbenharz vor. Einige Erzeugnisse aus ihrer Kräuterwerkstatt kann man auch erstehen. **Originelle Mitbringsel** sind etwa das Liebstöckel-Salz, das Suppen den letzten Pfiff verleiht, sowie die auf Gänseblümchen-Heilkraft basierende »Zwergerlsalbe« gegen viele Wehwehchen. Und die Augen der Besucher leuchten, wenn die Expertin ihren Brennnessel-Sirup kredenzt. Rosa vom Eisen ist seine Farbe im Frühjahr, aufgespritzt mit Mineralwasser schmeckt er hervorragend. »Mein Enkerl sagte einmal: Bei der Omi kann man die ganze Wiese essen!«, lacht Frau Brandstätter.

Genussweg

Apropos: Auf Salzburgs **Via Culinaria** ist seit 2015 auch ein Genussweg für Kräuterliebhaber ausgewiesen. Am Hochkönig etwa kann man sich über 12 Kräuteralmen schlemmen – auf der Speisekarte finden sich Kräuterknödel, Erdäpfelrahmsuppe mit Bergthymian und weitere Verlockungen. Und zur Vertiefung des traditionellen Wissens bietet der Verein »Traditionelle Europäische Heilkunde« (TEH) Workshops und Schnupperkurse an. Die Zubereitung von Pechsalben und Tees oder das Räuchern mit Kräutern gehen bald flott von der Hand.

BAEDEKER DAS IST ...

ALLES ÜBER KRÄUTER

Der FNL-Kräutergarten (FNL steht für den Verein Freunde Naturgemäßer Lebensweise) am Mühlenweg in Fuschl am See ist einen 15-minütigen Spaziergang vom Ortszentrum entfernt.
Öffnungszeiten: Mitte Mai – Sept. jeweils Di. und Fr. von 14 – 17 Uhr.
Ob Räucher-Seminar, Kräuterfrühstück mit Pechsalben-Kochen, Ausbildung zur TEH-Praktikerin oder die Adressen der Salzburger Kräutergärten – beim TEH-Verein laufen die Infos zusammen: www.teh.at.
Die Website www.salzburgerland.com/de/genussweg-fuer-kraeuterliebhaber/ listet 18 Stationen auf – vom Klosterladen über Kräuteralmen bis zum Beherbergungsbetrieb mit Kräuterschwerpunkt reicht das Angebot.

SKI-COME-BACK

Mit Weltklasse-Skigebieten, Snowparks und Tiefschneehängen ist das Salzburger Land reichlich gesegnet – kein Wunder, dass das Land Skihelden am laufenden Band hervorbringt, von Hermann Maier bis Marcel Hirscher und von Annemarie Moser-Pröll bis Anna Veith. Doch nicht nur Könner kommen zwischen Katschberg und Leogang, Obertauern und Zell am See auf ihre Kosten. In über 120 Skischulen geben staatlich geprüfte Profis ihr Know-How weiter.

Man muss ja nicht gleich übertreiben … ▶

kitzsteinhorn.

»DAS ist wie Radfahren, ihr habt es nicht verlernt« spornt Skilehrerin Johanna die sechsköpfige Gruppe an, die sich an dem strahlend blauen Februar-Vormittag am Kirchbühel-Lift in Obertauern eingefunden hat. Es geht gleich in die Praxis. Hier etwas stärker in die Knie gehen, dort muss der Stockeinsatz noch koordinierter werden. Alle Teilnehmer sind über 40, und alle wollen eine alte Liebe wieder aufflammen lassen: das Skifahren.

Alte Liebe rostet nicht

»Meine letzten Skier waren zwei Meter lang«, sagt ein Skiläufer aus Deutschland, der seiner eingerosteten Wedel-Technik auf die Sprünge helfen will. Die modernen und drehfreudigen Carving-Skier hat er vom Verleih, so bleibt das Experiment finanziell überschaubar. Eine andere Kursteilnehmerin erzählt, dass sie wegen des Nachwuchses eine zehnjährige Auszeit vom Skisport genommen hat. Und während nebenan ihre Kinder die »Pizza« üben – so heißt der Schneepflug heute – gewinnt auch sie langsam wieder an Sicherheit.
Wenn die Kanten wieder knirschen und die Schneekristalle in den Winterhimmel stieben, geht den Eben-noch-Ski-Muffeln das Herz auf. Die Rahmenbedingungen könnten kaum besser sein als **in Obertauern**. 100 Kilometer lang ist das Pistennetz, das sich beiderseits der Radstädter Tauernpasses in 1640 Metern Höhe ausbreitet. Ein riesiger Schneekessel mit breiten Pisten und verlockenden Hängen, der Einstieg liegt praktisch vor der Hoteltür. Frau Holle sorgt für eine griffige Unterlage bis Ende April. Schon bald gewinnen die Schwünge an Eleganz, die alten Bewegungsmuster sind noch abrufbereit. Von der blauen auf die rote Piste, und nach zwei Kurstagen verlieren auch die etwas steileren Hänge an Schrecken. Kleingruppen-Training beseitigt individuelle Schwächen gezielt.

Pilzköpfe auf der Piste

Das Beatles-Denkmal über dem Kirchbühel-Lift erinnert daran, dass das Übungsgelände skihistorischer Boden ist. Dreharbeiten zu ihrem zweiten Kinofilm **»Help!«** führten die »Fab Four« 1965 an den Radstädter Tauernpass. »Wir haben sie so vorbereitet, dass keiner verletzt wurde«, erzählt Herbert Lürzer sen., der Paul McCartney unterrichtete und doubelte. Als ihn die Skischule Krallinger für den Job anheuerte, waren John Lennon, George Harrison, Paul McCartney und Ringo Starr dem 22-Jährigen nur ein vager Begriff, auf ihre Musik stand er nicht. Doch schnell fanden die Gleichaltrigen einen guten Draht zueinander. »Paul McCartney war mir ähnlich, meinten die Filmleute. Ich bekam eine Perücke und eine dunkle Brille aufgesetzt, und schon war ich ein Beatle«, sagt der heutige Gastronom.

Ambitioniertere Ziele

In Obertauern habe er Skifahren gelernt, gab Sir Paul später zu Protokoll. Auch die Comeback-Skifahrer sind bald bekehrt. Skiabstinenz war »Yesterday«, schon warten anspruchsvollere Ziele. Die einen lockt die Tauernrunde – einmal rund um die Schneearena, ohne die Ski abschnallen zu müssen. Andere planen bereits einen Kurs im nächsten Winter. Titel: »Schöner Skifahren«.

Obertauern ist der Hotspot des Skirummels.

WO DER SCHNEE ZUHAUSE IST

Breite, bestens präparierte Pisten, modernste Seilbahnanlagen, Schneesicherheit und leichte Erreichbarkeit machen das Salzburger Land besonders attraktiv. Ob von der Pike auf gelernt, Wiedereinsteiger oder »Schöner Skifahren« – die sieben Ski- & Snowboardschulen in Obertauern haben für jeden das passende Angebot parat. Und nach dem Schneespaß sorgen gemütliche Skihütten, Bars und Partys für super Stimmung. (www.obertauern.com/skigebiet-oesterreich.html und www.salzburger-skischulen.at)

UNTERWEGS IM SALZBURGER LAND

Der Norden Im hügeligen Alpenvorland nördlich der Landeshauptstadt klingen die Eiszeiten nach. Wo sich vor 20 000 Jahren der Hunderte von Metern dicke Panzer des Salzachgletschers erstreckten, laden heute sanfte Wiesen, Wälder und Gewässer wie der **Wallersee** oder der **Mattsee**. Mittendrin liegt die 150 000 Einwohner-Stadt **Salzburg**.

Der Osten Östlich der Stadt greift die Seenlandschaft des Salzkammerguts mit dem **Fuschlsee**, dem **Wolfgangsee** sowie dem Mond- und dem Attersee auf das Land Salzburg über. In den Gewässern spiegeln sich die markanten Gipfel und Steilwände der umliegenden Bergwelt: Im Süden und Osten ragen die gewaltigen Kalkstöcke des **Dachsteins** und des Toten Gebirges, im Norden die Kalkvoralpen mit dem **Höllengebirge** und bewaldete Sandsteinberge wie der Kolomansberg auf.

Der Süden Südlich der Mozartstadt kündigt sich mit dem mächtigen Untersberg das Gebirge an. Das Bergmassiv gehört zu den Salzburger Kalk- bzw. Berchtesgadener Alpen. Der **Pass Lueg** zwischen dem Hagen- und Tennengebirge verbindet die nördlichen Landesteile mit dem »Innergebirg«, den Bezirken Pongau, Pinzgau und Lungau. Hier sind Skiläufer, Kletterer und Wanderer zu Hause. Nirgendwo sonst gibt es mehr **Almwirtschaften**, die im Sommer mit regionalen Produkten beköstigen. Wasser hat die Landschaft geprägt: Bei St. Johann braust es durch die dunkle **Liechtensteinklamm**, im Gasteiner Tal tritt es heilkräftig aus den Tiefen des Gebirges hervor.

Salzachtal Der größte Teil des Salzburger Lands gehört zum Einzugsgebiet der Salzach, die im Oberpinzgau entspringt, dann nördlich der Hohen Tauern zunächst Richtung Osten fließt, bis sie bei St. Johann einen Bogen macht und nordwärts dem Inn entgegenströmt. Auf dem an den Krimmler Wasserfällen beginnenden **Tauernradweg** entlang des Flusses kann man beinahe das ganze Land kennenlernen. Ein Stopp am Zeller See mit dem Kitzsteinhorn als Blickfang ist dabei fast schon Pflicht. Wo kann man sonst schon im Sommer **morgens Gletscherfeeling** erleben und **nachmittags im See baden?** In den Tälern, die im Süden in das Salzachtal münden, liegen verträumte Bergdörfer.

Hohe Tauern Rund 60 Prozent des Salzburger Lands liegen über 1200 m hoch. Im Nationalpark Hohe Tauern schrauben sich die **Giganten des Alpenhauptkamms** über die 3000 Meter-Marke empor. Die eingestreuten

Bergseen, Felsarenen und Almen begeistern Wanderer, Kletterer, Moutainbiker, E-Biker und Panoramafreunde gleichermaßen. Eine Königstour führt auf den **Großvenediger**, mit 3657 m Salzburgs höchster Berg. Die Großglockner-Hochalpenstraße schlängelt sich über die Hohen Tauern nach Kärnten. Im Pongau liegen einige der größten zusammenhängenden Skigebiete der Alpen.

Lungau

Etwas ruhiger klingt das Salzburger Land im Südosten aus. Stille Seitentäler und kristallklare Bergseen machen den Lungau zum Urlaubsparadies. Die Niederen Tauern und die Nockberge laden zu Genusswanderungen und Mountainbike-Touren ein. Nirgendwo im Salzburger Land hat sich **Brauchtum** so unverfälscht erhalten wie im Lungau. Bis heute stehen in den kleinen Orten Samson-Umzüge oder das Prangstangen-Tragen im Festkalender.

Lieber geradeaus als nach unten gucken: Von der Aussichtsplattform »5 Fingers« auf dem Dachstein geht es 400 m senkrecht in die Tiefe.

★★ TOP-ZIELE

Die grandiose Begwelt des Salzburger Lands lernt man auf der Großglockner-Hpchalpenstraße und in den Hohen Tauern kennen – oder auch »von innen« in den Eishöhlen des Dachsteins. Sisi-Nostalgiker zieht es nach Bad Ischl, und dann ist da natürlich noch Salzburg: Festspiele, Mozart und Barock.

Bad Ischl

★★ Kaiservilla

Die Zeit scheint stehen geblieben zu sein in der kaiserlichen Sommerresidenz in der Kaiser **Franz Joseph I. und seine Sisi** viele Sommer verbrachten.

Dachstein

★★ Aussichtsplattformen

WeltNATURerbeblick, 5Fingers, Treppe ins Nichts und Sky Walk: Die Namen verraten schon, dass man hier schwinedelfrei sei sollte und manchmal auch **starke Nerven** braucht.

★★ Höhlen

Unterirdischer Zauber: märchenhafte, riesige Eiszapfen und Eisvorhänge in der **Rieseneishöhle**, Lichtinstallationen in der gigantischen **Mammuthöhle**.

Grossglockner-Hochalpenstraße

Murmeltiere und Steinböcke, blühende Bergwiesen und glitzernde Schneefelder, **Österreichs höchster Berg** und der längste Gletscher der Ostalpen – auf der spektakulären Panoramastraße jagt ein Höhepunkt den nächsten.

★★ Panoramastraße

Hallein

Schon vor gut 2500 Jahren bauten vermutlich Kelten bei Hallein die Salzvorkommen ab. Das weltweit führende Keltenmuseum zur La-Tène-Zeit wirft einen faszinierenden Blick in den **Alltag der ersten Salzherren** vom Dürrnberg.

★★ Keltenmuseum

Das Schaubergwerk Salzwelten lässt die zweite Blüte der Salzabbaus im Mittelalter Revue passieren: Über lange Bergmannsrutschen ist **das älteste Besucherbergwerk der Welt** erschlossen.

★★ Salzwelten

Hallstatt

Schon Alexander von Humboldt nannte Hallstatt **»den schönsten Seeort der Welt«**: Wie Schwalbennester kleben die Häuser am steilen Berghang über dem Hallstätter See.

★★ Dorf und See

Franz Joseph und seine Sisi liebten ihre Villa in Bad Ischl.

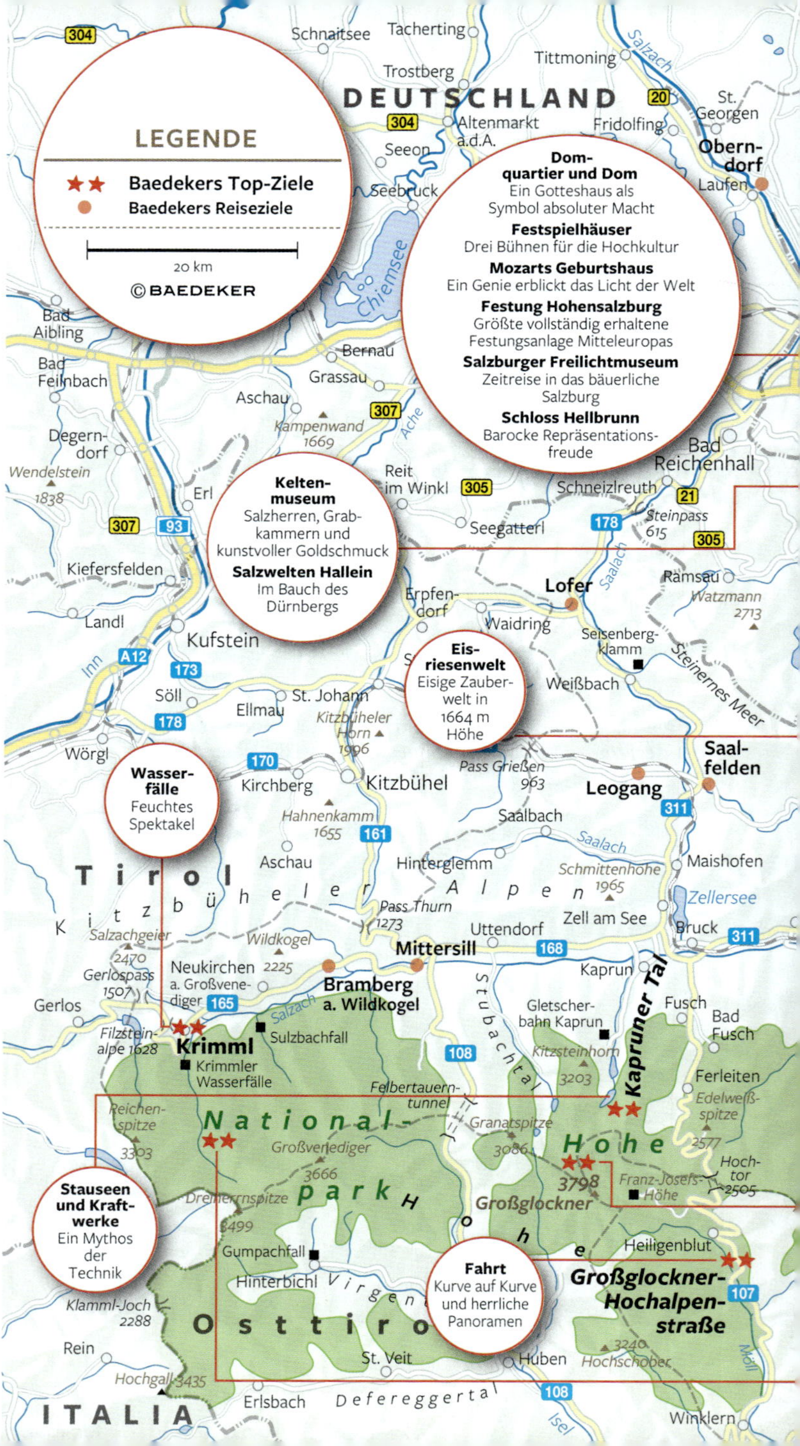

LEGENDE
Baedekers Top-Ziele
Baedekers Reiseziele
20 km
© BAEDEKER
Dom-
quartier und Dom
Ein Gotteshaus als
Symbol absoluter Macht
Festspielhäuser
Drei Bühnen für die Hochkultur
Mozarts Geburtshaus
Ein Genie erblickt das Licht der Welt
Festung Hohensalzburg
Größte vollständig erhaltene
Festungsanlage Mitteleuropas
Salzburger Freilichtmuseum
Zeitreise in das bäuerliche
Salzburg
Schloss Hellbrunn
Barocke Repräsentations-
freude
Kelten-
museum
Salzherren, Grab-
kammern und
kunstvoller Goldschmuck
Salzwelten Hallein
Im Bauch des
Dürnbergs
Eis-
riesenwelt
Eisige Zauber-
welt in
1664 m
Höhe
Wasser-
fälle
Feuchtes
Spektakel
Stauseen
und Kraft-
werke
Ein Mythos
der
Technik
Fahrt
Kurve auf Kurve
und herrliche
Panoramen
DEUTSCHLAND
Tirol
Kitzbüheler Alpen
Nationalpark Hohe Tauern
Osttirol
ITALIA
Schnaitsee
Tacherting
Trostberg
Tittmoning
Salzach
St. Georgen
Oberndorf
Laufen
Fridolfing
Altenmarkt a.d.A.
Seeon
Seebruck
Chiemsee
Bad Aibling
Bad Feilnbach
Bernau
Grassau
Aschau
Kampenwand 1669
Ache
Degerndorf
Wendelstein 1838
Erl
Reit im Winkl
Bad Reichenhall
Schneizlreuth
Steinpass 615
Seegatterl
Kiefersfelden
Lofer
Saalach
Ramsau
Watzmann 2713
Erpfendorf
Waidring
Landl
Kufstein
Seisenbergklamm
Inn
Steinernes Meer
Weißbach
Söll
St. Johann
Ellmau
Kitzbüheler Horn 1996
Wörgl
Pass Grießen 963
Saalfelden
Leogang
Kirchberg
Kitzbühel
Hahnenkamm 1655
Saalbach
Aschau
Hinterglemm
Schmittenhöhe 1965
Maishofen
Zellersee
Pass Thurn 1273
Zell am See
Salzachgeier 2470
Wildkogel 2225
Uttendorf
Bruck
Mittersill
Gerlospass 1507
Neukirchen a. Großvenediger
Bramberg a. Wildkogel
Kaprun
Kapruner Tal
Stubachtal
Gerlos
Gletscherbahn Kaprun
Fusch
Bad Fusch
Filzsteinalpe 1628
Krimml
Sulzbachfall
Krimmler Wasserfälle
Kitzsteinhorn 3203
Ferleiten
Felbertauerntunnel
Edelweißspitze 2577
Reichenspitze 3303
Granatspitze 3086
Großvenediger 3666
Hochtor 2505
Dreiherrnspitze 3499
3798
Großglockner
Franz-Josefs-Höhe
Heiligenblut
Gumpachfall
Großglockner-Hochalpenstraße
Hinterbichl
Virgental
Klamml-Joch 2288
Rein
St. Veit
Huben
Hochschober 3240
Möll
Hochgall 3435
Erlsbach
Defereggertal
Isel
Winklern
304
20
307
305
21
178
93
A12
173
170
161
311
168
165
108
107

St. Wolfgang
Wo das Weiße Rössl zu Hause ist
Kaiservilla
Schicksalsort der europäischen Geschichte
Dorfidyll
... am Hallstätter See
Aussichtsplattformen
Einfach grandios
Rieseneishöhle
Gänsehaut garantiert
Mammuthöhle
Unendliche Tiefen
Liechtensteinklamm
Spektakuläres Naturschauspiel
Oberösterreich
Salzkammergut
Ausseer Land
Salzburg
Steiermark
Dachstein
Tennengebirge
Niedere Tauern
Schladminger Tauern
Radstädter Tauern
Tauern
Nockgebiet
Gurktaler Alpen
Reißeckgruppe
Kärnten
Schwanenstadt
Kremsmünster
Roitham
Vöcklabruck
Attnang-Puchheim
Laakirchen
Pettenbach
Straßwalchen
Mattsee
Neumarkt
St. Georgen im Attergau
Seewalchen
Gschwandt
Gmunden
Scharnstein
Altmünster
Wallersee
Zellersee
Henndorf
Kolomannsberg
1111
Attersee
Traunsee
Mondsee
Steinbach
Traunkirchen
Hof
Thalgau
Feuerkogel
1594
Ebensee
Fuschl a.S.
Fuschlsee
Weißenbach
Schafberg
1783
St. Gilgen
St. Wolfgang
Wolfgangsee
Seehaus
Traun
Bad Ischl
Hintersee
Altausseer See
Gößl
Tuplitzsee
Altaussee
St. Koloman
Bad Goisern
Grundlsee
Hoher Sarstein
1973
Lawinenstein
1961
Golling
Gollinger Wasserfall
Pass Gschütt
969
Gosau
Bad Aussee
Hallstätter See
Bad Mitterndorf
Pürgg
Pass Lueg
562
Abtenau
Zwieselalm
1587
Hallstatt
Dachsteinhöhlen
Eisriesenwelt
Gosausee
St. Martin
Hohenwerfen
Werfen
Stoderzinken
2047
Hoher Dachstein
2995
Filzmoos
Ramsau
Hochkeil
Bischofshofen
Radstadt
Schladming
Enns
Hochwurzen
1852
St. Johann im Pongau
Wagrain
Hochgolling
2863
Gasteiner Klamm
Kleinarl
Radstädter Tauernpass
1783
Großarl
Tauerntunnel
Lessach
Tweng
Bad Hofgastein
Wald
Zederhaus
Mauterndorf
Mariapfarr
Seethal
Hüttschlag
Taurach
Mur
Tamsweg
Stubner Kogel
2245
Bad Gastein
St. Michael i. Lungau
Muhr
Stadl
Böckstein
Hafnereck
3076
Katschbergtunnel
Katschbergpass
1641
Thomatal
Predlitz
Tauerntunnel
Blauer Tumpf
Kreuzkogel
2686
Ankogel
3246
Maltatal
Rennweg
Innerkrems
Mallnitz
Gößbachfälle
Leoben
Königstuhl
2344
Turrach
Flattnitz
Malta
Obervellach
Reißeck
2959
Turracher Höhe
1783
Polinik
2784
Ebene Reichenau
A1
A10
1
96
97
95
99
105
106
143
144
145
147
151
152
153
154
158
162
166
167
311
320

Hohe Tauern

★★ Naturerlebnis

Bergsteigen und Wandern stehen auf der To-Do-Liste ganz oben. Die Ranger des Nationalparks Hohe Tauern bieten das ganze Jahr über ein hochkarätiges **Naturerlebnis-Programm** an.

Kapruner Tal

★★ Stauseen und Kraftwerke

Wie ein Werk der Natur schmiegen sich die Speicherseen Wasserfallboden und Mooserboden an die Bergwände über dem Tal von Kaprun. Die **»Erlebniswelt Strom und Eis«** informiert über die Geschichte des Kraftwerks.

Krimml

★★ Wasserfälle

Es rauscht, es plätschert und es tost in einem fort. Nahe des 850–Seelen-Dorfs im oberen Pinzgau stürzen **die höchsten Wasserfälle Mitteleuropas** aus einer Höhe von 380 Metern in die Tiefe

Jedermann, die Buhlschaft und der Tod: der Klassiker der Salzburger Festspiele

Salzburg

1300 Jahre Herrschafts-, Kunst- und Kirchengeschichte einmal um den Domplatz auf der **»Tour de Baroque«:** in die Residenz, durch den Dom zur Erzabtei St. Peter und zum Wallistrakt.

★★ Domquartier

»Alles und von allem das Höchste« ist der Anspruch in Hofstallgasse, Winterreitschule, im Großen Festpielhaus und in der Felsenreitbühne.

★★ Festspielhäuser

In Österreichs wohl meist fotografierter Gasse entdeckt man zwischen Designerlabels und Fast-Food-Restaurants **Mozarts Geburtshaus.**

★★ Getreidegasse

Seit fast 1000 Jahren thront die **größte noch vollständig erhaltene Festungsanlage Mitteleuropas** 120 m über der Salzach. Heute ist sie Österreichs größte Touristenattraktion außerhalb Wiens.

★★ Hohensalzburg

Im »ländlichen Gegenstück« zur barocken Pracht zeigt das Salzburger Freilichtmuseum bei Großgmain **uralte Bauernhöfe, Brauchtum und Handwerkskünste**.

★★ Freilichtmuseum

Eine **barocke Wundertüte** vor allem dank der einzigartigen Wasserspiele, heute die wohl besterhaltenen aus der Renaissance nach italienischem Vorbild.

★★ Schloss Heilbrunn

St. Johann im Pongau

Schon von Weitem sind die tosenden Wassermassen der wohl **imposanteste Wildwasserschlucht der Ostalpen** zu hören. Hier hat sich der Großarlbach bis zu 300 m tief in das Gestein gegraben

★★ Liechtensteinklamm

Werfen

Ein einzigartiges Naturmonument: Mit einer Gesamtlänge von 42 km ist sie die **größte bekannte Eishöhle der Welt**.

★★ Eisriesen welt

Wolfgangsee

Die malerische Lage in zauberhafter Gebirgsnatur lockte bereits zur Kaiserzeit viele Sommerfrischler an. Carl Benatzkys **walzerselige Operette »Im Weißen Rößl«** machte den See dann endgültig populär.

★★ St. Wolfgang

ESSEN UND TRINKEN

Die Salzburger Küche setzt selbstbewusst auf Tradionelles, kreativ ergänzt und verfeinert durch den Geschmack der Moderne. Hoch im Kurs stehen Produkte der Region wie Tauernlamm, Pinzgauer Käse und Fisch aus den Salzburger Seen. Dazu passt ein guter Tropfen. Salzburg ist aber auch die heimliche Bierhauptstadt Österreichs, und die Edelbrände aus der Region sind weit über die Grenzen des Landes hinaus bekannt.

Genussregion

Abwechslungsreich ist die Küche des Salzburger Landes allemal. Sie reicht von der einfachen Jause mit Heumilchkäse über Klassiker wie knuspriges Bratl und Tafelspitz bis zur edlen Haubenküche in den Gourmettempeln in und um die Landeshauptstadt. Keine andere Region Österreichs ist mit Haubenrestaurants derart gesegnet. Andreas Döllerer in Golling, die Brüder Obauer aus Werfen und Johanna Maier aus Filzmoos mit ihrer »österreichischen Weltküche« sind unter Feinschmeckern in aller Munde.

Regionale Küche

»Süß wie die Liebe und zart wie ein Kuss« sollen die berühmten **Salzburger Nockerln** sein, ein luftiger Eier-Schaum-Zuckerberg aus dem Ofen. Ansonsten ist die traditionelle Küche eine gelungene Mischung aus Wiener und österreichischer Küche mit Frittaten- und Biersuppe, Wiener Schnitzel und gebackenem Karpfen, Kaiserschmarrn, Knödel und Krapfen süß oder herzhaft.
Einige Regionen im Salzburger Land zeichnen sich jedoch durch ganz spezielle Gerichte aus. Die käspätzleähnlichen Kasnocken sind ein Pinzgauer und die in Fett ausgebackenen Roggen-Bladln und Fleischkrapfen ein Pongauer Gericht. Im Lungau gibt es Eachtling mit Eierschwammerln, d.h. Kartoffeln mit Pfifferlingen. Beim Bauernherbst werden »Hasenöhrl« kredenzt, goldgelb gebackene Teigdreiecke an Sauerkraut. Unbedingt kosten sollte man das üppige »Rahmkoch« aus Sahne, Zimt, Zucker, Anis, Rosinen, Rum und Mehl. In den Tauern kommt im Herbst »Schöpsernes« auf den Tisch. Im Lungau begleiten mitgebratene Kartoffeln, Krenkoch (Meerrettich) und Preiselbeeren das deftige Schaf- bzw. Lammbratl. Für das Blunzn-**Gröstl** wird Blutwurst mit Kartoffelscheiben angebraten und mit Sauerkraut serviert.
Die fischreichen Gewässer im Flachgau und Salzkammergut sind verlässliche Lieferanten von Äsche, Bachforelle, Zander, Saibling, Hecht, Reinanken und Karpfen.

Mehlspeisen

Kaiserschmarrn ist ein luftiger, mit zwei Gabeln in der Pfanne zerrissener Rosinenpfannkuchen. Der **Strudel** mit Obst und Topfen bzw. Quark oder Mohn ist eine der beliebtesten Mehlspeisen. Angesagt

6X ERSTAUNLICHES

Hätten Sie das gewusst?

1. BAROCKE ACTION

Im **Mechanischen Theater** von Schloss Hellbrunn sorgt ein genialer Wasserkraft-Mechanismus für witzigen Anschauungsunterricht. (www.hellbrunn.at

2. MITTEN DURCH

den Salzburger Mönchsberg führt der **Stiftsarmstollen des Almkanals**. Im September kann Europas ältester Wasserstollen begangen werden. Platzängstlichr schauen sich an, wie die Riversurfer die »Almwelle« reiten! (www.almkanal.at)

3. CERVISIAM BIBAT!

Schon Hildegard von Bingen empfahl den Genuss von Bier. Auf ihrer tollen **Brauereitour in Obertrum** lotet Johanna Panholzer auch die Schnittmengen zwischen dem »Männergetränk« und der Frauenwelt aus. Es sind einige! (www.trumer.at)

4. TOTAL VEGAN

Am Hochkönig hat man auch das Wohl jener Gäste im Blick, die ganz auf tierische Produkte verzichten. Im W nter wird zum »veganen Einkehrschwung« geladen. (www.hochkoenig.at)

5. SALZRELIKTE

Im prähistorischen Teil des Hallstätter Schubergbergwerks suchen Archäologen nach Relikten der Bergleute aus der Keltenzeit. Seien Sie dabei auf einer **abenteuerlichen Führung**. (www.salzwelten.at)

6. WELTMUSIK

Wie klingt die tibetische Meeresschneckentrompete? Wo wird mit Kürbissen musiziert? Ein Besuch des **Musikinstrumenten-Museum der Völker** in St. Gilgen wird zu einer fantastischen Sound-Expedition um den Globus. (www.hoerart.at)

TYPISCHE GERICHTE

Die leckere Küche des Salzburger Landes entstand aus der österreichischen Küche und wurde erweitert durch regionale Spezialitäten, wie sie z. B. im Pinzgau, im Lungau oder im Salzkammergut auf der Speisekarte stehen.

Tafelspitz: Für einen Tafelspitz dürfen nur sehr gute Rinderlendenstücke verwendet werden, die man in einem köstlich duftenden Sud aus Wurzelgemüse gut drei Stunden simmern lässt. Traditionelle Beilagen zum Lieblingsgericht von Kaiser Franz Joseph sind Röstkartoffeln und frisch geriebener Kren (Meerrettich).

Wiener Schnitzel: Es besteht immer aus Kalbfleisch, das gemehlt in verquirlter Eier-Sahne und Semmelbröseln gewendet wird. Ausgebacken wird in Butterschmalz, garniert mit einer Zitronenscheibe; Beilagen sind Kartoffeln, Kartoffelsalat (Erdäpfelsalat) oder nur ein grüner Salat.

Bierfleisch: Mageres Rindfleisch (z. B. aus der Wade) wird mit Zwiebeln, Karotten, Sellerie und Schwarzbrotwürfeln in dunklem Bier geschmort. Gewürzt wird das Ganze mit Koriander, Kümmel und Wacholderbeeren. Dazu passen sehr gut Semmelknödel!

Frittatensuppe: Für diese einfache Suppe werden Pfannkuchen in gleich große Streifen geschnitten und in die klare Bouillon gegeben. Klassischerweise sollte die Suppe natürlich aus frischem Gemüse zubereitet werden und nicht aus Brühwürfeln. Dann wird noch etwas Petersilie darüber gestreut – fertig!

Kaspressknödel: Für diese Pinzgauer Spezialität benötigt der Koch u. a. Knödelbrot, echten Pinzgauer Käse, Petersilie, Eier und eine Prise Muskatnuss. Hieraus entsteht ein Teig, aus dem man flache Knödel formt (Laibchen), die dann als Vorspeise in einer Suppe (mit Schnittlauch bestreut) oder als Hauptgang mit Salat gegessen werden.

Salzburger Nockerln: Dieser federleichte Nachtischentsteht aus mit Zucker aufgeschlagenem Eischnee, unter den Eigelb, Vanillzucker und etwas Mehl untergezogen wird.
Das süße Soufflé, das in der Operette »Saison in Salzburg« von Fred Raymond als »Süß wie die Liebe und zart wie ein Kuss« gelobt wurde, muss warm serviert werden und darf keinem Windzug ausgesetzt sein, da sonst nichts überbleibt. Es soll im 17. Jh. von Salome Alt, der Geliebten des Fürsterzbischofs Wolf Dietrich von Raitenau, kreiert worden sein. Die echte Variante muss drei Nockerl aufweisen, die für die drei Salzburger Hausberge stehen: den Mönchsberg, den Gaisberg und den Kapuzinerberg.

W.A.Mozart

sind auch der mit Quark, Sahne sowie Rosinen gefüllte und mit Vanillesauce servierte Milchrahmstrudel oder Apfelstrudel mit Schlag bzw. Schlagsahne. **Marillenknödel** sind Klöße aus Hefe- oder Kartoffelteig, gefüllt mit einer Aprikose, deren Stein durch ein Stück Zucker ersetzt wurde. **Topfenknödel** sind mit gedünsteten Pflaumen, **Germknödel** mit Pflaumenmus gefüllte Hefeteigklöße, die mit einer Mohn-Zucker-Mischung bestreut werden.

Bier und Schnaps

Die Klimaerwärmung hat es möglich gemacht, dass in der Stadt Salzburg seit einigen Jahren wieder Weinbau betrieben wird – der Ertrag ist bescheiden, die Qualität des Stadtweins – ein **Frühroter Veltliner** – aber sehr hoch. Seit Jahrhunderten wird die Braukunst gepflegt. Die Salzburger Brauereien **Stiegl** und **Augustiner Bräu** sowie die **Trumer** Brauerei in Obertrum laden zur Brauereiführung. Die Zahl der Kleinbrauereien, die süffige Biere auf den Markt bringen oder direkt im angeschlossenen Lokal ausschenken, steigt stetig. Ausgeschenkt werden die »Halbe« (0,5 l), das »Seidel« (0,33 l) und der »Pfiff« (0,2 l).
Zu Österreichs besten Schnapsbrennern gehören **Siegfried Herzog** in Saalfelden, der **Guglhof** in Hallein und die Brennerei **Primushäusl** am Wolfgangsee in Strobl. Hier entstehen vielfach preisgekrönte Destillate aus Vogelbeere (=Eberesche) oder Holler (=Holunder), aber auch der klassische Obstler aus vollreifen Äpfeln und anderem heimischen Obst. Die exklusiven Brände haben ihren Preis, zum Kennenlernen empfiehlt sich unbedingt eine Verkostung unter fachkundiger Anleitung.

Kaffee

Salzburg ist zwar nicht Wien, aber das Kaffeehaus und der Kaffee, der klassisch als Brauner, Mokka oder Verlängerter serviert wird, spielen auch hier eine große Rolle. Im Kaffeehaus trifft man sich mit Freunden oder zu geschäftlichen Besprechungen, um zu sehen und gesehen zu werden oder um stundenlang und in aller Ruhe die ausliegenden Zeitungen zu lesen.

Restaurants

In vielen Lokalen des Salzburger Landes kommen heimische Spezialitäten auf den Tisch. Die Küchenchefs legen Wert auf saisonale Produkte aus der Region. Feinschmecker, Naschkatzen oder Nachtschwärmer – alle kommen auf ihre Kosten. Die **hohe Qualität** der Küche spiegelt sich in der wachsenden Zahl von Sternen und Hauben wider. Auch in Sachen Bio ist Salzburg Vorreiter: Etwa 50 Prozent der landwirtschaftlichen Nutzflächen werden **biologisch** bewirtschaftet. So werden auch in einfachen, bodenständigen Gasthäusern feinste Salzburger Schmankerl serviert.

An Mozart in jeglicher Form führt in Salzburg kein Weg vorbei.
Die süßeste Variante ist die Mozartkugel.

BAEDEKER ÜBERRASCHENDES

6X TYPISCH

Dafür fährt man ins Salzburger Land.

1. EINDRINGLICH

Manche tun den **»Jedermann«** als angestaubt ab. Doch das Spiel vom Sterben des reichen Mannes entfaltet am Salzburger Domplatz eine Power, der man sich schwer entziehen kann – auch dank erstklassiger Besetzung. (www.salzburger festspiele.at)

2. GENUSS-WEGWEISER

Käsespezialitäten, Hüttenschmankerl, Kräutergerichte, Gourmet-Menüs Schlemmen Sie sich mit dem **Via Culinaria**-Guide durch Ihre Urlaubsregion! (►S. 369)

3. AUS HÖCHSTER NOT

Über Jahrhunderte haben Gläubige in **Maria Kirchental in Lofer** Votivtafeln gespendet. Die Bildgeschichten künden davon, was man alles überleben kann – von der Riesenlawine bis zum Mordanschlag. (www. maria-kirchental.at)

4. WIE SCHALLT'S VON DER HÖH?

An der Audiostation lauschen, Stimmbänder vibrieren lassen und los geht's – der **Jodelweg** in Königsleiten ist ein Garant für gute Laune. Alternative: Ein **Jodel-Crashkurs** über dem Zeller See. (www. jodelweg.at)

5. STARKE MÄNNER

Der Samson ist eine bis zu sechs Meter hohe Riesenfigur, in seinem Inneren sorgt ein starker Bursche für die Balance. Die **Lungauer Samson-Umzüge** mit Riesen-Tanz und Begleitprogramm sind ein farbenfrohes Spektakel. (www.lungau.at)

6. PANORAMA MIT KNIE-SCHLOTTERN

Wagen Sie sich hinaus auf die »Mutter aller Plattformen«, die **5 Fingers am Krippenstein**. (► Abb. S. 355)

Via Culinaria

www.salzburgerland.com/de/via-culinaria

Regionalität, Originalität und Authentizität sind die entscheidenden Auswahlkriterien für die rund 260 Gourmetadressen an der Via Culinaria, deren Schirmherr der »Jahrhundertkoch« Eckart Witzigmann ist. Neun Genusswege

Höchste Kochkunst versammelt der Genussweg für Feinspitze (Feinschmecker), der **30 Salzburger Spitzenköche** vorstellt, vom Landgasthof bis zum eleganten Nobelrestaurant mit romantischer Seeterrasse. Für Feinspitze

Das Salzburger Land ist mit fischreichen Gewässern gesegnet. Lust auf einen fangfrischen Steckerlfisch direkt vom Grill? Auf Hecht, Renke oder Seeforelle aus dem Fuschlsee, serviert vom Sternekoch? Oder lieber eine selbst zubereitete zarte Seezunge? Dann folgen Sie dem Genussweg für Fischfans **durch das Salzburger Seenland**. Für Fischfans

Die Zuckerseiten Salzburgs lassen sich auf dem Genussweg für Naschkatzen in Kaffeehäusern, Confiserien und Konditoreien entdecken – probieren Sie nicht nur Mozartkugeln, Sachertorte und Salzburger Nockerln, sondern auch knallbunte Cake Pops, sensationelle Eissorten, knackige Bioschokolade und kreative Pralinen. Für Naschkatzen

Salzburg gilt als Bierhauptstadt Österreichs. Grundlage ist das klare Quellwasser des Untersberg. Am Genussweg für Bier- und Schnapsverkoster können Sie Weizenguss, Bockbier und Schokoladenbier sowie feine Edelbrände hochdekorierter Schnapsbrenner verkosten. Für Bier- und Schnapsverkoster

Pinzgauer Bierkäse, Tennengauer Almkäse und Flachgauer Heumilchkäse sind Genüsse, die auf dem Genussweg für Käsefreaks warten. Für Käsefreaks

Mögen Sie **Tafelspitz**, ein saftiges Schulterscherzel oder lieber Lammbraten? Für Fleischtiger bereiten sterne- und haubengekrönte Köche und bodenständige Wirte wunderbare Leckerbissen aus Tennengauer Berglamm, Pongauer Wild oder Pinzgauer Jungrind zu. Für Fleischtiger

Der kulinarische Einkehrschwung am Genussweg für Hüttenhocker führt zu 20 urigen **Skihütten mit Spitzenköchen** direkt an den Pisten des Salzburger Landes. Etliche dieser Hütten locken auch im Sommer mit Käse- und Brotschmankerln sowie ofenfrischen Mehlspeisen. Für Hüttenhocker

Der Genussweg für Kräuterliebhaber entführt in die schmackhafte Welt von **Garten-, Wild- und Wiesenkräutern**. Der Genussweg für Bio-Genießer führt zu insgesamt 17 Hotels, Lokalen, Bauernhöfen und Geschäften, die auf Bio-Lebensmittel setzen. Für Kräuterliebhaber und Bio-Genießer

INTERESSANTE MENSCHEN

Alpenrocker: Hubert von Goisern

geb. 1952
Musiker

Hubert von Goisern gilt als wichtigster Vertreter des Alpenrocks. Als der in Bad Goisern als **Hubert Achleitner** geborene Musikrebell antrat, die österreichische Volksmusik zu entstauben, wurde er von der Kritik belächelt und von den Traditionalisten schief angeschaut. Doch mittlerweile zählen Songs wie »Weit weit, weg« zum musikalischen Kanon der Alpenrepublik. Fernweh trieb den 20-Jährigen nach Südafrika und nach Kanada, wo er seine Berufung als Musiker fand. Zurück in der Heimat hob er die Formation **»Die Alpinkatzen«** aus der Taufe. Das Album »Aufgeigen statt niederschießen«(1992) bescherte ihm Hitparaden-Erfolge und ausverkaufte Konzerte. Rockiger E-Gitarrensound, gemischt mit Ziehharmonika-Melodien, Sehnsuchts-Jodlern und griffigen Dialekt-Texten wurden zu seinem Markenzeichen. Im Verlauf seiner Karriere entwickelte er sich zum Weltmusiker weiter. Bekannt ist der Vollblutmusiker und Weltenbummler auch für sein Engagement in Sachen Umwelt und Völkerverständigung. Zwei Jahre lang tingelte er als Botschafter für die Europäische Kulturhauptstadt Linz (2009) mit einem Schiff die Donau und den Rhein auf und ab und gab Gratis-Konzerte mit Musikern vor Ort. 2013 bekam Hubert von Goisern einen Ehren-Amadeus-Award für genre- und völkerverbindende Musik.

Diva mit Taktstock: Herbert von Karajan

1908–1989
Dirigent

Herbert von Karajan gehört zu den größten Dirigenten des 20. Jh.s und beschritt als Festivalintendant, Regisseur und als Musikmanager neue Wege. Unumstritten war der Maestro jedoch nie. Der gebürtige Salzburger studierte in seiner Heimatstadt am Mozarteum und an der Hochschule für Musik in Wien. 1933 trat Karajan kurz nach Hitlers Machtergreifung der NSDAP bei und startete mit dem Parteibuch in der Hand seine Karriere. Das dreijährige Berufsverbot, das ihm nach dem Krieg auferlegt wurde, unterbrach den Aufstieg nur kurz. 1955 wurde er **Chefdirigent der Berliner Philharmoniker** auf Lebenszeit, dazu künstlerischer Leiter der Wiener Staatsoper und der Salzburger Festspiele, die er bis 1988 entscheidend prägte.
Karajans Bühne war jedoch die ganze Welt. Allein mit den Berliner Philharmonikern gab er an die 1500 Konzerte. Als einer der Ersten

erkannte er das enorme Marktpotenzial klassischer Musik und spielte etwa 700 Werke von rund 130 Komponisten ein. Weltweit wurden an die **250–300 Millionen Tonträger** mit seinem Namen verkauft. Sein Repertoire war nach Ansicht von Kritikern eher am »mainstream« ausgerichtet, weniger bekannte Komponisten der Moderne interessierten ihn kaum. Gleichzeitig tat sich Karajan als Förderer junger Musiker hervor. Zu seinen größten »Entdeckungen« zählt die Geigerin **Anne-Sophie Mutter**. 1967 rief er im Alleingang die Salzburger Osterfestspiele ins Leben, auf denen die Opern Richard Wagners im Mittelpunkt stehen sollten.
Stets **für Schlagzeilen gut** war das Privatleben des Maestro – er liebte schnelle Autos und elegante Jachten. Mit seinen Privatflugzeugen steuerte er seine Häuser in Frankreich und in der Schweiz an. 1958 heiratete er in dritter Ehe das 19-jährige französische Model Eliette Mouret, mit der er zwei Töchter hatte, für die die Wiener und die Berliner Philharmoniker die Patenschaft übernahmen. Auch sein modisches Auftreten – der Maestro trug gerne Rollkragenpullover – setzte Akzente. Nach einer Wirbelsäulenerkrankung 1985 konnte er nur noch im Sitzen dirigieren. Herbert von Karajan starb am 16. Juli 1989 in Anif und liegt dort auf dem Friedhof begraben.

Ob CD, DVD, Vinyl oder Buch – Karajan ist immer noch allgegenwärtig.

Der Herminator: Hermann Maier

geb. 1972
Skifahrer

Der gelernte Maurer und Skilehrer Hermann Maier aus Flachau (Pongau) errang weltweite Bekanntheit, als er 1998 bei den Olympischen Winterspielen in Nagano (Japan) als großer Favorit im Abfahrtslauf einen kapitalen Sturz baute. Lädiert rappelte sich Maier aus dem Tiefschnee auf, biss die Zähne zusammen und gewann in den darauffolgenden Tagen sensationell die Goldmedaillen im Super-G und im Riesentorlauf. In Anlehnung an den steirischen Hollywood-Export Arnold Schwarzenegger (»Der Terminator«) verlieh man dem Salzburger, der im Super-G jahrelang schier unschlagbar war und insgesamt **54 Siege in Weltcuprennen** feierte, den Spitznamen »Herminator«. Maiers Comeback nach einem Horror-Motorradunfall 2001 gilt als eines der unglaublichsten der Sportgeschichte. Er kämpfte sich in die Weltspitze zurück und gewann 2003/2004 zum vierten Mal den Gesamtweltcup. Bis heute gilt er durch seine erfrischende Art als ein Liebling der Österreicher. Seine Kaltschnäuzigkeit bewies er bereits mit der Antwort auf die Frage, was ihm bei seinem 40 Meter-Flug in Nagano durch den Kopf ging. Maier: »Wenn ich jetzt noch Gold gewinne, bin ich unsterblich!« Er wurde es.

Skilegende aus Kleinarl: Annemarie Moser-Pröll

geb. 1953
Skifahrerin

»Miss World Cup«, »Jeanne d'Arc des Skisports« und »beste Skiläuferin aller Zeiten« wurde sie genannt, die Tochter eines Bergbauern aus Kleinarl im Pongau. In der Tat leistete Annemarie Moser-Pröll Beachtliches: Sie war vierfache Weltmeisterin (Kombinations-Weltmeisterin 1972 und 1978, Abfahrts-Weltmeisterin 1974 und 1978), sechsfache Weltcup-Siegerin (1971 – 1975 und 1979) und Olympiasiegerin (Abfahrt) 1980 in Lake Placid. Im Jahr 1999 wurde sie zu **Österreichs »Sportlerin des Jahrhunderts«** gewählt. Mit ihren Erfolgen machte sie ihr Kleinarl weltberühmt, und aus dem einst verschlafenen Bergbauerndorf wurde ein viel besuchter Touristenort.

Wunderkind und Getriebener: Wolfgang Amadeus Mozart

1756–1791
Komponist

Kein Salzburger genießt größere Verehrung als Wolfgang Amadeus Mozart. Dabei tat sich Salzburg lange Zeit schwer mit dem Komponisten. Johannes Chrysostomus Wolfgangus Theophilus Mozart wurde in der Getreidegasse geboren. Seine musikalische Begabung trat frühzeitig hervor – mit drei Jahren konnte er leichte Klavierstücke auswendig lernen. Seine erste Klaviersonate komponierte das **»Wolferl«** als Fünfjähriger. Für seine Eltern gab es nur noch ein Ziel: Das Talent des

Sohnes zu fördern und aus ihm eine Berühmtheit zu machen. Mozart war gerade mal sechs Jahre alt, da begann für ihn und seine ältere Schwester »Nannerl« die Zeit der Konzertreisen. Die beiden sorgten in München, Wien, Paris und London für Staunen. Eine feste Anstellung, wie von den Mozarts erhofft, schaute aber an keinem von Europas Höfen heraus. In Salzburg fand sich 1773 eine gering bezahlte Anstellung als Hofmusiker. Er komponierte Sinfonien, Streichquartette, Opern, startete aber auch neue Anläufe, im Ausland eine Stelle zu finden. 1781 kam es zum Bruch mit dem Salzburger Hof. Als Mozart um Entlassung aus dem Dienst bat, soll der Oberstküchenmeister des Fürsterzbischofs den »Lausbub« mit einem Fußtritt hinausgeworfen haben.
Mozart ging als freischaffender Komponist nach Wien und nabelte sich von seinem Vater ab. Er komponierte 1782 im Auftrag Kaiser Josephs II. **»Die Entführung aus dem Serail«**. Am 4. August desselben Jahres heiratete er Constanze Weber, die er in Mannheim kennengelernt hatte. Der Groll auf seine Heimatstadt blieb dem Neu-Wiener, wie ein Brief an seinen Vater 1783 erkennen lässt:

»
Ich hoffe nicht, dass es nötig ist zu sagen,
dass mir an Salzburg sehr wenig
und am Erzbischof gar nichts gelegen ist
und ich auf beides scheiße.
«

Bei den Wienern stieß er auf sehr gute Resonanz. 1787 wurde er **Kaiserlicher Hofkomponist**. Doch schon »Die Hochzeit des Figaro« und »Don Giovanni« hatten nur noch in Prag Erfolg, und die wirtschaftliche Situation des Ehepaars verschlechterte sich. Zwar war Mozart ein Großverdiener – das jährliche Einkommen dürfte umgerechnet etwa 125 000 Euro ausgemacht haben -, er lebte jedoch auf großem Fuß und spielte. Mit der **»Zauberflöte«**, uraufgeführt am 30. September 1791, gewann er nochmals die Herzen der Wiener. Im November erkrankte Mozart schwer; er starb am 5. Dezember 1791 vermutlich an einer Streptokokken-Infektion. Bis heute wird über einen Mordanschlag spekuliert. Seine Frau ließ ihn auf dem Friedhof des Wiener Vororts St. Marx bestatten; Grab und Gebeine sind aber verschollen.
Salzburgs Bürgerschaft schloss erst lange nach Mozarts Tod ihren Frieden mit dem verlorenen Sohn. Dazu trug auch Witwe Constanze bei, die das musikalische Erbe verwaltete und schon 1828 eine der ersten Biografien herausgab. In Salzburg sind heute mit dem Geburtshaus in der Getreidegasse und dem Wohnhaus am Marktplatz die beiden wichtigsten Mozart-Erinnerungsstätten zu finden. Der berühmteste Komponist aller Zeiten wird **rund ums Jahr gefeiert**– von den Mozart-Wochen bis zu den Festspielen, und im Souvenirhandel sowieso.

NACHGEFRAGT

SALZBURGER LAND TOURISMUSGESELLSCHAFT
Wiener Bundesstr. 23
5300 Hallwang
Tel. 0662 66 88 0
www.salzburgerland.com

SALZKAMMERGUT TOURISMUS
Salinenplatz 1
4820 Bad Ischl
Tel. 061 32 26 909
www.salzkammergut.at

BAD ISCHL
Auböckplatz 5
4820 Bad Ischl
Tel. 06132 27 75 70
www.badischl.salzkammergut.at

DACHSTEIN
Kirchengasse 4
4822 Bad Goisern
Tel. 06135 83 29
www.dachstein-salzkammergut.at

GROSSGLOCKNER-ZELLERSEE
Raiffeisenstr. 2
5671 Bruck-Fusch
Tel. 06545 7295
www.grossglockner-zellersee.info

GROSSGLOCKNER
Tel. 04824 2700
9844 Heiligenblut am Großglockner
www.heiligenblut.at

HALLEIN
Mauttorpromenade 6
Pernerinsel, 5400 Hallein
Tel. 06245 853 94
www.hallein.com

HALLSTATT
Seestr. 99
4830 Hallstatt
Tel. 095095 30
www.hallstatt.net

HOHE TAUERN
www.nationalpark-hohetauern.at

KAPRUNER TAL
Salzburger Platz 6
5710 Kaprun
Tel. 06547 80 80

Brucker Bundesstr. 1a
5700 Zell am See
Tel. 06542 770
www.zellamsee-kaprun.com

KRIMML
Oberkrimml 37
5743 Krimml
Tel. 06564 723 90
www.krimml.at

SALZBURG
Auerspergstr. 6
5020 Salzburg
Tel. 0662 88987-0
www.salzburg.info

ST. JOHANN IM PONGAU
Ing.-Ludwig-Pech-Str. 1
5600 St. Johann im Pongau
Tel. 06412 60 36
www.sanktjohann.com

WERFEN
Markt 24
5450 Werfen
Tel. 06468 53 88
www.werfen.at

WOLFGANGSEE
Au 140
5360 St. Wolfgang
Tel. 06138 80 03
www.wolfgangsee.salzkammergut.at

10 SOUVENIRS

10 Dinge und Erinnerungen, die ich mitnehme ...

1.

Wie sehr einen die »Mozart- und Festspielstadt« doch **mit Musik beschenkt**. Vom Festspielkino bis zu Gratiskonzerten – und events.

2.

Süße Aufmerksamkeit für Familie und Freunde: die **Schokoladen der Confiserie Berger** aus Lofer

3.

Dirndl oder Lederhose kleiden gut und halten beinahe ewig. In Salzburg-Stadt und in Bad Aussee ist die Auswahl am größten.

4.

Blütenduft vom Schlosspark Mirabell bis zu jeder beliebigen Bergwiese

5.

Wie präsent **Kaiser Franz-Joseph und Kaiserin Elisabeth** in der ehemaligen Habsburger Sommerresidenz Bad Ischl sind

6.

Für kalte Tage und Weihnachten: der **Orangenpunsch von Sporer** aus der Getreidegasse – auch alkoholfrei

7.

Ein handgefertigter **Regenschirm aus der Manufaktur Kirchtag**.

8.

Wie **unkompliziert** sich Künstler, Prominenz, Salzburger und Gäste zur Festspielzeit die winzige Altstadt-Bühne teilen

9.

Der Geschmack eines **Rahmkoch**. Die süße Kalorienbombe gibt es etwa beim Hochleitner in Tamsweg rund ums Jahr.

10.

Schnäpse **von Edelbrennern**, Gin und Whisky alpinen Einschlags – ein hochprozentiges Mitbringsel hat im Koffer noch Platz!

S

SCHOTTLAND

»

Licht beherrscht alles in dieser Landschaft.

«

Erich Linklater

DAS IST SCHOTTLAND

Bester Ausguck für Nessie-Fans ist Urquhart Castle direkt am Ufer von Loch Ness.

JENSEITS DES TWEED

Dudelsack pfeifende Hochländer und der Kult um karierte Kilts, turbulente Geschichte und offene Menschen, Golf, Whisky und eine grandiose Natur. Zugegeben, all das gehört zu Schottland, aber eben noch weitaus mehr.

Urnatur

Licht, Regen und Wind beherrschen die Urnatur dieses Landes. Unvergesslich ein Sonnenaufgang, wenn noch leichter Morgennebel über den viel besungenen Gestaden von Loch Lomond liegt. Atemberaubend die orgelnde Brandung an den Steilküsten der vorgelagerten **Inselwelt**. Schon Theodor Fontane schwärmte 1860 in seinen Reiseaufzeichnungen vom Land »Jenseit des Tweed« – entrückte Stille, schwingende Weite, großartige Verlassenheit. Dazu Schafe, Schafe und nochmals Schafe. Einsame Burgen und unwirtliche Moorlandschaften, **majestätische Gipfel** und verwunschene Seen, **prunkvolle Adelsschlösser** und verträumte Fischerdörfer, hinter jeder Kuppe ein neues, Augen und Seele öffnendes Panorama.

Metropolen

Edinburgh und Glasgow

Ein Muss ist der Spaziergang durch Edinburghs **Royal Mile**, eine wahrhaft königliche Flaniermeile zwischen Castle und Palace of Holyroodhouse neben dem modernen Parlamentsgebäude. Schottlands Hauptstadt bietet hochkarätige Kunstsammlungen und eine lebhafte Musikszene, erstklassige Hotels, gemütliche Pubs und erlesene Gourmettempel. Weltberühmt ist das Edinburgher Kulturfestival, das jeden Sommer über eine Million Besucher anlockt. Und was wäre Edinburgh ohne seine Spukhäuser? Buchen Sie eine Ghost Tour! Trendsetter dürfen sich Glasgow auf keinen Fall entgehen lassen, eine der innovativsten Städte im Vereinigten Königreich. Fußballfans kennen natürlich **Celtic und Rangers**, erklärter Liebling Glasgows aber ist Charles Rennie Mackintosh. Seine School of Art im Stil des Art nouveau gilt als Schlüsselwerk der Moderne.

Herzliche Gastfreundschaft

Gar nicht geizig

»Auf Flaschen gezogenes Sonnenlicht« nannte George Bernard Shaw das Wasser des Lebens, das »Uisge Beatha« der über 110 **Whiskydestillerien**, in denen das Geheimnis des Scotch erschnuppert und probiert werden kann. Jede der Brennereien liegt, empfängt, riecht und entlässt anders, mindestens aber mit »a bonny wee dram«, dem obligatorischen Gläschen Malt.

Historisch Bewanderte verbinden den hohen Norden Großbritanniens mit Schwerterklingen. Wer will, kann **Schauplätze wilder Clankämpfe** aufsuchen und in Bannockburn die berühmteste Schlacht um Schottlands Unabhängigkeit nacherleben – zum 700-jährigen Jubiläum hatten die Schotten 2014 aber für ihren Verbleib im Vereinigten Königreich gestimmt. Doch seit dem **Brexit**-Votum im Juni 2016 stemmt sich Schottland gegen einen Austritt aus der EU – und treibt ein neues Unabhängigkeitsreferendum voran.
Im Süden wird auf **literarischen Wallfahrtsrouten** Robert Burns' und Sir Walter Scotts gedacht. Oder folgen Sie den Spuren von Maria Stuart. Ein besonderer Reiz Schottlands ist seine wohltuende Einsamkeit. Noch heute kann man die entlegenen Moore und Heiden des Hochlands tagelang durchstreifen, ohne jemandem zu begegnen. Naturfreunde und Vogelkundler sollten das Fernglas einpacken. Über den Hebriden kreisen Turmfalken und Steinadler, auf Orkney und Shetland nisten Eissturmvögel, Papageientaucher und Basstölpel.
Zwar bildet Schottland seit 1707 den nördlichen Teil Großbritanniens, aber nichts wäre unpassender, als die schottische mit der englischen Identität gleichzusetzen. So ist beispielsweise die **schottische Küche** beinahe so hervorragend wie die französische, von der sie dank der »Auld Alliance« einen Gutteil übernommen hat. Urtugend der Schotten ist ihre herzliche Gastfreundschaft. Der legendäre Geiz hingegen ist ein Mythos, aus dem Bedürfnis entstanden, chronischen Engpässen mit subtilem **Humor** zu begegnen. Letzterer ist auch den viel zitierten Schottenwitzen eigen, die nur belegen, dass man hier gerne über sich selbst lacht.

Pipes & Drums, schottischer geht es kaum.

TARTAN, PLAID UND KILT

Symbol für Schottland ist der Tartan. Geschichte, Mythen und Legenden sind mit dem berühmten Karomuster verwoben. Das älteste Tartantuch ist fast 1800 Jahre alt. Aber erst als Sir Walter Scott im 19. Jh. alles Schottische wieder populär machte und Königin Victoria ihre Liebe zu den Highlands entdeckte, wurde der Tartan trendy, vor allem als Kilt.

Nicht nur für Hochzeiten und Hogmanay bietet Geoffrey in Edinburgh den richtigen Kilt. ►

STRICTLY
NO
PHOTOGRAPHY
STAFF
TARTAN
WEAVING
MILL

»NICHTS hat mehr Sex-Appeal und wirkt männlicher als ein anständig hergestellter **Schottenrock**«, meint Alison Roß, Kiltmaker der Firma McPherson in Edinburgh. Getragen wird er vor allem zu großen Anlässen wie Hochzeiten und Hogmanay an Silvester, zu Festivals und Fußballspielen. Schwere Wollstoffe sorgen für den richtigen Schwung und messerscharfen Faltenwurf. Natürlich kam Sean Connery im Kilt zum Ritterschlag. Tennisstar Andy Murray heiratete seine Kim im Schottenrock und auch Sam Heughan und Ewan McGregor gehen gern im karierten Outfit zu ihren Filmpremieren. Sogar die Anhänger der schottischen Fußball-Nationalelf treten im Kilt an und nennen sich stolz die »**Tartan Army**«.

Nach der Niederlage von Culloden 1746 wurden Tartan, Dudelsack und Gälisch verboten, und vieles geriet in Vergessenheit. Ihre große Renaissance erlebten **Kilt und Tartan** ab 1822, als Sir Walter Scott den Besuch von King George IV. in Edinburgh organisierte. »Let every man wear his tartan!«, forderte Scott, und selbst der König hüllte sich in Schottenrock und Karomuster. Als Queen Victoria die Gemächer von Schloss Balmoral im roten Tartan der Royal Stuarts ausführen ließ, herrschte Hochkonjunktur in den schottischen Webereien. Ganze Regimenter wurden mit Kilt und Tartanhosen ausgestattet. Der Siegeszug des Schottenkaros war nicht mehr aufzuhalten und der karierte Stoff wurde zum **nationalen Markenzeichen**.

Kilt wird Kult

Während es bei heutigen Trendlabeln wie Vivienne Westwood, Stella McCartney oder Zara um das schönste Webmuster geht, gab die Farbabfolge der Schottenkaros ursprünglich Aufschluss über Heimatregion, Clanzugehörigkeit oder den sozialen Status des Trägers. Dafür wurde die Wolle mit regionaltypischen Pflanzenfarben eingefärbt, wie eine Art Postleitzahl. Weberinnen kerbten die genaue Abfolge der Fäden in ein Stück Holz, um das Tartanmuster für kommende Generationen festzuhalten. Decke, Regenschutz und Wollumhang zugleich war jahrhundertelang das aufwendig gefaltete »**Plaid**«. Der Wickelrock der Hochländer bestand aus zwei fünf Meter langen Stoffbahnen, die über die Schulter geworfen und mit einem Gürtel befestigt wurden. Der gewickelte knielange Kilt, wie man ihn heute kennt, ist erst eine praktische Erfindung des 18. Jahrhunderts.

Für alle Anlässe

Längst haben auch Lifestyle, Kitsch und Kunst das schottische Webmuster als **gefragtes Design** entdeckt. Günstig ist ein handgefertigter Kilt allerdings nicht. Für ein »Prince Charlie Outfit« mit Schottenrock, Jacke, Schuhen, Strümpfen und Sporran-Beutel muss man £ 700 – 2000 bezahlen. Kilts für sie und ihn, von klassisch bis ausgeflippt, finden Sie an der Royal Mile in Edinburgh bei Geoffrey und John Morrison. Auf einen alltagstauglichen, lässigen Look mit Wickelrock, Wollsocken und Stiefeln schwört der Edinburgher Kiltmaker Howie Nicholsby. Denim, Leder oder Leinen – in seinem winzigen Atelier »**21st Century Kilts**« beweist Howie mit viel Zeit und noch mehr Fantasie, dass der klassische Kilt ganz neu interpretiert werden kann. Der Aufwand hat seinen Preis. Aber waschechte Schotten lieben ihren Kilt – und tragen darunter häufig mehr als viele denken.

BAEDEKER DAS IST ...

21ST CENTURY KILTS
Kiltmaker Howie Nicholsby nimmt Maß.
(48 Thistle Street, New Town, Edinburgh
http://21stcenturykilts.com)

DAS WASSER DES LEBENS

Jedes »wee dram«, jedes winzige Schlückchen Scotch Whisky, ist prall gefüllt mit Aromen und Assoziationen von schottischen Landschaften, Legenden und Traditionen. Moore mit Torfstich, salzige Seeluft und würzige Heidekräuter scheinen sich im Glas zu spiegeln.

Cadenhead's in Edinburghs Royal Mile verkauft eigene Fassabfüllungen in signierten Flaschen. ▶

WHISKY SHOP
Initial
CADENHEAD'S
SCOTLAND'S
OLDEST INDEPENDENT BOTTLER
· ESTD 1842 ·
MONDAY to
SATURDAY
10.30am to
5.30pm

GEBRANNT wird das schottische Nationalgetränk bereits seit mehr als 500 Jahren. Als nach der britischen Union von 1707 englische Zöllner den Scotch drastisch besteuerten, blühten Schwarzbrennerei und Schmuggel. Allein 1782 wurden über 1000 Schwarzbrenner verhaftet, aber die Öffentlichkeit gab den »sma' stills« moralischen Rückhalt. Jeder zweite Schluck Scotch war illegal gebrannt, bevor **Brennlizenzen ab 1823** erschwinglich wurden. Als Ende des 19. Jh.s die Reblaus in den Weinbergen Europas für eine dramatische Verknappung des Brandy sorgte, schlug die Stunde der Whiskybarone, die ein Vermögen verdienten. Heute liefert Schottland gut ein Drittel des globalen Bedarfs.

»Auf Flaschen gezogenes Sonnenlicht« …

nannte George Bernard Shaw den bernsteinfarbenen **Spirit of Scotland**. Seine wichtigste Komponente ist neben einer qualitativ hochwertigen Gerste die besondere Wasserqualität der entlegenen Quellen im niederschlagsreichen Hochland. Auch das von Laien nachzuschnuppernde würzige Aroma durch die Torffeuer zum Trocknen der gemälzten Gerste verleiht den Destillaten eine eigene Note, die auf Besichtigungstouren probiert werden kann. Jede der Brennereien empfängt, riecht und entlässt anders, mindestens aber mit dem obligatorischen Gläschen Malt. Heimat für über die Hälfte der **110 aktiven Destillerien** ist der Speyside, wo komplexe Whiskys mit wenig Torfaroma wie The Glenlivet, Glenfiddich und Macallan produziert werden. Highland Whiskys wie The Dalwhinnie oder Royal Lochnagar übezeugen mit mild-malzig-süßem Charakter. Je näher die Brennereien an der Küste liegen, umso mehr mischen sich maritime Akzente in die Aromen wie beim Clynelish oder Old Pultenay. Die torfigsten und markantesten Malts kommen von der Whiskyinsel Islay.

Blended oder Single Malt?

Die meisten Malts gehen an Blender, deren Kunst darin besteht, aus mehreren Whiskys einen unverwechselbaren Markenblend zu mixen. Früher eher eine Spezialität, haben sich die teuren Single Malts, die immer nur aus einer Brennerei stammen, längst zum Modegetränk entwickelt und sind auf jedem Flughafen im Duty Free Shop erhältlich. Mit Muße, Zeit und eventuell etwas Wasser werden Sie beim Tasting wunderbare Aromen entdecken – Slàinte!

BAEDEKER DAS IST …

MALT WHISKY TRAIL

Schilder mit den Kilns, den pagodenförmigen Darretürmen der Destillerien, führen rund ums Jahr im Speyside zu Traditionsbrennereien, darunter Cardhu als einzige Brennerei, die je von einer Frau geführt wurde – Elizabeth Cumming –, die historische Dallas Dhu Distillery, Glenfiddich, The Glenlivet mit kostenloser Tour, Glen Grant und Strathisly, die älterste Brennerei Schottlands, die seit 1786 in Betrieb ist. (www.maltwhiskytrail.com)

OBEN: Mehr als 350 Single Malts stehen in der Bar des Hochlandhotels Torridon zur Auswahl.
UNTEN: Gelagert wird in gebrauchten Bourbon-, Sherry-oder Portweinfässern, die dem Whisky seinen Charakter verleihen.

HOCHLAND-OLYMPIADE

Tartanberockte Muskelmänner, die Steine wuchten, Hammer schleudern und Baumstämme in 12-Uhr-Position werfen, Dudelsackbands, Tauziehen und Tanz – an mehr als 100 Orten werden von Mai bis September die berühmten Highland Games ausgetragen. Frauen sind selbstverständlich mit von der Partie, und das nicht nur beim Stepptanzwettbewerb des Highland Fling.

Es ist diese Stimmung, die das Braemar Gathering zum beliebtesten in ganz Schottland macht. ►

SUMMIT

WER immer noch daran zweifelt, dass Schotten anders sind als der Rest der Menschheit, sollte zum Braemar Gathering anreisen. Es klingt ein bisschen wie ein Zischen, dabei wäre ein Urschrei irgendwie passender. Nein, hier werden keine normalen Speere oder Eisenkugeln geschleudert wie in der Leichtathletik. Bei den **Highland Games** dürfen es große Steinbrocken, sperrige Kiefernstämme oder Stahlkugeln mit ganz viel Gewicht sein. Letztere nimmt man zum Hammerwerfen, wobei der Hammer 19 Kilo wiegt – in der Leichtathletik sind es mit 7,26 Kilo nicht mal die Hälfte.

Schon im Mittelalter musste der Nachwuchs bei den »Heavy Events« seine Fähigkeiten unter Beweis stellen. Malcolm III. suchte im 11. Jh. einen neuen Kurier und erfand dafür einen Wettlauf, der von Braemar auf den Creag Choinnich hinaufführte. Der Sieger erhielt neben einer kostbaren Gürtelschnalle den königlichen Job als Schnellläufer. Unten in Braemar übte man sich derweil im Baumstammwerfen, Steinewuchten und Hammerwurf, alles natürlich im Kilt und mit dröhnender Dudelsackuntermalung. Die Rekrutierungswettkämpfe der Clanchefs mauserten sich schnell zu populären Dorffesten mit Sport, Musik und Tanz. Was heute Teilnehmer und Besucher aus aller Welt anzieht, hat seinen Ursprung allerdings eher im 19. Jh., als durch Sir Walter Scotts romantische Romane für die vielerorts vergessene Hochlandolympiade eine wahre Renaissance einsetzte.

Als Queen Victoria 1848 das **Braemar Highland Gathering** besuchte und ihm ihre königlichen Weihen gab, wurden die Spiele fester Bestandteil des schottischen Festkalenders. Victoria hatte eine Schwäche für Schottland und setzte sich sehr für die Wiederbelebung alter Bräuche ein. 1889 sah Baron Pierre de Coubertin die Highland Games bei der Pariser Weltausstellung. Sie inspirierten ihn nicht nur in seinem Bemühen um die Wiederbelebung der Olympischen Spiele, sondern auch zur Aufnahme von Hammerwurf, Kugelstoßen und Stabhochsprung als olympische Disziplin.

Schwere Jungs

Die Stars des folkloristischen Spektakels, das **kernig, laut und farbenprächtig** unterhält, sind ohne Frage die tartan-berockten Muskelmänner – unter 90 Kilo ist man ein Leichtgewicht. Wer nur Kraft und keine Technik besitzt, hat allerdings wenig Chancen. Beim Steinwurf beispielweise muss der Trümmer rückwärts über den Kopf geschleudert werden. Das sollte sitzen, damit der Felsbrocken nicht aufs unbehelmte Haupt fällt. Vielen bleiben die Massed Bands am besten im Gedächtnis: Hunderte von Dudelsackspielern und Trommlern kommen aus ganz Schottland zusammen, um gemeinsam zu musizieren und zu marschieren.

Alle Royals ...

... sind aus dem nahen Schloss **Balmoral** zur Stelle, wenn der Braemar Caber geworfen wird. Schon das Balancieren des sechs Meter langen und 66 Kilo schweren Baumstamms erfordert höchste Kraft und Geschicklichkeit. Dann der schnelle, präzise Anlauf, abrupter Stopp und ein perfekter, gradliniger Überschlag des Stamms in 12-Uhr-Position – wem das gelingt, dem ist tosender Beifall sicher. Seit Queen Victoria kommt die königliche Familie zu jedem Hochlandspiel nach Braemar, nur einen Hammerwurf von Balmoral entfernt.

OBEN: Auch Queen Elizabeth II zeigt sich bei den Braemar-Hochlandspielen »amused«.
UNTEN: Männer dürfen bei den Highland Games noch die echten Kerle geben.

BRAEMAR ROYAL HIGHLAND GATHERING

Strenge Schiedsrichter beurteilen fast 30 Disziplinen für Männer und Frauen. Es gibt auch einen Markt, jede Menge schottischer Spezialitäten und Schäfer, die mit ihrem Border Collie vorführen, was so ein Hütehund alles draufhat – immer am ersten Septemberwochenende. (www.braemargathering.org, http://braemarscotland.co.uk)

SUMMER IN THE CITY

Edinburgh vibriert vor Leben, besonders im August, wenn Fringe und International Festival die Hauptstadt aus den Fugen geraten lassen. Aber auch den Rest des Jahres wird in »Edinburra« gern gefeiert.

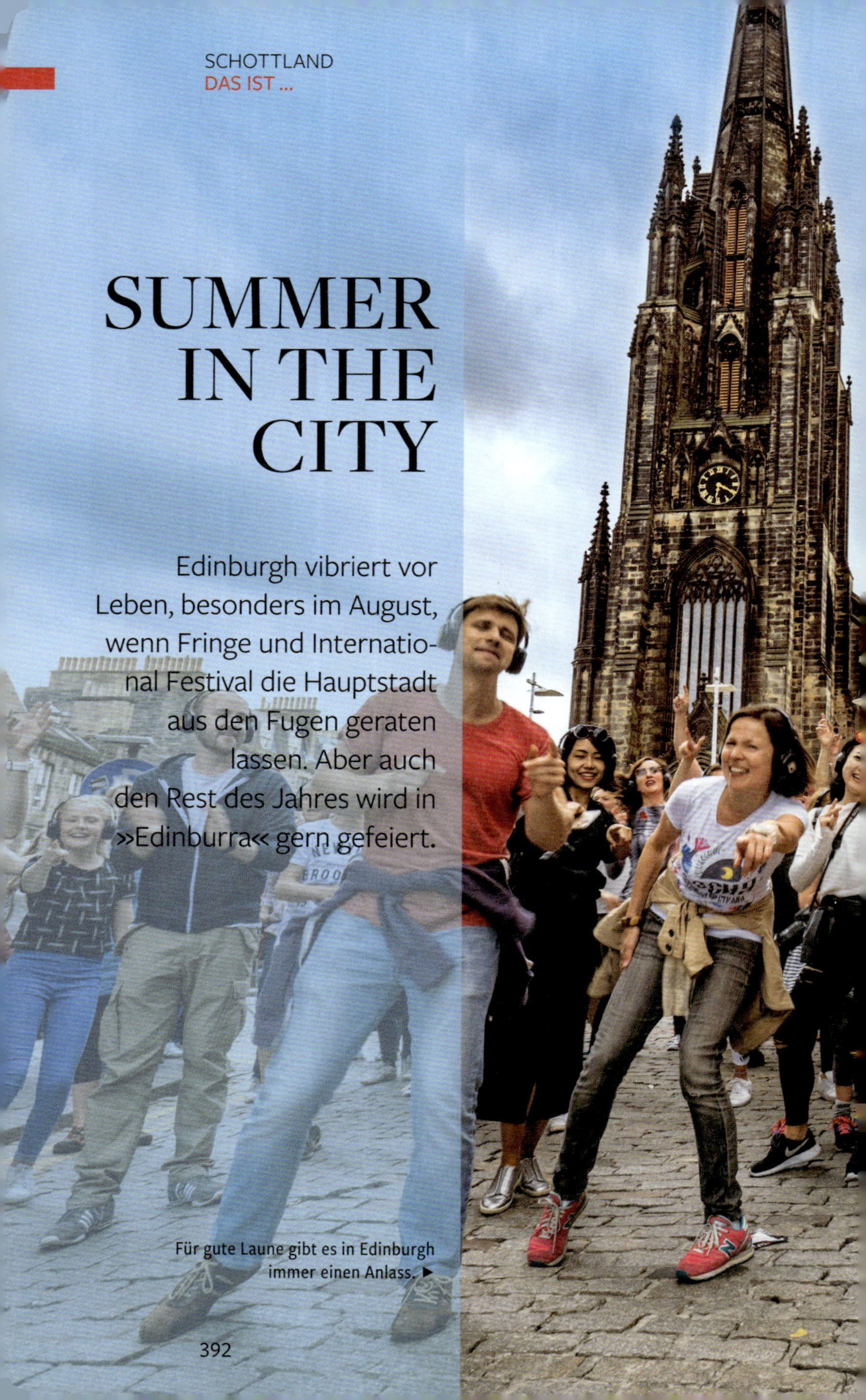

Für gute Laune gibt es in Edinburgh immer einen Anlass. ▶

This way to
THE HUB
Tattoo Ticket Holders
The Court Curio Shop

MIT 493 000 Einwohnern ist **Edinburgh** zwar kleiner als **Glasgow**, gibt aber trotzdem meist den Ton an. Und das nicht nur als Festivalhochburg und im preisgekrönten Parlamentsgebäude, wo Nicola Sturgeon und die Scottish National Party 2016 erneut als Wahlsieger einzogen. Keine 80 Kilometer trennen die beiden größten Städte Schottlands, die unterschiedlicher nicht sein könnten. Es heißt, in Glasgow werde produziert, in Edinburgh gehandelt. Glasgow gilt als Trendcity mit lässigem Lifestyle und viel Herz. Und manchmal fehlenden Manieren. Edinburgh pflegt wohlhabendes Bürgertum und Traditionen, lebt die Historie, perfekt und posh, mitunter arrogant und kühl. Die Wahrheit liegt wie meist vermutlich irgendwo dazwischen. Jenseits aller Klischees setzen beide Städte auf Veränderung. Glasgow blieb nach dem industriellen Niedergang keine Wahl. In Edinburgh ist es ein Balanceakt zwischen Aufbruch und UNESCO-Auflagen.

Feiern Sie mit!

Drei Wochen im August wird die Hauptstadt zur Bühne, begeistert das **weltgrößte Künstlerfestival** mit dem unglaublichsten Angebot an Kultur, das Sie sich vorstellen können. Begonnen hatte alles zwei Jahre nach Ende des Zweiten Weltkriegs, als englische und schottische Philantropen nach einem Ort suchten, an dem das zerstörte Europa kulturell wieder zusammenfinden sollte. Heute kommen über 220 000 Zuschauer alljährlich zum **Edinburgh International Festival**, zu dem auch das Festival Fringe und der berühmte »Zapfenstreich« des Military Tattoo gehören. Die bezwingende Idee des **Fringe Festival** ist seine Offenheit. Hier wird weder ausgewählt noch kuratiert. Jeder, der etwas einstudiert hat, darf sich anmelden, und solange er eine der mehr als 300 »Bühnen« buchen kann, steht seinem Auftritt nichts im Weg. Jede Show verfügt über eigene Helfer, die auf der Straße werben oder vor dem Veranstaltungsort stehen und die Passanten mit Witz oder wenigstens mit Leidenschaft zum Eintreten auffordern. Den Rest des Jahres bietet die Hauptstadt ebenso hochkarätige Events und bunte Feste, Folkmusik und Fiddlekonzerte, Tanztouren, Theater und Storytelling. Und an Silvester wird die ganze Stadt zur Partymeile mit einem Riesenfeuerwerk.

BAEDEKER DAS IST ...

ROYAL MILITARY TATTOO

Höhepunkt des Sommerfestivals ist die tägliche Militärparade auf der Esplanade vor der beleuchteten Burg. Mehr als 1000 Dudelsackspieler, Trommler, Sänger und Tänzer aus aller Welt treten hier an, um in aufwendigen Choreografien bekannte Melodien zu spielen. Emotionalster Moment ist der Lone Piper hoch oben auf der Burgmauer, der zum Gedenken an die Gefallenen bläst, bevor Feuerwerk, die britische Hymne »God Save the Queen« und Burns schottische Weise »Auld Lang Syne« den Vorhang schließen. (www.edinburghfestivalcity.com)

Im Sommer rufen Pipes & Drums zum Military Tattoo nach Edinburgh.

GANZ GROSSES KINO

Heide, nackter Fels und eine Handvoll Häuser, die sich weiß gekalkt der Weite entgegenstellen – nicht nur Wanderer und Gipfelstürmer, auch Filmproduzenten wissen die dramatische Bergwelt der Highlands zu schätzen.

Oscarreif: Im Tal Glencoe wurde für James Bond, Braveheart und Outlander gedreht.

»
Meilen und Meilen
lavendelfarbener Einsamkeit
«
notierte Virginia Woolf in ihr Tagebuch, als sie 1938 das Hochland bereiste.

MENSCHENLEER, windumtost, voller Regen, Nebel und Spuk sind die Highlands vielleicht nicht jedermanns Sache. Aber wenn die Sonne durchbricht, malt die Natur die schönsten Bilder. Zwischen baumlosen Bergen glitzern tiefblaue Lochs, wie die Schotten ihre Seen und Fjorde nennen. Am Ufer zerfallen einsame Burgruinen, grasen genügsame Schafe und zottelige Hochlandrinder, lässt Heidekraut die Hänge lila leuchten. Das ist so umwerfend schön, dass Sie nach jeder Kurve anhalten möchten. Loch Torridon, Loch Maree, Loch Assynt – immer wieder die beste Aussicht. Entrückte Stille, schwingende Weite, großartige Verlassenheit. Auch der Himmel scheint im Hochland größer als zu Hause. Die Sonne steht flacher und taucht die Landschaften in fantastische Farben. Mit jeder Wolke ändert sich das Licht. Keine Minute gleicht der anderen.

Zwischen gestern und morgen

Die einsamste Region Europas ist allerdings nicht naturgegeben, sondern ein Erbe der **Highland Clearances**. Überall im Hochland erinnern verwitterte Häuserruinen daran, dass die Landbevölkerung ab Mitte des 18. Jh.s zugunsten einer profitableren Schafzucht vertrieben wurde. Fast zwei Drittel der ansässigen Pächter und Kleinbauern wurden »umgesiedelt«. Ganze Dörfer mussten weichen. Wer nicht freiwillig ging, bekam brachiale Gewalt zu spüren. Vielen blieb nur die Auswanderung nach Übersee – in Kanada verdankt eine ganze Provinz dem Räumungsdesaster seine Entstehung: Nova Scotia, Neuschottland. Arbeitssuche und Abwanderung haben ihr Übriges getan. Heute leben weniger als 20 Prozent der Schotten in den Highlands, auch wenn Tourismus und Zukunftstechnologien für neue Jobs sorgen. Schafzucht und Fischfang haben enorm von Geldern aus Brüssel profitiert. Durch den Brexit fürchten viele den Wegfall der EU-Subven-tionen.

BAEDEKER DAS IST …

NORTH COAST 500

Schottlands Antwort auf Amerikas Route 66 ist kein endloser Highway, sondern ein fantastischer Roadtrip mit **500 kurvenreichen Meilen** wundervoller Natur, mit Burgen und Schlössern, hohen Pässen und einsamen Stränden, der von Inverness aus den gesamten Norden der Highlands umrundet. Lassen Sie sich nicht vom Linksverkehr abschrecken. Nach dem zweiten Kreisverkehr haben Sie sich daran gewöhnt. Im Hochland haben viele Straßen nur eine Fahrspur für beide Richtungen. Es gibt genug Ausweichstellen und da die höflichen Schotten eher defensiv fahren und wenig Verkehr herrscht, werden Sie keine Probleme, sondern erstaunlich viele nette Begegnungen haben. (www.northcoast500.com)

OBEN: Mitten im Hochland bewacht Kilchurn Castle das Ufer des Loch Awe.
UNTEN: Pflichtprogramm für Gipfelstürmer ist der Ben Nevis, Großbritanniens höchster Berg.

UNTERWEGS IN SCHOTTLAND

Um Schottland richtig kennenzulernen, brauchen Sie Zeit. Schon die Reise vom Festland auf die Inseln ist je nach Entfernung nicht nur ein Tagestrip und sollte gut geplant sein. Es genügen aber schon ein paar Tage, um einen Eindruck von der wildromantischen Natur des Nordlands, den charmanten Städten, der lebendigen Kulturszene und der Gastfreundschaft zu bekommen.

Welcome to Scotland

Auf den ersten Blick erscheinen die »rolling hills of the Borders« wie die herannahenden Wogen eines grünen Ozeans, die sich südwärts der englischen Grenze entgegenwerfen. Sanfte, weit geschwungene Hügel und fruchtbare Täler formen die **Southern Uplands**, wo wehrhafte Burgen und stimmungsvolle Abteiruinen von einer turbulenten Geschichte zeugen. Die romantische Natur der Grenzregion muss man erlebt haben, um zu verstehen, warum die Historienromane von Sir Walter Scott zu Bestsellern wurden und einen Schottlandboom auslösten, der bis heute anhält.

Idyllen und Innovationen

Die flachen bis hügeligen **Lowlands** sind durch die beiden weit ins Land reichenden Mündungstrichter von Clyde und Forth vom Meer

Plädoyer für eine gelassene Betrachtung der Dinge

geprägt. Über 80 Prozent aller Schotten leben im zentralen Tieflandgürtel. Hier liegen die beiden größten Städte, einige der schönsten Schlösser des Landes und der berühmteste Golfplatz der Welt. In den Lowlands wurden entscheidende Schlachten für die Unabhängigkeit geschlagen, die schottische Aufklärung geboren und die industrielle Revolution eingeläutet. Ob Kohlebergbau, Textilfabriken oder Eisen und Stahl – an Clyde und Forth boomte die Wirtschaft, machten Tüftler und Techniker bahnbrechende Erfindungen, von Watts Dampfmaschine bis zum Klonschaf Dolly. Heute setzen Hightech, die Hauptstadt Edinburgh und die Trendcity Glasgow neue Akzente. Trotz kühler Temperaturen gilt die Küste von East Lothian als schottisches Biarritz.

Highlands & Hebriden

In Schottland nieselt es häufig, regnet es oft und schüttet es kräftig. Und im nächsten Moment bricht die Sonne durch die dicke Wolkendecke und verzaubert die Lochs, Glens und Bens im **Hochland** mit dramatischem Licht. Die See vor den einsamen schneeweißen Stränden leuchtet türkis, fast wie in der Karibik. Unvergesslich ist ein Sonnenaufgang, wenn noch leichter Morgennebel über den viel besungenen Gestaden von Loch Lomond liegt, atemberaubend die orgelnde Brandung an den Steilküsten der **vorgelagerten Inseln**.
Wasser, Wind und eiszeitliche Gletscher haben die großartige Bergwelt geformt mit kargen Hochebenen, schroffen Felsen, tiefblauen Seen und mystischen Mooren. Wanderer und Gipfelstürmer zieht es in die Cairngorm Mountains, zum Ben Nevis als höchstem Berg im Königreich oder auf die Cuillin Hills der Isle of Skye. Noch mehr als eine geografische Landschaft ist es ein Sehnsuchtsort. Die wilden Highlands und sturm-umtosten Hebriden wirken, als stammten sie aus einer anderen Zeit. Mehr als 500 Inseln gehören dazu, ungezähmt, ursprünglich und einsame Klasse. Wer sie bereist, will wiederkommen – versprochen.

Stressfreier Verkehr

Die meisten Urlauber bereisen Schottland im Auto, da viele attraktive Ziele, besonders in den Highlands und auf den Inseln, nur im Pkw gut zu erreichen sind. Haben Sie sich erst einmal daran gewöhnt, **rechts im Auto** und **links auf der Straße** zu fahren, ist es ein Kinderspiel. Wie die Straßenschilder zeigt auch der Tacho das Tempo in Meilen an – mph x 1,6 = km/h. Inzwischen stehen an allen Hauptverbindungsstrecken jede Menge Blitzkisten, also achten Sie auf Ihre Geschwindigkeit! Auf entlegenen Strecken und Wegen durch die Berge gibt es oft nur einspurige Straßen, Single Track Roads, die um »passing places« rechts und links erweitert sind. Hier ist höfliche Zuvorkommenheit die Regel. Schotten drängeln nicht und bedanken sich mit netten Handzeichen, warten in den kleinen Verkehrsbuchten und lassen Entgegenkommende auf der Straße passieren oder Einheimische, die es eilig haben, überholen. Genießen Sie den angenehm entschleunigten Verkehr ohne Stress, Aufregung oder Rechthaberei.

SPLASH
SPLASH

★★ TOP-ZIELE

Wo begegnet man schottischer Lebensart am besten? Für Anhänger des »Wassers des Lebens« gibt es nur eine Antwort: auf dem Malt Whisky Trail. Weniger alkoholische Höhepunkte hat es aber zur Genüge: die raue Welt der Hebriden, das umtriebige Edinburgh oder Charles Rennie Mackintosh in Glasgow.

Borders

★★ Abbotsford House

Sir Walter Scott ließ sich am Ufer des Tweed ein Farmhaus zu einem Anwesen im viktorianischen Baronialstil umbauen, das er selbst als »Romanze in Stein und Mörtel« bezeichnete.

★★ Floors Castle

Das **größte noch bewohnte Schloss Schottlands** wurde um 1721 für den ersten Herzog von Roxburghe erbaut. 120 Jahre später kamen die Türmchen, Zinnen und Kamine im Tudor-Stil dazu.

Cairngorm Mountains

★★ Spektakuläre Bergwelt

Wolken jagen über den Horizont, steter Wind zerzaust die Haare, dicke Nebel verschlucken das Tal am majestätischen Cairn-Gorm-Gipfel. Das Gebirge gilt als das höchste, kälteste und schneereichste Plateau der Britischen Inseln – und **Traumziel für Trekkingfans**.

Caledonian Canal

★★ Wandern auf dem Wasser

Unbeschwert durch traumhafte Landschaft schippern können Sie bei einer Bootstour auf dem Kaledonischen Kanal. Wer nicht auf eigenem Kiel anreist, kann ein **Hausboot** chartern. Dafür benötigen Sie weder Führerschein noch Fahrpraxis.

Castle Trail

★★ My home is my castle

Immensen Reichtum, Macht und Status spiegeln mehr als 70 wehrhafte Trutzburgen und märchenhafte Prunkschlösser westlich von Aberdeen wider. Die 19 schönsten, darunter **Craigievar Castle** und **Fyvie Castle**, erschließt der 240 km lange Castle Trail.

Auszeit am Kaledonischen Kanal: Schippern Sie im Hausboot oder einer Segeljacht durch idyllische Landschaften quer durch die Highlands.

LEGENDE
Baedekers Top-Ziele
Baedekers Reiseziele
100 km
© BAEDEKER
North Coast 500
fantastischer Roadtrip
Dunrobin Castle
elegante Pracht am Meer
Isle of Skye
Wilde Wolken-insel mit perfekter Blaupause
Lewis, Standing Stones of Callanish
Sonnenverehrung und Zeitberech-nung
Mit dem Schiff
... vom Loch zum Meer
Loch Lomond, Loch Katrine & Trossachs
Schönster See der Schotten
Meisterwerke von Mackintosh
Zeitlos eleganter Jugendstil
Kelvingrove Art Gallery & Museum
Kunst, Handwerk und ein Elefant
St. Kilda
Outer Hebrides
Nah-Eileanan Siar
Port of Ness
Port Nis
Stornoway
Steornabhagh
Lewis
Leodhais
Rodel
Roghadal
North Uist
Uachdar
South Uist
Lochboisdale
Loch Baghasdail
Hebriden
Ullapool
Gairloch
1062
Achnasheen
Skye
Kyle of Lochalsh
87
Sea of the Hebrides
Inner Hebrides
Mallaig
Northwest
Invergarry
Kilchoan
Fort William
Caledonian
1343
Ben Nevis
Lochaline
Calgary
Glencoe
Mull
Oban
Fionnphort
Dalmally
Scotland
82
Lochgilphead
Jura
Cowal
Loch Lomond
Islay
Port Askaig
Bute
78
Port Ellen
Kintyre
Brodick
Glasgow
Kilmarnock
Arran
Campbeltown
Ayr
76
Cumnock
Dunfanaghy
Gooth Dobhair
IRELAND
EIRE
Letterkenny
An Charraigh
Donegal
26
2
5
North
77
Ballymena
N15
Northern Ireland
29
Newtown-abbey
M22
Stranraer
Newton Stewart
Sligo
Sligeach
46
Lough Neagh
75
Galloway
Channel
N16
4
4
Belfast
M1
Castle Douglas
Enniskillen

Kammergräber, Sonnentempel, Steinzeitdörfer
Orkney Islands
Shetland Islands
Kosten ... Sie das Wasser des Lebens!
Ranger ... führen zum Gipfel des Cairn Gorm
Malt Whisky Trail
Cairngorm Mountains
Castle Trail
My Home ... is a Castle
Dee Valley Royal Deeside
V & A Museum of Design
Platz für neue Ideen
Glamis Castle
Krönung schottischer Burgenromantik
Pitchen & Putten
Die Wiege des Golfsports
Stirling Castle
Schottlands Schicksalsburg
Castle & Royal Mile
Königliche Flaniermeile zu Füßen der Burg
National Museum of Scotland
Geschichte, Kunst und Klonschaf Dolly
Abbotsford House
Sir Walter Scotts Traumdomizil
Floors Castle
Märchenschloss im Tal des Tweed
Norwick
Unst
Yell
North Roe
Fetlar
Mainland
Foula
Lerwick
Grutness
Fair Isle
Aith
Stromness
Kirkwall
St. Margaret's Hope
Tongue
Thurso
Wick
Helmsdale
Proncy
Elgin
Culloden
Banff
Fraserburgh
Huntly
Peterhead
Ben Macdui
1309
Banchory
Aberdeen
Braemar
Pitlochry
Stonehaven
Rattray
Dunnottar Castle
Perth
Dundee
St. Andrews
Fife
Haddington
Berwick-upon-Tweed
Borders
Hawick
Jedburgh
Alnwick
England
North Sea
GREAT BRITAIN

Dundee

★★ V & A Museum of Design

Schottisches in spektakulärer Architektur: Herzstück der Ausstellung sind die **Scottish Design Galleries**, die von Architektur, Mode und Industriedesign über Jugendstilmöbel von Mackintosh bis zu Videospielen schottische Ideen präsentieren.

★★ Glamis Castle

Majestätisch ist hier alles: Schlossansicht, Interieur, Park und die Verbindung zur Mutter der Queen. Im Schlafgemach von Queen Mom wurde 1930 **Prinzessin Margaret**, die Schwestervon Elizabeth II, geboren.

Edinburgh

★★ Royal Mile

Hier reihen sich Pubs und Restaurants, Kiltmaker und Whiskyshops, Hotels und Museen dicht aneinander, schlägt **das Herz der Hauptstadt**, starten begabte Geschichtenerzähler ihre Gruseltouren.

★★ National Museum

Hier geht es vor allem um Schottland, aber nicht ausschließlich: G**eschichte zum Anfassen**, Kunst und Weltkulturen, Erfindungen von

der Dampflok bis zum Telefon, Klonschaf Dolly, Sarkophage aus dem alten Ägypten, Maori-Kanus aus Neuseeland ... Selbst Museumsmuffel sind begeistert.

Glasgow

★★ Kelvingrove Art Gallery

Was es hier nicht alles gibt: Gemälde europäischer Meister aus allen Epochen, natürlich Charles Rennie Mackintosh, Gobelins, Waffen und Rüstungen, eine Spitfire, »hängende Köpfe« und der präparierte **Sir Roger**, der Menagerie-Dickhäuter.

Hebriden

★★ Raue Inselwelt

»Hav bred ey«, **Inseln am Rande des Meeres**, nannten die Wikinger die sturmumtosten Hebriden vor der Westküste Schottlands. Nur 80 der rund 500 Inseln sind bewohnt. Einsame Sandstrände und traumhafte Buchten, rätselhafte Steinkreise, Tweed und torfigen Whisky gilt es am rauen Ende Europas zu entdecken. Höhepunkte sind die **Isle of Skye** und die **Standing Stones of Callanish**.

Die besten Seiten Edinburghs sieht man vom Calton Hill: The Mound, die Burg und der Uhrturm des Grandhotels Balmoral an der Princes Street.

Loch Lomond

★★
Schönster See der Schotten

»Die Königin der schottischen Seen« wurde 2003 zusammen mit den Trossachs zum **ersten Nationalpark** des Landes erklärt. Im Süddelta bilden Dutzende von Inseln ein fantastisches Labyrinth für Freizeitskipper.

Malt Whisky Trail

★★
Wasser des Lebens

Whisky kann nach Karamell schmecken und nach Zimt, Schokolade, Seeluft, Torffeuer oder nach zu Hause. Manchmal auch alles zusammen oder nach etwas ganz anderem ... Hier können Sie **von Brennerei zu Brennerei** pilgern.

North West Highlands

★★
Bergwelt

Magie liegt über der kargen Bergwelt, den wilden Hochmooren und einsamen Lochs. Windumtost und wolkenverhangen, doch wenn die Sonne durchbricht, ist **die Natur überwältigend** und verlangt geradezu, den ganzen Tag im Freien zu verbringen.

Orkney Islands

★★
Grüne Hügel, azurblaues Meer

Kammergräber wie **Maes Howe**, Sonnentempel wie der **Ring of Brodgar** und Steinzeitdörfer wie **Skara Brae**: Auf den Orkneys blühte eine Hochkultur. Gestrickt, gefilzt oder gewoben werden aus der Wolle der Inselschafe Pullover und Kuschelschals.

St Andrews

★★
Wiege des Golfsports

Auf dem Old Course haben alle Großen des Golfsports gespielt – nach Regeln, die bis heute der Royal and Ancient Golf Club festsetzt. An der ältesten Universität des Landes lernten sich **William und Kate** kennen.

Stirling

★★
Stirling Castle

Stirling Castle thront auf dem bewaldeten Kegel eines erloschenen Vulkans. **Generationen von Monarchen** haben hier Zeichen ihrer Regentschaft hinterlassen. Die heutige Burg stammt aus dem 15./16. Jh., als die Stuarts in Stirling residierten.

OBEN: Azurblau und Grün bei den Steilklippen am St. John's Head auf der Orkney-Insel Hoy.
UNTEN: Das noble Old Course Hotel von St. Andrews blickt auf den berühmtesten Golfplatz der Welt.

ESSEN UND TRINKEN

Ob Pubfood oder Haute Cuisine – Qualität besitzt heute in der schottischen Küche einen hohen Stellenwert. Statt Kalorienbomben und fetten Speisen serviert der Kochnachwuchs zunehmend gesunde Kost. Selbst im entlegenen Hochland und auf den Inseln finden Sie Slow Food, Gourmetkost und Bauernmärkte mit Bioprodukten aus erster Hand.

Mehr als Haggis, Fish & Chips

Populäre TV-Köche wie Gordan Ramsay, Nick Nairn und Claire MacDonald – die Botschafterin der schottischen Küche – gaben schon vor Jahren kreative Anstöße und plädierten für eine Rückbesinnung auf **regionale Produkte**. Das Meer und die klaren Flüsse liefern Seafood vom Feinsten, von Lachs und Forelle bis zu Hummer, Muscheln und Krabben. Angusrinder, Shorthorn und Highland Cattle produzieren cholesterinarmes Fleisch, im rauen Grün der Highlands und auf den Weiden des Südens grasen über 6,5 Mio. Schafe. Moorhuhn, Fasan und Rotwild werden in köstlichen Variationen serviert, und im geschützten Mikroklima historischer Mauergärtchen gedeihen das ganze Jahr über frisches Gemüse, Obst und Kräuter. Im Tal von Strathmore bei Dundee laden weite Erdbeer- und Himbeerfelder auch zum Selberpflücken ein. Nicht wegzudenken ist der Hafer, ob beim Frühstück im Porridge, als Zutat zum **Nationalgericht Haggis** oder als Oatmeal-Plätzchen; fast kein traditionelles schottisches Gericht kommt ohne dieses Grundnahrungsmittel Nummer 1 aus. Die Gerste hingegen bleibt fast ausschließlich Bier und Whisky vorbehalten.

Opulentes Frühstück

Den Tag beginnen die Schotten mit einem reichhaltigen Frühstück. Den Auftakt zum **Breakfast** machen Cereals von Corn Flakes bis Müsli oder ein Porridge – der gekochte Haferbrei wird in Schottland gern gesalzen gegessen, wer Zucker bevorzugt, sollte entsprechend bestellen. Danach folgen Eier mit Speck oder Schinken (Bacon and Eggs; Ham and Eggs), Würstchen (Sausages) und würzige Grützwurst, White bzw. Black Pudding genannt. Dazu können geschmorte Tomaten und Pilze, weiße Bohnen (Baked Beans), geräucherter Hering (Kipper) oder Schellfisch (Haddock) bestellt werden, kalorienreiche Butteries, die aussehen wie flache Croissants, und Scones. Toast mit Butter und Marmelade (jam) oder Bitterorangenkonfitüre (marmalade) runden das Frühstück ab, zu dem neben Tee mit Milch immer ein Glas Orangensaft gehört. Inzwischen können Sie fast überall auch ein leichteres Continental Breakfast wählen.

Mittags bis abends

Der **Lunch** zwischen 13 und 14 Uhr besteht meist nur aus einem kleinen Snack, einem Sandwich, Salat, Lasagne, Curry oder Stew. Viele Restaurants bieten zum Mittag ein preiswertes 2-Gänge-Lunch-Menü.

Highland-Rinder liefern cholesterinarmes Fleisch.

Fast immer empfiehlt sich die hausgemachte Tagessuppe mit Brot. Fester Bestandteil der britischen Lebensart ist der **Afternoon Tea** zwischen 16 und 17 Uhr. Stilecht kommt er mit knusprigen Scones mit Erdbeermarmelade und Clotted Cream, hausgemachten Oatcakes, Shortbread, Fudge-Kuchen, Biskuit-Trifles, Crumbles und gehaltvollen Sandwiches. Hauptmahlzeit ist das Abendessen. Das **Dinner** beginnt zwischen 19 und 20 Uhr. Dresscode ist, anders als beim lässigen Lunch, smart casual oder elegant. Nach 21 Uhr werden in Pubs und Pub-Restaurants keine Bestellungen mehr entgegengenommen. Für den späten Hunger stehen viele internationale Restaurants zur Wahl, auch die Fish & Chips Shops sind häufig bis Mitternacht und länger geöffnet.

Was trinkt man?

Bier ist nicht gleich Bier

In einem sind sich die Schotten sogar mit den Engländern einig: Alle trinken gerne Bier, und zwar meist ein schaumarm bis zum Rand gefülltes **Pint** (0,568 l), weshalb im Pub auch nicht »ein Bier«, sondern »A Pint of Ale« bzw. »A Half Pint« bestellt wird, wenn der Durst nicht allzu groß ist. **Ales** sind obergärige Biere, die allesamt den spritzig-fruchtigen, manchmal leicht süßlichen Geschmack aufweisen, den man vom Kölsch kennt. **Real Ales** heißen Biere, die im Fass ein zweites Mal reifen und mit der Handpumpe ins Glas befördert werden. In

BAEDEKER ÜBERRASCHENDES

6X GUTE LAUNE

Das hebt die Stimmung

1. SIMPLY FRESH SEAFOOD

Holen Sie sich an der Theke fangfrische Austern, Jakobsmuscheln, Langusten oder Krabben und setzen Sie sich draußen vor die kleine **Kishorn Bar** in den Northwest Highlands mit Blick auf die See. (www.kishornseafoodbar.co.uk)

2. CEILIDHS

In jedem kleinen Ort hängen Ankündigungen für öffentliche **gälische Tanzfeste** – unterhaken, mitstompen und austoben.

3. BODY & SOUL

Sie heißen »Lavender & Lemongrass«, »Just Grapefruit« oder »After the Rain« und zaubern den **Duft von Urlaub** auf die Haut: Seifen, Badezusätze und Lotionen von der Russell-Farm auf Arran. (www.arranaromatics.com)

4. EINEN PUB-ABEND

in Glasgows Scotia Bar oder Clutha Bar werden Sie nicht vergessen, weil sich hier Poesie, Witz und **Musikszene** der Trendcity treffen und man Sie nur allzugern integriert. Slainte!

5. ALLE LIKEN EDINBURGH

Es heißt, Edinburgh sei ein Schloss, das sich eine Stadt hält. Bummeln Sie durch die wahrhaft königliche **Royal Mile** mit Pubs, Kiltmakern und Whiskyshops, hier schlägt das Herz der Hauptstadt.

6. AUFTANKEN

Nichts sorgt schneller für gute Laune, als sich am Meer richtig durchpusten zu lassen. Verbinden Sie den Besuch von **Dunrobin Castle** mit einem Spaziergang durch die **Dünen von Dornoch**. (www.dunrobincastle.co.uk)

Schottland wird gerne das kräftig-malzige, dunkle Scotch Ale getrunken, auch »Heavy« genannt. Eine Spezialität sind Heather Ales, Kräuterbiere mit Essenzen der schottischen Heide. »Strong Ales« heißen Starkbiere jenseits von 7 %. Das stark hopfige India Pale Ale wurde im 19. Jh. erstmals für den Export nach Indien gebraut.
Kräftig, dunkel und malzbetont sind die obergärigen **Stouts** mit sahnig-weißem Schaum – bekannt ist vor allem das irische Guinness. Die untergärigen **Lagerbiere** kommen dem deutschen Exportbier am nächsten. Das meistverkaufte Lager auf dem schottischen Markt wird seit 1885 von **Tennent Caledonian Breweries** in Glasgow produziert, die auch ein in alten Whiskyfässern gereiftes Premium-Bier brauen. Immer populärer wird auch in Schottland das Craft Beer junger Mikrobrauereien wie BrewDog. Probieren Sie auch das leicht nussige Red-Kite-Biobier der Black Isle Brewery, das sirup-artige Orkney Dark Island Ale oder die erfrischenden Islay Ales mit Zitronengeschmack.Eine umfassende Auflistung aller schottischen Brauereien erhält man unter
www.scottishbrewing.com

Irn-Bru, Claret und Whisky

Irn-Bru heißt ein orangefarbener zuckersüßer Softdrink mit Koffein, der seit 1901 in North Lanarkshire nach einem Geheimrezept aus 32 Aromen produziert wird und sich in Schottland bislang erfolgreich gegen Coca Cola, Pepsi oder Red Bull behaupten kann. Auf den Weinkarten der Pubs und Restaurants finden Sie europäische Tropfen und Weine aus Übersee. Einige Lokale, die keine Ausschanklizenz haben, gestatten das Mitbringen von Wein zur Mahlzeit gegen eine Korkgebühr (BYOB – bring your own bottle, £ 1 – 5). Die »Auld Alliance« wird durch den umfangreichen Import von französischem Bordeaux bestätigt, hier Claret genannt. Laut einem Epigramm von 1870 wird der Claret sogar dem Port vorgezogen: »Firm and erect the Caledonian stood, old was his claret and his mutton good. *Let him drink port!* the English statesman cried. He drank the poison, and his spirit died.«
Als Aperitif werden Sherry, Sparkling Wine und Scotch getrunken, nach dem Essen Kaffee, Tee und als Digestif Portwein oder Whisky.

Restaurants, Chippies und Pubs

Taste Our Best!

Restauranttipps listet der **Fine Dining Guide** auf. Ausgezeichnete Gerichte aus heimischen Zutaten bieten Pubs, Restaurants und Gasthäuser mit der violetten »Taste Our Best«-Plakete, die VisitScotland alljährlich verleiht. Lieferanten original schottischer Produkte, Farmshops und Biomärkte finden Sie unter
www.taste-of-scotland.com
https://fine-dining-guide.com

TYPISCHE GERICHTE

Die traditionelle schottische Küche musste die Menschen vor allem satt machen. Sie liebt daher nahrhafte Hausmannskost, Eintöpfe und Kartoffelgerichte, die an kalten Wintertagen auf dem Feld und beim Fischen warm halten sollten – und unwiderstehlich leckere, kalorienreiche Nachspeisen.

Cook-a-Leekie: Bereits Ende des 16. Jh.s gab es erste Rezepte für diese Suppe. Zunächst werden Huhn, Lorbeerblatt, Petersilie, Thymian, Salz und Pfeffer ein Stunde lang gekocht. Während man das fertige Huhn zerteilt, garen in der Brühe noch eine Handvoll eingeweichter Backpflaumen und klein geschnittener Lauch, bevor alles zusammen auf den Tisch kommt – der perfekte Genuss für kalte Winterabende.

Cullen Skink: Sämig und gehaltvoll ist die berühmte Fischsuppe mit geräuchertem Schellfisch (Haddock), Milch, Butter und Sahne, Zwiebeln und Kartoffelbrei. Die herzhafte Spezialität stammt ursprünglich aus dem Fischerdorf Cullen an der Nordostküste Schottlands, wird heute aber vielerorts gern als erster Gang eines Menüs serviert. Idealerweise reicht man dazu Oatcakes.

Smoked Salmon: In den Lachsfarmen weit draußen vor der schottischen Westküste hält die Gezeitenströmung des Atlantiks die Lachse pausenlos in Bewegung, die sich von Krill aus den Nordmeeren ernähren – beste Voraussetzungen für gesunde, starke Fische. Die fangfrischen Lachse werden in einer Mischung aus braunem Zucker, dunklem Rum und Salz mariniert, bevor sie in Steinöfen über Spänen von alten Whiskyfässern, Lärche und Esche schonend geräuchert werden – etwas Besseres lässt sich kaum finden.

Roasted Scotch Lamb ist ein Klassiker, den Familien häufig am St. Andrew's Day essen, dem Tag des Nationalheiligen am 30. November. Die mit Rosmarin und Knoblauchzehen gespickte Lammkeule schmort gut eine Stunde mit Zwiebeln, Thymian, Lorbeerblättern und gerösteten Kartoffeln – ein wahres Festessen.

Scotch Beef Stew: Zwei Stunden muss der deftige Eintopf mit Angusrind oder Highland Cattle auf kleiner Flamme köcheln. Die in Olivenöl scharf angebratenen Rindfleischwürfel werden in einer Kasserolle mit Speck, Schalotten, Sellerie, Karotten, Kartoffeln, Knoblauch, Petersilie, Thymian, Tomatenmark und Balsamicoessig gemischt und mit Brühe und Rotwein oder etwas Ale aufgegossen.

Scottish Cheese: Die Schotten produzieren ausgezeichneten Käse: Der nussige Cheddar aus Kuhmilch wird in den Highlands über Eichenholz geräuchert. Seit dem Mittelalter wird im Hochland aus Kuhmilch und Double Cream der Caboc hergestellt, eine Art Frischkäse mit einem Mantel aus geröstetem Haferflockenschrot. Schon die Wikinger aßen den krümeligen Crowdie mit Hafermehlkeksen. Ein starkes Stück Schottland ist der Lanark Blue, ein Blauschimmelkäse aus Schafsrohmilch.

Cranachan: Für die himmlische Versuchung werden im Dessertglas frische Beeren im Wechsel mit gerösteten Haferflocken und einer Honig-Whisky-Sahne-Mischung geschichtet. Wer will, kann das Ganze mit ein paar Minzblättchen garnieren. Dann »Gu'n cordadh ur biadh ruibh!«, »Guten Appetit« oder besser: »Lass es dir schmecken!«

Im urigen Drovers Inn am Nordufer des Loch Lormond

Fish & Chips Die Fish & Chips Shops werden auch »**Chippies**« genannt. Als Erfinder des **britischen Nationalgerichts** aus paniertem Fisch und Pommes Frites gilt der jüdische Immigrant Joseph Malin, der um 1860 in London den ersten Shop eröffnete und seine Fish & Chips in Zeitungspapier einrollte – seit 1980 ist das wegen der Druckerschwärze aus gesundheitlichen Gründen verboten. Von Burgern, China Food und Pizza längst als beliebtestes Takeaway abgedrängt, erlebt das einstige Armeleuteessen seine Renaissance als Gourmet-Fast-Food. Dafür nehmen die Chippies nicht mehr nur Kabeljau, Heilbutt, Schellfisch oder Scholle, sondern auch Seezunge und feinstes Seafood. Eine Portion Fisch mit Pommes – in Schottland auch »**Fish Supper**« genannt – ist oft bis Mitternacht zu haben.

Pubs Pubs sind eine wahrhaft britische Institution: gemütlich, heimelig, so richtig geeignet, dem viel zitierten Regenwetter zu entrinnen. Hier trifft man sich beim Bier zum Schwatz oder zu Spielen wie Snooker

und Darts. In allen Pubs ist Rauchverbot. Bestellt wird an der Theke, wo Sie das Getränk auch bekommen und sofort bezahlen, ohne Trinkgeld! Pubs bieten Speisen an, von einfachen Snacks bis zum traditionellen Angussteak, Scotch Lamb in verschiedensten Variationen, Wild (venison) oder Steak & Kidney Pie. Zu vielen Pubs gehört ein Raum mit Restaurantplätzen, der aber erst abends öffnet. Hier werden Sie auch bedient. Die Öffnungszeiten regeln in Schottland Local Councils. In Edinburgh z. B. 11 – 1 Uhr früh, mit großzügigen Ausnahmen, sodass man fast rund um die Uhr etwas trinken gehen kann.

Coffee Houses, Tea Rooms

In den Coffee Houses und Tea Rooms wird neben Sandwiches, Gebäck und Kuchen meist auch ein einfacher Mittagsimbiss angeboten. Diese Häuser schließen jedoch am späten Nachmittag. Besonders die Sandwich Bars haben in den vergangenen Jahren eine wahre Renaissance erfahren und warten in der Regel mit einer fantasievollen Auswahl auf.

INTERESSANTE MENSCHEN

Nationalbarde: Robert Burns

1759 – 1796
Dichter

In vielen Ländern rund um den Globus wird das neue Jahr mit Burns' »**Auld Lang Syne**« (»Nehmt Abschied Brüder«) begrüßt. Goethe, Herder und Fontane verehrten Schottlands Nationalbarden, der das Leben, die Frauen und den Whisky liebte. Auf einer kleinen Farm in Alloway als das älteste von sieben Kindern geboren, erwarb sich der junge Burns mit Hilfe seines Vaters eine erstaunliche Belesenheit. Seine Versuche, sich als Dichter und Bauer eine Existenz aufzubauen, schienen ohne Erfolg, als seine »Poems Chiefly in the Scottish Dialect« ihn 1786 über Nacht zum Star machten. Plötzlich öffneten sich die Salons der feinen Gesellschaft in Edinburgh für den »Ploughboy Poet«. Seine Verse im heimischen Scots wurden Ausdruck von **schottischer Identität** und Nationalbewusstsein. Der gefeierte Poet verfasste romantische Gedichte, humorvolle Balladen, politische Texte und derbe Spottlieder. Haydn, Beethoven und Mendelssohn vertonten sein Werk. Eine literarische Wallfahrtsroute folgt heute seinen Spuren mit Museen und Gedenkstätten vom Geburtshaus in Ayr bis zu seiner Stammkneipe in Dumfries. Weltweit versammeln sich Schotten am 25. Januar zum Geburtstag des Barden beim whiskyseligen **Burns Supper** mit seinen Liedern und dem von Burns besungenen Haggis, Schottlands Nationalgericht.

Scotland forever: Sir Sean Connery

geb. 1930
Schauspieler

Geschüttelt, nicht gerührt! Als erster **James Bond** schrieb Sean Connery Filmgeschichte. Der charmante Mime hat sich rar gemacht in den letzten Jahren, trotzdem ist und bleibt der wohl bekannteste Schotte eine Ikone. Im Laufe seines Lebens verdiente der Weltstar Millionen, die Kindheit in Edinburghs Arbeitervorstadt verlief allerdings weniger glamourös. Die Schule schmiss der künftige Agent Ihrer Majestät als Teenager, bevor er mit 16 der Royal Navy beitrat. Später versuchte er sich als Milchmann, Baggerfahrer und Bodybuilder. Der Durchbruch kam mit dem von Ian Fleming erdachten selbstironisch-omnipotenten britischen Geheimagenten James Bond 007. Das Publikum war begeistert, und Connery durfte in sechs weiteren Filmen als Agent mit der Lizenz zum Töten vor die Kamera treten, bevor er 1973 von Roger Moore abgelöst wurde. In Filmen wie »Der Name der Rose« und »Das

BAEDEKER ÜBERRASCHENDES

6X DURCHATMEN

Entspannen, wohlfühlen, runterkommen

1. BORDERS BY BIKE

Auf wunderschönen **Radrouten** geht es durchs grüne Grenzland zu Herrenhäusern und gotischen Abteiruinen. Die Luft schmeckt nach Gras und Flussauen ... (http://cyclescottishborders.com)

2. AUSZEIT

Seit den 1970ern hat die Ökogemeinschaft **Findhorn** Tausende Hippies und New-Age-Anhänger angezogen. Ob Workshop oder Erfahrungswoche, das Schöne ist, dass hier nichts dogmatisch gesehen wird. (www.findhorn.org)

3. SPA IN THE CITY

Sanfte Beleuchtung, Mosaikfliesen, warme Erdtöne. Fast schwerelos und absolut entspannt fühlen Sie sich im Rooftop Thermalpool des **One Spa in Edinburghs Sheraton**. Gönnen Sie sich auch eine Balancing-Massage. (www.onespa.com)

4. BITTE EINSTEIGEN

Die Ausstattung der Waggons ist eher karg, das Panorama der **Zugreise** von Inverness am Moray Firth entlang nach Wick allerdings Weltklasse. (www.scotrail.co.uk)

5. WOHNZIMMER DER HIGHLANDS

The Ceilidh Place in Ullapool besitzt neben Wohn-, Ess- und Kamin-Lounge auch noch eine Bibliothek. Auf dem Sofa oder im Zimmerchen einmuckeln, lesen oder die Sonne auf dem Balkon genießen. (www.theceilidhplace.com)

6. EWIGER SUNRISE

Dieser Steinkreis auf Lewis ist maximal entlegen und stellt selbst Stonehenge in den Schatten. Man muss kein Druide sein, um die besondere Spiritualität von **Callanish** bei Sonnenaufgang zu spüren.

Ein Bild von enem Schotten

Sie begeistert Millionen Leser.

Russland-Haus« machte er sich als Charakterdarsteller einen Namen. Die Rolle eines Polizisten im Chicago der 1930er in »The Untouchables« bescherte dem Frauenschwarm 1987 den Oscar. Mit 69 Jahren spielte er einen Meisterdieb, der Catherine Zeta-Jones das Herz stahl – und vom People Magazine zum »Sexiest Man Alive« gewählt wurde. Connery lebt seit Jahren im Steuerexil auf den Bahamas, mischt sich aber immer wieder in Schottland ein, auch als Geldgeber der SNP und Befürworter der Unabhängigkeit. »Scotland forever« ist auf seinem rechten Unterarm tätowiert. Im Jahr 2000 verlieh ihm die Queen den Ritterorden, und natürlich erschien Sir Sean dazu im Kilt.

Meilenstein der Medizin: Sir Alexander Fleming

1881 – 1955
Nobelpreisträger

Eigentlich war es purer Zufall, dass der in Loudon, einem kleinen Dorf in Ayrshire geborene Arzt Alexander Fleming eine Entdeckung machte, die die Welt und sein Leben nachhaltig verändern sollte. In nicht rechtzeitig entsorgten Petrischalen eines Versuchs fand der Bakteriologe im Jahr 1928 um eine Kultur von Sporenpilzen eine bakterienfreie Zone – das erste Antibiotikum war entdeckt. **Penicillin** bedeutete den Durchbruch beim Kampf gegen Diphtherie, Scharlach, Blutvergiftung, Lungenentzündung und andere, oft tödliche bakterielle Infektionen, auch wenn noch elf Jahre vergehen sollten, bevor mit der Produktion des neuen Heilmittels begonnen werden konnte. 1945 erhielt Fleming für seine bahnbrechende Forschung den Nobelpreis für Medizin.

Die Kraft der Fantasie: Joanne K. Rowling

*1965 Schriftstellerin

Für Tausende von Dollar wechselte 2017 eine Erstausgabe von **»Harry Potter** und der Stein der Weisen« den Besitzer – laut dem Auktionshaus Heritage in Dallas ein neuer Weltrekord für ein unsigniertes, fiktionales Buch der vergangenen 50 Jahre. Harrys Fangemeinde ist riesig. Rund um den Globus haben Millionen von Lesern die Geschichten um den Zauberlehrling Harry Potter verschlungen, die Filme brachten Milliarden von Dollar ein. Mittlerweile gibt es Romanableger, ein Theaterstück, Themenparks ... Das erste Abenteuer ihres Helden schrieb Joanne K. Rowling in Edinburgh als Sozialhilfeempfängerin im Café Elephant House, das Finale verfasste sie, inzwischen reicher als die Queen, im Zimmer Nr. 652 des Edinburgher Grandhotels Balmoral. Die Filme haben den Glenfinnan-Viadukt und die West Highland Railway Line (Hogwarts Express) weltberühmt gemacht. Das Fettes College in Edinburgh lieferte Anregungen für Hogwarts. Neun Jahre nachdem sie der Reihe abgeschworen hatte, erschien 2016 der achte Band mit Harry Potter – nun ein erwachsener Mann und Vater.

Mister Romance: Sir Walter Scott

1771 – 1832 Schriftsteller

Er war der Gigant unter den Schriftstellern des 19. Jh.s – und eine Persönlichkeit des öffentlichen Lebens mit immensem Einfluss auf das Bild, das wir bis heute von Schottland haben. Sir Walter Scott wurde in Edinburgh geboren und schlug wie sein Vater die Laufbahn des Rechtsanwalts ein. Schon 1803 gab er eine Sammlung alter Grenzlandballaden heraus. Es folgten epische Versromanzen, in denen Scott die Szenerie schottischer Volksballaden mit mittelalterlicher Ritterromantik verband: »The Lay of the Last Minstrel«, »Marmion« und **»The Lady of the Lake«** machten ihn zum populärsten Autor seiner Zeit. 1822 war er Zeremonienmeister des ersten königlichen Besuchs in Edinburgh seit 200 Jahren. 1826 geriet er durch den Bankrott des Verlags, an dem er beteiligt war, in finanzielle Bedrängnis. Um seine Schulden abzuzahlen, arbeitete er bis zum körperlichen Zusammenbruch und starb im Herbst 1832.
Scotts »erfundene Traditionen« sind bis heute die Grundlage des romantischen Schottlandbilds: noble Highlander, Hochlandehre, Tartan und Kilt. Unzählige Filme wurden nach seinen Werken gedreht, von »Ivanhoe« bis »Rob Roy«. Mehr als 61 m hoch ragt das **Scott Monument** in Edinburgh auf, im Writers' Museum der Hauptstadt ist ihm ein ganzes Stockwerk gewidmet.

NACHGEFRAGT

VISIT SCOTLAND
3 Princes St, Edinburgh EH2 2QP
Tel. 0131 4 73 38 68
www.visitscotland.com/de-de

BORDERS
Murray's Green
Jedburgh TD8 6BE
Tel. 01835 86 31 70
www.jedburgh.org.uk

CAIRNGORM MOUNTAIN LTD
Tel. 01479 86 12 61
www.cairngormmountain.co.uk

CALEDONIAN CABNAL
Fort William Information Centre
15, High St. Fort William
Tel. 01397 70 18 01
www.visitinvernesslochness.com

CASTLE TRAIL
www.visitscotland.com

DUNDEE
16 City Square
Dundee DD1 3BG
Tel. 01382 52 75 27
www.dundee.com

EDINBURGH
3 Princes Street
Edinburgh EH2 2QP
Tel. 0131 6 25 86 25
www.edinburgh.gov.uk

GLASGOW
170, Buchanan Street
Glasgow, G1 2LW
Tel. 0845 859 10 06
http://peoplemakeglasgow.com
https://beta.glasgowlife.org.uk
www.glasgowguide.co.uk

HEBRIDEN
Portree Tourist
Information Centre
Bayfield House, Bayfield Road,
Portree, Isle of Skye IV51 9EL
Tel. 01478 61 21 37
www.skye.co.uk

LOCH LOMOND
Ben Lomond Way, Balloch
G83 8QL, Tel. 01389 75 10 31
www.lochlomondshores.com
www.visit-lochlomond.com

MALT WHISKY TRAIL
www.maltwhiskytrail.com

NORTHWEST HIGHLANDS
www.visitscotland.com

ORKNEY ISLANDS
1st Floor, The Travel Centre
West Castle Street, Kirkwall
Orkney KW15 1GU
Tel. 01856 23 03 00
www.visitorkney.com
www.orkney.com
www.orcadian.co.uk

ST. ANDREWS
70 Market Street, St. Andrews
KY16 9NU, Tel. 01334 47 20 21
www.visitstandrews.com
Golfplätze: www.standrews.com

STIRLING
Old Town Jail, St. John Street
Stirling FK8 1EA
Tel. 01786 47 50 19
www.visitstirling.org

BAEDEKER ERINNERUNGEN

10 SOUVENIRS

10 Dinge und Erinnerungen, die ich mitnehme ...

1.

Lässige Jacken, schicke Tücher, oder ein feminines Kostüm? **Tweed**-ausstatter Walker Slater hat in Edinburghs Victoria Street einen Laden nur für Ladies.

2.

Schottische **Pop Poetry** von Amy Macdonald wie der Gute-Laune-Track »Dream On«

3.

Mit **handbemaltem Geschirr** und edlen Stoffen im Tartanmuster garantiert Anta auch zu Hause den perfekten Countrystyle.

4.

Ein Pullover aus kuschelweicher **Kaschmirwolle** von Johnstons of Elgin

5.

Duschgel, Seifen und Lotionen von **Arran Aromatics** entspannen, erfrischen und duften nach Urlaub.

6.

Mond, Meer und Mythen der Ork-ney-Inseln spiegeln sich im formschönen **Schmuck** der Designerin Sheila Fleet.

7.

Den Wunsch wiederzukommen – die grandiose **Natur** und **Gastfreundschaft** machen süchtig.

8.

Bei Cadenhead's in Edinburgh bekommen Sie Ihren **Whisky** ab Fass für Flaschen mit persönlichem Etikett.

9.

Eine unvergessliche Begegnung mit Buckelwalen und Delfinen auf einer **Whale Watching** & Wildlife-Bootstour vor der Westküste

10.

Lavendelfarbene Einsamkeit mit Panoramablick auf den **Loch Maree** – ein wunderbares Bild zum sich zurückträumen ...

S
SÜDSCHWEDEN

»
Ich wohne in dem schönsten Land der Welt. Hier gibt es alles, vom Lichten und Lächelnden bis zum Dunklen und Ernsten, oft auf die bezauberndste Weise gemischt.
«

Astrid Lindgren

DAS IST SÜDSCHWEDEN

Am Vänersee ist es so schön, da müssen nicht mal die Fische beißen.

HEJ, HEJ!

Willkommen im Mittsommerland: Kommen Sie nach Südschweden, wenn die hellste Nacht des Jahres zum Tag gemacht wird. Erleben Sie sonnenverwöhnte Urlaubsinseln und postkartenschöne Schärenküsten, endlose Sandstrände und tiefe Wälder, bummeln Sie durch idyllische Dörfchen und Schwedens schwimmende Hauptstadt – in Südschweden findet jeder seine Lieblingsecke.

Zwischen Smygehamn und Stockholm zeigt Schweden sein liebliches Gesicht: sanft gewellte Hügel mit fruchtbaren Böden, kristallklare Seen und feinsandige Strände. Wen wundert's, dass hier 84 Prozent der Schweden leben?

Landschaften in XXL

Schwedische Gelassenheit

Auf den ersten Blick wirkt Südschweden wie Norddeutschland. Doch schon bald merkt man die Unterschiede. Gemächlich fließt der Verkehr dahin; selbst in Stockholm, Malmö oder Göteborg ist nichts von Hektik zu spüren. Mit Gelassenheit meistern die Schweden den Alltag und haben stets Zeit für eine »Fika«, eine Kaffeepause. Hier wirkt das Land weit und einsam. Immer wieder leuchtet ein roter Bauernhof im weiten Grün der Wälder auf. Gelegentlich tritt ein Elch aus dem Wald und trottet langsam über die Fahrbahn.
Mit bunten Fachwerkhäuschen und wogenden Kornfeldern erinnert Schwedens Südspitze an Dänemark. Hinter den Granitklippen des Kullabergs beginnen die endlos langen **Sandstrände** der traditionsreichen Badeorte Halmstad, Falkenberg und Varberg. Die schwedische Riviera endet vor den Toren von Göteborg, Skandinaviens größtem Hafen mit seinem berühmten Vergnügungspark Liseberg, Kultbars und Szenelokalen. Nördlich folgt das Inselreich Bohuslän: zerklüftete Schären, verträumte Fischerhäfen und rätselhafte Felsritzungen. Heimat von Pippi, Michel und Madita ist die schwedische Bilderbuchlandschaft Småland. Wer die Schauplätze von Astrid Lindgrens Kinderbüchern aufsucht, stellt fest: Bullerbü lebt – mit tiefblauen Seen, dunklen Wäldern und urgemütlichen Holzhäusern. Småland ist auch Schwedens Hochburg für Glasdesign. **15 Glashütten** wie Orrefors und Kosta Boda haben dem schwedischen Glas zu Weltruhm verholfen. Mitten durch Östergötland verläuft der **Göta-Kanal**. Am schönsten lässt sich Schwedens blaues Band an Bord der Traditionsschiffe entdecken, die im Sommer zwischen Göteborg und Stockholm hin- und herschippern und die drei größten Seen Südschwedens durchqueren: Vänern, Vättern und Mälaren.

Kurt Tucholsky schrieb eine leichtfüßige Sommergeschichte über Schloss Gripsholm.

Krone des Nordens

Die Hauptstadt

Selma Lagerlöf nannte sie »die schwimmende Stadt«, andere verglichen das auf 14 Inseln erbaute **Stockholm** mit Venedig. Doch im Unterschied zur Lagunenstadt ruht die größte Stadt Schwedens auf massivem Granit. Sie lockt Urlauber mit einem prunkvollen Königsschloss, mit stolzen Kaufmannshäusern, schicken Shoppingadressen, Schlemmerlokalen und einer aufregenden Kunstszene. Vor den Toren der schwedischen Hauptstadt wartet ein Traumrevier für Segler: die Welt der Schären.

Grüner Pionier

Sanfter Tourismus

Wie wollen Sie Ihren Urlaub in Südschweden gestalten? Als klassische Sommerferien am Meer, als Städtetour in Stockholm, als Golfwoche oder Kanutrip? Oder so wie die Schweden, die im Urlaub eine »stuga« mieten, **eine Holzhütte am See**? Für sie heißt Erholung: raus aus der Stadt, rein in die Natur. Sanfter Tourismus ist hier kein Schlagwort, sondern gelebte Realität. Auch in den Städten hat die Kehrtwende zur grünen Politik begonnen, werden Radwege ausgebaut und Ökohotels errichtet. Malmö wurde als erste Stadt weltweit als »Fair Trade City« geadelt, und Stockholm erhielt 2010 als erste Metropole die Auszeichnung »Umwelthauptstadt Europas«.

DIE GROSSEN VIER

Wie Afrika seine »Big Five«, hat Schweden seine »fyra stora«, seine großen Vier: Bär, Luchs, Vielfraß und Wolf. Zu sehen bekommt man die vier größten Raubtiere des Landes allerdings selten, sind sie doch eher scheue Lebewesen und in den einsamen und menschenleeren Wäldern im fernen Nordschweden zu Hause. Trotzdem kann man ihnen auch weiter südlich begegnen, wo allerdings Elch, Biber und viele Vogelarten den Ton im Konzert der Tiere angeben.

Noch rund 1500 Luchse streifen durch Schwedens Wälder. ►

WO ist er nun, der König der schwedischen Wälder? Jener Vertreter aus der Familie der Hirsche, der mit seinem schaufelartigen Geweih zur Ikone eines ganzen Landes wurde? So mancher Schweden-Reisende, der die Begegnung mit einem Elch dem Zufall überlässt, wird sich diese Frage stellen – und wird sicher auch hoffen, dass dieser nicht ungewollt auf einer einsamen Straßen zum Verkehrshindernis wird. Wer den (meistens) gutmütigen Riesen ohne Unfallgefahr nahe kommen will, hat mehrere Möglichkeiten, auch, um andeee Tiere Skandinaviens zu erspähen. Zwei gute Anlaufstellen hierfür sind Skandinaviens größter Zoo, »Kolmårdens Djurpark« in Östergötland, und der wunderschön gelegene Tierpark »Skånes Djurpark« in Höör (www.skanesdjurpark.se). Hier bekommt man einen wunderbaren Überblick über die Fauna und Flora Skandinaviens, hier sind auch die »fyra stora« zu Hause.

Der Berg der Elche

In freier Wildbahn wird man hingegen eher Schwedens Nationaltier, dem Elch, begegnen. Im Süden mag das vor allem im Ökopark Halle-Hunneberg gelingen, der deshalb auch den Beinamen »Berg der Elche« trägt. Markierte Wege zwischen 2 und 8 km laden zum Wandern ein. Dem Elch ist auf dem Berg sogar ein eigenes Museum gewidmet. Im **Jagdmuseum Älgens Berg** erfahren Besucher alles Wissenswerte über das stattlichste Tier der schwedischen Wälder. Das ist übrigens nicht immer so friedlich, wie man meinen mag. Mitunter können die majestätischen Schaufelträger auch ungemütlich werden, etwa wenn sie sich oder ihre Jungen bedroht fühlen oder in der Brunftzeit

Bloß nicht erschrecken. In Elchparks wie Smalandet bei Markaryd sind die Tiere an Menschen gewöhnt und oft sehr zutraulich.

BAEDEKER DAS IST ...

AUF ELCHSAFARI

Keine Sorge, einzige Waffe bei dieser Safari ist eine Kamera, möglichst ausgestattet mit einem guten Zoomobjektiv. In den Abendstunden geht es im Juli und August, begleitet von einem erfahrenen Guide, ins Gehölz des Ökoparks Halle-Hunneberg. Gestartet wird in den frühen Abendstunden – wenn die Tiere auf Nahrungssuche sind, stehen die Chancen auf Elch-Sichtungen besonders gut. Unterwegs lernen Sie außerdem, wie Elche sehen, hören und riechen und warum die hiesigen Tafelberge ihr bevorzugtes Revier sind. (Buchung und Infos bei Visit Trollhättan Vänersborg unter Tel. 052113509 oder www.hunneberg.com/de)

Ende Mai/Anfang Juni. Immerhin können Elche mit ihrem Geweih und vor allem mit ihren messerscharfen Klauen auch Wölfe und Bären abwehren. Wer ihnen in freier Wildbahn begegnet, sollte also besser einen **gebührenden Sicherheitsabstand** einhalten.

Mehr als Elche

Und sonst? Ist Schwedens Tierwelt gar nicht so artenreich, wie man vermuten könnte. In dem einzigartigen Waldgebiet des Ökoparks mit vier Naturreservaten, mehreren kleinen Seen, Mooren und Wasserfällen an der Südspitze des Vänern leben – wie im restlichen Südteil des Landes – vor allem noch Biber, Füchse, Hirsche, Marder und Rehe und zahlreiche Vogelarten. Mit Fremdenführer und Kanu geht es auf einem der Seen **ins Biber-Gebiet**, wo die fleißigen Tiere beim Bau ihrer Hütten beobachtet werden können. In den Steilhängen des Halle-Hunneberg haben Raben, Uhus und Wanderfalken ihre Nester. Jagende Wanderfalken sind kein seltener Anblick während einer Wanderung. Fischadler und Singschwäne nisten auf dem Bergplateau, vereinzelt sieht man auch Auerhähne, Buntspechte und Ziegenmelker. Wasseramseln und Bachstelzen bauen ihre Nester am Byklev-Wasserfall.

Auf die Tierinsel

Wer mit Wandern nichts am Hut hat, kann die nordische Tierwelt auch zu Wasser erkunden. Inmitten der Weite des Vänern liegt **Djurö, Schwedens isoliertester Nationalpark**. Der von Wald, Heidekraut und Beerensträuchern bedeckte Schärenarchipel aus 30 kleinen Inseln ist eine faszinierende Welt für sich, fernab der Zivilisation. Übersetzt bedeutet Djurö Tierinsel – das passt, denn die einzigen Lebewesen sind zahlreiche Vogelarten wie Austernfischer, Baumfalken, Fischadler, Mantelmöwen sowie zahlreiche Hasen und Damhirsche. Elche leben zwar nicht auf Djurö, diese kann man mit etwas Glück aber unterwegs vom Boot aus von Insel zu Insel schwimmen sehen auf der Suche nach Nahrung. Denn wer hätte es gedacht? Elche sind gute Schwimmer und können bis zu 20 km am Stück zurücklegen.

THANK YOU FOR THE MUSIC!

Für macnhen Franzosen bedeutet »Waterloo« immer noch Untergang, für vier Schweden in Glitzeroutfits und Plateauschuhen läutete es 1974 einen weltweiten Siegeszug ein. Mit rund 380 Mio. Platten liegt ABBA auf Platz vier der ewigen Verkaufsliste hinter den Beatles, Elvis Presley und Michael Jackson. Die Vier waren allerdings schon lange vor der ABBA-Gründung Stars in ihrer Heimat.

Legendär – kein Auftritt von ABBA ohne schrille Outfits! ▶

ABBA-Devotionalien satt gibt es im Museum der Band, das 2013 auf der Stockholmer Insel Djurgården eröffnet wurde.

SIE galten in den 1960er-Jahren als Schwedens Antwort auf die Beatles: **The Hep Stars**. Im Frühjahr 1965 dominierte ihr Song »Cadillac« die schwedischen Charts. Am Keyboard stand der 18-jährige Stockholmer **Benny Andersson** – das erste »B« aus ABBA. Auf einer Tournee durch Südschweden traf die Band auf die Folk-Gruppe »Hootenanny Singers«. Deren Gitarrist und Leadsänger **Björn Ulvaeus** sprang ein, als der Gitarrist der Hep Stars ausfiel. Die zwei »B's« freundeten sich an und taten sich als Song-Schreiber zusammen.

Schicksalsgemeinschaft

1968 verliebte sich Andersson in Malmö in die Jazz-Sängerin **Anni-Frid Lyngstad**, Tochter einer Norwegerin und eines deutschen Wehrmachtsoldaten. Weil ihre Mutter sich während der Besatzung mit einem Deutschen eingelassen hatte, fürchtete die Familie nach dem Krieg Repressalien und zog nach Schweden. Lyngstad sang schon als Teenager Jazz-Stücke in einer Big Band. Landesweit bekannt wurde sie, als sie 1967 als Gewinnerin eines Talentwettbewerbs in einer Fernsehshow auftrat und von EMI unter Vertrag genommen wurde.

Ein Jahr später lernte sie bei einem Fernsehauftritt **Agnetha Fältskog** kennen, die damals ihre erste Single vorstellte. Fältskog aus Jönköping entschloss sich mit 15 für eine professionelle Gesangskarriere und sang auch auf Deutsch: »Mein schönster Tag« und »Wie der Wind« schafften es Ende der 1960er-Jahre in die deutschen Charts. 1969 wurde sie für ein TV-Special engagiert, bei dem Björn Ulvaeus mitwirkte. Nach den

Dreharbeiten waren sie ein Paar. Als die beiden mit Benny und Anni-Frid auf Zypern Urlaub machten, beschlossen sie gemeinsame musikalische Projekte. 1973 wurde aus Anni-Frid, Benny, Björn und Agneta ABBA.

Bereits ihr erster Hit »Ring Ring« machte sie über die Landesgrenzen hinaus bekannt. Der weltweite Erfolg kam ein Jahr später, als sie mit »Waterloo« den **Grand Prix Eurovision de la Chanson** gewannen. Rasch wurden dir mit Goldenen Schallplatten überhäuft. Doch wo viel Licht ist, sich auch viel Schatten. Der legte sich über die beiden Ehen, die schließlich Anfang der 1980er-Jahre kurz nacheinander scheiterten. Das veränderte auch nachhaltig die Chemie in der Band.

Ein Leben nach ABBA

Im Dezember 1982 verkündeten die Vier schließlich eine »Pause« für ABBA, die bis heute anhält. Gerüchte über eine Wiedervereinigung kochten immer wieder hoch, tatsächlich aber gingen die Vier getrennte Wege. Benny Andersson komponiert heute Instrumentalstücke und ist Inhaber des Stockholmer Luxushotels Rival. Für die Hochzeit von Kronprinzessin Victoria komponierte er »Vilar glad i din famn« (Glückselig in deinen Armen), das am 19. Juni 2010 in der Storkyrkan von der Königlichen Philharmonie uraufgeführt wurde.

Björn Ulvaeus lebt heute in Stockholm und engagiert sich in der Humanistischen Bewegung.

Anni-Frid Lyngstad kehrte zum Jazz zurück, wurde durch Heirat zur Prinzessin Reuß von Plauen und lebt heute in der Schweiz und auf ihrem Landgut in Südschweden.

Agnetha Fältskog brachte mehrere Soloalben auf den Markt, lebte seit 1988 mit ihren Kindern zurückgezogen auf ihrem Bauernhof im Mälarsee und feierte 2013 ein musikalisches Comeback.

Bereits 1999 kam ABBA dann doch nochmals auf die Bühne, allerdings lediglich in der Form des Erfolg-Musicals **»Mamma Mia!«**, das die beiden Freunde Benny und Björn zusammen schrieben.

BAEDEKER DAS IST ...

MUSIKALISCHE ZEITREISE

Nur Mut! In Stockholms ABBA-Museum können Sie nicht nur die schillernden Original-Kostüme oder Konzert-Mitschnitte der Band bestaunen, sondern selbst zum Popstar mutieren. Also steigen Sie ruhig auf die Bühne und singen und tanzen Sie dank Background-Video mit ihren Idolen. Danach schlendern Sie noch durch den Nachbau des Aufnahmestudios und des Ferienhauses der Band auf der Schäreninsel Viggsö, wo Andersson und Ulvaeus zahlreiche ABBA-Hits komponierten. Nicht nur für Fans ein Spaß! (http://abbathemuseum.com)

NORDISCH DÜSTER

Bestialische Morde, Sadismus, Menschenschmuggel, Waffenhandel und Korruption – die Krimis von Henning Mankell sind nichts für zartbesaitete Naturen. Wer aber spannungsgeladene Thriller liebt, wird die Bücher nicht mehr aus der Hand legen können. Und von diesem Lesertypus scheint es gerade in Deutschland eine Menge zu geben. Allein Mankells Bücher gingen in deutscher Übersetzung 20 Mio. Mal über die Ladentheken. Nur, was haben die, was andere Krimis nicht haben? Eine Spurensuche.

◄ »Hunde von Riga«, Henning Mankells zweiter Wallander-Krimi, beginnt an einem kalten Februartag an der Küste Schonens ...

AUFGESPIESST liegt ein alter Mann in einer Pfahlgrube, ein anderer ist erwürgt und halb nackt an einen Baum gefesselt. »Die fünfte Frau« nimmt Rache an Männern, die ihre Frauen misshandelten. **Kommissar Kurt Wallander** ermittelt. Mit seiner Kultfigur Wallander leitete Henning Mankell 1998 einen ungeahnten Hype des Schwedenkrimis in Deutschland ein. In seinem Heimatland hatte er bereits sieben Jahre zuvor mit seinem ersten Kriminalroman »Mörder ohne Gesicht« eine Erfolgswelle ausgelöst, die ihn völlig unerwartet erwischte.

Kritischer Blick

Der Krimi, der auf der wahren Geschichte eines Doppelmordes bei Ystad und dem darauffolgenden Übergriff auf ein nahe gelegenes Asylantenheim beruht, war als Einzelerzählung gedacht, in der Rassismus im Mittelpunkt stehen sollte. Als Mankell erkannte, dass es ihm mit Wallander gelungen war, seinen Mitbürgern den besorgniserregenden Wandel in der schwedischen Gesellschaft bewusst zu machen, beschloss er, weitere Bücher um seinen neu erschaffenen Kommissar zu verfassen. Im Sog Mankells schossen die Verkaufszahlen anderer schwedischer Krimiautoren ebenfalls in die Höhe, denn deutsche Krimifans konnten plötzlich nicht genug kriegen von Morden im hohen Norden.
Begründer des sozialkritischen Schwedenkrimis ist allerdings nicht Mankell, sondern das kommunistische Autorenpaar **Maj Sjöwall und Per Wahlöö**, die in ihren Kriminalromanen den schwedischen Staat auseinandernehmen. Erstmals ging es nicht nur um gut und böse, Gesellschaftskritik gehörte zu jedem Mord dazu. Hauptfigur ihrer Krimireihe »Roman über ein Verbrechen« (1965 – 1975) ist der Stockholmer **Kommissar Martin Beck**. Mankell gab zu, sich an den Figuren des Autorenduos orientiert zu haben.

Mit Ecken und Kanten

Gerade die gesellschafts- und sozialkritische Würze ist eine der Zutaten, die die Schwedenkrimis so erfolgreich machen. Außerdem vereint die Romanreihen größtenteils die Tatsache, dass die Ermittler Anti-Helden mit Alltagsproblemen sind, deren eigene Geschichte sich wie einer roter Faden durch die Bücher zieht. In **Arne Dahls** Krimireihe um die

BAEDEKER DAS IST ...

MÖRDERISCHE TOUREN

Fans der Romanfiguren Lisbeth Salander und Mikael Blomkvist, Kurt Wallander oder Erica Falck können den Ermittlern auf Schritt und Tritt folgen, hautnah zu Tatorten oder zu ihren Lieblingsplätzen pilgern. Sowohl in Stockholms Stadtviertel Södermalm als auch in Ystad und in Fjällbacka werden Touren angeboten, die Sie zu den Schauplätzen der Romane und ihrer Verfilmungen führen. Und in Ystad schlüpfen Sie gar selbst in die Rolle des Kriminialisten. (www.visitstockholm.com; www.visitystadosterlen.se www.vastsverige.com/de/tanum)

Henning Mankell (1948 – 2015) verhalf mit seiner Wallander-Reihe den Schwedenkrimis weltweit zum Durchbruch. Liza Marklund (geb. 1966) gehört zu der ihm folgenden Autorengeneration.

Stockholmer A-Gruppe hadert Top-Ermittler Paul Hjelm ebenso wie Wallander ständig mit sich selbst und leidet an der Schlechtigkeit der Welt. **Åsa Larssons** Staatsanwältin Rebecka Martinsson, die in Kiruna ermittelt, kämpft gegen Dämonen aus ihrer Vergangenheit, und **Liza Marklunds** Reporterin Annika Bengtzon schafft nur schwer den Spagat zwischen Arbeit und Familienleben. Normale Menschen, mit denen sich die Leser identifizieren können.

Dass der Schwedenkrimi im deutschsprachigen Raum so beliebt ist, hat aber vielleicht auch mit den Büchern von Astrid Lindgren zu tun, die das idyllische Schweden der roten Holzhäuschen, klaren Seen, endlosen Wälder, Harmonie und Sorglosigkeit in ein Sehnsuchtsland verwandelt haben. Dass mit den düsteren Krimis das Böse Einzug ins Paradies hielt, hat daran nichts geändert. Im Gegenteil, vor dem friedlichen Hintergrund wirken Mord und Totschlag um so grausiger.

PASSION FÖR MAT

Der Name ist Programm: Auf dem jährlich im Februar oder März stattfindenden Festival »Passion för Mat – Leidenschaft fürs Essen« in Schwedens kulinarischer Hauptstadt Göteborg steht die Neue Nordische Küche im Mittelpunkt. Doch nicht nur hier wird Schwedens kulinarischem Erbe eindrucksvoll neues Leben eingehaucht. Und fast immer spielen regionale Zutaten dabei die Hauptrolle.

◄ Alles frisch aus dem Norden

SO neu ist die Neue Nordische Küche eigentlich gar nicht, und das Konzept ist simpel: Köche präsentieren traditionelle skandinavische Speisen in einer innovativen Version mit sorgfältig ausgewählten Zutaten aus allem, was Hof und Garten, Wald und Wiese sowie Salz- und Süßwasser der Heimat zu bieten haben. Damit genießen die Küchenkünstler der nordischen Länder weltweit einen immer besseren Ruf.

Regional und saisonal

Geburtsort der Neuen Nordischen Küche war 2003 das Restaurant **Noma**, jenseits des Öresund in Kopenhagen. Seine Gründer wollten nichts weniger als die nordische Küche neu erfinden. Authentisch, regional und kreativ war die Devise. Inspirieren ließen sie sich dabei von Rezepten aus einem **Überlebenshandbuch der schwedischen Armee**, in dem beschrieben wurde, wie man allein mit den in der Natur vorkommenden Nahrungsmitteln auskommen kann. Das Noma wurde 2016 geschlossen und hat 2018 als Teil einer urbanen Farm in Christiana neu eröffnet werden.

Bald folgten auch schwedische Köche diesem Konzept des Noma. Was das Noma für Dänemark, ist das 2008 eröffnete **Fäviken** in Järpen (Tel. 06474 0037; http://faviken.com) für Schweden. Magnus Nielsson, der junge Wilde unter den Spitzenköchen, erhielt 2016 zwei Michelin-Sterne für sein abgelegenes Restaurant, das weltweit zu den Top 50 zählt. Erschwinglich ist ein Abendessen im Fäviken mit 300 € pro Person – und

zwar ohne Getränke! – nicht gerade. Auf den Tisch kommt, was Region und Jahreszeit hergeben: in Herbstlaub gekochte Pellkartoffeln, Flechten und Waldbrühe, Goldbarsch, Birkhuhn in Heu, über Wacholderzweigen gegrillte Jakobsmuscheln oder Blumen in einer Kruste aus getrocknetem Schweineblut. Zu weitaus günstigeren Preisen (unter 40 €) bereitet Andreas Dahlberg Gerichte gemäß dem Motto »Fröhliche Tiere und erdige Wurzeln« mit viel Herz in seinem Restaurant **Bastard** in Malmö (Tel. 04012 1318; www.bastardrestaurant.se) zu. Die Zutaten stammen selbstverständlich aus Skåne, das sich mit dem Titel »Schwedens Speisekammer« rühmt. Günstig isst man auch im beliebten **Tvåkanten** (Tel. 031 182 115; www.tvakanten.se) in Göteborg, wo Gerichte aus Produkten von kleinen schwedischen Bauernhöfen und Lebensmittelproduzenten auf der Karte stehen. Und Vegetarier kommen dank Mathias Dalgrens, Sternekoch des Stockholmer Grand Hotels, in dessen neuem Restaurant **Rutabaga** in den Genuss der fleischlosen Variante der Neuen Nordischen Küche – und das gar nicht mal so teuer (Tel. 08 679 3584; www.grandhotel.se).

LINKS: Selbst Gesammeltes im Fäviken
RECHTS: Einen Großteil seines Gemüses bezieht das Rutabaga vom Landwirt Niklas Karlsson.

BAEDEKER DAS IST ...

SCHWEDISCHER WEIN

Met ja, Bier sowieso, aber Wein? Auch noch schwedischer Wein? So weit im Norden? Kaum zu glauben, in Skåne wachsen Reben, und eine Weinstraße verbindet bereits 40 Winzer. Einer ist Håkan Hansson, der auf seinem Gut Hällåkra in Anderslöv seit 2008 Rotwein aus Rondo- und Weißwein aus Solaris-Trauben herstellt. Sein »Solaris 2014« gewann gar den Preis als bester Weißwein beim Grand Annual Tasting 2016 in Paris. Im Sommer kocht Lotta Hansson Mittagessen aus lokalen Zutaten, die sie im kleinen, hellen Restauran serviert. Neue Nordische Küche, allerdings nicht zum hohen Preis eines Gourmet-Restaurants. (Tel. 0410 2 80 00, www.hallakra.com)

REICH AUS GLAS

Kaum wo auf dem Erdball gibt es eine solche Vielzahl kreativer und innovativer Glashütten wie in Småland. Wer schon immer einmal wissen wollte, wie durch das Blasen von Glas Gegenstände entstehen, darf im Sommer in manchen Glashütten selbst ans Werk, sich im Pusten üben und hautnah erleben, wie sich die glühend heiße Masse in ein formschönes Objekt verwandelt.

Die Glasbläserei Transjö Hytta hat sich auf Kuntsobjekte spezialisiert. ►

KUNSTWERK AUS GLAS

Es ist immer wieder ein wenig Magie im Spiel, wenn aus einem roten Klumpen ein graziles Kunstwerk aus Glas entsteht. Selbst blasen, rollen, falten und färben dürfen Sie in der Glashütte Målerås (1890), wenige Kilometer nordöstlich von Kosta. Unter der Anleitung eines Meisters dürfen sich Besucher als Glasbläser probieren und eine Kristallschale herstellen. Die abgekühlte Schale kann am nächsten Tag im Glasshop abgeholt werden. (www.maleras.se/en/)

ALS Karl Karlsson Gyllenhielm, der Halbbruder von König Gustav II. Adolf, um 1630 den deutschen Glasbläser **Paul Gaukunkel** nach Schweden holte, hätte er sicher nicht im Traum daran gedacht, welche Erfolgswelle er damit lostreten würde. Småland hatte von drei Dingen reichlich: Quarzsand, Nadelwälder und Seen – alles, was zur Glasherstellung notwendig war. Quarz für das Glas, Holz für die Brennöfen und Wasser für die Schleifereien. Und der König besaß den Ehrgeiz, der Welt zu beweisen, dass Schweden nicht nur Haudegen, sondern auch filigranes Glaskunstwerk hervorbringen konnte.

Unterwegs im Glasriket

Die erste Glashütte wurde in Trestenshult errichtet, wo Gaukunkel mit der Herstellung des grünlichen Gebrauchsglases so erfolgreich war, dass im Laufe der nächsten Jahrzehnte mehr als 100 Glasbläsereien in der Gegend zwischen Växjö und Nabro entstanden und zum wichtigsten Arbeitgeber in Småland wurden. Heute gibt es in der Region noch 13 Glashütten und Glasstudios, die durch die Tourismusgesellschaft »Glasriket« (Glasreich) vermarktet werden.
Die vier bedeutendsten, Kosta (1742), Boda (1864), Åfors (1876) und Orrefors (1898), firmieren heute unter der Bezeichnung **Orrefors Kosta Boda AB** mit Hauptsitz in Kosta und präsentieren sich mit den beiden Warenzeichen Kosta Boda und Orrefors. Die Firma setzte schon früh auf exklusives Glas, um sich von der Konkurrenz abzuheben. In den 1960er-Jahren wurde der Beitrag der Designer zur Glasindustrie bedeutender als je zuvor. Künstler wie Erik Höglund, Bertil Vallien (Erfinder des Chateau-Weinglases) und Monica Backström zogen ins Glasreich und experimentierten für Kosta bei der Glasherstellung mit neuen Formen. Heute verwandeln junge Designer wie Ludvig Löfgren, der Pop-Art-Künstler unter den Glas-Designern, das Glas durch ungewöhnliche Formgebung und leuchtende Farben in einzigartige Hingucker. Und Boda Kosta blieb nicht nur beim Gebrauchs- und Dekoglas, sondern baute 2009 mit dem **Kosta Boda Art Hotel** das erste Glashotel des Landes – für dessen Bau kamen 100 t Glas zum Einsatz! Im Gebäude verteilen sich 1000 mundgeblasene Glaskunstwerke, 107 Glaswaschbecken, selbst die Bar ist komplett aus Glas

Glas für VIPs

Außergewöhnlichste Glashütte im Glasreich ist **Hauges Hantverksglas** bei Kulltorp, in der Leif Hauge und seine Mitarbeiter Gebrauchs- und Kunstgegenstände aus Altglasflaschen herstellen. Besucher dürfen eine Flasche mitbringen und zuschauen, was aus ihr wird. In der Glashütte **Skruf** im Örtchen Skruv entsteht seit 1897 Glas in zeitloser und stilreiner Prägung. Die Trinkgläser von Skruf gehören zum Inventar des Schwedischen Reichstags und der schwedischen Botschaften. Jüngste Glashütte ist die 2011 gegründete **Micke Johans Konstglast** auf einem Bauernhof außerhalb von Örsjö. Mikael Johansson stellt farbige Skulpturen und Dekoartikel her. Besucher dürfen während der Öffnungszeiten dem jungen Künstler bei der Arbeit über die Schulter schauen.

Im Kosta Boda Art Hotel durften sich Glaskünstler nach Herzenslust austoben.

UNTERWEGS IN SÜDSCHWEDEN

Die sechs Regionen des Südens samt Hauptstadt Stockholm sind die abwechslungsreichsten Landschaften, die das nordische Königreich zu bieten hat. Ein Merkmal zieht sich jedoch wie ein roter – besser »blau-grüner« – Faden durch die Region: Wasser und Wald sind selten weit.

Im Süden Die Landschaft in Südschweden ist flach bis sanft gewellt, so weit das Auge reicht. **Skåne (Schonen)**, die südlichste Provinz Südschwedens, gehört zu den fruchtbarsten Gegenden des Landes. Hier prägen wogende Felder und weite Ebenen das Bild. Und doch ist die Region landschaftlich abwechslungsreicher, als der erste Eindruck erwarten lässt. Im Nordwesten stürzen sich die Granitklippen des Kullabergs in die Ostseefluten, auf lichten Laubwald folgen im Norden ausgedehnte Tannenwälder, im Nordosten enden die kilometerlangen Sandstrände des Südens an imposanten Steilküsten. Mitten durch Schonen verläuft zudem die **»Bruchzone«**, die geologische Trennscheide zwischen dem nördlichen Ur-Europa und dem erdge-

Königliches Stockholm. Wasser ist allgegenwärtig in Schwedens auf 14 Inseln »schwimmender« Hauptstadt.

schichtlich jüngeren Mitteleuropa. Sie bescherte Mittel- und Nordschonen auch seine wenigen Hügel – am bekanntesten ist hier der Hallansåsen.
Ganz und gar typisch schwedisch ist dagegen **Småland**, das auf der gleichen Breite wie Jütland liegt. Sein von eiszeitlichen Gletschern abgeschliffener, bis 343 m hoher Gneis- und Granitrumpf ist trotz der geringen Höhe ein noch weithin unerschlossenes Wald- und Moorgebiet. Der Holzreichtum und der ebenfalls reichlich vorhandene Quarzsand haben in früherer Zeit an vielen Orten eine lebhafte Glasindustrie entstehen lassen.
Auch **Dalsland** und **Värmland** sind so, wie man sich Schweden vorstellt: mit vielen Seen, dichten Wäldern und roten Holzhäusern. **Halland** im Westen zeichnet sich durch bekannte Badeorte und schöne Strände aus. **Blekinge** im Osten gehört zu den kleinsten Provinzen, hat aber seinen Besuchern trotzdem einiges zu bieten. Das Land ist hügeliger als Skåne, verfügt über weite Laubwälder und herrliche Strände an der von Fjorden stark gegliederten Küste.

Die großen Inseln

Strände sind das Markenzeichen der Kalksteininseln Öland und Gotland. Doch ansonsten haben die beiden nicht sehr viel gemeinsam. Das kleinere **Öland** wird fast ständig vom Wind gezaust und besitzt eine recht karge Vegetation, **Gotland** hingegen zeichnet sich durch

mildes und sonniges Klima aus und wird nicht umsonst »Insel der Rosen« oder auch »Insel der Götter« genannt.

In der Mitte

Mittelschweden hat kein eigentliches Zentrum. Immer wieder wechseln flache Ackerbaulandschaften mit dicht bewaldeten Gebirgszügen oder vermoorten Hochflächen ab. Im Osten liegt die Landeshauptstadt **Stockholm** hinter einem dichten Schärengürtel. Weiter im Landesinneren hatte die bäuerliche Bevölkerung des alten Svealands große offene Flächen vorgefunden, und bis heute werden die Ebenen von Väster- und Östergötland intensiv landwirtschaftlich genutzt. Vänersee und vor allem Mälarsee werden durch viele kleine Inselchen geprägt; Visingsö bei Gränna ist die größte von wenigen Inseln im Vättersee.

Nördlich von Stockholm beginnt für viele Liebhaber des Landes erst das richtige Schweden: Mit Wäldern, Seen und weiten Feldern sind das **Uppland** mit der Hauptstadt Uppsala und **Gästrikland** die ersten Vorboten des Nordens.

Wie unterwegs?

Autofahren ist in Südschweden ein stressfreies Vergnügen. Nur auf den Hauptverkehrsrouten der Städte und auf Europastraßen kann es im Sommer zu Staus kommen. Einziges Risiko ist in der Dämmerung der Wildwechsel; vor allem die Begegnung mit dem schwedischen König der Wälder kann heikel werden.

Schnelle Verbindungen ermöglicht das moderne **Bahnnetz**. Zwischen den drei größten Städten verkehrt der Hochgeschwindigkeitszug X2000: Nach Stockholm braucht man von Malmö viereinhalb Stunden, von Göteborg zwischen drei und knapp fünf Stunden.

Bei Fahrten aufs Land ist man ohne Auto meist auf **Busse** angewiesen. Schwedens größtes Busunternehmen **Swebus Express** steuert auf 22 Linien alle wichtigen Orte entlang der Hauptreiserouten im Dreieck Stockholm–Kopenhagen–Oslo an.

Göteborg und Stockholm verbindet die schönste Schifffahrtsstraße durch Südschweden: der **Göta-Kanal**. Ausgesprochen nostalgisch sind auch Ausflugsfahrten dem Dalsland-Kanal und dem Hjälmaren-Kanal. Mitunter 100 Jahre alt sind die Fähren und Ausflugsschiffe, die auf den südschwedischen Binnenseen verkehren. Unvergesslich bleiben Schiffsausflüge durch die großen Schärengärten vor der Ost- und Westküste Südschwedens.

Wenn der Weg das Ziel sein soll, gibt es in Südschweden unzählige Möglichkeiten, genussvoll von A nach B zu kommen. So warten etliche **Fernwander- und -radwege**, die abseits der Ballungsgebiete durch unberührte Natur führen. Allein der Skåneleden durch Schonen im äußersten Süden des Landes hat eine Gesamtlänge von rund 900 km. Außerdem können viele Wasserwege und Seen per Kajak und Kanu erkundet werden.

www.swebusex press.se

BAEDEKER ÜBERRASCHENDES

6X TYPISCH

Dafür fährt man nach Südschweden..

1.

EINE SÜSSE SCHNECKE

Sie sind eine nationale Institution: Die Kanelbullar (Zimtschnecken) werden in Schweden in rauen Mengen verspeist. Die besten der buttrig süßen Teile bekommen Sie übrigens in Bäckereien in Stockholms Altstadt **Gamla Stan**.

2.

»ICH ROLLE«

Die Schweden lieben ihren Volvo, besonders den robusten Kombi. In Göteborg, erzählt das **Volvo Museum** dessen Geschichte. (www.volvomuseum.com)

3.

ELCH GARANTIERT

Das Nationaltier Schwedens ist ein scheues Tier. Bei einer Elchsafari auf dem Elchberg im **Ökopark Halle-Hunneberg** treffen Sie jedoch garantiert auf den majestätischen Schaufelträger! (www.hunneberg.com/de)

4.

KRIMINELL GUT

Liegt es an den langen Winternächten, dass die Schweden so düster-gute Krimis schreiben? Wer weiß! Zwei der berühmtesten schwedischen Spürnasen, Mikael Blomkvist und Kurt Wallander, lernt man auf Stadtspaziergängen in **Stockholm** und **Ystad** kennen. (▶ S. 438)

5.

KLEINE HELDEN

Astrid Lindgren wuchs umhütet im Idyll der schwedischen Kleinstadt Vimmerby auf. In der **Astrid Lindgrens Värld** erfahren Sie alles über ihre Romanhelden, allen voran Michel, Ronja und Pippi. (www.alv.se)

6.

SO VIEL ZEIT MUSS SEIN!

Für ein Kaffeekränzchen (**Fika**) nehmen sich die Schweden immer Zeit – gern auch mehrmals täglich. Auf den Fika-Tisch gehören Hefeteigspezialitäten, Kekse, Schokokugeln, Torten und eine Kanne dampfenden Brühkaffees.

Eine derart perfekt erhaltene Stadtmauer drängt sich geradezu als Kulisse für ein Mittelalterfest auf: Anfang August in Visby auf Gotland.

★★ TOP-ZIELE

Stockholm steht an erster Stelle der »Nicht verpassen«-Liste, und damit ist das attraktivste Städteziel auch schon genannt. In Göteborg lockt der Schärengarten als Naturerlebnis, und davon gibt es in Südschweden mehr als genug, vor allem in Verbindung mit Wasser: Vättersee, Mälarsee, Vänersee ...

Bohuslän

★★ Welterbe Hällristningar

Jagdzauber, religiöse Motive oder einfach »nur« Kunst? Tausende von **Felsritzungen** in der Gemeinde Tanum geben bis heute Rätsel auf. Wer das Geheimnisvolle mag, wird die roten Gravuren lieben. Aber auch sonst fasziniert die Küstenlandschaft von Bohuslän.

Göteborg

Die Göteborger lieben – wie alle Schweden – das Wasser. Und sie lieben es, die langen Sommertage im Freien zu verbringen. Wer einen sonnigen Tag in dem ausgedehnten **Schärengarten** von Göteborg verbringt, wird schnell verstehen warum.

★★
Göteborgs skärgård

Gotland

Dem Zahn der Zeit getrotzt hat die **Kalksteinmauer**, die Visby noch in ihrer vollen Länge von 3,5 km umgibt. Und nicht zuletzt wegen des historischen Stadtkerns mit 200 hübsch restaurierten mittelalterlichen Fachwerkhäusern hat die UNESCO Visbys Altstadt bereits 1995 auf die Liste des Weltkulturerbes gesetzt

★★
Visby

Kalmar

1679 sank vor Kalmar die **»Kronan«**, eines der größten Segelschiffe des 17. Jh.s, doch erst 300 Jahre später entdeckte man das Wrack. Gemeinsam mit seinem Goldschatz stellt es die spannende Hauptattraktion des Museums.

★★
Kalmar Läns Museum

Kristianstad

Es ist ein unvergesslicher Anblick, wenn die majestätischen Kraniche im Frühjahr zu Tausenden ins **»Wasserreich Kristianstad«** zurückkehren. Aber auch sonst legen sich Vogel- und Tierbeobachter, mit Feldstechern und Teleobjektiven bewaffnet, auf die Lauer

★★
Kristianstads Vattenriket

Kullaberg

Längst kommen die Gäste nicht nur zum Baden auf die Halbinsel. Naturliebhaber beobachten **Schweinswale**, Taucher erkunden die **Grotten**. Und dann wären da noch großartige Töpferkunst und eine feine Gourmetküche.

★★
Natur

Lund

Der wuchtige Dom zu Lund bildet das Zentrum der Altstadt. Zugleich war er bis zur Einführung der Reformation 1527 auch **geistliches Zentrum des Nordens**, was seine beachtlichen Ausmaße erklärt.

★★
Domkyrka

Lagerlöf Museum
Zeitkapsel und Zuhause einer Nobelpreisträgerin
Vänersee
Schäreninseln, Sandstrände und weite Wasser
Julita Gård
Blütenzauber und Pflanzenpracht
Welterbe »Hällristningar«
Rätselhafte Felsritzungen aus der Bronzezeit
Hornborgasjön
Paradies für Vogelbeobachter
Göteborgs Skärgård
Insel-Flecken-teppich an Göteborgs Küste
Vättern
Kristallklarer See
Naturreservat
Wildromantisches Outdoorparadies
NORGE
SVERIGE
DANMARK
Värmland
Bohuslän
Västergötland
Småland
Skåne
Skagerrak
Kattegat
Vänern
Vänersee
Vättern
Nes
Gulsvik
Rødberg
Hønefoss
Flisa
Glomma
Kongsvinger
Vansbro
Torsby
Oslo
Fetsund
Drammen
Notodden
Horten
Mysen
Sarpsborg
Porsgrunn
Larvik
Sandefjord
Kragerø
Strömstad
Blomsholms-skeppet
Hällristningar
Rottneros
Mårbacka
Arvika
Molkom
Karlstad
Karlskoga
Svartå
Åmål
Mellerud
Mariestad
Skövde
Vänersborg
Uddevalla
Trollhättan
Hornborgasjön
Falköping
Gränna
Tjörn
Huskvarna
Jönköping
343 Taberg
Göteborg
Borås
Skagen
Hirtshals
Frederikshavn
Svenljunga
Vrigstad
Värnamo
Læsø
Fjerritslev
Aalborg
Varberg
Ullared
Falkenberg
Ljungby
Halmstad
Båstad
Kullaberg
Örkelljunga
Hässleholm
Kristianstad
Randers
Viborg
Grenaa
Silkeborg
Århus
Nykøbing
Helsingør
Helsingborg
Landskrona
Hörby
Lund
Kalundborg
København
Malmö
Simrishamn
Ystad
Trelleborg
Vejle
Fredericia
Odense
Fyn
Nyborg
Sjælland
E06
E18
E134
E20
E39
E45
E04
E47

Domkyrka
Sammelsurium der Stil-epochen
Gamla Stan
Das alte Herz einer modernen Stadt
Kungliga Slottet
Wachwechsel und königlicher Pomp
Vasa Museet
Die schwedische Titanic
Kungliga Slott Drottningholm
Das schwedische Versailles
Birka Vikingastaden
Schwedens erste »Stadt«
Gripsholms Slott
Leuchtend rote Schloss-Ikone
Astrid Lindgrens Vimmerby
Zu Besuch bei Pippi, Kalle & Co.
Stadt-mauer
Stattlicher Mauerring einer altehrwürdigen Hanse-stadt
Solliden Slott
Sommerresidenz der Königs-familie
Kalmar Läns Museum
Der Star ist ein Kriegsschiff und sein Schatz
Kristian-stads Vattenriket
Heimat zahl-reicher bedrohter Tier-arten
SUOMI
FINLAND
EESTI
LATVIJA
LIETUVA
ROSSIJA
Ahvenanmaa
Åland
Maarianhamina
Mariehamn
Nauvo
Storby
Öregrund
Tierp
Grisslehamn
Uppland
Norrtälje
Kappelskär
Uppsala
Avesta
Sala
Västerås
Mälaren
Köping
Eskilstuna
Hjälmaren
Mariefred
Julita
Ekerö
Stockholm
Södertälje
Katrineholm
Nynäshamn
Nyköping
Oxelösund
Norrköping
Söderköping
Linköping
Valdemars-vik
Gotska Sandön
Norsholmen
Fårö
Visby
Gotland
Ljugarn
Västervik
Vimmerby
Oskarshamn
Byxelkrok
Burgsvik
Mönsterås
Öland
Borgholm
Nybro
Färjestaden
Kalmar
Näsby
Karlskrona
Östersjön
LEGENDE
Baedekers Top-Ziele
Baedekers Reiseziele
100 km
© BAEDEKER

Mälaren · Mälarsee

★★ Birka Vikingastaden

Um 760 entstand auf der Insel Björko mit Birka einer der frühesten Handelsplätze Nordeuropas und auf der Nachbarinsel Adelsö ein Königshof erbauen, der Hovgården. Rekonstruiert wurden die Siedlungen ausschließlich **mit Werkzeugen und Techniken der Wikinger**.

★★ Gripsholm Slott

Kurt Tucholsky hat es mit seiner Erzählung »Schloß Gripsholm. Eine Sommergeschichte« 1931 in der Literaturgeschichte verewigt. Und auch in der schwedischen Geschichte hat das Schloss oft eine zentrale Rolle gespielt.

★★ Julita Gård

Julita nicht ist nicht nur ein alter Herrenhof, sondern auch Schwedens Genbank für Obst, Gemüse und traditionelle Rinder-, Schweine- und Gänserassen. Außerdem wohnen **Petterson und Findus** hier.

Öland

★★ Solliden Slott

Wer schon immer mal königliche Häupter aus nächster Nähe sehen wollte, ist in der Sommeresidenz von Schwedens Königsfamilie richtig. **Kronprinzessin Victoria** feiert am 14. Juli hier ihren Geburtstag. An diesem Tag kann man die volksnahen Royals live erleben.

Stockholm

★★ Gamla Stan

Die kopfsteingepflasterten Alttstadtgassen beherbergen in ihren mittelalterlichen Kellern einige der besten Restaurants der Stadt und Kneipen die mit Live-Musik, Blues- und Jazz-Sessions allabendlich einladen. Und mittendrin **das Königliche Schloss**.

★★ Vasa Museum

52,5 m hoch ragt das Schiff empor und kann auf mehreren Ebenen umrundet werden. Zahlreiche Exponate erzählen in einer atemberaubenden Ausstellung **die Geschichte der »schwedischen Titanic«**.

★★ Drottningholm Slott

Im historischen Dampfer nähern Sie sich dem Barockschloss, das **Luise Ulrike von Preußen**, eine Schwester Friedrichs des Großen, von ihrem Gatten Adolf Friedrich zur Hochzeit geschenkt bekam.

Uppsala

★★ Domkyrka

Der Dom ist **Krönungs- und Grabstätte der schwedischen Könige**: Neben dem Nationalheilligen Erik und Gustav Wasa sind aber auch »Ziviisten« wie Carl von Linné und Dag Hammarskjöld bestattet.

Vänern · Vänersee

Wenn in der letzten März- bis zur zweiten Aprilwoche rund **15 000 Kraniche** am Hornborgasee zum Tanz bitten, bieten sie ein unvergleichliches Naturspektakel.

★★ Hornborgasjön

Vimmerby

Im Freizeitpark stehen die **Villa Kunterbunt**, die Krachmacherstraße, Bullerbü, das Katthult von Michel und Ronja Räubertochters Reich. Auf dem Pfarrhof von Näs verlebte Astrid Lindgren ihre Kindheit.

★★ Astrid Lindgrens Värld

Vättern · Vättersee

So weit wie ein Meer dehnt sich der Vättersee unter dem schwedischen Himmel aus. Ob man über den See schippert, durch das mittelalterliche Vadstena bummelt oder **das Reich von Zündholzkönig Ivar Kreuger** in Jönköping bestaunt: jede Menge Eindrücke.

★★ Kristallklar

Familenzuwachs im Schwanenteich von Schloss Drottningholm

ESSEN UND TRINKEN

Schweden hat mit die besten Köche der Welt. Das jedenfalls zeigt sich in regelmäßigen Abständen bei der Kocholympiade. Lange Zeit war die schwedische Nationalmannschaft am Herd unschlagbar und auch heute landet das Drei-Kronen-Team immer wieder auf den vorderen Plätzen.

Von bescheiden bis Gourmet

Dabei hatte Schweden lange Zeit überhaupt keinen guten Ruf, was seine Küche anging. Das Land war als Heimat fettiger Fleischbällchen, der **Köttbullar**, mit matschigem Kartoffelbrei, Plizrahmsauce und einem Klecks Preiselbeerkonfitüre verrufen. **Pytt i Panna** könnte man auch Restepfanne nennen: Was vom Vortag übrig bleibt, wird mit viereckigen Kartoffelstückchen verkocht. Und damit das Ganze nett aussieht, schlägt man zur Tarnung ein Ei darüber. Als Billiggericht steht es noch immer auf den Speisekarten vieler schwedischer Restaurants. Berüchtigt ist auch **Janssons frestelse** – was übersetzt etwas schönfärberisch »Janssons Versuchung« bedeutet, ist ein Auflauf aus Kartoffeln, Anchovisfilets und jeder Menge Sahne. Verwenden die Schweden Bückling statt Anchovis, nennen sie das Gericht Karlssons frestelse, ganz ohne Fisch heißt es Svenssons frestelse. Doch es geht natürlich auch anders: Wer den entsprechend vollen Geldbeutel mitbringt, kann praktisch überall im Land auf höchstem Niveau speisen.

Smörgåsbord

Die meisten Touristen lernen schon auf der Anfahrt mit dem Schiff das schwedische Smörgåsbord kennen, das riesige **Selbstbedienungsbuffet** mit vielen leckeren kalten und warmen Gerichten. Seinen Ursprung hat das Smörgåsbord in der Tradition der Bauernfeste, als das ganze Dorf zusammenkam und jeder Gast eine oder zwei Mahlzeiten mitbrachte. Dann baute man das Ganze auf einem Tisch auf und los ging die Schlemmerei. Der richtige Smörgåsbord-Spezialist schlemmt nach System. Es wird nicht einfach aufgepackt, was gefällt, sondern man beginnt mit den Fischgerichten, geht dann zu den kalten Vorspeisen über, bevor man sich das Warmgericht seiner Wahl auf den Teller lädt und das Ganze mit dem Dessert und einem kleinen Stück Käse abschließt.

Fisch satt

Angesichts der langen Küste und der vielen Seen mag es kaum überraschen, dass Schweden besonders für seine Fischgerichte berühmt ist. **Lachs** wird in allen möglichen Variationen serviert, gegrillt oder gedünstet, oder er wird als Grundlage für eine herzhafte Suppe verwendet. Besonders wohlschmeckend ist der Ostseelachs, der fleischiger und heller ist als der vor der Westküste gefangene. Eine Spezialität ist Laxpudding, der aus Lachs, Kartoffeln und Eiern zubereitet und mit

Fisch, Fisch, Fisch – die Markthallen und Fischläden in den Küstenstädten Schwedens sind gefüllt mit fangfrischer Ware.

geschmolzener Butter serviert wird. **Hering** (strömming) ist der proletarische Bruder des feinen Lachses. Er steht in unzähligen Variationen auf dem Speiseplan der Schweden.

Spezialitäten

Gerichte aus **Rentier- und Elchfleisch** gibt es auf dem schwedischen Speisezettel selbstverständlich auch. Doch »renskarv«, in Scheiben geschnittenes Rentierfleisch oder gar Elchsteak kommen wesentlich weniger auf den Tisch, als man dies vielleicht annehmen möchte. Was hat die schwedische Küche noch zu bieten? **Brot** wird meist mit Sirup gebacken und schmeckt ungewöhnlich süß, **Butter** wird dafür gesalzen, Joghurt und Milchgetränke gibt es in viel größerer Auswahl als in Deutschland, Erbsensuppe kommt immer donnerstags auf den Tisch.

TYPISCHE GERICHTE

Knäckebröd: Der vielleicht wichtigste Exportschlager der letzten Jahrhunderte. Das lang haltbare Knäckebrot wurde auf schwedischen Bauernhöfen »erfunden«. Im Winter froren die Flüsse und Bäche zu, weshalb die Menschen kein Mehl mahlen konnten. Darum machte man sich im Herbst daran, einen Vorrat für den Winter zu backen. Und im Frühjahr backte man den Vorrat für die wenigen Sommermonate, in denen die Bauern so viel zu tun hatten, dass kaum Zeit zum Brotbacken blieb. Ursprünglich waren die Knäckebrotscheiben kreisrund und hatten ein Loch in der Mitte. So konnte man sie an Stangen auffädeln, die an der Küchenwand befestigt waren, um sie vor Mäusen zu schützen und immer griffbereit zu haben.

Gravad lax heißt übersetzt »eingegrabener Lachs«. So wurde früher frischer Lachs für einige Zeit haltbar gemacht. Heute nimmt man zwei gleich große Stücke Lachsfilet, pro 100 g Lachs ca. einen schwach gehäuften Teelöfel Salz und einen gestrichenen Teelöffel Zucker. Salz, Zucker und frisch gemahlenen Pfeffer mischen. Ein Lachsstück mit der Hautseite nach unten in eine Frischhaltetüte legen, mit der Hälfte des Gewürzgemischs und frischem Dill bedecken, dann das zweite Lachsstück mit der Hautseite nach oben darauflegen – Prinzip Sandwich. Die Tüte verschließen, in eine Schale legen und 36 bis 48 Stunden in den Kühlschrank legen, mehrmals wenden. Es bildet sich eine Salzlake. Lachsstücke abwaschen, in nicht zu feine Scheiben schneiden und z. B. mit einer Senf-Honig-Dill-Sauce servieren.

Lamm: Lammfleisch wird auf Gotland gerne verzehrt. Das Fleisch der Tiere ist durch die kräuterreichen Wiesen der Insel sehr schmackhaft. Versuchen sollte man beispielsweise »Glödhoppa med strunkmos«, gepökelte Lammbrust mit Roter Bete und Steckrübenpüree. Ausgesprochen lecker ist auch »Lammsmäcka«: Die Lammbuletten werden mit gotländischem Wildlauch, dem »Kaip«, verfeinert. Wer es ganz klassisch mag, greift zu Lammkotelett mit fein gewiegten Kräutern.

Hering in Variationen: Nur experimentierfreudigen Essern mit robustem Magen ist »Surströmming« zu empfehlen. Er besteht aus Ostseeheringen, die im Frühjahr in Salzlake eingelegt werden und bald zu gären anfangen. Rund einen Monat vor der Surströmming-Premiere im August wird er in Konserven abgefüllt. Der andauernde Gärungsprozess führt dazu, dass sich Boden und Deckel der Dosen wölben. Wer den sehr intensiv riechenden – viele sagen auch: stinkenden – Fisch versuchen will, sollte vorsichtshalber einen schwedischen Klaren bereitstellen. Außerdem ist es empfehlenswert, die Dose im Freien oder unter Wasser zu öffnen.
Auch unvergoren kommen Heringe (Sill) in Schweden in allen Variationen auf den Tisch, z. B. als gebratene Salzheringe. Es gibt sie auch süß-sauer eingelegt als Senapsill, was für südlichere Gaumen durchaus gewöhnungsbedürftig ist.
Der typische Vorspeisenteller Silltallrik besteht aus eingelegten Zwiebel-, Kräuter- und Senfheringen mit Knäckebrot, saurer Sahne und einem Stück gut gereiftem Käse. Besonders beliebt im Sommer sind die Matjesheringe.

Regionales In **Skåne** (Schonen) wird gerne Aal gegessen. Ihm widmet man bei den Ålagille-Festen im August und September sogar eine eigene Veranstaltung. Spettkaka heißen die über einem Drehspieß langsam Schicht für Schicht gebackenen, knusprigen »Spießkuchen« mit Zuckerglasur, die man in fast jeder Konditorei Schonens sieht.

Småland ist bekannt als die »Preiselbeerprovinz«: Preiselbeermarmelade wird zu verschiedenen Mahlzeiten und als Dessert gereicht. Beliebtestes Gericht sind Kartoffelklöße (Kroppkakor) gefüllt mit geräuchertem, gesalzenem Schweinefleisch, Zwiebeln und Pfeffer, serviert mit geschmolzener Butter und – Preiselbeermarmelade. Auf **Gotland** isst man gerne Lamm. Gotland ist deshalb auch die Insel der Lämmer und nicht umsonst ziert eines die Landesflagge. Auf der Insel nennt man die erwachsenen Tiere Lämmer; dort gibt es also keine Schafe, sondern nur Lämmer und Junglämmer.

Im Restaurant Wer essen gehen will, sollte sich auf ein Preisniveau gefasst machen, das deutlich über dem deutschen liegt. Selbst eine einfache Pizza ist kaum unter 12 € zu haben, ein Hauptgericht im Restaurant kostet rund das Doppelte und für ein Bier sind mindestens 6 € fällig. Für ein Glas Wein muss man sogar noch etwas mehr kalkulieren. Auf frische, oft regionale Waren legen immer mehr Restaurants großen Wert. Allerdings: In vielen »normalen« Restaurants wird mitunter etwas einfallslos gekocht. Schmackhaft ist das einfache Essen aber durchaus.

Getränke Wer an schwedische Getränke denkt, dem fallen zunächst natürlich Akvavit und (Absolut-)Wodka ein. Beim **Kaffeeverbrauch** sind die Schweden, nach Nachbar Finnland, die Nummer zwei der Welt.Dazu isst man u. a. schneckenartiges Hefegebäck (vetebullar oder kanelbullar), Torte (tårta), Kleingebäck (småkakor) und frische Waffeln (våfflor) mit Himbeeren oder Preiselbeeren.

Mit 52,3 l pro Jahr und Person (Deutschland: 109,8 l) bleibt der Bierverbrauch deutlich hinter dem Kaffeekonsum zurück. Böse Zungen behaupten, dass dies nicht nur am hohen Preis, sondern auch der schlechten Qualität liegt. Im Supermarkt bekommt man nur Bier bis 3,5 Vol.-% (lattöl und folköl). Alles andere – Wein, Schnaps, stärkeres Bier (starköl) – muss man für viel Geld im staatlichen Alkoholmonopol, Systembolaget, kaufen. **Glögg**, auch als Schwedenpunsch bekannt, besteht aus Rotwein, Schnaps und Gewürzen und schmeckt am besten selbst gemacht. Es gibt ihn auch alkoholfrei aus Saft.

Mahlzeiten Das **F**rühstück (frukost) kann aus Brot, Käse, Schinken, Wurst, Dikmelk, Joghurt, Marmelade und Ei bestehen. Belegte Brote (smörgås, wörtl. Butterbrot) gibt es zu jeder Tageszeit. Das Mittagessen (lunch) ist einfach; beliebt sind mittägliche Buffets, viele Restaurants bieten preiswerte Mittagsgerichte an. Das Abendessen heißt etwas irreführend »middag« und wird ab 17 oder 18 Uhr serviert.

BAEDEKER ✦ ÜBERRASCHENDES

6x UNTERSCHÄTZT

Genau hinsehen, nicht daran vorbeigehen, einfach probieren!

1. LEBENSRETTER

Ins **Stockholmer Armeemuseum** verirren sich nur wenige, dabei ist es allein wegen des Raumes zu Raoul Wallenberg sehenswert. Wallenberg rettete 1944 in Ungarn Zehntausenden Juden das Leben. (www.sfhm.se).

2. EDLE TROPFEN

Eine **Weinstraße in Schonen**? Richtig gelesen! Die fast 40 Winzer produzieren gar nicht mal so schlechte Weine. Tipp: das Bio-Weingut Hällåkra in Anderslöv. (www.hallakra.com)

3. ZWEIRAD-DORADO

Die Bewohner von **Malmö** radeln gern, das ausgezeichnete Radwegnetz schafft klasse Bedingungen. Und dank Verleihstationen an fast jeder Ecke können auch Besucher die Öresundmetropole per Drahtesel erkunden.

4. GESUNDES MIT AUSSICHT

Das beste vegetarische und vegane Essen **Stockholms**, garniert mit einem grandiosen Blick über die Hauptstadt und den Mälaren – das **Hermans** ist immer einen Besuch wert! (https://hermans.se)

5. BERÜHMTE INITIALEN

Wer meint, in Schweden könne man nur in Stockholm shoppen gehen, war noch nicht in **Västerås**. Und für Fans von H & M ist der Ort sowieso ein Muss: Denn vor hier aus eroberte das berühmte Label die Modewelt. (www.visitvasteras.se)

6. FILM, FILM, FILM

Ystad ist nur »Wallander-Land«? Mitnichten! Im **Filmmuseum** gibt es auch eine Ausstellung zur Thrillerserie »Die Brücke«, die auch in Ystads Filmstudios gedreht wurde. (www.ystadstudios.se)

INTERESSANTE MENSCHEN

Poet mit der Kamera: Ingmar Bergman

1918 – 2007
Regisseur

Wie kaum ein anderer prägte Ingmar Bergman jahrzehntelang die Entwicklung des erzählenden Kinos. Der Pastorensohn aus Uppsala arbeitete an einem Theater mit Laienaufführungen und wandte sich schließlich dem Film zu. Sein Credo: »Ich versuche, die Wahrheit über die menschlichen Verhältnisse zu erzählen – die Wahrheit, so wie ich sie sehe.« Anfangs zeichnete er eindrucksvolle Porträts der skeptischen Nachkriegsjugend, später behandelte er die Probleme der reiferen Generation in Familie und Beruf. Nachdem Bergman in Schweden zu Unrecht der Steuerhinterziehung angeklagt worden war, verließ er das Land und arbeitete von 1976 bis 1985 in München am Residenztheater. Durch den Film **»Wilde Erdbeeren«** (1957), den melancholischen Lebensrückblick eines alternden Mannes, erregte er die Aufmerksamkeit des deutschen Publikums.
In seiner langen Karriere drehte er fast 40 Filme, darunter »Szenen einer Ehe« (1973) mit seiner langjährigen Lebensgefährtin **Liv Ullmann** und das mit vier Oscars gekrönte, stark autobiografisch geprägte Werk »Fanny und Alexander« (1982). Bergman war sechs Mal verheiratet und Vater von acht Kindern.

Die Göttliche: Greta Garbo

1905 – 1990
Hollywoodstar

Sie konnte mit einem angedeuteten Lächeln, einem Blick oder einer Geste ganze Geschichten erzählen und gilt nach wie vor als eine der schönsten und geheimnisvollsten Darstellerinnen der Filmgeschichte. Greta Garbo, von Kritikern mit Beinamen wie »die Göttliche«, »schwedische Sphinx« oder »Traumprinzessin der Ewigkeit« belegt, kam als Greta Lovisa Gustafsson in einem Stockholmer Arbeiterviertel zur Welt. Schon ihr erster Film »Gösta Berling« wurde ein überwältigender Erfolg. Nach dem 1925 in Deutschland entstandenen Film **»Die freudlose Gasse«** arbeitete die Diva für das neu gegründete Hollywoodstudio Metro-Goldwyn-Mayer. Sie verkörperte meist elegante, aristokratische und tragische Frauenrollen, etwa in »Anna Karenina«, »Mata Hari« und **»Königin Christine«**. Im Jahr 1941 zog sie sich völlig aus der Welt des Films zurück. Danach lebte sie sehr abgeschirmt von der Öffentlichkeit abwechselnd in New York und Klosters in der Schweiz.

»Ibrakadabra«: Zlatan Ibrahimović

geb. 1981
Fußballer

Er ist kein Mann der kleinen Worte, dafür aber ein Mann der großen Tore – und der beste schwedische Fußballer aller Zeiten, der in der für ihn typischen »Bescheidenheit« sich gerne auch mal mit Gott vergleicht. Sein schwindelerregender Aufstieg mag aber seine gleichermaßen bewunderte wie kritisierte Hybris erklären: Der Fußballspieler bosnischer Abstammung wuchs in **Malmös Problemviertel Rosengård** auf, wo er bereits in der Jugendmannschaft des FC Rosengård kickte. 1999 unterschrieb er beim Malmö FF seinen ersten Profivertrag. 2001 dann der Durchbruch: Erstmals zog er sich das Trikot der schwedischen Nationalmannschaft über und wechselte zum Topclub Ajax Amsterdam. Es folgten die Stationen Juventus Turin, Inter Mailand, FC Barcelona, AC Mailand, Paris Saint-Germain, Manchester United und zuletzt LA Galaxyt. Elfmal kürten ihn der Schwedische Fußballverband und die Tageszeitung »Aftonbladet« zu Schwedens Fußballer des Jahres (2005, 2007 bis 2016), mit seinen Vereinen sammelte er unzählige nationale Titel und errang zuletzt 2017 den Sieg in der UEFA Europa League mit Manchester United.

Vier Buchstaben erobern die Welt: Ingvar Kamprad

1926 – 2018
Unternehmer

Mit dem Verkauf von Streichholzschachteln verdiente der Förstersohn Ingvar Kamprad seine ersten Öre, mit seinem Möbelimperium wurde er zum Multimilliardär. Mit 17 Jahren gründete Kamprad eine winzige Firma, der er den Namen »IKEA« gab, zusammengesetzt aus den Initialen von Ingvar, Kamprad, Elmtyard, Agunnaryd: Auf dem Hof Elmtyard beim Städtchen Agunnaryd war Kamprad 1926 geboren worden. Anfangs handelte Kamprad erfolgreich mit Uhren und Strümpfen, erst 1948 kamen Möbel hinzu. 1953 eröffnete im südschwedischen Älmhult **das erste IKEA-Möbelhaus** in einer Zeit, als in Schweden der Wohlstand wuchs und damit die Mittel vorhanden waren, Wohnungen neu einzurichten.

Viele kleiner Helden: Astrid Lindgren

»Erzähl mir von Pippi Langstrumpf«, hatte Karin ihre Mutter Astrid Lindgren 1941 gebeten, als sie mit einer Lungenentzündung im Bett lag. »Pippi wer?« Der Name war der Kleinen just eingefallen, und so ließ die Mutter ihrer Fantasie freien Lauf. Weltweit wurde Pippi Langstrumpf bislang in rund 60 Sprachen übersetzt, über **145 Mio. Mal** verkauft und mit Inger Nilsson höchst erfolgreich verfilmt.
Von 1944 bis 1993, bevor Lindgren wegen Augenproblemen mit dem Schreiben aufhören musste, entstanden mehr als 50 Geschichten über

starke, eigensinnige Kinder, die die Erwachsenenwelt auf den Kopf stellen. Der Nachwuchs war begeistert, die Pädagogen entsetzt. Auch politisch war Lindgren aktiv. Für »ihren Sinn für Gerechtigkeit, Gewaltfreiheit, Verständnis für Minderheiten und auch für ihre Liebe zur Natur«, erhielt Astrid Lindgren 1994 in Stockholm den Alternativen Nobelpreis. Der Literaturnobelpreis blieb ihr jedoch versagt.

Gottes Schöpfungsordner: Carl von Linné

1707 – 1778
Naturforscher

»Gott schuf, Linné ordnete«: Seinen größten Verdienst erwarb sich Carl von Linné (Carl Linnaeus) durch die Schaffung eines Systems, in das er die schon zu seiner Zeit bekannte Fülle von Organismen einordnete. Der Sohn eines Hilfspfarrers aus dem småländischen Råshult unternahm Forschungsreisen nach Lappland, England, Frankreich und Holland und ließ sich dann als Arzt in Stockholm nieder. Im Mai 1739 gründete er dort die Königlich Schwedische Akademie der Wissenschaft und wurde ihr erster Präsident, gegen Ende des Jahres auch Arzt der Admiralität. Nach zwei Schlaganfällen verbrachte er seine letzten Lebensjahre auf Gut Hammarby, wo er 1778 starb. Er wurde im Dom von Uppsala beigesetzt. In seiner bahnbrechenden Schrift **»Systema naturae«** vergab er an alle Pflanzenarten lateinische Doppelnamen, später ebenso an alle Tiere. Bis heute wird jede neu entdeckte Art nach der von Linnéschen Nomenklatur benannt. Von Linné stammt auch die Bezeichnung »Homo sapiens«.

Erfinder mit Sprengkraft: Alfred Nobel

1833 – 1896
Chemiker

Alfred Bernard Nobel wurde am 21. Oktober 1833 in Stockholm als Sohn eines wohlhabenden Maschinenfabrikanten geboren. Ab 1859 beschäftigte er sich mit der Sprengstoffchemie. Er erfand u. a. Zündhütchen, rauchfreies Pulver und schließlich 1867 das **Dynamit**. 1882 kam die hoch explosive Mischung aus Nitroglyzerin und Kieselgur beim Bau des Schweizer Gotthardtunnels erstmals im größeren Umfang zum Einsatz und machte Nobel weltberühmt. Bis 1873 eröffnete Nobel, der fünf Sprachen beherrschte und auch Dramen verfasste, 15 Fabriken in Europa und den USA und verdiente ein gewaltiges Vermögen. Insgesamt **355 Patente** wurden ihm zugesprochen.
Beeindruckt vom Engagement der österreichischen Pazifistin Bertha von Suttner stiftete Nobel einen Friedenspreis. In seinem Testament legte der kinderlos gebliebene Erfinder den Grundstein für die höchstdotierte Auszeichnung der modernen Welt: Sein beträchtliches Vermögen von rund 31 Mio. Schwedischen Kronen wurde der Nobel-Stiftung zugeführt. Alfred Nobel wurde auf dem Nordfriedhof von Stockholm beigesetzt.

OBEN: Er machte IKEA zum Weltkonzern: Gründer Ingvar Kamprad.

UNTEN: »Super Zlatan« im Einsatz für seinen (vorletzten?) Verein Manchester United

NACHGEFRAGT

VISITSWEDEN
Stortorget 3
83130 Östersund
Tel. 069 22 22 34 96
www.visitsweden.com

BOHUSLÄN
www.vastsverige.com

GÖTEBORG
Kungsportsplatsen 2
Tel. 031 3 68 42 00
www.goteborg.com

GOTLAND
Donners plats 1
Visby
Tel. 0498 20 17 00
www.gotland.com

KALMAR
Ölandskajen 9
Tel. 0480 41 77 00
www.kalmar.com

KRISTIANSTAD
Stora Torg
Tel. 044 13 53 35
www.turism.kristianstad.se

KULLABERGS NATURRESERVAT
Italienska vägen 323, Mölle
Tel. 042 347201
www.kullabergsnatur.se

LUND
Botulfgatan 1
Tel. 046 35 50 40
www.visitlund.se

MÄLAREN
Eskilstuna Turistbyrå
Rothoffsvillan, Tullgatan 4
Eskilstuna, Tel. 016 7 10 70 00
www.eskilstuna.se

ÖLAND
Borgholms Turist/Resecentrum
Storgatan 1
Borgholm
Tel. 0485 8 90 00
www.olandsturist.se

STOCKHOLM
Sergels Torg 3 – 5
Tel. 08 50 82 85 08
www.visitstockholm.com

UPPSALA
Kungsgatan 59
Tel. 018 7 27 48 00
www.destinationuppsala.se

VÄNERN
Karlstad Turistbyrå
Tage Erlandergatan 8A
Karlstad
Tel. 054 15 71 50
www.visitkarlstad.se

Trollhättan Turistbyrå
Åkerssjövägen 10
Trollhättan
Tel. 0521 1 35 09
http://upplev.trollhattan.se

VIMMERBY
www.alv.se
www.astridlindgrensnas.se

VÄTTERN
Jönköping Turistbyrå
Järnvägsstationen
Tel. 036 10 50 50
www.jonkoping.se

BAEDEKER ÜBERRASCHENDES

10 SOUVENIRS

10 Dinge und Erinnerungen, die ich mitnehme ...

1.

Streichhölzer? Ja, aber nicht irgendwelche! Die **Schwedenhölzchen** mit Geschichte unbedingt in Jönköpings Streichholzmuseum kaufen!

2.

Ein knallrotes **Dala-Pferdchen** auf dem Fensterbrett zeigt aller Welt: Ich war in Schweden!

3.

Mittsommer-Eindrücke sind unbezahlbar – beim Tanz um den Mittsommerbaum ist man der schwedischen Seele ganz nah.

4.

Aquavit – eiskalt ist das »Lebenswasser« ein Genuss, oder?

5.

Ob als Motiv auf einem witzigen T-Shirt, als niedliches Plüschtier oder als Schinken – der **Elch** muss ins Gepäck!

6.

Feinstes **Glas** in topschickem Design, noch dazu handgemacht, gibt es in Smålands Glasreich.

7.

Eine **Victoria & Daniel-Tasse**, denn Kitsch muss sein!

8.

Mit **Moltebeeren-Marmelade** lässt sich zu Hause der Schwedenurlaub noch ein paar Tage verlängern.

9.

Einmal als **Dancing Queen mit ABBA** auftreten – in Stockholms ABBA-Museum ist es dank Hologrammen möglich.

10.

Sicher, Kleidung von **h & m** gibt es auf der ganzen Welt. Doch in Västerås, wo die Erfolgsstory begann, ist die Auswahl riesig. Geschichte hautnah und modische Souvenirs in einem.

S

SÜDTIROL

»

Hier ist es wunderherrlich und repariert ganz sicher Leib und Seele.

«

Gustav Mahler

DAS IST SÜDTIROL

Klausen gehört zu den städtischen Kleinodien Südtirols.

SONNENSEITE DER ALPEN

»Wenn ich Worte schreiben will, so stehen mir immer Bilder vor Augen«, bemerkte schon Goethe auf seiner Italienreise, überwältigt von den Eindrücken nach der Überquerung des Brenners. Südtirols Landschaft trumpft mit grandiosen Bergformationen, dichten Wäldern und fruchtbaren Tälern auf. Auch die historischen Städte und das milde Klima auf der sonnenverwöhnten Alpensüdseite begeistern einst wie jetzt.

Deutsch und Italienisch

Südtirol ist die nördlichste Provinz Italiens und gleichzeitig der südlichste Zipfel des deutschen Sprachraums. Neben Deutsch und Italienisch wird in den Dolomitentälern auch Ladinisch gesprochen, das sich aus dem Rätischen und dem Vulgärlatein gebildet hat. Die deutschsprachige Bevölkerung lebt mehrheitlich auf dem Land und hat sich in viel Tirolerisches bewahrt; die Italiener leben dagegen vorwiegend in den Städten, die eine lebendige Mischung aus Kultur und Lebensstil der beiden Nationen prägen.

Es gibt **über 800 Burgen**, Schlösser, Ruinen, Ansitze, aber auch zeitgenössische Architektur und Museen zu entdecken. 200 Musikkapellen, das Südtiroler Jazzfestival und die »Gustav Mahler Musikwochen« in Toblach zeugen davon, dass Musik ein lebendiger Teil der Südtiroler Alltagskultur ist. Und natürlich darf nicht vergessen werden, dass es in Südtirol auffällig viele mit Hauben und Sternen ausgezeichnete Lokale gibt und die besten Weißweine Italiens ebenfalls hier wachsen.

Landschaft mit vielen Gesichtern

Schönes Land, gutes Klima

Vor allem wegen der einzigartigen Landschaft zieht es viele Reisende hierher. Die über Jahrhunderte entstandene **Kulturlandschaft** mit Obstgärten, Weinbergen und Almen harmoniert mit sonnenüberfluteten Mittelgebirgsterrassen, unendlich scheinenden Bergwäldern und als krönendem Blickfang mit den markanten Felstürmen der Dolomiten oder den gletscherbedeckten Spitzen so mancher Dreitausender. Südtirol liegt dazu noch klimatisch begünstigt: Der Alpenhauptkamm fängt im Norden die kalten Winde ab, während über die breiten Talflächen des Südens warme Luftströme vom Mittelmeer hereingelangen, weshalb es hier deutlich mehr Sonnentage und weniger Niederschläge gibt als nördlich des Alpenhauptkamms. Auf den unterschiedlichen Höhenlagen entfaltet sich ein Vegetationsspektrum von submediterranen Pflanzen bis hin zu einer alpinen Flora.

Dolomiten

Die großartigen Dolomiten im Südosten Südtirols sind eines der schönsten und meistbesuchten Gebiete der ganzen Alpen. Neun ihrer Berggruppen, von denen sechs in Südtirol liegen, sind seit Ende Juni 2009 UNESCO-**Weltnaturerbe**. In Südtirol sind es die Naturparks Drei Zinnen, Fanes-Sennes-Prags, Puez-Geisler, Schlern-Rosengarten, der Gebirgsstock Latemar und das Naturdenkmal Bletterbach. Die Entstehung der Dolomiten begann vor ca. 250 Millionen Jahren. Eine trockene Wüste wurde nach und nach vom Urmeer Tethys bedeckt und von Vulkanausbrüchen verformt. Durch den Zusammenstoß des afrikanischen mit dem europäischen Kontinent faltete sich ein Gebirge empor, das Wind, Wetter und den Eiszeiten ausgesetzt war. Vor rund 10 000 Jahren entstand schließlich diese paradiesische Kulisse, in der 1789 der Geologe Deodat de Dolomieu einen besonderen Kalkstein fand. Wenn auch mancher Gipfel aus anderen Gesteinen besteht, so hat doch die vom Namen des Geologen abgeleitete Bezeichnung »Dolomiten« die Gebirgsgruppe in der ganzen Welt bekannt gemacht. Ein besonderes Schmuckstück sind die kleinen **Seen**, über die sich die weißen oder gelblichen Kalkwände, gebändert von grau- bis braunrötlichen Mergelschichten und dunklen vulkanischen Tufflagen, erheben. Außergewöhnlich schön ist hier auch die **»Enrosadüra«**, das Alpenglühen, mit dem die auf- und ganz besonders die untergehende Sonne die Gipfel erröten lässt.

Am Kalterer See, dem wärmsten See der Alpen, kann man den Sommer verlängern.

STEINERNE ZEITZEUGEN

Es gibt Burgen und Schlösser, wohin man schaut. 800 sind es in ganz Südtirol, das ist die höchste Dichte in Europa. Einst von strategischer und wirtschaftlicher Bedeutung, gehören die Anlagen heute zur Kulturlandschaft. Einige sind in Privatbesitz, andere sind Museen, Restaurants oder Hotels, wo nun die Gäste schlafen wie einst die Grafen ...

◄ Schloss Juval, der Sommersitz von Reinhold Messner, erhebt sich über dem Eingang zum Schnalstal.

ALS ihnen ein gut genährtes Schwein direkt vor die Füße fiel, war den Belagerern von **Burg Greifenstein** klar: Innerhalb der Mauern kann die Not nicht wirklich groß sein. Und so zogen die Truppen von Herzog Friedrich IV. von Österreich-Tirol, die 1423 wochenlang versucht hatten, die Burgbewohner auszuhungern, unverrichteter Dinge wieder ab. Den Bewohnern dagegen hatte ihr letztes Schwein Glück gebracht … Im Volksmund heißt die heutige Ruine seither das Sauschloss.

Statt einem Glücksschwein wacht seit 1995 ein Unglücksrabe über **Schloss Juval**, dem Sommersitz von Reinhold Messner. Vierzehn Achttausender hat der Extrembergsteiger erfolgreich bestiegen und dann scheiterte er ausgerechnet an einer drei Meter hohen Mauer. Nach einem auswärtigen Abendessen stand Messner mit seiner Familie vor versperrter Schlosstür, weshalb der Bergfex schnell mal über die Mauer klettern wollte. Dabei rutschte er ab und zertrümmerte sich sein Fersenbein. Der Schlossherr nimmt es inzwischen mit Humor: Für Besucher hat er an der Unglücksstelle einen schwarzen Raben und eine Hinweistafel aufgestellt: »Hier ist Reinhold Messner abgestürzt«.

Geschichte und Geschichten

Wenn historische Mauern reden könnten, gäbe es bei rund 800 Burgen, Schlössern und **Ansitzen** – die etwas bescheideneren Wohnsitze von ärmeren Adeligen oder reichen Grundbesitzern – viele Geschichten zu erzählen. Befestigte Plätze und Fluchtburgen gab es in Tirol, zumal in Südtirol schon lange vor Christi Geburt. Dass ihre Zahl immer größer wurde, liegt an der strategischen und wirtschaftlichen Bedeutung der Region. Die Heer- und Handelsstraßen über den Reschenpass und später über den Brenner zählten seit dem Altertum zu den wichtigsten Nord-Süd-Verbindungen. Ihre Kontrolle war stark umkämpft, denn am Wegezoll wurde schon damals gut verdient. Heute übernehmen das Geldeintreiben die vielen Mautstationen, an denen die Autofahrer ihren Obolus entrichten müssen …

Von der Trutz- zur Wohnburg

Im 12. und 13. Jh. ließen sich Landesfürsten, Bischöfe, Adelsfamilien sowie Angehörige des niederen Adels zur Sicherung ihrer Gebiete und zur Demons-

BAEDEKER DAS IST ...

DREI AUF EINEN STREICH

Geschichtsträchtig und romantisch ist die Drei-Burgen-Rundwanderung in Eppan. Von Schloss Korb, heute Luxushotel, führt ein Waldweg hoch zur Ruine Hocheppan. Nach einer Stärkung in der Burgschenke steigt es sich umso leichter hinauf zur Burgruine Boymont mit ihren eleganten Rundbogenfenstern und dem schönen Ausblick auf Schloss Korb. Hier schließt sich nach 6 km (2 1/2 Std. reine Gehzeit) der Kreis wieder. (www.hocheppan.it)

tration ihrer Herrschaftsansprüche so viele Burgen errichten, dass von einem Burgenboom gesprochen werden kann. Im frühen 14. Jh. war die große Zeit des Burgenbaus jedoch vorbei. Eine fatale Rolle spielte die Erfindung des Schießpulvers und die Weiterentwicklung zu Kanonen, es wurde immer schwieriger, Burgen zu verteidigen. Zwar wurden unter den Landesfürsten Sigismund der Münzreiche und Kaiser Maximilian I. noch zahlreiche Burgen zu **Festungen** aufgerüstet, ihr Bedeutungsverlust konnte aber nicht aufgehalten werden. Dafür rückte im späten 15./16. Jh. dann das Interesse an komfortablem Wohnen und Repräsentieren in den Vordergrund. Die Burgbesitzer wollten ihre Häuser im Stil der Renaissance modernisiert haben. **Die Burg verwandelte sich zum Schloss.** Aber nicht alle, einige verfielen. Damit auch die Ruinen erhalten bleiben, wurde 1963 der **Verein des Südtiroler Burgeninstituts** gegründet. Eine wunderbare (nur in Bibliotheken oder antiquarisch erhältliche) Quelle ist Josef Weingartner: Tiroler Burgenkunde, Rohrer Verlag, 1950.

OBEN: Eine der schönsten Burgen Südtirols: die Trostburg bei Weidbruck am Eingang ins Grödner Tal
UNTEN: Das abends beleuchtete Schloss Korb ist der Ausgangspunkt der romantischen Drei-Burgen-Rundwanderung.

DIE WELT-BÜRGER

Drei Sprachen, drei Kulturen, ein Lebensraum. Nach Jahrzehnten leidvoller Geschichte und Unterdrückung versucht sich Südtirol heute im Miteinander kultureller Vielfalt. In Zeiten der Globalisierung pflegt vor allem die Jugend einen unvoreingenommeneren Umgang, was zu einer spannenden Mischung von mediterraner Lässigkeit und deutscher Gründlichkeit führt.

Mehrsprachigkeit ist hier Programm: die Sprachlounge in Bozen.

chlounge — lingue

IM MULTISPRACH-ZENTRUM

»Toma la nëi«, singt die ladinische Popgruppe »Ganes«. Doch was heißt das eigentlich? »Langsam fällt der Schnee«, erfährt man im Multisprachzentrum in Bozen oder Meran, wo einem Muttersprachler gerne beim Übersetzen helfen. Spielerischer kann man eine Fremdsprache kaum lernen. Die kostenfreie öffentliche Kultureinrichtung wird auch von vielen Urlaubern genutzt, denn sie verfügt über eine Multimedia-Bibliothek mit ca. 18 000 Titeln. (www.provinz.bz.it/italienische-kultur/sprachen/Multisprach zentrum.asp).

»JËUF de Frea, Passo Gardena und Grödner Joch«, steht auf dem braunen Straßenschild, das obendrein mit vielen bunten Aufklebern von Passbezwingern verziert ist. Es ist eines dieser Zeichen dafür, dass Südtirol dreisprachig ist. Statistisch gesehen sind 69 Prozent der Bevölkerung deutscher, 26 italienischer und 5 ladinischer Sprachzugehörigkeit. Auch die Besetzung öffentlicher Stellen folgt einem paritätischen Verteilungsschlüssel nach Sprachgruppen. Dass sich das Land heute weniger als Schmelztiegel denn als Miteinander von kultureller Vielfalt begreift, bis dahin war es ein weiter Weg.

Seit dem Anschluss Südtirols an Italien drehte sich ab 1919 alles um die verlorene Autonomie. Nach dem Verbot der deutschen Sprache, erzwungenen Namensänderungen und Zuwanderungen aus Italien verschärfte sich der Konflikt im Zweiten Weltkrieg. Deutschsprachige Südtiroler wurden vor die Entscheidung gestellt, zurück nach Deutschland in die neu besetzten Ostgebiete umzusiedeln oder zu bleiben und die Italienisierung zu akzeptieren. Der Streit zwischen Optanten und Dableibern diskriminierte und zerrüttete viele Familien. Den heutigen erweiterten Status als autonome Provinz sollte Südtirol erst 1972 erhalten.

Digitale Nomaden

»Die Südtiroler sind ein Bauernvolk, das speist man nicht mit Utopien«, sagt Letizia Ragaglia. Im Bereich Kulturvermittlung leitet die Direktorin des Bozner Museion regelmäßig Workshops für junge Menschen und hat dabei festgestellt, dass sich deren Heimatbegriff verändert hat: »Als digitale Nomaden nehmen die sich von jeder Kultur nur das, was ihnen in den Kram passt.« Obendrein sammeln junge Südtiroler Erfahrungen im Ausland, kehren aber anders als früher zurück und bringen neue Ideen mit. Aus einem kleinen armen Bauernvölkchen ist längst eine **autonome Region** geworden, in der schon die Kinder in der Schule Deutsch, Italienisch und Englisch lernen können. Die eigene Sprache wird einerseits als Ausdruck der eigenen Kultur und Identität verstanden, zugleich soll über die Mehrsprachigkeit aber auch Verständnis für andere Kulturen gefördert werden. So trifft italienische Lässigkeit auf deutsche Gründlichkeit, alpine Bodenständigkeit auf mediterrane Lebensart, Speckknödel auf Spaghetti Scoglio. Wer hier lebt, weiß, dass das keine Gegensätze sind, sondern eine **einzigartige Vielfalt**, für die Südtirol im Ausland bewundert wird.

Vielfalt, die sich auszahlt

Doch kulturelle Autonomie ist nur das eine. Ohne eine recht weit gehende wirtschaftliche Unabhängigkeit wären Südtirols Unternehmen nie so erfolgreich geworden, wie sie sind. Etwa 80 Prozent seiner Steuereinnahmen darf das Land in seine eigene Wirtschaft reinvestieren, sodass das Pro-Kopf-Einkommen seiner Bürger inzwischen 50 Prozent über dem Landesdurchschnitt Italiens liegt.
Heutzutage hat es ein jeder selbst in der Hand, ob er neben seinem regionalen Selbstverständnis auch die Chance der kulturellen Vielfalt ergreift und bereit ist, über die Talränder hinauszuschauen und sich vielleicht sogar als Weltbürger zu fühlen. Viele junge Leute tun genau das.

Die vielstimmig singenden Musikerinnen der ladinischen Popgruppe »Ganes« komponieren und texten ihre Lieder selbst.

KLEINES WEINLAND – GROSSE VIELFALT

In den Weinen Südtirols spiegelt sich der eigenwillige Charakter einer außergewöhnlichen Landschaft: Steile Höhenlagen bieten den Winzern hier zwar keine riesigen Anbauflächen, jedoch sorgt das unterschiedliche Mikroklima für eine große Rebsortenvielfalt. Die Alpen schützen vor dem kalten Wind des Nordens und im Süden öffnet sich das Terrain der Rebflächen bereits mediterranen Einflüssen.

Im Herbst verfärbt sich das Weinlaub goldgelb; im Hintergrund der Rosengarten

WENN es um Wein geht, sind die Südtiroler dem Himmel zweifellos ein Stück näher. Abt Markus Spanier vom Kloster Marienberg in Burgeis hatte 2013 die Eingebung, es am steilen Südhang seines Klosters mal mit Weinreben zu versuchen. Die Ambitionen für einen eigenen Messwein könnten kaum extremer sein, denn es handelt sich um den höchstgelegenen Weinberg (1340 m) des europäischen Kontinents. Den Auftrag vergab der Abt an die in Steillagen erfahrene Winzerfamilie Van den Dries. Ein Knochenjob auf 2 ha, denn der Anbau erfolgt ohne Einsatz von Maschinen und nach streng biologischen Richtlinien. Beim Abtransport der Trauben hilft lediglich die Eselfamilie der Winzer. Was selbst heute noch archaisch anmutet, geht auf eine lange Tradition zurück, schließlich zählt Südtirols Weinkultur zur ältesten Europas. Schon in vorrömischer Zeit im 5. Jh. v. Chr. wurde im Land Wein angebaut.

Klein, aber fein

Neben Aosta ist Südtirol das kleinste und nördlichste Weinbaugebiet Italiens. Im Verhältnis zur Rebfläche erhält es für seine Weine, die von 5000 Winzern auf 5400 ha gemacht werden, die **meisten Auszeichnungen.** 98 Prozent der Rebfläche weisen eine kontrollierte Ursprungsbezeichnung auf (sind DOC-klassifiziert), das ist italienweit Spitze. Dank seiner besonderen Lage zwischen alpinem und mediterranem Klima und einer Höhenlage zwischen 200 und bis über 1000 Metern kann der Südtiroler Weinbau auf zwanzig verschiedene Rebsorten zurückgreifen, zu denen die autochthonen Weinsorten Vernatsch, Lagrein und Gewürztraminer gehören. Vor allem die Weißweine genießen einen sehr guten Ruf

BAEDEKER DAS IST …

AUF WEINSAFARI

Ein Glas Gewürztraminer in der Hand und um einen herum nichts als Reben. Bei Verkostungen in ausgewählten Weingütern auf der Südtiroler Weinstraße erfährt man etwas über die Weinvielfalt der Region. Nach einer Weinbergbegehung lässt es sich beim Degustationsmenü mit Weinbegleitung gut fachsimpeln. Und das Beste: Den Fahrdienst erledigt ein Shuttlebus (www.suedtiroler-weinstrasse.it/de/erleben/winesafari.html).

Nicht nur Weinliebhaber, auch Architekturtouristen zieht es zum Neubau der Kellerei der Traminer Winzergenossenschaft.

Gemeinsam stark

Südtirols Weinwirtschaft ist sehr kleinteilig, viele Weinbauern besitzen weniger als 1 ha Land. Dies brachte die meist familiengeführten Unternehmen schon bald auf die Idee, gemeinsam zu produzieren. 1893 wurde in Andrian **die erste Kellereigenossenschaft Europas** gegründet. Rückgrat der Südtiroler Weinwirtschaft sind heute 13 Genossenschaften, die einen sehr guten Ruf genießen und rund 70 Prozent der Südtiroler Weine produzieren. Tausende kleiner Weinbauern liefern ihre Trauben bei der Genossenschaft ab, die reichlich beste Lagen separieren können. Auf diese Weise werden erstklassige Terroirweine gekeltert, was für ein kleines Weingut alleine gar nicht möglich wäre. Ihnen stehen die Freien Weinbauern Südtirol gegenüber, 100 eigenständige Weinproduzenten. Doch nicht nur für Weinkenner sind die Genossenschaften durch ihre Qualitätsoffensive zum Anziehungspunkt geworden. Die Weingüter Südtirols waren die Ersten, die **neue Ideen moderner Architektur** aufgegriffen haben. Die gelungenen Beispiele der Weingüter Lageder (1995) und Manincor (2004) fanden rasch Nachahmer. In Kaltern, Tramin und Teran gibt es mittlerweile beachtenswerte Kellereibauten, sodass sich längst auch eine neue Besucherklientel an der Südtiroler Weinstraße blicken lässt: die Architekturtouristen. Schließlich bieten Südtirols Weinkeller neben der Möglichkeit zur Verkostung nun auch noch einiges fürs Auge (www.suedtiroler-weinstrasse.it). Gute Adressen für den Weinkauf oder das Wohnen beim Weinbauern finden Sie in den Kapiteln Reiseziele.

MAGIE DER ZACKEN-BERGE

Die einzigartige Gebirgslandschaft der Dolomiten ist so außergewöhnlich, dass sie seit 2009 als UNESCO-Weltnaturerbe geschützt wird. Die bleichen Berge aus magnesiumhaltigem Kalkgestein erhoben sich vor Jahrmillionen aus den Tiefen des Meeres und verzaubern mit ihrem Alpenglühen bei Sonnenuntergang bis heute alle Betrachter.

◀ Die Umrundung der Drei Zinnen ist eine der attraktivsten Wandertouren in den Dolomiten.

ERKLIMMT der Kletterer in Südtirol einen Gipfel, ist eines ganz gewiss: Gleich dahinter erwartet ihn schon der nächste. Allein in den Dolomiten liegen mehr als 100 Haupt- und Nebengipfel von mehr als 3000 Metern Höhe. Im Himalaya sind die Berge mit Sicherheit höher, so unverwechselbar wie in den Dolomiten sind sie aber gewiss nicht. Hier bilden Almwiesen, Bergwälder und Bauernhöfe, über denen steile Zackenbergwände abrupt in den Himmel aufragen, zusammen ein Spannungsverhältnis, das in dieser Form einzigartig auf der Welt ist. Schon der Architekt Le Corbusier bewunderte das Gebirgsmassiv als schönstes Bauwerk der Welt, das die Natur schon vor 250 Millionen Jahren erbaut hat.

BAEDEKER DAS IST ...

DREIGESTIRN AM DOLOMITENHIMMEL

Pinguinparade nennen Bergführer den Paternsattel, auf dem sich regelmäßig die Wanderer wie Pinguine aufreihen, um nach über einer Stunde endlich den ersten fantastischen Blick auf die schöne Nordseite der Drei Zinnen zu genießen. Die 9 km lange Umrundung des berühmten Wahrzeichens der Dolomiten ist auf dem relativ flachen Hochplateau in 3 – 4 Stunden recht kommod zu bewältigen. Auch Jausenstationen gibt es reichlich: Auronzo-Hütte, Lavaredo-Hütte, Drei-Zinnen-Hütte und Lange Alm. (www.sexten.it)

Bleiche Berge

Seinerzeit stiegen mit dem Absinken des Tethysmeers massive Felswände aus Muschelkalk und Korallenriffen aus den Tiefen des Meeres empor. Von Wind und Wetter zu zackigen Gebilden geformt, machten sie sich zunächst als »bleiche Berge« einen Namen. Denn weiß, majestätisch und bizarr erhoben sie sich und waren damit so völlig anders als die Berge ringsum. Dass der Grund für ihre Bleiche im magnesiumhaltigen Kalkstein lag, erkannte 1788 der Geologe **Déodat Dolomieu,** nach dem die Dolomiten heute benannt sind.
Neun Teilgebiete in fünf italienischen Provinzen bilden diese Serie einzigartiger Gebirgslandschaften von außergewöhnlicher Schönheit, die heute zum UNESCO-Weltnaturerbe gehören. Der weitaus größte Teil des 142 000 ha großen Welterbes liegt in Südtirol. Hierzu gehören vor allem die Drei Zinnen, die Seiseralm und der Schlern, der Latemar und der Rosengarten, die Puez-Geisler-Gruppe, das Sellamassiv und die Bletterbachschlucht.

Magisches Alpenglühen

Bei so geheimnisvollen Bergmassiven ist es kein Wunder, dass viele dahinter ein verwunschenes Märchenland vermuteten, in dem die Magie der Natur atemberaubende Landschaften mit Hexen, Elfen und Feen hervorgebracht hat. Die Dolomitenregion ist schließlich auch die Heimat der Ladiner, die ca. 30 000 Köpfe zählen. Von ihnen stammt die Legende des Zwergenkönigs Laurin, der aus Wut darüber, dass sein prachtvoller Rosengarten sein Versteck verriet, diesen bei Tag und Nacht unsichtbar werden ließ. Nur die Däm-

merung vergaß er. So werden noch heute im Zwielicht zwischen Tag und Nacht die Rosen wieder sichtbar und die Berge erstrahlen in rotem Glanz. **Enrosadira** wird dieses magische Alpenglühen der Berggipfel genannt. Für Geologen erklärt sich das Spektakel bei Sonnenauf- und Sonnenuntergang recht nüchtern. Eigentlich entsteht es durch Streulicht, das wegen des hellen Dolomitengesteins als rötliches Licht reflektiert wird. Doch wenn sich das Glühen der Felsen von Rosa über Orange und Rot in Lila verwandelt, will sich mancher den Glauben nicht nehmen lassen, dass es hinter den Zackenbergen noch eine andere Welt gibt, eine mit diesem magischen Leuchten, in die nur Zutritt hat, wer wie die Ladiner daran glaubt. Geh nun Sonnenstrahl, heißt es in einem ihrer Lieder. Auf Ladinisch klingt selbst das wie Zauberei: »Rai de sorëdl va!«

Das Märchenland des Zwergenkönigs Laurin glüht (oben). Man kommt sich winzig vor zwischen den Vajolettürmen im Naturpark Schlern-Rosengarten (links).

STIL-WANDEL IN DEN BERGEN

Weniger ist mehr. Mit diesem Leitsatz der klassischen Moderne entsteht heute in Südtirol eine alpine Architektur frei von jeglichem Alpenkitsch. Der Dialog mit der Landschaft, natürliche Materialien aus der Region und Nachhaltigkeit zeichnen viele Gebäude der Neuzeit aus, die längst zu Pilgerstätten architekturbegeisterter Besucher geworden sind.

◂ Ein richtiger Hingucker: das MMM Corones auf dem Kronplatz

WIE ein großer Baumstamm fügt sich das **Vigilius Mountain Resort** in die Landschaft des Vigiljochs, als würde es sich dort verstecken. »Und wo ist jetzt mein Hotel?«, fragt eine Dame, als sie bereits unmittelbar davorsteht. Denn im Laufe der Jahre ist die kühne Holzfassade durch Witterungseinflüsse edel ergraut und passt sich nun umso mehr dem Naturraum an. Der Südtiroler Architekt Matteo Thun setzte mit diesem Gebäude bereits 2003 Maßstäbe für eine neue Architektur-Ära in Südtirol, die den Stilwandel wagte. Weg von der traditionellen Holzbauweise, wie man sie seit Jahrhunderten von den Bergbauernhöfen kannte, hin zur Moderne.

Mit ästhetischem Eigensinn

Für eine moderne Architektur der klaren Linien mit viel Glas, Stahl und Beton brauchte es neben ästhetischem Eigensinn auch viel Einfühlungsvermögen. Schließlich sollten sich die modernen Gebäudekomplexe harmonisch in die Natur oder die direkte Umgebung fügen. Wo das nicht ohne Weiteres möglich schien, ging man dafür sogar unter die Erde, so wie **MMM Corones**, das 2015 eröffnete Messner Mountain Museum auf dem Kronplatz. Es ist eines der letzten Bauwerke der 2016 verstorbenen Stararchitektin Zaha Hadid. Obwohl das organisch geschwungene und futuristisch anmutende Alpenufo in 2275 Metern Höhe auch als Aussichtsplattform dient, fügt es sich ohne aufzutrumpfen in den Fels ein. Tief im Inneren verbinden dann drei Sichtachsen das unterirdische Ausstellungsgebäude mit seiner Umgebung und öffnen durch große Schaufenster den Blick hinaus in die spektakuläre Dolomitenlandschaft.

Ziegelkubus und Rebenranken

Neben Matteo Thun gehört Werner Tscholl zu den bekanntesten Südtiroler Architekten der Moderne. Als er 2010 die erste Whisky-Destillerie Italiens und die Genossenschaftskellerei Tramin plante, waren das keineswegs Schnapsideen. Vor den Stadtmauern von Glurns erhebt sich seither die **Whisky-Destillerie von Puni** als ein 13 Meter hoher Kubus, der aus einem feingliedrigen Gitter rostroter Ziegel besteht. Damit erinnert der Architekt an die traditionelle Bauweise von Scheunen, die so natürlich belüftet und gekühlt wurden. In der **Kellereigenos-**

BAEDEKER DAS IST ...

TAGE DER ARCHITEKTUR

Von der Villa bis zum Bauernhof. In Südtirol gibt es zahlreiche Architekturschätze. Eine Architektur-App weist unterwegs auf die interessantesten Gebäude hin (www.suedtirol.info/archap). Einmal im Jahr an einem Wochenende Mitte / Ende Mai gibt es von Architekten geführte Rundgänge zu 50 Bauwerken. (www.tagederarchitektur.it)

senschaft in Tramin lässt Tscholl hingegen eine grüne Stahlkonstruktion aus dem Boden wachsen. Sie gibt den gläsernen Bauteilen eine neue Hülle und erinnert an Rebstöcke.

Neben Hotels, Museen, Weinkellereien, Almhütten und vielen Privathäusern sind in den letzten Jahren in Südtirol vielerorts spektakuläre Bauten entstanden, die manchen Umweg wert sind. Wer heute als Gast gerne in einer Designerunterkunft übernachtet, muss dafür längst nicht mehr tief in die Tasche greifen. Bei hypermodernen Schutzhütten stößt jedoch die Akzeptanz inzwischen an ihre Grenzen. So erhitzte die erst im Sommer 2018 eröffnete **Schwarzensteinhütte** (3026 m) im Südtiroler Teil der Zillertaler Alpen die Gemüter, machte sie doch deutlich, dass Architekturbüros heute den Begriff Schutzhütte anders interpretieren als noch vor 100 Jahren. Nach stundenlangem, kräftezehrenden Aufstieg erwarten viele dann doch lieber eine Wärme und Geborgenheit ausstrahlende Hütte als einen überdimensionalen Bergkristall, selbst wenn er mit regionalen Baustoffen errichtet wurde.

Zwei Beispiele zeitgenössischer Architektur in Südtirol: die Whisky-Destillerie von Puni (oben) und die Therme Meran (unten)

BAEDEKER ÜBERRASCHENDES

6X TYPISCH

Dafür fährt man nach Südtirol.

1.
KIRCHTURM IM SEE

Zur Energiegewinnung wurde der **Reschensee** 1950 angestaut. Zwei Dörfer mussten aufgegeben werden. Geblieben ist nur der Kirchturm von Graun, der aus dem Wasser ragt. Das Symbol für den Verlust ist heute eine Touristenattraktion.

2.
DREI AUF EINEN STREICH

Nur zu Fuß erreicht man den Paternsattel oder die Dreizinnenhütte, von wo aus man den schönsten Blick auf die **Drei Zinnen** hat. Die Umrundung der drei Felsenzacken ist eine sehr beliebte und relativ leichte Wanderung.

3.
DER MANN AUS DEM EIS

Mit 5300 Jahren ist sie die älteste Mumie der Welt. Lange haben Österreicher und Südtiroler um den Ötzi gestritten. Heute liegt der Mann aus dem Eis gekühlt im **Bozner Archäologiemuseum**. (www.iceman.it/de)

4.
DREI SPRACHEN, DREI KULTUREN

»Jëuf de Frea, Passo Gardena, Grödner Joch«. Auf Straßen- und Behördenschildern sowie auf Speisekarten wird klar: **Südtirol ist dreisprachig** – hier leben Menschen deutscher, italienischer und ladinischer Kultur zusammen, ohne ihre Identität aufzugeben.

5.
SCHLEMMEN AN ERNTEDANK

Das Törggelen entstand im **Eisacktal**, wo Wein und Kastanien wachsen. Zur Erntezeit genießt man in Gasthäusern und Buschenschänken geröstete Kastanien, neuen Wein und typische, bäuerliche Spezialitäten; schön zu erleben entlang des Kastanienwegs. (www.roterhahn.it/de)

6.
UNTER LAUBEN

Sie sind Mittelpunkt des geschäftigen Treibens: die Laubengassen. Handwerker und Kaufleute ließen sich schon im Mittelalter unter den Rundbögen nieder. Schöne Laubengänge gibt es heute noch in **Bozen, Meran**, **Neumarkt** und in **Glurns**.

UNTERWEGS IN SÜDTIROL

Von Norden

Das **Eisacktal** zieht sich vom Brennerpass nach Süden. Auf dieser Route überquerten schon Händler, Kaiser und ganze Kriegsheere die Alpen, heute sind es Heerscharen von Urlaubern und viel Güterverkehr. Am Zusammenfluss von Eisack und Rienz liegt **Brixen**. Repräsentative Bauten, Museen und Sammlungen zeugen von der bedeutenden Rolle der einstigen Bischofsresidenz. Von hier zweigt das **Pustertal** mit dem Hauptort Bruneck nach Osten hin ab. Wiesen, Wälder, schroffe Felswände und Bergseen charakterisieren das Feriengebiet Hochpustertal. Am Talschluss des Tauferer Ahrntals liegt das nördlichste Eck Italiens.

Von Westen

Von Westen kommend empfängt der **Vinschgau**. Dichte Wälder und grüne Almen werden von den weißen Gletscherspitzen der Ortlergruppe und der Ötztaler Alpen umsäumt. In den fruchtbaren Tallagen der Etsch prägt Obstanbau die Landschaft. Das Gebiet um **Meran** ist gegen den kalten Norden durch hohe, steile Berge geschützt und schon von der Sonne und Wärme des Südens gesegnet. Bereits im 19. Jh. war Meran aufgrund des guten Klimas ein beliebter Kurort. Zu den prominenten Kurgästen zählten auch Kaiserin Sisi, zu deren Österreichisch-Ungarischem Kaiserreich Südtirol damals noch gehörte, und Christian Morgenstern.

Bozen

In der Landeshauptstadt Bozen, am Zusammenfluss von Etsch und Eisack, trifft Nord auf Süd – das Deutsche mischt sich mit dem Italienischen. Im Südwesten von Bozen zieht sich die **Südtiroler Weinstraße** nach Süden, vorbei an üppigen Obst- und Weingärten, den Montiggler Seen und dem Kalterer See. Bei der Salurner Klause im Süden verengt sich das Tal, und die Sprach- und Provinzgrenze zum italienischsprachigen Trentino ist erreicht.

Die Berge

Die Berge, darunter 350 Gipfel über 3000 Meter, prägen die Landschaft Südtirols. Die **Dolomiten** durchziehen den südwestlichsten Teil Südtirols: Schroffe Felszacken, saftige Wiesen und Almen, dichte Wälder und ein Netz von Wanderwegen fügen sich zu einer einzigartigen Idylle. Felstürme wie der Rosengarten oder die Drei Zinnen sind eine beliebte Herausforderung für Kletterer. Die Silhouette des Schlern mit dem breiten, runden Buckel ist zum Symbol für die Dolomiten und für Südtirol geworden. Zu seinen Füßen liegt die Hochebene der Seiser Alm, wo man das ganze Jahr Ferien auf der Sonnenseite der Natur genießt.

★★ TOP-ZIELE

Südtirol, ein Paradies für Wanderer und Kraxler, die ein reiches Betätigungsfeld in den grandiosen Dolomiten, im Rosengarten und bei den Drei Zinnen finden. Burgen-Fans wissen nicht so recht, wo anfangen – Hocheppan? Trautmannsdorff? Churburg? Zeit für Meran, Bozen oder Glurns muss auch noch sein.

Bozen

★★ Lauben

Aufdringliche Werbung – Fehlanzeige! In den Lauben spielen die Fassaden ihren mittelalterlichen Charme aus: **Allwetter-Shopping unter Arkaden**.

★★ Ritten

Um als echter Bozner zu gelten, zählte es schon früher zu den »Acht Bozner Seligkeiten«, auch ein Sommerhaus auf dem **Hausberg** Ritten zu besitzen. Heute unternimmt man einen Ausflug mit der Seilbahn.

Brixen

★★ Dom Maria Himmelfahrt

Wenn von draußen Sonne ins Dominnere dringt, beginnt der imposante Raum **in den schönsten Bernsteinfarben** zu leuchten, denn bei seiner Barockisierung wurde vorwiegend rotbrauner und dunkler Marmor verwendet und auch an Gold nicht gespart.

★★ Kloster Neustift

Selten gibt es klerikale Kunst- und Kulturschätze so geballt auf kleinstem Raum: eine Barockkirche mit einem **Himmel von 300 Engeln**, eine Rokokobibliothek wie eine Kathedrale, und für besten Wein ist auch gesorgt, denn die Augustiner sind fantastische Winzer.

Bruneck

★★ Kronplatz

Die organisch geschwungene und futuristisch anmutende Architektur des **MMM Corones** in 2275 m Höhe ist nicht nur Museum, sondern auch ein Fenster hinaus auf die Dolomiten.

Dolomiten

★★ Gebirgslandschaft

Die **»Bleichen Berge«** sind durch Täler getrennte Bergstöcke mit beinahe farblosen, wild zerklüfteten und teils nadelscharfen Felsen. Bei Sonnenschein entfaltet das Gestein ein spektakuläres Farbenspiel.

Rund 300 Engel schweben am Himmel der Barockkirche von Kloster Neustift.

Eppan

Höhepunkt in der **»Sixtinischen Kapelle der Alpen«** ist die Burgkapelle mit ihren romanischen Wandmalereien, darunter die »Knödelesserin« im Stall von Bethlehem.

★★ Hocheppan

Glurns

Die kleinste Stadt Südtirols ist auch die am besten erhaltene: Eine intakte **mittelalterliche Ringmauer** mit drei malerischen Tortürmen umgibt sie.

★★ Altstadt

Kaltern

An Fischen ist er reich, der größte natürliche See Südtirols, weil einer der wärmsten und nährstoffreichsten Alpenseen. Rundum gedeihen **Wein- und Obstgärten**.

★★ Kalterer See

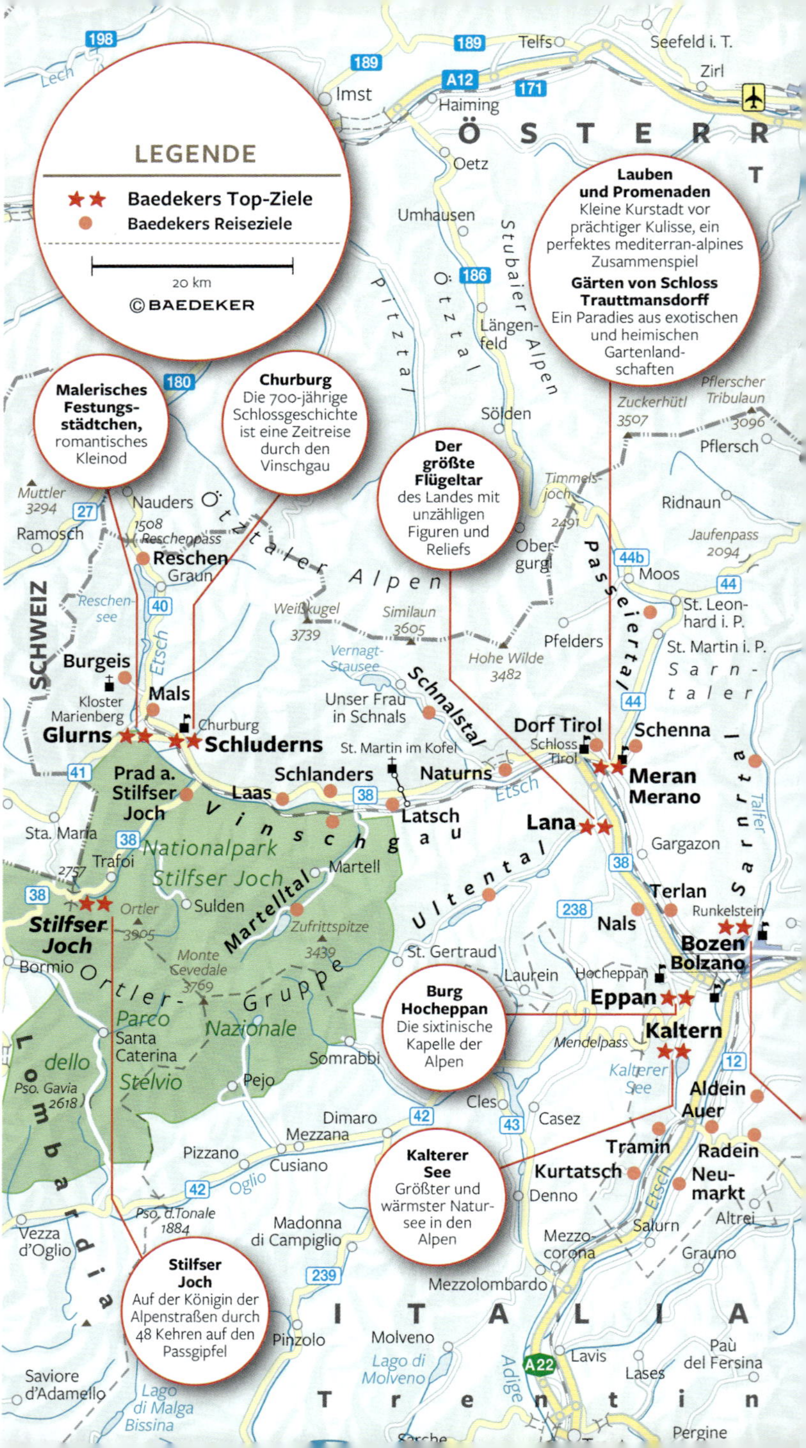

LEGENDE
Baedekers Top-Ziele
Baedekers Reiseziele
20 km
© BAEDEKER
Lauben und Promenaden
Kleine Kurstadt vor prächtiger Kulisse, ein perfektes mediterran-alpines Zusammenspiel
Gärten von Schloss Trauttmansdorff
Ein Paradies aus exotischen und heimischen Gartenlandschaften
Malerisches Festungsstädtchen, romantisches Kleinod
Churburg
Die 700-jährige Schlossgeschichte ist eine Zeitreise durch den Vinschgau
Der größte Flügeltar des Landes mit unzähligen Figuren und Reliefs
Burg Hocheppan
Die sixtinische Kapelle der Alpen
Kalterer See
Größter und wärmster Natursee in den Alpen
Stilfser Joch
Auf der Königin der Alpenstraßen durch 48 Kehren auf den Passgipfel
ÖSTERREICH
SCHWEIZ
ITALIA
Trentino
Lombardia
Lech
Imst
Telfs
Seefeld i. T.
Zirl
Haiming
Oetz
Umhausen
Längenfeld
Sölden
Pitztal
Ötztal
Stubaier Alpen
Ötztaler Alpen
Zuckerhütl 3507
Pflerscher Tribulaun 3096
Pflersch
Timmelsjoch 2491
Ridnaun
Jaufenpass 2094
Obergurgl
Moos
St. Leonhard i. P.
Pfelders
St. Martin i. P.
Sarntaler Alpen
Passeiertal
Muttler 3294
Nauders
Ramosch
1508 Reschenpass
Reschen
Graun
Reschensee
Weißkugel 3739
Similaun 3605
Hohe Wilde 3482
Vernagt-Stausee
Unser Frau in Schnals
Schnalstal
Burgeis
Kloster Marienberg
Mals
Etsch
Glurns
Churburg
Schluderns
St. Martin im Kofel
Dorf Tirol
Schloss Tirol
Schenna
Meran
Merano
Prad a. Stilfser Joch
Laas
Schlanders
Naturns
Latsch
Lana
Vinschgau
Sta. Maria
Trafoi
2757
Nationalpark Stilfser Joch
Martell
Martelltal
Ultental
Gargazon
Terlan
Nals
Runkelstein
Bozen
Bolzano
Stilfser Joch
Ortler 3905
Sulden
Zufrittspitze 3439
Monte Cevedale 3769
St. Gertraud
Laurein
Hocheppan
Eppan
Kaltern
Mendelpass
Kalterer See
Bormio
Ortler-Gruppe
Parco Nazionale dello Stelvio
Santa Caterina
Somrabbi
Pejo
Pso. Gavia 2618
Cles
Casez
Aldein
Auer
Dimaro
Mezzana
Tramin
Radein
Pizzano
Cusiano
Kurtatsch
Neumarkt
Oglio
Denno
Altrei
Pso. d. Tonale 1884
Vezza d'Oglio
Madonna di Campiglio
Mezzocorona
Salurn
Grauno
Mezzolombardo
Pinzolo
Molveno
Lago di Molveno
Adige
Lavis
Lases
Paù del Fersina
Saviore d'Adamello
Lago di Malga Bissina
Pergine
Sarche
198
189
A12
171
186
180
27
40
41
38
44b
44
238
12
42
43
239
A22

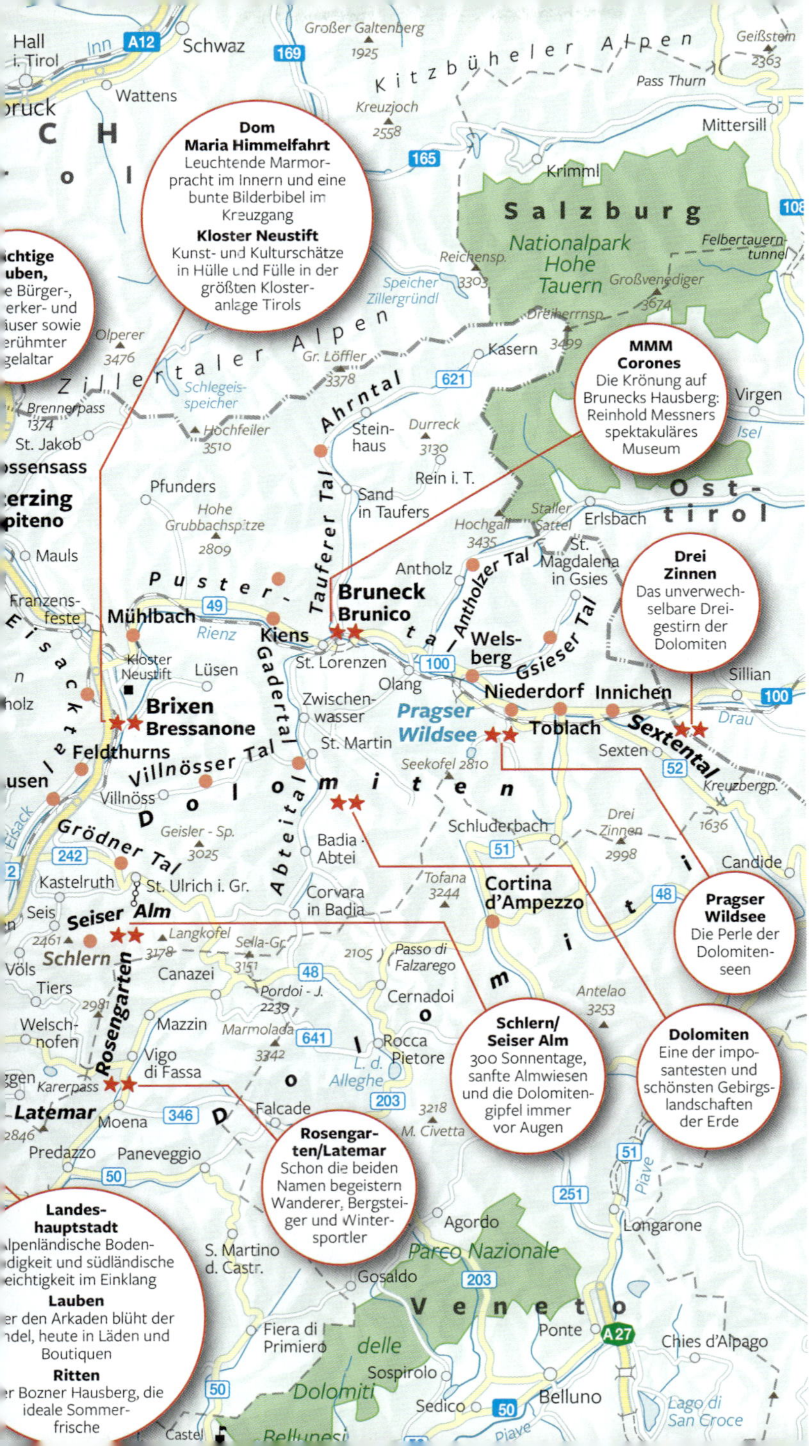
Dom
Maria Himmelfahrt
Leuchtende Marmorpracht im Innern und eine bunte Bilderbibel im Kreuzgang
Kloster Neustift
Kunst- und Kulturschätze in Hülle und Fülle in der größten Klosteranlage Tirols
MMM
Corones
Die Krönung auf Brunecks Hausberg: Reinhold Messners spektakuläres Museum
Drei
Zinnen
Das unverwechselbare Dreigestirn der Dolomiten
Pragser
Wildsee
Die Perle der Dolomitenseen
Dolomiten
Eine der imposantesten und schönsten Gebirgslandschaften der Erde
Schlern/
Seiser Alm
300 Sonnentage, sanfte Almwiesen und die Dolomitengipfel immer vor Augen
Rosengarten/Latemar
Schon die beiden Namen begeistern Wanderer, Bergsteiger und Wintersportler
Landeshauptstadt
Alpenländische Bodenständigkeit und südländische Leichtigkeit im Einklang
Lauben
er den Arkaden blüht der ndel, heute in Läden und Boutiquen
Ritten
er Bozner Hausberg, die ideale Sommerfrische
ichtige
uben,
e Bürger-,
erker- und
äuser sowie
erühmter
gelaltar
Hall i. Tirol
Schwaz
Wattens
A12
169
Großer Galtenberg 1925
Kitzbüheler Alpen
Geißstein 2363
Pass Thurn
Mittersill
Kreuzjoch 2558
165
Krimml
Salzburg
Nationalpark Hohe Tauern
Felbertauerntunnel
Reichensp. 3303
Großvenediger 3674
Speicher Zillergründl
Dreiherrnsp. 3499
Kasern
Zillertaler Alpen
Olperer 3476
Gr. Löffler 3378
Schlegeisspeicher
Brennerpass 1374
Hochfeiler 3510
Ahrntal
621
Steinhaus
Durreck 3130
Virgen
Isel
St. Jakob
Rein i. T.
Sand in Taufers
Tauferer Tal
Pfunders
Hohe Grubbachspitze 2809
Hochgall 3435
Staller Sattel
Erlsbach
Osttirol
Sterzing
Vipiteno
Mauls
Antholz
Antholzer Tal
St. Magdalena in Gsies
Gsieser Tal
Pustertal
Franzensfeste
Mühlbach
49
Rienz
Kiens
Bruneck
Brunico
St. Lorenzen
Welsberg
100
Olang
Niederdorf
Innichen
Sillian
Drau
Kloster Neustift
Lüsen
Brixen
Bressanone
Eisacktal
Gadertal
Zwischenwasser
Pragser Wildsee
Toblach
Sextental
Sexten
52
Kreuzbergp. 1636
Feldthurns
Villnösser Tal
St. Martin
Seekofel 2810
Villnöss
Dolomiten
Schluderbach
Drei Zinnen 2998
Grödner Tal
Geisler-Sp. 3025
Badia Abtei
51
Candide
242
Kastelruth
St. Ulrich i. Gr.
Abteital
Corvara in Badia
Tofana 3244
Cortina d'Ampezzo
48
Seis
Seiser Alm
Langkofel 3178
Sella-Gr. 3151
Schlern 2461
Völs
Tiers
Canazei
Passo di Falzarego 2105
Pordoi-J. 2239
Cernadoi
Antelao 3253
Rosengarten 2981
Welschnofen
Mazzin
Marmolada 3342
641
Rocca Pietore
L. d. Alleghe
Vigo di Fassa
Karerpass
Latemar 2846
Moena
346
Falcade
203
3218 M. Civetta
Predazzo
Paneveggio
50
51
Piave
251
Agordo
Longarone
Parco Nazionale delle Dolomiti Bellunesi
S. Martino d. Castr.
Gosaldo
Veneto
Fiera di Primiero
Ponte
A27
Chies d'Alpago
Sospirolo
Belluno
Sedico
Lago di San Croce
Castel

Lana

★★ Pfarrkirche Niederlana

14,10 m hoch und 7 m breit: der **größte gotische Schnitzaltar des Alpenraums**, geschaffen von Hans Schnatterpeck dem Jüngeren.

Meran

★★ Lauben

Der **mittelalterliche Zauber** Merans zeigt sich am unmittelbarsten bei einem Spaziergang durch die Laubengasse, lange Zeit die längsten in ganz Tirol.

★★ Promenaden

Angemessene Kleidung, gedämpftes Sprechen und gemächliches **Flanieren** bestimmten noch bis zu Beginn des Ersten Weltkriegs das Bild der illustren Kurpromenade. Heute geht es hier eindeutig entspannter zu.

★★ Schloss Trauttmansdorff

An lauen Sommerabenden taucht die Sonne die Gärten in ein besonderes Licht und verstärkt den betörenden Duft vieler Pflanzen in den 80 exotischen und heimischen **Gartenlandschaften**.

Wasser- und Terrassengärten, Sonnengärten, Waldgärten sowie Landschaften Südtirols – diese vier Gartenwelten werden in Schloss Trauttmansdorff vorgestellt.

Niederdorf

Wie ein Smaragd funkelt die **Perle der Dolomitenseen** im Winter in sattem Grün und leuchtet in der Sommersonne in karibischem Blau.

★★ Pragser Wildsee

Stilfser Joch

Für Motorradfahrer sind die **83 Steilkehren** von Prad hinauf zum Stilfser Joch der absolute Kick. Dahinter ragen die fast 4000 m hohen Berge der Ortlergruppe auf.

★★ Passstraße

Rosengarten-Latema

Im sagenumwobenen **Reich von König Laurin** liefert sich die Natur einen ganz und gar zauberhaften Wettstreit. Das rote Alpenglühen am Rosengarten ist so magisch wie das smaragdgrüne Leuchten des Karersees.

★★ Alpenglühen

Seiser Alm

Vom zwischen 1680 m und 2518 m hoch gelegene Hochtals vor den Dolomitengipfeln Schlern, Rosengarten- und Langkofelgruppe starten großartige **Hochgebirgstouren und Wanderungen**.

★★ Autofreie Hochalm

Schluderns

Nirgends kann man eine **Zeitreise** durch den Vinschgau besser beginnen als auf der Churburg. Zumal es hier sogar passieren kann, dass man auf ihren Besitzer Graf von Trapp trifft, der viel erzählen kann.

★★ Churburg

Sextental

So **magisch schön** ist das Dreigestirn der Dolomiten, dass es viele Besucher mit dem bekannten Postkartenmotiv im Kopf hierherzieht.

★★ Drei Zinnen

Sterzing

Das kleine Sterzing bezaubert mit seinen mittelalterlichen Bürgerhäusern mit reich geschmückten Fassaden, **Lauben** und eleganten Geschäften.

★★ Stadtbild

ESSEN UND TRINKEN

Südtirol liegt nicht am Meer und hat doch Waale. Man kann hier zelten, aber auch Zelte essen und heiße Omas und Borbardinos trinken. Auf den folgenden Seiten erfahren Sie mehr über diese und andere Spezialitäten des Landes.

Wenn der Norden auf den Süden trifft

Kulinarisch kann man es kaum besser treffen: Die Südtiroler Küche ist eine Melange aus bodenständiger, eher deftiger österreichischer ,und leichter mediterraner italienischer Küche. Hier gehen Knödel und Carne salada (gebeiztes Ochsenfleisch) eine geniale Verbindung ein. In der gehobenen Gastronomie findet man diese Traditionen gar aufs Glücklichste vereint. Tatsächlich ist Südtirol ebenso bekannt für seine hohe Dichte an Sternerestaurants wie für urige Buschenschänken und Almhütten mit einfachen, schmackhaften Gerichten.

Regional ist Trumpf

Würziger Speck, geräucherte Wurst, herzhafter Käse, knuspriges Schüttelbrot und aromatische Vinschgerl sind nur eine kleine Auswahl typisch regionaler Produkte, auf die man sich in Südtirol in den letzten Jahren spezialisiert hat. Vieles davon gibt es sogar in Bioqualität. So gilt z. B. die Gemeinde Mals als Vorreiter von Ökorebellen, die per Volksabstimmung entschieden haben, keine Pestizide mehr einzusetzen und ausschließlich ökologische Landwirtschaft zu betreiben. Schließlich ist es für immer mehr Menschen von Bedeutung, was auf ihrem Teller landet, woher es stammt und bisweilen auch unter welchen sozialen Bedingungen das jeweilige Produkt entstanden ist. Zwar müssen sich auch die Südtiroler den Gesetzen der Großproduktion beugen, um preislich konkurrenzfähig zu bleiben. Doch gibt es immer mehr Initiativen, weniger und dafür besser zu produzieren. So bewertet und überwacht z. B. der »Rote Hahn«, eine Vereinigung Südtiroler Bauern, die Produkte und Angebote ihrer Mitglieder, wie Ferien auf dem Bauernhof. Das Etikett »Qualität Südtirol« steht für fast 70 Südtiroler Bauernhöfe, die ihre Erzeugnisse auch direkt vermarkten. **Südtirol ist ein Mekka für alle Liebhaber guten Essens**, denn hier wächst beinahe alles, was man an Zutaten braucht. So ist es kein Kunststück, viele Erzeugnisse ohne weite Transportwege frisch auf den Tisch zu bringen, und das in ausgezeichneter Qualität. In fast jedem Ort findet man heute Landwirte, Winzer oder kleine Hofläden, die dort direkt ihre Produkte aus eigenem Anbau oder der eigenen Selchküche anbieten.

Essenszeiten

Das etwas spartanische, aber typisch italienische Frühstück an der Bar mit Cornetto (Hörnchen oder Croissant) und Espresso oder Cappuccino ist in Südtirol weniger verbreitet. Die Frühstücksbuffets in den Hotels sind meist üppig gefüllt und die Auswahl von frischen

BAEDEKER ÜBERRASCHENDES

6X UNTERSCHÄTZT

Genau hinsehen, nicht daran vorbeigehen, einfach probieren!

1. URALT UND GESUND

Palabirnen gibt es seit mehr als 400 Jahren im **Vinschgau**. Auch Apothekerbirne genannt, wird ihr sogar heilende Wirkung nachgesagt. Im Tälerhof kann man Pate eines Palabirnenbaums werden und jährlich 5 bis 15 kg Frischobst beziehen. (www.taelerhof.com)

2. FRIEDENS-BUNKER

Aus der Fassade des Bunkers ragt ein halber Wohnwagen, in der Bar stehen Sessellift-sitze … Benny von Spinn ist es gelungen, bei **Mals** einen Bunker einer friedlichen Nutzung zuzuführen. (www.facebook.com/bennyvonspinn)

3. LANGE WEGE

Wenn man sich Serpentinenstraßen mit dem Auto hinaufschraubt, entpuppt sich manche »Kurzstrecke« als reiner Kurvenhorror. Mitunter versagt das Navi beim Finden von Adressen, Seitentäler erweisen sich als Sackgassen … **Entfernungen** sollte man in Südtirol **nie unterschätzen!**

4. WHISKY AUS GLURNS

Eine »Schnapsidee« brachte den Sommelier Albrecht Ebensperger darauf, die **Whisky-Destillerie Puni** in **Glurns** zu gründen, die erste und einzige im ganzen Land. (www.puni.com)

5. ORTSNAMEN

Wer in Südtirol **italienische Ortsnamen** verwendet, trifft damit die mehrheitlich deutschsprachige Bevölkerung an einem empfindlichen Punkt. Denn die italienischen Namen stammen aus **faschistischer Zeit**, als die meisten deutschen Orts- und Flurnamen willkürlich ins Italienische übersetzt wurden.

6. GIPFELTREFFEN

Berggipfel hat Südtirol so viele, dass selbst der Alpenverein den Überblick verloren hat. Er schätzt, dass es allein in den Dolomiten über 100 Gipfel gibt, die höher als 3000 m sind. Fest steht, die höchste Spitze des Landes ist der **Ortler** (3905 m).

Früchten über Eierspeisen, Wurst, Käse und Kuchen groß. Mittagessen gibt es üblicherweise zwischen 12 und 14, Abendessen von 18 bis 21 Uhr, dazwischen sind die Restaurants in der Regel geschlossen. Während der Hauptsaison wird es etwas lockerer gehandhabt, aber man sollte vorher anrufen, besonders bei Lokalen der gehobenen Gastronomie. Gaststätten mit längeren Öffnungszeiten findet man nur in Bozen, Bruneck und Meran. Auf Berghütten und in Ausflugsgasthäusern gibt es praktisch durchgehend warme Gerichte und in jedem Fall immer eine **Marende**, eine kräftige Zwischenmahlzeit mit Speck, Käse und Wurst. Besonders im ländlichen Raum hört man bei den Mahlzeiten manchmal noch die traditionellen Namen. Der Tag beginnt hier mit dem Vormas, dem Frühstück; das zweite Frühstück heißt Halmittag. Marende ist hier die Brotzeit am Nachmittag und das Abendessen heißt bei den Südtiroler Bauern noch immer Nachtmahl.

Der Bozner Obstmarkt, beliebter Treffpunkt und Marktplatz der Genüsse

Trinkgeld sollte 5 bis 10 Prozent des Rechnungsbetrags sein. Manche Lokale berechnen für Gedeck (coperto) und Bedienung einen Zuschlag (ca. 2 € in Pizzerien bzw. 10 bis 15 Prozent der Rechnung in gehobeneren Restaurants), dann kann das Trinkgeld entfallen.

Südtiroler Spezialitäten

Die traditionelle Küche ist so bodenständig wie deftig und schmackhaft. Beliebt sind vor allem die aus Nordtirol stammenden **Knödel**, die in allen nur denkbaren Varianten serviert werden. Als Leber-, Speck und Fastenknödel schwimmen sie in klarer Brühe, als Vorspeise, vegetarisches Gericht oder Beilage zu Fleisch gibt es Kas-, Servietten-, Spinat- oder schwarzplentene Knödel (Plente = Mais- oder Buchweizenmehl). Eine Tris ist ein Gericht aus drei verschiedenen Knödelsorten. Als Dessert schmecken Marillen- oder Zwetschgenknödel.

TYPISCHE GERICHTE

Würziger Speck, geräucherte Wurst, herzhafter Käse und knuspriges Schüttelbrot, begleitet von einem guten Roten: so stellt man sich eine klassische Südtiroler Jause, hierzulande auch Marende genannt, vor. Aber die Region hat noch mehr zubieten.

Gerstensuppe: Oft sind gerade die einfachen Dinge die leckersten. Die Gerstensuppe galt lange Zeit als Arme-Leute-Essen und war auf keiner Speisekarte zu finden. Nun ist das nahrhafte und magenfreundliche Gericht in Bergregionen wie Südtirol, Nordtirol und im Engadin wieder in Mode gekommen. Beim Törggelen ist sie als typisches Gericht nicht wegzudenken. Für herzhaften Geschmack sorgt ein in Würfel geschnittenes Stück Geräuchertes vom Schwein. Die Gerste gilt auch noch als verdauungsfördernd, kann Giftstoffe binden und enthält Folsäure, Vitamin B, Proteine und Mineralstoffe.

Bauerngröstl: Traditionell wird dieses einfache und herzhafte Gericht gerne im Winter gegessen und kommt gleich in der heißen Pfanne auf den Tisch. Das Gröstl steht auch auf der Speisekarte von zahlreichen Almhütten und Berggasthöfen. Zu den häufigsten Grundzutaten gehören gekochtes Rindfleisch, Kartoffeln und Zwiebeln, obendrauf kommt auch gerne einmal ein Spiegelei. Man kann dieses Pfannengericht selbstverständlich in vielen Varianten zubereiten: Ein Blick in die Speisekammer oder den Kühlschrank genügt: Schon entsteht eine ganz neue Gröstl-Variante. Vermutlich hat jede Familie ihr eigenes Lieblings-Gröstl-Rezept.

Schlutzkrapfen: Die sogenannten Schlutzer sind ursprünglich im Pustertal zu Hause. Wahrscheinlich stammt die Bezeichnung »schlutzen« von gleiten oder rutschen und bezieht sich möglicherweise darauf, dass die Schlutzkrapfen früher genussvoll geschlürft wurden. Nach dem Originalrezept sind diese Teigtaschen mit Spinat und Ricotta gefüllt. Heute gibt es jedoch, ähnlich wie beim Gröstl, alle möglichen Varianten, u. a. mit Pilzen oder sogar süß als Dessert. Man lässt sie in heißem Wasser ziehen. Gar sind die Schlutzkrapfen, wenn sie oben schwimmen.

Marende: Diese Zwischenmahlzeit ist ein Aushängeschild Südtirols. Vor allem gehört Speck dazu, der nach Südtiroler Rezepten gebeizt und geräuchert wurde. Dazu die Kaminwurzen, eine kalt geräucherte Wurst vom Schwein, sowie Käse und Schinken. Angerichtet wird alles auf dem unverzichtbaren Holzbrett, dekoriert mit Essiggurken und eingelegtem Gemüse.

Marillenknödel: Von allen Knödelvarianten in der Südtiroler Küche sind die Marillen- bzw. Aprikosenknödel die charmantesten. Ursprünglich stammt diese Mehlspeise aus der böhmisch-österreichischen Küche und ist besonders in Anbaugebieten der Marille wie dem Vinschgau beliebt. Die Marille wird entkernt, mit einem Stück Zucker gefüllt und mit Knödelteig umhüllt. Dann ziehen die Knödel in heißem Wasser gar und werden anschließend in gebräunten Bröseln gewälzt und mit Puderzucker bestreut. Nach Genuss eines solchen Desserts ist man definitiv satt und zufrieden.

Außerordentlich beliebt sind die vor allem mit Spinat gefüllten **Schlutzkrapfen**, eine Südtiroler Spielart der italienischen Ravioli. Sie stehen in fast jedem Restaurant auf der Speisekarte. Nocken können als Pilz-, Spinat- oder Käsenocken auch eine Hauptmahlzeit bestreiten. Auch Mais wird wieder angebaut, hier Plent genannt. Gerne verzehrt wird er als **Polenta** (Maisgrießbrei), die v. a. in der Gegend um Kaltern mit Wurst gegessen wird. In traditionellen Bäckereien sieht man noch die **Vinschger Paarl**, die paarweise gebackenen, mit Kümmel und Fenchelsamen gewürzten Roggenbrötchen. Sehr bekannt ist das knusprige **Schüttelbrot**, das praktischerweise über Monate haltbar ist und gerne zu Rotwein und Speck serviert wird. Etwas Ausgefallenes ist das **Palabirnenbrot**, das im Spätsommer aus einer alten Birnensorte im Vinschgau gebacken wird, indem die getrockneten Birnschnitze in den Brotteig gemischt werden. Die Palabirne wurde einst sogar von Ärzten und Apothekern verschrieben, denn sie soll besonders gesund sein und trägt daher im Volksmund den Beinamen Apothekerbirne. Alte Spezialitäten sind an Weihnachten die **Bozner Zelten**, ein köstliches süßes Früchtebrot, oder an Ostern der **Oster-Fochaz**, ein rundes Brot mit Koriander und Fenchel.

Spezialitätenwochen

Fast jede Region hat ihre Spezialitätenwoche. Das beginnt im späten Frühjahr mit dem Spargel in Terlan, andere Orte wie Kastelbell im Vinschgau folgen: Die Spargelfelder werden beheizt! Kurz danach kommt Löwenzahn in Nonsberg oder Schenna auf den Tisch. Heimat des Graukäses, einer Spezialität aus saurer Magermilch, die man mittlerweile auch auf den Speisekarten der Spitzengastronomie findet, ist das Tauferer Ahrntal. Mehr als 1000 Käsesorten werden beim Käsefestival Anfang März in Sand in Taufers vorgestellt. An der Eisacktaler Kost, ebenfalls im März, beteiligen sich rund 20 Restaurants im gleichnamigen Tal, das Angebot umfasst eher deftige Gerichte. Bodenständiges steht auch beim Völser Kuchlkastl und Brixner Kuchlkirchtig im Oktober auf dem Programm. Während man sich in Villnöss ein Wochenende lang einem der typischsten Südtiroler Produkte, dem Speck, widmet. Ganz um die schmackhaften Esskastanien dreht sich der Keschtnriggl Ende Oktober in Tisens, Prissian, Völlan und Lana. Das Eisacktal gilt als Ursprungsland des **Törggelen**, denn hier wachsen sowohl Wein als auch Kastanien. Nach der Ernte werden in traditionellen Gasthäusern und Buschenschänken geröstete Kastanien, neuer Wein und typische bäuerliche Spezialitäten genossen. Ebenfalls im Eisacktal lädt im Frühherbst und zum Erntedank das Apfelhochplateau Natz-Schabs zum großen Fest mit vielen Apfel-Schmankerln von der Marmelade bis zum Apfelstrudel. Und in der Wintersaison bieten in Alta Badia unter dem Motto Skifahren mit Genuss ausgewählte Berghütten auch immer ein Gericht von einem Sternekoch an.

Bei der Traubenlese ist viel Sorgfalt erfoderlich.

Auf alle Fälle Wein

Zwanzig verschiedene Rebsorten werden auf einer Fläche von etwa 5400 ha angebaut und stehen für Vielfalt und Abwechslung. **Lagrein** ist die älteste Rebsorte Südtirols, Aromen von dunklen Beeren und Gewürzen, Lakritz- und Tabaknoten prägen den Star am Südtiroler Weinhimmel. Sehr populär ist der **Vernatsch**, in Württemberg als Trollinger (von Tirolinger) bekannt, ein leichter, süffiger Wein mit weniger Alkohol und ein hervorragender Speisenbegleiter. Der Blauburgunder braucht viel Aufmerksamkeit, im Weinberg wie im Keller. Nur leidenschaftliche Winzer mit persönlicher Liebe zu **Pinot Nero** wagen sich daran. Die Weine sind geprägt vom Terroir und duften nach roten Beeren und Kirschen. Rund um Tramin gedeihen elegante Gewürztraminer, die fast ausschließlich trocken ausgebaut werden. Zwei Ausnahmen gibt es, den autochthonen **Goldmuskateller** und den ursprünglich aus Sizilien stammenden **Rosenmuskateller**. Diese äußerst aromatischen Tropfen harmonieren mit den typischen Desserts der Region. Ihr Können stellen die Weinmacher auch bei wunderbaren **roten Cuvées**, einer Mischung aus verschiedenen Traubensorten, unter Beweis. Die klassische Kombination aus Caber-

net und Merlot ist in den letzten Jahren immer mehr durch Kreationen aus heimischen Rotweinen abgelöst worden. Was dann schon auf dem Etikett toll klingt – Cornelius, Corolle, Ygram oder Linticlarus – findet sich auch im Glas wieder. Sogar mit **Sekt** wartet die Region auf. In Mölten am Tschögglberg liegt Europas vermutlich höchstgelegene Sektkellerei. Dort stellt die Familie Reiterer aus Chardonnay, Weiß- und Blauburgunder Sekt in klassischer Flaschengärung her. Die **Südtiroler Weinakademie** bietet Kurse und Verkostungen für Neugierige wie auch für Weinkenner und -liebhaber an.
Viele Winzer verkaufen direkt ab Hof und lassen bei vorheriger Anfrage Besucher gerne einen Blick in die Keller werfen. Ganzjährig organisiert der Verein **Südtiroler Weinstraße** , zu dem sich 16 Weindörfer zusammengeschlossen haben, verschiedene Weinsafaris zu ausgewählten Betrieben. So öffnen z. B. immer Anfang Juni zur Nacht der Keller viele Winzer ihre Gewölbekeller zur Weinprobe. Und im Herbst laden Buschenschänken zum Probieren der neuen Weine beim Törggelen ein.
www.sued tiroler-weinakademie.it, www.suedtiroler-weinstrasse.it

Von Wasser bis Whisky

Beim Aperitivo Lungo bieten Meraner Lokale während des Traubenfestes zum Abschluss der Weinlese einen ganz besonderen Aperitif: Der **Uwo** ist eine Anspielung auf den bekannten Cocktail Hugo, der ebenfalls in Südtirol in einer Bar in Naturns erfunden wurde. Der Uwo (ital. uva = Traube) enthält Traubensaft und eine Weinbeere. Ansonsten sind der Kreativität beim Mixen eigener Variationen keine Grenzen gesetzt. Der Bombardino wird im Winter auf vielen Weihnachtsmärkten und den meisten Hütten serviert. Das Heißgetränk auf der Basis von Eierlikör, Weinbrand und Schlagsahne ähnelt der heißen Oma, die ebenfalls aus Eierlikör und Milch besteht. Hinzu

An Restaurants und Gasthöfen herrscht kein Mangel. Das gilt auch für Brixen.

kommt die ganze Palette italienischer Kaffeespezialitäten. Meraner Mineralwasser ist hingegen bekannt für seine besondere mineralische Zusammensetzung. Das Bierangebot umfasst die übliche Importware und einheimische Sorten, z. B. Forst aus Meran.
Beliebt sind auch die **Alpenkräuter- und Obstschnäpse** sowie der **Grappa** (auch Treber genannt). Wo viele Obstbäume stehen, gibt es auch erstklassige **Fruchtsäfte**. Der Bauunternehmer und Sommelier Albrecht Ebensperger versteht Puni, die erste **Whisky-Destille** Italiens, hingegen als Beitrag zum Landschaftsschutz. Denn wegen des milder werdenden Klimas breiten sich Obstplantagen im Oberen Vischgau mehr und mehr aus. Einst war der Vinschgau die Kornkammer Südtirols, und nun baut der Whisky-Brenner aus Glurns wieder Roggen für die Whisky-Verarbeitung an.

SÜDTIROLER SPEISENLEXIKON

Bauernschöpsernes	Eintopf aus Hammelfleisch (Schöpsenfleisch), Rotwein, Kartoffeln, Knoblauch, Salbei, Rosmarin und Lorbeer
Erdäpfelblattln	in Fett ausgebackene Kartoffelteigrechtecke
Hauswurst	gekochte Schweinewurst, die mit Sauerkraut gegessen wird
Keschtn	Esskastanien
Kloazenfülle	Krapfenfüllung aus gedörrten, passierten Birnen
Knieküchel	kreisförmiges Hefe-Fettgebäck
Milzschnittensuppe	Schnitten aus Kalbsmilz, Semmeln und Gewürzen in kräftiger Fleischbrühe
Schwarzplent	Buchweizen; wird des nussartigen Geschmacks wegen gern zu Kuchen oder Knödeln verarbeitet
Speckknödel	durch Speck, Zwiebeln und Kräuter verfeinerte Semmelknödel, in der Suppe oder als Beilage; es gibt sie auch mit Käse, Spinat oder Pilzen.
Spinatnocken	aus Weißbrot, Spinat, Knoblauch und Gewürzen zubereitete Nocken
Tirtlan	Teigtasche, gefüllt mit Sauerkraut, Quark, Spinat oder süßen Zutaten, in Fett ausgebacken
Topfen	Quark
Weinsuppe	Fleischbrühe mit Rahm, Eigelb und Weißburgunder
Zelten	Früchtebrot mit sehr wenig Teig
Ziegerkas/Ziegerkäse	kleiner, kegelförmiger, pikanter Almkäse **aus Kuhmilch**

INTERESSANTE MENSCHEN

Freiheitskämpfer: Andreas Hofer

1767 – 1810
Gastwirt

Er ist der **Tiroler Nationalheld** schlechthin: Andreas Hofer war im Passeiertal aufgewachsen und Wirt im Gasthaus »Am Sand«. Im Kampf gegen Frankreich diente er von 1796 bis 1805 als Schützenhauptmann und gewann damit das Vertrauen Erzherzog Johanns, der Tirol niemals von Österreich getrennt sehen wollte. Der »vom Haus Österreich erwählte Kommandant« (wie sich Hofer zeitweise selbst bezeichnete) errang 1809 gegen die bayerischen und französischen Besatzer seiner Heimat anfänglich einige Siege. Die vierte und entscheidende Schlacht am Berg Isel verloren er und seine Leute jedoch. Hofer zog sich auf die Pfanderalm zurück. Auf seinen Kopf hatten die Franzosen eine Prämie gesetzt. Er wurde verraten und 1810 **in Mantua** von einem französischen Kriegsgericht zum Tod verurteilt und erschossen. Seit 1823 ruhen seine sterblichen Überreste in der Hofkirche in Innsbruck.

Bergsteigerlegende: Josef (Sepp) Innerkofler

1865 – 1915
Bergsteiger und Hotelier

Josef Innerkofler stammte aus einer berühmten Alpinistendynastie aus Sexten. Berühmt wurde er, weil er bereits bezwungene Gipfel **auf neuen Wegen** bestieg. So durchstieg er als Erster die Nordwand der Kleinen Zinne. Außerdem baute er im Dolomitenraum mehrere Hotels. Als 1915 der Krieg die Dolomiten erreichte, meldete sich der Fünfzigjährige zu den Standschützen, wo er beim Angriff auf den Paternkofel fiel und von den italienischen Gegnern auf dem Gipfel des Berges bestattet wurde. 1918 wurde er exhumiert und in seiner Heimatgemeinde Sexten zur letzten Ruhe gebettet.

Ein Mann des Ausgleichs: Silvius Magnago

1914 – 2010
Jurist und
Politiker

Silvius Magnago wurde in Meran als Sohn eines Bezirksrichters italienischer Abstammung und einer Vorarlbergerin geboren. In seine Kindheit und Jugendzeit fielen der Zusammenbruch der Donaumonarchie und die Italienisierungspolitik der Faschisten in Südtirol. Nach dem Studium der Rechtswissenschaften an der Universität von Bologna zogen ihn die deutschen Besatzer zum Militärdienst in der Wehrmacht ein, wo er im Kaukasus schwer verwundet wurde. Silvius Magnago betrachtete **Politik als »Kunst des Möglichen«**, akzeptierte die Zugehörigkeit Südtirols zu Italien und handelte auf dieser Basis das »Südtirol-Paket« aus, das der deutschsprachigen Bevölkerung der Region Trentino-Südtirol die Autonomie sicherte. Von 1957 bis 1991 war er Obmann der Südtiroler Volkspartei (SVP) und zwischen 1961 und 1989 Landeshauptmann der Provinz Bozen.

Verzicht für ihr Land: Margarete Maultasch

1318 – 1369
Gräfin
von Tirol

Margarete Maultasch war die letzte Gräfin von Tirol. Nach dem Tod des einzigen verbliebenen männlichen Nachkommens Meinhards II. setzte sich 1335 die Vertretung des Landes für sie als rechtmäßige Landesherrin ein und verhinderte so eine Aufteilung Tirols zwischen Bayern und Österreich. Die Heirat Margaretes 1342 mit Herzog Ludwig von Bayern und Brandenburg brachte der Grafschaft einen **Freiheitsbrief**, der den Bewohnern ein Mitspracherecht in Sachen Steuern, Gesetzgebung und Regierung gewährte.

Aufgrund politischer Intrigen wurden die Eheleute von Papst Clemens VI. gebannt; erst 1359 wurde der Bann wieder gelöst. Nach dem Tod ihres Ehemanns 1361 starb zwei Jahre später auch ihr gemeinsamer Sohn Meinhard III. kinderlos. Daraufhin beanspruchten Bayern und die Habsburger Tirol. Um kriegerische Auseinandersetzungen und eine Aufteilung des Landes zu verhindern, übergab Margarete das Land dem Habsburger Rudolf IV. und zog sich nach Wien zurück. 1923 schrieb Lion Feuchtwanger einen historischen Roman über »Die häßliche Herzogin«; lesenswert ist auch die Biografie »Margarete Maultasch. Ein Frauenschicksal im späten Mittelalter zwischen Eros und Politik« von Wilhelm Baum (2007).

Ausnahme-Alpinist: Reinhold Messner

Geb. 1944
Abenteurer,
Autor,
Politiker

Der aus Villnöss stammende Reinhold Messner machte Schlagzeilen durch seine spektakulären Bergbesteigungen. In den Alpen, im Himalaya, im Karakorum und den Anden gelangen ihm **Erstbegehungen der höchsten Schwierigkeitsstufen**. Als erster Alpinist hat er alle

Reinhold Messner nimmt beim Almauftrieb seiner zotteligen Yaks gerne Gäste mit.

vierzehn Achttausender der Erde erstiegen. Messner ist auch als Buchautor sehr erfolgreich. Heute lebt der Umweltschützer, der fünf Jahre lang als Europaparlamentarier für die Grünen tätig war, u. a. auf Schloss Juval bei Naturns, wo er ein Museum mit Tibetica eingerichtet hat. Das Museum gehört zu den **Messner Mountain Museen**, »eine Begegnungsstätte mit dem Berg, mit den Berg-Menschen und letztlich auch mit uns selbst.« (R. Messner). Herzstück ist Firmian in Schloss Sigmundskron bei Bozen (Geschichte und Kunst des Bergsteigens), Juval auf Schloss Juval bei Naturns (Mythos Berg), Ortles in Sulden (Gletscher), Dolomites auf dem Monte Rite in Cadore (Fels und Alpinismus in den Dolomiten), Ripa in Schloss Bruneck (Bergvölker) und Corones auf dem Kronplatz (Geschichte des Alpinismus).

Dichtender Lebemann: Oswald von Wolkenstein

1377 – 1445
Ritter und Diplomat

Als Dichter war Oswald von Wolkenstein eine herausragende Gestalt an der Schwelle vom Mittelalter zur Renaissance. Die 133 überlieferten Texte schöpfen aus allen lyrischen Möglichkeiten des Mittelalters, die Oswald mit großer sprachlicher und rhythmischer Begabung variiert hat. Früh regte sich sein unruhiger Geist: »Es fuegt sich, do ich was von zehen jaren alt, ich wolt besehen, wie die welt wär gestalt«. Oswald von Wolkenstein, vermutlich auf Schloss Schöneck im Pustertal zur Welt gekommen, stammte aus altem tirolischem Adel. Er wuchs im Grödner Tal auf Schloss Wolkenstein auf, seine Jugendjahre verbrachte er auf der Trostburg. Er durchstreifte Litauen, Russland, Schweden, England, Rumänien und den Nahen Osten, lernte mit bewundernswerter Leichtigkeit **zehn Sprachen** und war damit dem deutschen Kaiser Sigismund beim Konstanzer Konzil 1413 von großem Nutzen. Spät heiratete er eine Frau aus dem Schwangau, wurde siebenfacher Vater und zog sich nach einem turbulenten Leben 1433 auf die Burg Hauenstein bei Seis am Schlern zurück, wo er wahrscheinlich starb. Seine sterblichen Überreste liegen der Überlieferung nach im Kloster Neustift.

Weltklasse-Skirennläufer: Gustav Thöni

Geb. 1951
Spitzensportler, Hotelier

Der Südtiroler Slalom- und Riesenslalom-Spezialist Gustav Thöni gehörte in den 1970er-Jahren zu den erfolgreichsten Skirennläufern. Er gewann viermal die Gesamtwertung des Skiweltcups und 24 Weltcuprennen, wurde **fünf Mal Weltmeister** und gewann bei den Olympischen Spielen einmal Gold und zweimal Silber. Bereits als Dreijähriger begann Thöni direkt vor seinem Geburtshaus in Trafoi mit dem Skifahren. Sein Vater betrieb auf dem Stilfser Joch einen Skilift, wo der Sohn verschiedene Nationalmannschaften beim Training beobachtete und ihnen nacheiferte. Mit einer neu entwickelten Umsteigetechnik, mit der er die Tore besonders hoch anfahren konnte, revolutionierte er alsbald den Fahrstil. Nach seinem Rückzug vom Spitzensport war Thöni Cheftrainer der italienischen Nationalmannschaft und persönlicher Trainer von Alberto Tomba. Die elterliche Pension baute er zum Familienhotel »Bella Vista« aus, wo heute in einem kleinen Museum zahllose Pokale an die Erfolge erinnern.

Begnadeter Erzähler: Luis Trenker

1892 – 1990
Schauspieler, Regisseur

Eigentlich war der in St. Ulrich im Grödner Tal geborene Luis Trenker von Beruf Architekt, der nebenbei als Bergführer arbeitete. Berühmtheit erlangte er als Filmschauspieler, Regisseur und Schriftsteller; er gilt auch als **Begründer des realistischen Berg- und Skifilms**. Daneben verfasste er zahlreiche Romane, die ebenfalls überwiegend in den Alpen spielen und häufig die Kämpfe in den Dolomiten im Ersten Weltkrieg thematisieren. Sein Natur- und Heimatverklärung gefiel auch den Nationalsozialisten, obwohl Trenker, seit 1927 in Berlin, sich gegen eine allzu große Vereinnahmung wehrte; andererseits trat er 1940 der NSDAP bei. In Ungande fiel er, als er nach dem Hitler-Mussolin-Abkommen zögerte, für den Anschluss an Deutschland zu optieren. Er siedelte nach Rom über und lebte zuletzt in Bozen-Gries. Durch die ARD-Sendung »Luis Trenker erzählt« brachte der begnadete Erzähler den deutschen Zuschauern seine Südtiroler Heimat näher.

NACHGEFRAGT

INNOVATION DEVELOPMENT MARKETING SÜDTIROL (IDM)
Pfarrplatz 11
39100 Bozen
Tel. 04 71 99 99 99
www.suedtirol.info

BOZEN
Südtiroler Str. 60
39100 Bozen
Tel. 04 71 30 70 00
www.bolzano-bozen.it

BRIXEN
Regensburger Allee 9
39042 Brixen
Tel. 04 72 83 64 01
www.brixen.org

BRUNECK
Rathausplatz 7, 39031 Bruneck
Tel. 04 74 55 57 22
www.kronplatz.com/de/bruneck

EPPAN
Rathausplatz 1, 39057 Eppan
Tel. 04 71 66 22 06
www.eppan.com

GLURNS
Schludernser Torturm
39020 Glurns
Tel. 04 73 83 10 97
www.glurns.eu

KALTERN
Marktplatz 8, 39052 Kaltern
Tel. 04 71 96 31 69
www.kaltern.com

LANA
Andreas-Hofer-Str. 9/1, 39011 Lana
Tel. 04 73 56 17 70
www.lana.info

MERAN
Gampenstr. 95, 39012 Meran
Tel. 04 73 27 20 00
www.merano-suedtirol.it/de

NIEDERDORF
Bahnhofstr. 3
39039 Niederdorf
Tel. 04 74 74 51 36
www.hochpustertal.info

STILFSER JOCH
Ferienregion Ortlergebiet
Hauptstr. 72, 39029 Sulden
Tel. 04 73 61 30 15
www.ortlergebiet.it

ROSENGARTEN
Eggental Tourismus
Dolomitenstr. 4
39056 Welschnofen
Tel. 04 71 61 95 00
www.eggental.com

SEISER ALM
Dorfstr. 15, 39050 Völs
Tel. 04 71 70 96 00
www.seiseralm.it

SCHLUDERNS
St. Benedikt-Str. 1, 39024 Mals
Tel. 04 73 83 11 90
www.ferienregion-obervinschgau.it

SEXTEN
Dolomitenstr. 45, 39030 Sexten
Tel. 04 74 71 03 10
www.sexten.it

STERZING
Stadtplatz 3, 39049 Sterzing
Tel. 04 72 76 53 25
www.sterzing.com

10 SOUVENIRS

BAEDEKER ERINNERUNGEN

10 Dinge und Erinnerungen, die ich mitnehme ...

1.

Hanfsamen aus den **Gärten von Trauttmansdorff**. Denn die Hanfpalmen zaubern mediterranes Flair in jedes Zuhause.

2.

Eine **Teiser Kugel.** Von außen ist sie unscheinbar, lässt man sie sich im Mineralienmuseum Teis knacken, erlebt man eine Überraschung: Innen funkeln schönste Kristalle.

3.

Einen röhrenden Hirsch oder ein Edelweiß, geschnitzt vom **Gangerhofwirt aus Feldthurns** aus Hirschgeweihen.

4.

Ein Holzregal für Weinkorken aus der **Genossenschaftskellerei Kaltern** – eine schöne Erinnerung, auch wenn der mitgebrachte Wein längst getrunken ist.

5.

Süße Mäuse der Konditorei Riedl in Glurns. Sie erinnern an den Mäuseprozess, der die kleinste Stadt Südtirols bekannt machte.

6.

Das Erinnerungsfoto ist ein Hingucker: die Silhouette eines Schwimmers durch ein Glasbodenfenster des frei schwebenden **Sky Pools** im Hotel Hubertus.

7.

Speck ist nicht gleich Speck – der von einheimischen Schweinen ist extra gekennzeichnet.

8.

Ein Fläschchen voller Wohlgeruch der **Latschenölbrennerei Bergila** aus destillierten Latschenkiefernadeln

9.

Einen **pausbäckigen Tonengel** aus dem Thuniversum in Bozen

10.

Ein **Zirbenholzkissen** für einen erholsamen Schlaf. Es riecht gut und verlangsamt den Herzschlag.

T

TOSKANA

»

Ja, ja der Chianti-Wein,
da sagt uns keiner nein.

«

Ralph Maria Siegel

DAS IST DIE TOSKANA

Nicht nur Michelangelos David, auch Meeresgott Neptun wird gerne fotografiert auf der Piazza della Signoria in Florenz.

BAEDEKER ÜBERRASCHENDES

6X TYPISCH

Dafür fährt man in die Toskana.

1. SHOPPING MIT LANDPARTIE

Shoppingvergnügen, Landpartie und Geldsparen – all das lässt sich bei Ausflügen zu **Outlet-Centern** verbinden, in denen preiswerte Haute Couture-Mode und Lederwaren warten.

2. TERRE DI PIERO

Einer der wahrhaft größten Maler der Frührenaissance ist Piero della Francesca (ca. 1420 – 1492): Dem reisenden Genie ist eine eigene Tour gewidmet, auf der u. a. **Arezzo** und **Sansepolcro** Stationen sind (www.terredipiero.it).

3. KULINARISCHE GLANZLICHTER

Delikatessen gibt es in der Toskana viele! Doch derart heiß begehrt wie die Trüffeln von **San Miniato** ist kaum eine andere. Bei Gemignani Tartufi können Sie den Zauber wortwörtlich erschnüffeln! (www.gemignanitartufi.it)

4. WEIN, WEIN, WEIN!

Moderne Weintempel huldigen dem Rebensaft. Das Nonplusultra ist das 100 Mio. € teure **Centro Visite Antinori nel Chianti Classico**, das auch in einem James-Bond-Film eine Bella Figura abgeben würde. (http://antinorichianticlassico.it)

5. KUNST, AUCH MODERN!

Natur und Kultur, einträchtig vereint in modernen Kunstparks. Bei **Seggiano** am **Monte Amiata** darf der Schweizer Daniel Spoerri sein von 54 Künstlern bereichertes Gesamtkunstwerk sogar »Paradiesgarten« nennen. (www.danielspoerri.org)

6. SAGENUMWOBENES VOLK

Wo, wenn nicht in der Toskana kann man den alten Etruskern nachspüren? Großartig ist z. B. der archäologische Park von **Populonia** am Golf von Baratti. (www.parchivaldicornia.it)

OH UND AH! TOSKANA!

»Die Toskana: Das ist die Quintessenz der Welt!« Dieser Ausspruch wird Papst Bonifaz VIII. (ca. 1230 – 1303) zugeschrieben. Offenbar war der legendär streitlustige Stellvertreter Christi nicht auf den Kopf gefallen: 1300 ließ er mit der Einführung des Heiligen Jahrs Rom als »Nabel der Welt« auferstehen. Und dann, so nebenbei, hat der nicht aus der Region, sondern aus Anagni im konkurrierenden Latium Gebürtige auch noch ausgerechnet der Toskana ihren bis heute gültigen Ruf verpasst?

Quintessenz der Welt

Nun, es stimmt, zumindest ein wenig. Denn eine weitere Legende will, dass derselbe Papst einst Ausschau nach dem besten Künstler seiner Zeit hielt. Seine Abgesandten trafen in der Toskana auf einen gewissen **Giotto** di Bordone, der ihnen indes kein Bild als Ausweis seiner Qualitäten überließ, sondern freihändig einfach einen perfekten Kreis aufzeichnete: »Rund wie das O von Giotto« wurde dann ebenso sprichwörtlich wie »Giottos O« weltberühmt! Vielen gilt es als **Beginn der Renaissance**, jener Epoche, für die die Toskana die Wiege bereitete. Und natürlich ertönen bis heute die »Ahs« und »Ohs« der Heerscharen von Besuchern in den weltbedeutenden Kunst- und Architekturtempeln der mittelitalienischen Region, wie vor 700 Jahren bei den päpstlichen Legaten. Aber es existiert auch noch eine andere Legende: Da ist Giotto ein armer Hirtenjunge aus dem Dörfchen Vespignano im Mugello, nahe Florenz, den der Maler Cimabue beim Zeichnen seiner Schafe entdeckt – auf einem Stein!

So schmeckt das Leben

Genuss

Vielleicht ist diese Geschichte ebenso viele Ohs und Ahs wert. Denn sie zeigt die Toskana in einer gänzlich anderen Quintessenz: als ländlich geprägte, auch bergige Idylle, mit viel Vieh- und Landwirtschaft und einfachen bodenständigen Menschen, denen ein Wesenszug qua Geburt stets anhaftet: der des Genies! Genial ist zum Beispiel, wie das toskanische Mineralwasser Acqua Panna vermarket wird: »Es ist die Quintessenz der toskanischen Lebensart, ein perfektes Gleichgewicht zwischen Mensch und Natur.« Und wer würde nicht unterschreiben, dass auch der toskanische **Wein**, die Bio-Lebensmittel und die **Küche** jeweils Quintessenzen ihrer Art von Weltrang sind? Man möchte fast sagen: Toskana? So schmeckt das Leben! Und wer würde es sich nicht wünschen und Gefallen daran finden, einmal so richtig auf den toskanischen Inseln und an der Küste, in abgelegenen Dörfern oder in Pisa, Lucca, Siena oder Florenz von eben diesem toskanischen Lebensstil verwöhnt zu werden?

DAS LEBEN IST SCHÖN

... auf der Piazza Grande. Nahezu jeder toskanische Ort besitzt ein solches urbanes Herz, an und auf dem sich das örtliche Leben oft seit Jahrhunderten in all seinen Facetten zeigt und abspielt. Als Ort von Macht und Märkten, tumultuösem Alltagstheater oder Bühne leidenschaftlicher Gefühle – und natürlich auch als Schaufenster für ihre Besucher.

Im Alltag der Gefühle auf der Piazza Grande von Arezzo ▶

DIE Toskaner mögen die große Bühne. Montepulciano hat sie, Livorno natürlich auch! Lucca kennt sie ebenso, ja selbst der kleinste Flecken in der toskanischen Provinz. Sie mögen unterschiedlich heißen, das eine Mal Piazza del Duomo, das andere Mal Piazza Napoleone oder eben Piazza Grande, stets aber ist der zentrale Platz im Herzen der Altstadt nicht nur Mittelpunkt des städtischen Lebens, an dem fleißig geplaudert und getratscht wird, sondern oft auch Schauplatz kleiner und großer Dramen.

Ort der Emotionen

Mit »ihrer« Piazza verbinden viele Toskaner denn auch Ureigenes, oft in der Kindheit Erlebtes, das mit der Familie, mit Nachbarn und Freunden geteilt wurde. Hier öffnet sich der Raum für lärmendes Gedränge zu Großereignissen, für perfekt und farbenfroh durchorchestrierte Kundgebungen, abrupt zusammenströmende, Menschenmassen oder auch uralte Wettkämpfe – man denke nur an **Sienas großen Platz**, die Piazza del Campo, und die geballten Emotionen zum Palio.

Aber die zentrale Piazza ist ebenso ein Ort der einsam Flanierenden und der Tristesse: an Winterabenden, verhüllt in wabernden Nebel, während des Frühjahrsregens, wenn die Tropfen wie Bindfäden aufs Pflaster prasseln. Die Piazza Grande ist **Gesellschaftslaufsteg** beim Abendcorso, hier halten Politiker Reden, treffen sich die Damen am Markttag, preisen gestikulierende Händler ihre Waren an, genießen aufgeregt plaudernde Jugendgruppen ihr Eis, erleben manche gar die erste große Liebe. Auch Babys werden getröstet, Liebeskummer ertränkt, Bettler versorgt und Streithähne getrennt. Manchmal sorgt eine ehrwürdig schreitende Beerdigungsgesellschaft mit Pomp und Tamtam sogar dafür, dass alles wie vom Blitz gerührt stillsteht. Der große Platz ist ein buntes Kaleidoskop toskanischen und italienischen Lebensgefühls! Pur!

Ein Lied für alle Plätze

Lucio Dalla (1943–2012) traf 1972 mit dem Welthit »Piazza Grande« genau dieses Gefühl, das Lied wurde zur heimlichen Hymne! Dallas Piazza Grande

BAEDEKER DAS IST …

LEUTE GUCKEN, DAZU EIN APERITIVO

Küssende Liebespärchen, fotografierende Touristen, spielende Kinder und dösende Hunde – Vasaris Loggia ist ideal zur Beobachtung des vielfältigen Lebens auf Arezzos Piazza Grande. Entschleunigen Sie also Ihren Tag, steuern Sie eines der Cafés unter den Arkaden an und genießen Sie bei einem Cappuccino oder Aperitivo das bunte Treiben auf einem der schönsten Plätze der Toskana.

Perfekt zum Leute gucken: Vasaris Loggia an der Piazza Grande von Arezzo

war die Piazza Cavour in seiner Heimatstadt Bologna. Doch Wehmut und Leidenschaft sind übertragbar. Romantik und Nostalgie, oft grandioses Kunst-, Architektur- und Kulturerbe, Geschichte und Geschichten, Legenden und Kapriolen schenken jedem großen Platz ihren Mythos.

Auch Italiens großer Komiker, Schauspieler und Regisseur **Roberto Benigni**, geboren 1952 in einem Ortsteil von Castiglion Fiorentino, erlebte die 15 km entfernte Piazza Grande in Arezzo schon früh als »große, weite Welt«. 1997 setzte er ihr in »Das Leben ist schön« ein cineastisches Monument. Unvergesslich seine haarsträubenden Fahrradfahrten über den großen Platz, unvergesslich Benignis Freude, Witz und Energie, die auf dem großen Platz des Lebens selbst Faschismus und Konzentrationslager trotzen.

GUCCI

MADE IN TUSCANY

Bambus-Handtäschchen sind elegante Accessoires auf den Flaniermeilen dieser Welt. Doch sie sind auch Aushängeschilder der Wiege der modernen Haute Couture und Beleg für die Kreativität der jahrhundertelang dominierenden toskanischen Textil- und Lederwirtschaft. Grund genug, dem zeitlosen Klassiker und seinem Schöpfer ein Denkmal zu setzen.

◄ Gucci ist das Aushängeschild der toskanischen Modelandschaft.

FLORENZ erlebte 1951 den ersten Laufsteg, die Florentiner Modemessen setzen alljährlich den globalen »Pitti-Trend«, Ferragamo, Pucci, Cavalli oder Coveri sind Stilikonen. Doch alle überstrahlt der Schöpfer der Bambus-Handtasche: **Gucci**!

Aus der Not geboren

Wer hätte gedacht, dass Mode-Tycoon **Guccio Gucci** (1881 – 1953) seine Karriere kurz nach 1900 in Londons Savoy Hotel startete – als Lift Boy! Der Junge war vom eleganten Reisegepäck der Hotelgäste so begeistert, dass er 1921 in seiner Heimatstadt eine Sattlerei für Reitzubehör und Taschen gründete. Das Gucci-Logo, zwei ineinander verschachtelte »G« für Guccio Gucci, die an zwei Steigbügel erinnern, zitiert die Anfänge, prangte allerdings erst Mitte der 1960er-Jahre auf den Produkten der Firma. Da lag Guccis Geniestreich bereits rund 20 Jahre zurück: In Zeiten knapper Rohstoffe nach dem Zweiten Weltkrieg formte er 1947 jenen wunderbaren **Bambusgriff**, der zur Legende wurde. Günstig, leicht und widerstandsfähig war das Bambusrohr, das schnell zum exotischen Markenzeichen zahlreicher Taschenkreationen aus dem Hause Gucci wurde.

Liz Taylor und Grace Kelly stolzierten mit ihr über rote Teppiche, auch Jackie Kennedy kam nicht ohne ihre Gucci-Schultertasche aus! Gucci war und ist dank des Bambus seither Kultlabel der Modebranche, längst produziert das rund 10000 Menschen beschäftigende Florentiner Unternehmen auch Bekleidung, Schuhe und andere Accessoires: Gucci-Mokassins zieren New Yorks Metropolitan Museum of Art. Guccis »Genius Jeans« mit Floral-Motiv war im Jahr 2005 teuerste Jeans der Welt – der Preis betrug stolze 3142 US-Dollar!

Ein Glücksfall war Guccis Wahl des 1308 erbauten Palazzo della Mercanzia an der Piazza Signoria als Standort des **Firmenmuseums**. Nicht zuletzt, weil der Platz auch Laufsteg jener Töchter ist, für deren neue Pelzmäntel die Familie zur Volljährigkeit traditionell zusammenlegt. In dem Palazzo lenkte einst die Tribuna di Mercanzia, die Marktaufsicht, den Florentiner Handel. Unter dem Wappen der Florentiner Lilie legten die Seidenweber, Pelz- und Wollhändler der Arnometropole den Grundstein der toskanischen Modewelt und schufen mit Manufakturen und Banken die Grundlagen für den Glanz der Renaissance. Mode war hier daher nie »nur Mode«: Hier wetterte Savonarola gegen die Laster, loderten 1497 in zwei »(Fege-)Feuern der Eitelkeiten« anzügliche Gewänder, Kosmetika, Schmuck, gar Gemälde Sandro Botticellis.

Wertvolles Label

Tumulte und Aufstände sind passé! 2016 setzte allein Gucci 4,3 Mrd. US-Dollar um, wurde 2015 mit 12,4 Mrd. US-Dollar auf Rang 38 der wertvollsten Labels taxiert. In toskanischer Hand ist dieses jedoch schon länger nicht mehr. Seit 2004 gehört Gucci dem französischen Luxusgüterkonzern Kering. Nicht Mode, sondern Eifersucht führte zum Ende von **Maurizio Gucci**, dem Enkel des Firmengründers, der 1995 in Mailand ermordet wurde. Ex-Gattin Patrizia Reggiani war Auftraggeberin und wanderte als »schwarze Witwe« hinter Gitter.

Zeitloser Klassiker: Auch auf der Mailänder Fashion Week 2017 präsentierte Gucci die berühmte Tasche mit Bambusgriff.

AUGENSCHMAUS AUF DREI ETAGEN

Die Herzen von Modeliebhabern werden schneller schlagen. Im firmeneignenen Museum präsentiert das Modeunternehmen seine fast 100-jährige Geschichte, von den Anfängen als Kofferproduzent bis zu Tom Fords Damenmode mit »provokativer Sinnlichkeit«. Natürlich muss da auch dem Grundstein des Erfolgs ausreichend Raum geboten werden: Die Kollektion rarster Gucci-Bambushandtaschen von 1949 bis 2016 ist zu Recht Höhepunkt am Ende des Rundgangs. Und danach locken im Gucci Shop sowie im Goldenen Dreieck zwischen Via de' Tornabuoni, Via della Vigna Nuova und Via Strozzi die neuesten Kreationen all der großen italienischen Modelabels. (www.guccimuseo.com)

GENUSS MIT GESCHICHTE

Ob in mondänen Kurorten von Weltruf, in kleinen und feinen Spas mit exzellentem Service zu günstigen Preisen oder in Naturheilbädern unter freiem Himmel – in der Toskana mit ihren üppig sprudelnden Thermalquellen wartet ein umfangreiches Wellnessangebot. Lassen Sie sich verwöhnen!

◄ Wellness mit Wildnischarakter in der Cascata del Mulino in der Maremma

BAEDEKER DAS IST ...

WASSER STATT WEIN

Montepulciano ist vor allem Weinfreunden ein Begriff. Sollte es da überraschen, dass in den nahen Thermen von Sant'Albino und Chianciano Terme Gesichts- und Körpermassagen mit Weintrauben angeboten werden? Damit nicht genug: Auf dem »Sentiero del Benessere«, dem »Weg des Wohlbefindens«, erwartet Sie ein Rundum-Verwöhnprogramm mit Salzwasserbecken, Kaskaden, Chromotherapie und Hydro- und Regenerationsmassagen. (www.termesensoriali.it)

DEN segensreichen Nutzen des Blasenblubberns im vulkanischen Untergrund am Monte Amiata und anderswo in der Toskana entdeckten schon die Etrusker für sich: etwa in den wohl ältesten europäischen Thermen von **Saturnia**. Die Römer schließlich perfektionierten den Badegenuss, der Körper wie Geist befreit und Lebensqualität garantiert, sie bauten Aquädukte und prächtige Thermen und verehrten das kostbare Nass in Quellheiligtümern. Das gesundheitsfördernde Füllhorn der Natur schätzten selbst die gern als Bademuffel verrufenen Menschen des Mittelalters; so zog es etwa die berühmte Canossa-Gräfin Mathilde von Tuszien in die Thermen der Versilia. Und auch die Renaissancepäpste und spätere Potentaten sorgten mit viel Geld für mondänen Glanz, Kunst und Kultur. Natürliches Heilwasser, viel Sonnenlicht und gesunde Küche bilden seither die magische Trias für eine garantiert erfolgreiche Kur.
Ein Tagesbesuch im legendären Wellness-Nonplusultra **Montecatini Terme** ist nahezu Pflicht. Dem Kurort der Reichen und Schönen hat der russische Bildhauer Aidyn Zeinalov zwei neue Denkmäler gestiftet, die berühmte Kur- und Wellnessfreunde rühmen: 2015 Giuseppe Verdi mit der Statue vor dem gleichnamigen Theater, 2016 Giacomo Puccini mit einer auf einer Parkbank sitzenden Bronzestatue vor dem Cinema Imperiale. Verdi entdeckte sein »achtes Weltwunder« gleich nebenan, in Monsummano Terme. Aufmerksamkeit verdienen auch historische Bäder wie Bagni di Lucca, wo berühmte »Kurlauber« ihre Visitenkarten abgaben. U.a. kurierte hier Heinrich Heine sein Nierenleiden.

LINKS: Bad im schwefelhaltigen Wasser der Bagni San Filippo RECHTS: Ayurvedische Massage in Bagni di Lucca

Vom Kurbad zum Spa

Seitdem hat sich das Angebot in der Badelandeschaft stark gewandelt. Vor allem kleinere Traditionsbäder wie Gambassi Terme, San Casciano Terme oder Montepulciano Terme entpuppen sich als Newcomer mit alternativer und auf Nachhaltigkeit bedachter Heilmedizin. Anti-Stress und Anti-Aging, Ayurveda oder Yoga sind die Zauberworte für Erholungssuchende im 21. Jahrhundert. Ganzheitlichkeit, Schönheit und körperliche Fitness zählen an den Naturbecken im Grünen, in dampfenden Grotten, an Kaskaden und Sinterterrassen.
Dabei bilden der **Vulkanismus** und der **Mineralreichtum** der Toskana stets die Basis für Heilerfolge besonders bei Erkrankungen der Atemwege, bei Rheumabeschwerden, Haut- und Muskelleiden. Kein Bad aber kommt heute auch ohne ein Centro Benessere aus: ein Wohlfühl- bzw. Wellnesscenter, wo Körper und Geist in ein harmonisches Gleichgewicht gelangen.

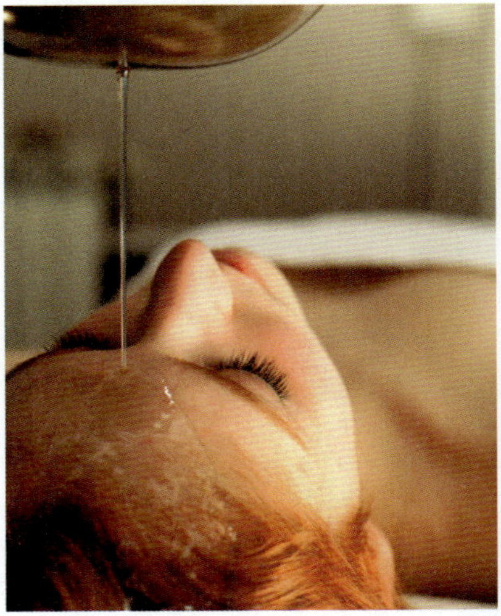

DUFTE HEIL-MITTEL

Olfaktorischen Genuss und so manche Geheimrezeptur für Gesundheit und Wohlergehen erwartet Sie in den Klosterapotheken der Toskana, die uraltes Heilkundewissen hüten und bewahren. Zu Destillaten, Extrakten oder Tees, Pomaden, Balsamen und Tinkturen verarbeitet, pflegen und hegen die Kräuter Leib und Seele. Pioniere auf ihrem Gebiet waren stets die Dominikanermönche in Florenz.

Das Reich der Essenzen, Salben und Extrakte: die Apotheke von Santa Maria Novella ►

ES waren Apotheker von Santa Maria Novella in Florenz, die den ratlosen Ärzten aus der Patsche halfen. Für den reichen Kranken Dardano Acciaioli fanden sie keine Diagnose, empfahlen aber – um sich aus der Affäre zu ziehen – schwer erhältliche »Uva ursina«, Echte Bärentraube, als Therapie. Doch die geschulten Mönche hatten das Erica-Gewächs in ihrem **Giardino dei Semplici**.

Von der Klosterapotheke zum Weltimperium

Der Name des Gartens war schon im Mittelalter Programm: Da stand das lateinische »Medicina simplex« für – »Heilpflanze«! Denn mit der Klostergründung 1221, die mit der Eröffnung eines Krankenhospizes einherging, wurde auch die Einrichtung von Kräutergarten und Kräuterapotheke nötig. Und die Florentiner schätzen ihr medizinisches Kräuterparadies im Orto Botanico mit seinen die Sinne betörenden Düften bis heute: Dank Crowdfunding konnten 2014 im Nu Schäden beseitigt werden, die ein Sturm angerichtet hatte. Wer indes die Grande Sala di vendita, den prächtigen Laden der **Officina Profumo Farmaceutica di Santa Maria Novella** betritt, erkennt sofort, dass die Heilung des Dardano Acciaioli und anderer Patienten in den dazwischen liegenden Jahrhunderten höchst erfolgreich war. »Uva ursina« gibt es übrigens immer noch: in Tees, die in der Tisaneria mit lauschigem Hofcafé verkauft oder ausgeschenkt werden.

Natürlich waren und sind auch die berühmten historischen Klosterapotheken von Vallombrosa, Camaldoli oder La Verna Experten in der lange geheimen Heilkunst, beraten fachkundig etwa bei der Wahl von Bio-Kräutertees, kennen die Wirkung von Goldrute, Sternanis, Lindenblüte, Malve und Minze, Zichorie, Eisen- oder Habichtkraut. Doch die Florentiner genießen Weltruhm. Ihr ältestes Rezept, Rosenwasser gegen grassierende Epidemien, ist für 1381 verbürgt. Die ab 1612 als Unternehmen geführte Apotheke ist inzwischen ein »Bio-Imperium« mit weltweitem Filialnetz und Partnerläden.

BAEDEKER DAS IST …

TAUSENDUNDEIN HEILKRAUT

Für jedes Anliegen das passende Kräutchen. Museumsladen, Grüner Saal und Spezieria der »Officina Profumo – Farmaceutica di Santa Maria Novella« in Florenz begeistern mit Nahrungsergänzungs- und Diätmitteln von Ananas bis Löwenzahn, Sirup für die Atemwege, Ginseng, Ginkgo und Guaraná, aber auch Taschentuchessenzen, Shampoos, Mundwässern, Gesichts-, Körper- und Sonnenlotionen, Seifen oder Raumdüften. Bio-Olivenöl, Gewürzmischungen, Honig und Propolis, Kekse und Konfekt gibt es ebenso wie den hauseigenen Alkermes- und den berühmten Medici-Likör. (www.smnovella.com)

Aus den unterschiedlichsten Kräutern produziert die Officina Profumo allerlei Essenzen und Wässerchen, die im Florentiner Stammhaus ins rechte Licht gerückt werden.

FORM-VOLLEN-DET

Klopfen wie Donatello oder Michelangelo wäre ein Traum, der – mit gewisser Bescheidenheit – durchaus realisierbar ist. Denn »Do it yourself«-Kurse bieten arrivierte Kunstschaffende in der Toskana auch Laien an.

Alles eine Frage der Geduld: Stetes Klopfem formt den Marmor. ►

Es muss ja nicht gleich eine Venus sein! Bei den Kursen tastet man sich zunächst an einfachere Formen heran.

BAEDEKER DAS IST ...

MIT HAMMER UND MEISSEL

Das deutschsprachige Team im Campo dell'Altissimo besteht aus zehn erfahrenen Künstlern. Unter Kastanienbäumen oder vor der Kulisse eines romanischen Kirchleins erlernen die Kursteilnehmer Schritt für Schritt, das weiße Gold von Carrara zu verarbeiten. Und bei gemeinsamen Drei-Gänge-Menüs kommt auch das italienische Lebensgefühl nicht zu kurz. Die Kurse finden zwischen April und Oktober statt. (Via Martiri del Lavoro 609, I-55047 Azzano di Seravezza, Tel. 0584 77 32 81, www.campo-altissimo.com)

KUNST ist der rote Faden. Egal, wohin Sie in der Toskana reisen, die Meisterwerke aus Gotik und Renaissance verfolgen Sie auf Schritt und Tritt. Hier Michelangelos monumentaler David, dort Botticellis anmutige Venus. Vor allem in Quattrocento und Cinquecento – dem 15. und 16. Jh. – verwandelten großzügig von den Medici gesponserte Genies die Toskana in eine einmalige Kunstschatzkammer, die sie noch heute ist.
Einmal von den Skultpuren und Gemälden in den Bann gezogen, keimt bei manchem der Wunsch, sich einmal an den Werkstoffen Holz, Metall oder Stein oder auch mit Pinsel und Palette an einem Gemälde zu versuchen. Es muss nicht beim Wunsch bleiben!

Kunst kommt von Können

Nun ist aber nicht jeder mit dem Talent all der genialen toskanischen Großmeister gesegnet. Und selbst für diese galt, dass Lehrjahre keine Herrenjahre sind. Viel Schweiß wurde vergossen, in der acht, zehn oder gar zwölf Jahre währenden Ausbildung; bis zum Architektenrang brauchte es gar 20 Berufsjahre. Nun hat nicht jeder – noch zumal im Urlaub – so viel Zeit! Und das Budget für sündhaft teuren Carrara-Marmor sprengt jede Dimension. Doch keine Angst: Es reichen Unbekümmertheit und ein wenig Mut des David, um einen Anfang zu wagen: am besten gleich mit Carrara-Marmor, am besten in oder nahe dem Städtchen **Pietrasanta**.
Dort, in der Künstlerhochburg am Fuße der Apuanischen Alpen unweit der gewaltigen Marmorbrüche Carraras, bieten zahlreiche Künstler und Bildhauerstudios Kurse an. Schön, wenn dann ein Atelier sogar in den Bergen öffnet, etwa im **Campo dell'Altissimo** in Azzano di Seravezza, 600 m über dem Meeresspiegel. In dörflicher Atmosphäre finden hier Steinbildhauer-, Mal-, und Zeichenkurse für jedermann auf Grund-, Intensiv- und Spezialkursniveau statt. Man werkt im Freien und überdacht, in geselliger Runde üben die Kursteilnehmer den Umgang mit dem Bildhauerwerkzeug und erlernen, wie eine Skulptur entsteht, von der groben Formarbeit übers Bossieren bis hin zum Glätten und Polieren der Oberfläche. Mit Hammer und Meißel oder – gänzlich unhistorisch – mit Pressluftgerät und Schleifmaschine rücken sie dem Marmor zu Leibe, der in bester Qualität gestellt wird. Manch begehrter Rohling wird sogar – von der Natur vorgeformt – aus dem Wildbach geklaubt! Und stets gilt die Maxime: »Das natürliche Maß für das eigene Vorhaben ist das, was man auch selber heben oder bewegen kann: Formate von 15 bis 30 kg.«

Das eigene Kunstwerk

Was dabei in den ein- oder zweiwöchigen Kursen entsteht, bestimmen individuelle Fantasie, Kreativität und kontemplatives Werken. Die Dozenten um Leiter Peter Rosenzweig helfen mit Knowhow und manchem Trick über Probleme hinweg. Exkursionen zu Steinbrüchen und in Pietrasantas Werkstätten oder ausgedehnte, lehrreiche **Wandertouren in die Marmorwelt** mit dem Niederländer Jan Langewouters entspannen das Programm auch für diejenigen, die sich mal auf den Daumen klopfen. Und am Schluss ziert das Eigenwerk womöglich das heimische Wohnzimmer oder die Terrasse. Und erinnert mit gebührendem Respekt an die Meisterinnen und Meister der Toskana.

UNTERWEGS IN DER TOSKANA

Badeurlaub, jede Menge Kunst und Kultur in großen und kleinen Städten, einmalig schöne Landschaften und purer Genuss – wem es in der Toskan nicht gefällt, dem ist nicht zu helfen.

Das richtige Verkehrsmittel

Dass die meisten Urlauber die Toskana mit dem Auto bereisen, hat gute Gründe: Das Bahnnetz ist nicht gerade engmaschig, viele attraktive Städtchen und Dörfer, besonders in den Bergen, sind nur so zu erreichen. Aber auch mit Bus oder Bahn kann die Toskana-Traumtour gelingen, erfordert dann aber etwas mehr Planung, Zeit und Geduld.

Badefreuden und Kulturgenuss

In Viareggio und in den meisten Orten an der **Versilia-Küste** sind die Preise sehr hoch. Wer Baden und Kunstgenuss verbinden will, ist aber gerade an diesem nördlichen Küstenabschnitt der Toskana genau richtig, denn Pisa, Lucca, Pistoia oder selbst Florenz sind von der Küste aus über die Autobahn schnell zu erreichen.

Toskana ganz klassisch

Naturliebhaber fühlen sich vielleicht wohler an der Küste südlich von Livorno, der **Etruskischen Riviera** mit ihren langen Sandstränden und ausgedehnten Pinienwäldern. Schnelle Autobahnverbindungen ins »Hinterland« gibt es in der südlichen Toskana aber nicht, sodass man für Ausflüge ins Chianti oder nach Siena viel Fahrtzeit auf zum Teil kurvenreichen Landstraßen in Kauf nehmen muss.

Für Naturliebhaber

Florenz, Siena und das dazwischen liegende **Chianti** bilden geografisch und kulturell das Herz der Toskana und sind so auch Spitzenreiter bei Hotel- und Restaurantpreisen. Geld, Zeit und Nerven bei der Parkplatzsuche spart, wer etwa Florenz von Prato, Pontassieve oder vom Mugello aus besichtigt und Bahn oder Bus nutzt. Auch Siena kann mühelos von einem Ausgangspunkt direkt außerhalb oder weiter westlich von der SS 2 aus problemlos besucht werden.

Im Herzen der Toskana

Für Erholung und Entspannung eignen sich die »Randgebiete« der Toskana besonders gut: Im Casentino und Pratomagno im Nordosten, der Garfagnana im Nordwesten, der Maremma im Südwesten oder in den Hanggebieten des Monte Amiata im Süden finden sich zudem auch viele ländliche und preisgünstige Unterkünfte – nicht zuletzt für Gäste, die länger bleiben wollen.

Unbekanntere Ziele

★★ TOP-ZIELE

Genuss allerorten: Kunstfreunde zieht es in die Uffizien in Florenz, Architekturfans ergötzen sich an Türmen und großartiegn Plätzen wie in Pisa oder Pienza. Wer alles zusammen haben möchte und auch sonstigen Genüssen nicht abgeneigt ist, setzt sich einfach mit einem Espresso auf den Campo in Siena.

Arezzo

★★ Piazza Grande

Ein Platz wie gemalt und herrlich atmosphärischer Einstieg für eine Erkundung der Altstadt von Arezzo. Die beste Sicht auf **einen der schönsten Plätze Italiens** bietet sich von der Nordseite.

★★ San Francesco

Das schmucklose Äußere lässt nicht ahnen, dass sich hier ein Kunstwerk von Weltrang verbirgt: **Piero della Francescas Freskenzyklus**.

Casentino

★★ Kloster La Verna

Einem Schwalbennest gleich klebt das im 14. Jh. begonnene Kloster am Südwesthang des Monte Penna. Bereits die Anfahrt über Serpentinen ist ein Erlebnis.

Chianti

★★ Volpaia

Eine Zypressenallee führt ins wunderbar restaurierte **50-Einwohner-Dorf**. Die Fattoria des Kastells produziert Bio-Spitzenweine.

Elba

★★ Inselerlebnis

Jeder kennt die Hauptinsel des Toskanischen Archipels: **Napoleon** krempelte sie in seiner nicht einmal einjährigen Verbannung um. Aber der Franzosenkaiser ist nicht alles, was die Insel zu bieten hat.

Florenz

★★ Grande Museo del Duomo

Das »Supermuseum« ist kein Museum im eigentlich Sinn – es vereint **rund um die Piazza del Duomo** das Baptisterium mit seinen einmaligen Bronzetüren, den Dom mit der grandiosen Kuppel, Krypta Santa Reparata, Kampanile und Museo dell'Opera del Duomo.

Während tagsüber der lang gestreckte Innenhof der Uffizien ein Wimmelbild aus Besuchern und Straßenkünstlern bietet, kehrt abends etwas Ruhe ein.

★★ Galleria degli Uffizi

Kunsttempel von Weltrang: Botticellis anmutige Venus, die mit wehendem blondem Haar aus ihrer Muschel steigt, das Antlitz Luthers von Lucas Cranach – allein dafür lohnt sich alles Anstehen.

★★ Cappella Brancacci

Die Kapelle illustriert meisterhaft die Zäsur zwischen Gotik und Renaissance. Die **farbenfrohen Fresken** von Massacio und Filippino Lippi sind schon fast mittelalterliche Pop Art.

★★ Galleria dell' Accademia

Hier steht der berühmteste Jüngling von Florenz: **Michelangelos David**. Beachten Sie aber auch andere Schätze, etwa vier unvollendete von den sechs Gefangenenfiguren vom selben Künstler.

Livorno

★★ Populonia

Im reichen etruskischen Pupluna, Mitglied des mächtigen Zwölfstädtebunds, lebten einst bis zu 25 000 Menschen. Dass die **Necropoli di San Cerbone** so außergewöhnlich gut erhalten sind, ist genau genommen einer antiken Müllhalde zu verdanken.

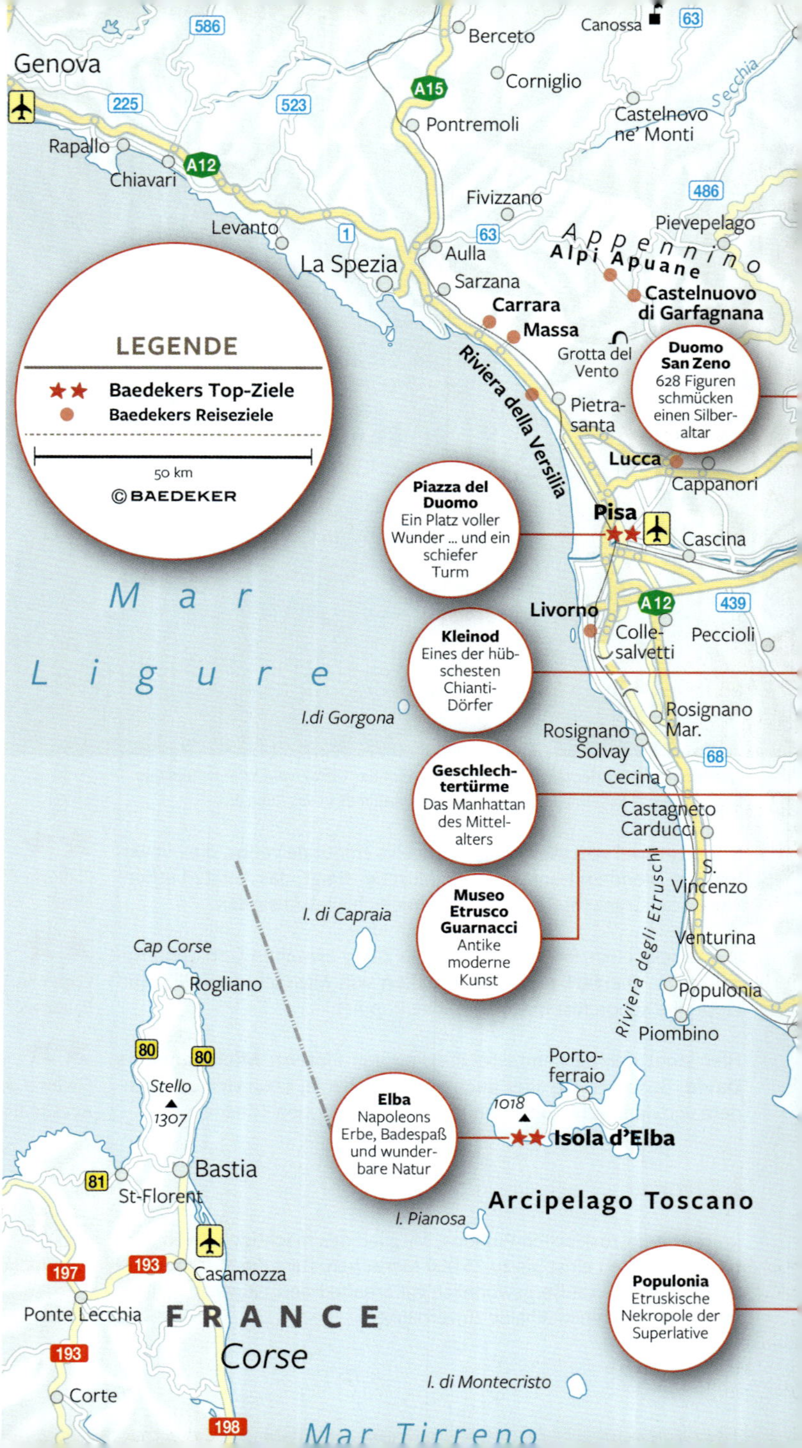
LEGENDE
★★ Baedekers Top-Ziele
Baedekers Reiseziele
50 km
© BAEDEKER
Duomo San Zeno
628 Figuren schmücken einen Silber-altar
Piazza del Duomo
Ein Platz voller Wunder ... und ein schiefer Turm
Kleinod
Eines der hüb-schesten Chianti-Dörfer
Geschlech-tertürme
Das Manhattan des Mittel-alters
Museo Etrusco Guarnacci
Antike moderne Kunst
Elba
Napoleons Erbe, Badespaß und wunder-bare Natur
Populonia
Etruskische Nekropole der Superlative
Genova
Rapallo
Chiavari
Levanto
La Spezia
Berceto
Canossa
Corniglio
Pontremoli
Castelnovo ne' Monti
Secchia
Fivizzano
Aulla
Sarzana
Carrara
Massa
Appennino
Alpi Apuane
Pievepelago
Castelnuovo di Garfagnana
Grotta del Vento
Pietra-santa
Riviera della Versilia
Lucca
Cappanori
Pisa
Cascina
Livorno
Colle-salvetti
Peccioli
Rosignano Mar.
Rosignano Solvay
Cecina
Castagneto Carducci
S. Vincenzo
Venturina
Populonia
Piombino
Riviera degli Etruschi
Mar Ligure
I.di Gorgona
I. di Capraia
Cap Corse
Rogliano
Stello
1307
Bastia
St-Florent
Casamozza
Ponte Lecchia
Corte
FRANCE
Corse
Porto-ferraio
1018
Isola d'Elba
Arcipelago Toscano
I. Pianosa
I. di Montecristo
Mar Tirreno
586
225
523
A15
A12
1
63
486
439
68
80
81
193
197
198

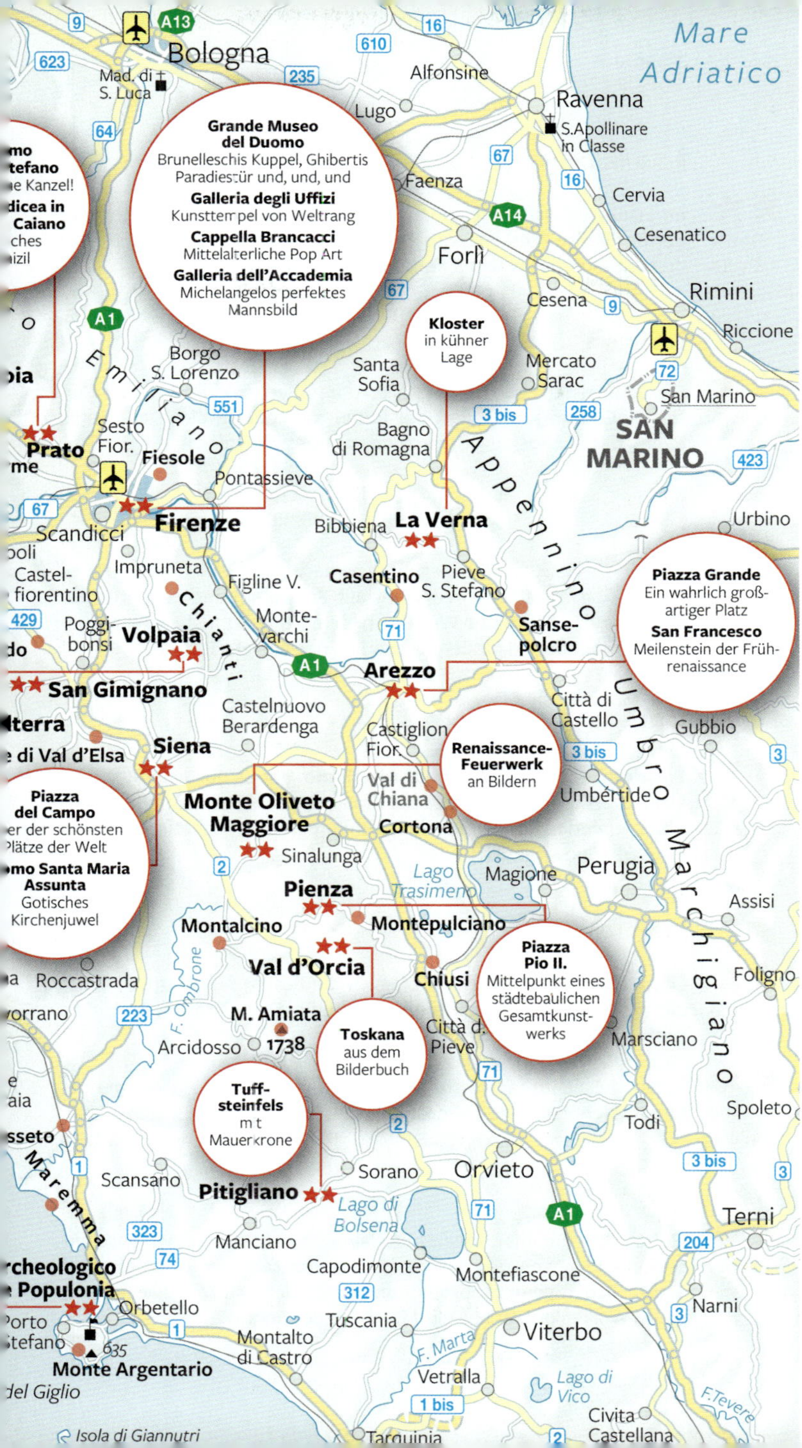
Mare Adriatico
Bologna
Mad. di S. Luca
Alfonsine
Ravenna
S.Apollinare in Classe
Lugo
Faenza
Cervia
Cesenatico
Forlì
Cesena
Rimini
Riccione
San Marino
SAN MARINO
Mercato Sarac
Santa Sofia
Bagno di Romagna
Borgo S. Lorenzo
Sesto Fior.
Fiesole
Pontassieve
Prato
Firenze
Scandicci
Impruneta
Castelfiorentino
Figline V.
Montevarchi
Poggibonsi
Volpaia
Chianti
Emiliano
Appennino Umbro Marchigiano
Bibbiena
La Verna
Casentino
Pieve S. Stefano
Sansepolcro
Urbino
Arezzo
Città di Castello
Gubbio
Umbèrtide
San Gimignano
Castelnuovo Berardenga
Siena
Castiglion Fior.
Val di Chiana
Cortona
Monte Oliveto Maggiore
Sinalunga
Lago Trasimeno
Magione
Perugia
Assisi
Pienza
Montepulciano
Montalcino
Val d'Orcia
Chiusi
Foligno
Roccastrada
F. Ombrone
M. Amiata 1738
Arcidosso
Città d. Pieve
Marsciano
Todi
Spoleto
Maremma
Scansano
Pitigliano
Sorano
Orvieto
Lago di Bolsena
Manciano
Capodimonte
Montefiascone
Terni
Narni
Orbetello
Porto Stefano
635
Monte Argentario
Tuscania
Montalto di Castro
Viterbo
F. Marta
Vetralla
Lago di Vico
Civita Castellana
F.Tevere
Tarquinia
Isola di Giannutri
Grande Museo del Duomo
Brunelleschis Kuppel, Ghibertis Paradiestür und, und, und
Galleria degli Uffizi
Kunsttempel von Weltrang
Cappella Brancacci
Mittelalterliche Pop Art
Galleria dell'Accademia
Michelangelos perfektes Mannsbild
Kloster in kühner Lage
Piazza Grande
Ein wahrlich großartiger Platz
San Francesco
Meilenstein der Frührenaissance
Renaissance-Feuerwerk an Bildern
Piazza del Campo
Piazza Pio II.
Mittelpunkt eines städtebaulichen Gesamtkunstwerks
Toskana aus dem Bilderbuch
Tuffsteinfels mit Mauerkrone
A1
A13
A14
3 bis
1 bis

Montalcino

★★ Monte Oliveto Maggiore

Im Hauptsitz der Benediktinerkongregation der Olivetaner erzählt der berühmte Freskenzyklus das Leben des hl. Benedikt von Norcia und entfaltet **ein wahres Feuerwerk an Bildern**.

Pienza

★★ Piazza Pio II

Die Baumeister Leon Battista Alberti und Bernardo Rossellino schufen ein **Gesamtkunstwerk der Renaissancearchitektur** auf wenig Raum, das dennoch größer erscheint, als es ohnehin ist.

Pisa

★★ Piazza del Duomo

Pfusch am Bau hat Pisa berühmt gemacht. Mit viel Gottvertrauen wurden die »Fantastischen Vier« auf Schwemmsand errichtet, wo sie heute den **Platz der Wunder** bilden: Dom, Baptisterium, Monumentalfriedhof und natürlich natürlich der Schiefe Turm.

Pitgliano

★★ Madonna delle Grazie

Für den schönsten Blick auf Pitigliano gibt es nur einen Ort: die kleine Dorfkirche Madonna delle Grazie. Der Anblick der im Licht der untergehenden Sonne rotgolden schimmernden Tuffsteinfelsen und Häuser ist unvergesslich.

Prato

★★ Duomo

Das wohlhabende Prato leistete sich die besten Künstler und avancierte zur **Werkstatt der Renaissance**. Am Dom verewigten sich die besten Künstler ihrer Zeit.

★★ Villa Medicea

In der vielleicht prächtigsten Landvilla der Medici überhaupt genoss **Leo X.**, der erste Medici-Papst, den ländlichen Luxus in vollen Zügen.

San Gimignano

★★ Geschlechtertürme

Höher, höher, immer höher! Mittelalterliches Kräftemessen bescherte San Gimignano den Ruf eines **»Manhattan des Mittelalters«**. Tatsächlich ragen die berühmten Geschlechtertürme wie grazile, graue Wolkenkratzer aus dem Dächermeer heraus.

Siena

Die Piazza ist seit sieben Jahrhunderten Sienas pulsierendes Herz, der urbane Treffpunkt und **eine der grandiosesten Platzanlagen der Welt**.

★★ Piazza del Campo

Die schönste gotische Kirche Italiens steht auf dem höchsten Punkt der Stadt.

★★ Duomo

Val d'Orcia

Die sanft gewellten Hügel gelten unzweifelhaft als Paradebeispiele für die Schönheit der Toskana. Wahre Ikonen der Bilderbuchlandschaft sind die **Zypressenhaine und -alleen**.

★★ Bilderbuchtoskana

Volterra

Das beste Museum für etruskische Kunst besitzt viele Arbeiten aus Alabaster – kein Wunder, denn seit über 2000 Jahren steht Volterra im Zeichen des hellen Steins.

★★ Museo Etrusco Guarnacci

Beim Palio von Siena, Italiens berühmtestem Pferderennen, geht es dreimal um die Piazza del Campo.

ESSEN UND TRINKEN

Der weltweite Siegeszug der Cucina italiana hat dazu geführt, dass man heute fast überall italienisch essen gehen oder die Ingredienzien für ein italienisches Essen kaufen kann. Aber natürlich schmeckt es vor Ort, aus den Töpfen der heimischen Köche, immer noch am besten.

Deftige Landküche

In der Toskana hat sich eine eigenständige, historisch gewachsene Regionalküche entwickelt. Diese darf für sich in Anspruch nehmen, großen Anteil am weltweiten Erfolg der italienischen Kochkunst zu haben. Auch wenn sie auf Caterina de Medicis Etablierung der feinen französischen Küche Einfluss ausübte, ist sie doch ursprünglich keine höfische, sonder eher eine deftig bäuerliche Landküche. Sie lebt vor allem von frischen, hochwertigen lokalen Zutaten – von Gartengemüse, Kräutern, Hülsenfrüchten, auch Huhn, Kaninchen, Schwein, Fisch und Rind. Zahlreiche Rezepte haben sich über die Jahrhunderte erhalten.

Regionale Spezialitäten

Jede Provinz hat ihre lukullische Spezialität, ob nun Melonen oder Spinat im Val di Cornia, Zwiebeln rund um Certaldo, Pinienkerne in San Rossore, kleine Kichererbsen im Valdarno, Artischocken in Empoli und Livorno, rote Kartoffeln in Pratomagno (Casentino) oder Kirschen aus Lari (es gibt hier 19 Sorten!). Für ihren Käse berühmt

Sightseeing macht hungrig – in vielen Bars und Cafés gibt es eine Stärkung.

sind Pienza, Heimat eines landesweit bekannten Pecorino, und die Ricotta-Hochburg Grosseto. Und toskanischer Schinken wäre ohne das Sieneser Schwein (Cinta Senese) undenkbar.

Toskanische Lebensmittel

Hoch geschätzt werden in der Toskana die heute häufig geschützten Zutaten, die oft rein biologisch angebaut, verarbeitet und vermarktet werden. Im Trend liegen inzwischen auch vegane Erzeugnisse. Produkte mit dem **Gütesiegel DOP** (Denominazione d'Origine Protetta) sind z. B. Safran aus San Gimignano, Honig aus der Lunigiana, toskanischer Schinken, die Salami alla Cacciatora (nach Jägerart) und die Pecorino-Käsesorten Romano und Toscano. Mit dem Zeichen IGP (Indicazione Geografica Protetta) sind Basisingredienzien wie der marmorweiße Speck Lardo di Collonata, Kastanien vom Monte Amiata oder auch die süßen Riccarelli aus Siena geschützt. Höchste Wertschätzung als Hauptbestandteil der Küche genießen derweil ganz ohne Siegel Brot und – im Salat wie in Topf und Pfanne – Olivenöl.

Ausgiebige Mahlzeiten

Morgens, mittags, abends

Das **italienische Frühstück** (colazione) beschränkt sich normalerweise auf einen Cappuccino oder einen Caffè (Espresso), zu dem häufig ein Gebäck wie ein gefülltes Cornetto (Hörnchen) gegessen wird. Oft wird es an der Theke (al banco) in einer Bar auf dem Weg zur Arbeit eingenommen. Die Hotels sind in der Regel aber auf ausländische Gäste eingestellt und bieten ein mehr oder weniger reichhaltiges Frühstücksbuffet an.

Das fröhlich familiäre, oft stundenlange Zusammensitzen bei einem opulenten **Mittagessen** (ab 12.30/13 Uhr) oder **Abendessen** (ab 20/20.30 Uhr) ist in der Toskana »heilig«. Diese bestehen immer aus mehreren Gängen: Vorspeise (antipasto), gefolgt von einem ersten Gang (primo) mit Teigwaren oder Suppe und einem zweiten Gang (secondo) mit einem Fleisch- oder Fischgericht. Gemüsebeilagen (contorni) und Salate werden extra dazubestellt. Viele Italiener starten auch mit Salaten. Zum Abschluss werden Käse (formaggio), Kuchen bzw. eine süße Spezialität (dolce), Halbgefrorenes (semifreddo) oder ein Eis (gelato) gereicht. Überhaupt: Die Toskana ist ein Paradies für Süßmäuler: kein Essen ohne einen süßen Höhepunkt, ehe Obst, Grappa oder Espresso rufen!

Restaurants, Cafés und Bars

Ausgedehnte Restaurantbesuche sind in der Toskana nie billig, oft werden aber Menüs, spezielle Lunch- oder Tagesgerichte günstig angeboten. Mehrwertsteuer (IVA) ist stets, die Bedienung (servizio compreso) meistens inbegriffen. Oft wird eine Extragebühr für Brot und Gedeck (pane e coperto) fällig. Dazu kommt ein **Trinkgeld** – man rundet den Betrag auf oder gibt ca. 10 %. In Bars und Cafés beschleunigt eine Extramünze am Tresen den Service. Hier bezahlt man übrigens fast grundsätzlich mehr, wenn man Essen und Getränke am Tisch (al tavolo) und nicht an der Theke (al banco) konsumiert.

Von Antipasti bis Grappa

Antipasti

Toskanischer Schinken (prosciutto toscano«) ist sehr schmackhaft und stärker gesalzen als Parmaschinken. Toskaner Salami (salame toscano) wird kräftig gewürzt und mit großen Fettstücken und Pfefferkörnern zubereitet. Sehr beliebt sind auch **Crostini**, kleine geröstete Brotscheiben mit Belag – die klassische Variante ist eine köstliche, warme Paste aus Hühnerleber, Sardellen, Zwiebeln, Kräutern und Weißwein. Eine Finocchiona gleicht auf den ersten Blick einer großen Salami, ist aber jünger und vom Geschmack der eingearbeiteten Fenchelsamen geprägt.

Primo

Sehr beliebte Primi sind **Pappa al Pomodoro**, ein schmackhaftes Mus aus Brot und Tomaten, und **Panzanella**, ein fantastisches, kalt serviertes Sommergericht. **Ribollita** bezeichnet eine dicke, stundenlang und vor dem Servieren nochmals aufgekochte Suppe mit je nach Region variierendem Gemüse. Immer aber spielt der toskanische Schwarzkohl eine wichtige Rolle, und meist fehlen auch die weißen Bohnen nicht (Wintergericht). **Zuppa di Pane** oder **Pancotto** ist Brotsuppe mit Tomaten, Knoblauch, Basilikum und Olivenöl, **Farinata** ein Brei aus Kichererbsenmehl und Wasser. Dazu kommt eine reiche Vielfalt an verschiedenen Pastaformen und -rezepten, die sich von Ort zu Ort und je nach Jahreszeit ändern.

Contorni (Beilagen)

Fagioli (weiße, gekochte Bohnen) sind eine klassische Beilage und werden mit etwas Olivenöl und Pfeffer abgeschmeckt. **Fagioli all'uccelletto** heißt ein mit Salbei gewürzter Eintopf aus Bohnen und Tomaten. Am besten schmeckt frisches toskanisches Gemüse (verdure) wie Spinaci (gekochte Spinatblätter), kurz in heißem Knoblauch-Olivenöl gewendet, oder in Olivenöl angebratene Zucchini-Stückchen. Besonders lecker: **Fiori fritti** und **Carciofi fritti**, in Brotteig gehüllte und in Olivenöl ausgebackene Zucchiniblüten und Artischockenviertel.

Secondo

Arrosto misto ist meist eine eher trockene Angelegenheit, bei der auf einer Platte unterschiedliche gebratene Fleischstücke (Hähnchen, Kaninchen, Perlhuhn, Schweinekotelett, Rind etc.) serviert werden. Das berühmte Florentiner T-Bone-Steak, die **Bistecca alla fiorentina**, stammt heute in der Regel aus Argentinien, nur noch selten wird man mit einem echten, in der Toskana aufgezogenen Chianina-Rind beglückt. In Brotteig getunkte und in Olivenöl ausgebackene

Kaninchenfleischstücke (coniglio fritto) kommen häufig mit Carciofi fritti auf den Tisch. **Arista** heißt ein würziger, nach Rosmarin duftender Schweinebraten aus dem Ofen, **Cinghiale in dolce e forte** wird ein in Chianti gekochtes süßsaures Wildschweinragout genannt.

Käse

Der beste toskanische Käse ist der Schafskäse (pecorino) aus der südlichen Toskana. Frischer (fresco) und abgelagerter (stagionato) Pecorino wird vor allem in den Läden von Asciano, Pienza, Montepulciano und Montalcino angeboten.

Brot

Brot spielt bei fast jedem toskanischen Essen eine Rolle. Man isst es zum Schinken oder zum Käse, zum Antipasto, sogar zur Pasta, zum Fleisch, zum Gemüse – aber nicht zum Frühstück. Und: Dem Brot fehlt das Salz. Denn das **Pane toscano** wird – angeblich seit dem 12. Jh. als Ergebnis von Boykottquerelen zwischen Pisa und Florenz – ungesalzen gebacken, und schon Dante sagte: »Wie schmeckt das Brot der Fremde doch nach Salz.« Zum Glück haben die meisten Bäcker Mitgefühl mit den Fremden und backen auch ein Brot mit Salz (pane salato). Besonderheiten sind das rechteckige Brot aus Prato (bozza pratese), die 2 kg schweren Brotlaibe aus Montegemoli (Provinz Pisa) oder das toskanische Fladenbrot (castagnaccio toscano), das mit Kastanienmehl, Olivenöl, Rosinen und Pinienkernen zubereitet wird.

Süßes

Mandeln sind eines der wichtigsten gemeinsamen Elemente der toskanischen Süßbackwaren. Sie prägen auch das bekannteste Gebäck der Toskana, die **Cantuccini** von Prato, jene niedlichen Mandelkekse, von denen behauptet wird, sie schmeckten am besten, wenn man sie in Vin Santo tunkt. Ebenfalls aus Prato stammt das Mandelgebäck Bruti ma buoni (Hässliche, aber Gute). Aus frischem, geröstetem Kastanienmehl wird der in der ganzen Toskana heimische Castagnaccio gebacken, ein wohlschmeckender Fladen. Fast in jedem Lokal und in jeder Konditorei (pasticceria) erhält man die **Torta della nonna** (Großmuttertorte) aus Mürbeteig, Vanillecreme, Pinienkernen und Mandeln. Jede größere Ortschaft hat jedoch ihr eigenes Dolce, auf das die Bewohner besonders stolz sind. Dazu gehören in Lucca **Buccellato** (Soldatenbrot), ein Eier-Hefegebäck mit Orangenschalen, Anis und Rosinen, in Volterra die **Cavallucci**, runde Honigkuchen mit Nüssen, kandierten Früchten und Anis, in Montalcino **Ossi di morto** (Totenbeinchen), ein trockenes, flaches Gebäck aus Eischnee und Haselnüssen, in Poggibonsi **Pan co'santi**, süßes Brot mit Sultaninen und Nüssen, in Lamporecchio (bei Vinci) die **Brigidini**, hauchdünne, knusprige Aniswaffeln, und in Siena das legendäre **Panforte**, ein lebkuchenartiges Gebäck mit Mandeln und kandierten Früchten.

Eis

Eis (gelato) ist nicht gleich Eis! Seit einigen Jahren werten traditionelle Eishersteller ihr aus besten heimischen Zutaten und in Eigen-

TYPISCHE GERICHTE

Bistecca alla fiorentina: 830 Rezepte sollen zur Zubereitung des fulminant über den Tellerrand lappenden, bis 1,5 kg schweren Steaks aus dem Mittelrücken des Chianina-Rindes existieren. Drei Finger dick sollte die Bistecca sein, die ihren Namen dem englischen Beefsteak und den Medici-Festen zu Ehren San Lorenzos verdankt, an denen riesige gegrillte Fleischportionen ans Volk verteilt wurden. Auf Niedrigflamme bräunt es beidseitig je drei bis fünf Minuten. Fertig ist die Bistecca, sobald sie auf der schmalen Seite stehen kann! Diese Wackelprobe gehört einfach dazu. Traditionell wird sie innen noch blutig (al minuto) serviert. Gewürzt wird nie, doch frischer Zitronensaft darf nicht fehlen. Dazu werden Salat, manchmal auch Bohnen serviert. Und ein kräftiger Roter (Chianti, Morellino di Scansano) darf natürlich auch nicht fehlen.

Pappa al Pomodoro: Schlagerstar Rita Pavone machte diese Tomatensuppe bzw. das Tomatenmus, einen Klassiker der Cucina povera, in den 1960er-Jahren weltberühmt. Man benötigt altes, ungesalzenes toskanisches Brot, Olivenöl, selbstverständlich extravergine, Tomaten, ein wenig Knoblauch, Basilikum, Brühe, Salz und Pfeffer. Pappa al Pomodoro ist auch kalt sehr lecker!

Cinghiale in Umido: Wildschweinragout ist ein kulinarisches Muss, nicht nur im Casentino oder in der Maremma. Das Wildschweinfleisch wird zwei bis drei Tage in Karotten, Staudensellerie, Knoblauch, Rosmarin, Olivenöl und Weißweinessig mariniert, bevor es angebraten, mit der Marinade verfeinert und mit Weißwein abgelöscht wird. Tomatenmark und pürierte Tomaten werden dazugegeben. Im Chianti gibt es auch die süßsaure Variante: Ins Cinghiale in dolce e forte gehören neben den genannten Zutaten Pinienkerne und Rosinen.

Cacciucco alla Viareggina: In den Klassiker aus Viareggio, einen würzigen Fischeintopf, gehören Mittelmeerfisch, Tintenfisch, Muscheln, Olivenöl, Knoblauch, Chili, Weißwein, Tomaten, Weißbrotscheiben, Salz und Pfeffer. Die Kombination Fisch plus Koch-Tomate entdeckten zuerst Mitglieder der jüdischen Gemeinde in Livorno. Natürlich schmeckt ein frischer Cacciucco in Viareggio am besten!

Panzanella: Das kalt servierte einstige Arme-Leute-Gericht war früher nördlich der Linie Viareggio–Lucca–Florenz eher unbekannt. Altes, in Wasser eingeweichtes Brot (daher auch »Pan molle« genannt), rote Zwiebeln, Basilikum, Öl, Essig und Salz sind Hauptingredienzien des beliebten Dinnerstarters. Verfeinerungen des Weißbrotsalats mit Gurken, Minze, Tomaten, Rucola etc. sind keine Grenzen gesetzt.

Eine Tasse voll italienischem Lebensgefühl – der Cappuccino wird aber eigentlich nur vormittags getrunken.

produktion (produzione propria) gefertigtes Speiseeis als Gelato artigianale auf. Eine Liste guter Eisdielen der Toskana versammelt die Seite »Le Gelaterie del Territorio« (www.gelateriedelterritorio.it). Gourmets pilgern zudem in die Eisdielen (gelaterie) der Mitglieder der internationalen Vereinigung Maestri della Gelateria Italiana.
www.maestridellagelateriaitaliana.it/maestri

Getränke Zum Essen bestellt man Wein, Bier oder Mineralwasser. Am Ende einer Mahlzeit trinkt man überall in Italien einen **Caffè** (Espresso). Bei ausländischen Italienreisenden sehr beliebt ist der **Cappuccino**, ein starker Kaffee mit heißer Milch und Milchschaum. Aber Achtung: Wollen Sie nicht auf den ersten Blick als Tourist erkannt werden, dann ordern Sie nie einen Cappuccino nach dem Mittagessen! Genau genommen trinken Italiener Milchkaffee gar nur vormittags.

Grappa – ein idealer Digestif Ein Grappa setzt einem reichen Mahl den gehörigen Schlusspunkt. Nach ihm kommt gar nichts mehr, höchstens die Zigarre. Ein Grappa muss stark sein und trocken und angenehm fruchtig riechen. Allerdings: Mit Ausnahme des weltweit geschätzten Grappa di Brunello aus Montalcino ist die Weintrester-Kultur eher in Norditalien beheimatet. Doch die Toskana kann immerhin mit einem Spitzen-

Grappabrenner aufwarten: Giovacchino Nannoni in Paganico (nicht weit von Montalcino). Nannoni destilliert u. a. auch für zahlreiche Weinproduzenten im Chianti und in Montalcino.

Weinland Toskana

Überblick

In der Toskana ist ein opulentes Mahl ohne toskanischen Wein nahezu undenkbar! Toskanischer Wein boomt und ist überall auf der Welt der berühmteste und beste Botschafter der Region. .

Für den Riesenerfolg bei ständig wachsender Nachfrage sorgen vor allem die **Rotweine**, die 87 % der Produktion ausmachen. Aber auch Weißwein (13 %) überzeugt mit hoher Qualität – und längerer Tradition. Denn ursprünglich wurde – auch aus dem Chianti – nur Weißwein exportiert. Der Weinexporthafen für Frankreich und England im 13. Jh. war das Dörfchen Vernazza in den ligurischen Cinque Terre nördlich von Carrara. Dorthin lieferten auch Winzer aus San Gimignano, und zwar nur beste Qualität. Ihre uralte Rebsorte Vernaccia wurde nach diesem Hafen benannt und schon 1276 in Steuerdokumenten erwähnt. Heute ist neben San Gimignano auch Montecarlo für seinen Weißen bekannt. Von der Küste bei Livorno und um Pisa stammt die heimische Sorte Vermentino. Zudem entdecken auch zahlreiche prominente toskanische Weingüter den Weißwein wieder und präsentieren Neukreationen, die meist auf den Rebsorten Sauvignon und Chardonnay basieren.

Hauptrebsorte für traditionelle Rotweine der Toskana ist der **Sangiovese** in seinen verschiedensten Varianten. Im Chianti wird häufig der intensives Bukett versprechende Canaiolo mitverwendet. Der Colorino sorgt für Farbe, die Malvasia-Nera-Traube für milden Geschmack. Nahe am Meer erzielt der Ciliegiolo eigenständig oder im Verschnitt mit Sangiovese bemerkenswerte Resultate. Dank der breiten Palette an Mikroklimata und der Experimentierfreude der Winzer werden seit drei Dekaden auch früher fremde Sorten wie Cabernet Sauvignon, Merlot, Blauburgunder und vor allem Syrah und der spätreife Petit Verdot (Kleiner Grünling) angebaut.

Wie beurteilen?

Italiens Weine unterliegen mehreren **Qualitätsstufen**. Den Sockel bilden die Tafelweine (vino rosso, vino bianco) ohne Jahrgangs- und Herkunftsangabe. Darüber folgen die Tafelweine mit Herkunftsbezeichnung (z. B. vino rosso toscano). An der Spitze stehen die **DOC- und die DOCG-Weine**, also jene Tropfen mit kontrollierter und garantierter Ursprungsbezeichnung, die stets analytisch und degustatorisch geprüft sind. Gesetzlich neu, wenngleich bisher nur bruchstückhaft umgesetzt, ist auch die kontrollierte und gegebenenfalls garantierte Deklarierung von Unterzone, Gemeinde, Ortsteil, Mikrozone, Wein und Weinlage auf dem Etikett. .

Die Super-Toskaner und der anhaltende Boom

Doch nicht alle Spitzenweine tragen auch ein DOC- oder DOCG-Prädikat – im Gegenteil! Seit den 1990er-Jahren sind die Super-Toskaner die eigentlichen Stars der Szene. Sie entstanden, als sich moderne Weindesigner für ihre neuen Kreationen über bestehende Regularien hinwegsetzten, die bei DOC-Weinen aus dem Chianti beispielsweise einen mindestens 70%igen Anteil der Sangiovese-Traube vorschreiben. Erste Designerweine waren der 1972 produzierte Sassicaia vom Gut Tenuta San Guido in Bolgheri und der 1971 produzierte Tignanello des Marchese Piero Antinori. Inzwischen wurde der Begriff »Super-Toskaner« verkaufsfördernd auch auf andere toskanische Spitzenweine oder -jahrgänge ausgedehnt. Er ist nicht geschützt, steht aber für herausragende Qualität. Dabei treibt der Hype um die Super-Toskaner mitunter seltsame Blüten: Wechseln schon »normale« 0,7-l-Flaschen der Weine Ornellaia bzw. Sassicaia für ca. 150–200 € den Besitzer, so kann ein Masseto gut und gern auch 700 € kosten. Und Sondereditionen erzielen bei gesonderten Auktionen auch für vier- oder fünfstellige Summen.

Enoteche (hier in der Via delle Oche 27 in Florenz) bieten oft auch die Möglichkeit, feinere Tropfen vor dem Kauf zu verkosten.

Wo einkaufen?

Vor allem im Chianti, aber auch in anderen Weinregionen der Toskana **verkaufen viele Weinerzeuger ihre Produkte direkt**. Lange suchen muss man meist nicht nach den Hinweisschildern, die zu Weingütern führen – Cantina aperta (offener Keller), Degustazione vini (Weinverkostung), Visita cantina (Kellerbesichtigung) oder Vendita diretta (Direktverkauf) weisen den Weg. Wer allerdings glaubt, der Direktverkauf sei auch in jedem Fall die günstigste Variante, irrt: Oft fallen die Preise in den Weingütern sogar höher aus als in den Weinläden (enotece) der umliegenden Ortschaften!

Die klassischen Weingebiete

Die Toskana besitzt aktuell sieben DOCG-Gebiete sowie 39 Weinzonen mit DOC-Auszeichnung. Als DOCG firmieren der Brunello aus Montalcino, der Carmignano (Provinzen Prato und Florenz), der Chianti (mit den Lokalgebieten Classico, Colli Aretini, Colli Fiorentini, Colli Senesi, Colline Pisane, Montalbano, Montespertoli, Rufina), der Montecucco Sangivoese und der Morellino di Scansano (beide Provinz Grosseto), der Vernaccia aus San Gimignano sowie der Vino Nobile aus Montepulciano.

Montalcino

Bereits in der Antike war Montalcino berühmt für seinen Weißwein. Mitte des 19. Jh.s erkannte ein gewisser Clemente Santi die Vorzüge der toskanischen roten Sorte Sangiovese. Entgegen damaliger Gepflogenheit, verschiedene Traubensorten gemeinsam zu vinifizieren, baute sein Enkel Ferruccio Biondi-Santi den Sangiovese separat aus und nannte den kraftvollen, gerbstoffreichen Wein **Brunello**. Über 100 Jahre später avancierte der Brunello ab den 1970er-Jahren zum Modewein, der Spitzenpreise erzielt. Heute treffen sich 250 Brunello-Produzenten zur alljährlichen Pressekonferenz in Montalcinos ehrwürdiger Chiesa Sant'Agostino, um dem fast schon heiligen Wein zu huldigen. Auch brunello.tv ist da, internationale Preise werden verliehen.
Stammt der Brunello aus tiefen Lagen im Süden Montalcinos, ist er schwer, dunkel und tanninreich, während sich die Weine aus hohen Lagen oder im Norden des Städtchens durch mittlere Farbdichte, Eleganz, eine hohe Säure und feine Frucht auszeichnen. Wer keine 50 € oder mehr für eine Flasche Brunello ausgeben möchte, greift zur preiswerteren Alternative: Der junge, etwas leichtere und rustikalere Rosso di Montalcino ist meist ein guter Kauf!

Brunello di Montalcino: DOCG | Rebsorte Sangiovese (auch Santo Grosso genannt) | vorgeschriebene Lagerzeit vier Jahre, davon drei im Holzfass, Riserva fünf Jahre

Rosso di Montalcino: DOC | Rebsorte Sangiovese | vorgeschriebene Lagerzeit ein Jahr, nicht zwingend im Holzfass

BAEDEKER ÜBERRASCHENDES

6X

EINFACH UNBEZAHLBAR

Erlebnisse, die für Geld nicht zu bekommen sind

1. BOTERO GRATIS

Die skurrilen Fresken »La Porta del Paradiso« und »La Porta dell'Inferno« schuf Weltstar Fernando Botero 1993. Sie sind in der Chiesa della Misericordia in **Pietrasanta** zu bestaunen, wo Botero über Jahre lebte und arbeitete.

2. OPEN-AIR-WELLNESS

Schon die Etrusker und Caterina von Siena schätzten die Badefreuden in **Bagno Vignoni** im Val d'Orcia. Eine kostenlose Badestelle ist heute der Parco dei Mulini mit wohltemperiertem Wasser.

3. AB ANS MEER!

Ein Bad im Tyrrhenischen Meer kann ein teurer Spaß sein. Freien Zugang zum Meer müssen aber alle Strandgemeinden gewähren. Halten Sie z. B. an **Versilias Lido di Camaiore** Ausschau nach Schildern mit der Aufschrift »Passo a Mare« (Meerzugang)!

4. ZEITLOS SCHÖN

Rares wie die »MP5 Paperino«, Legendäres wie die Vespa 125 »Dolce Vita« (1958) und Kurioses wie ein knallrotes Feuerwehrmobil von 1963 – das **Vespa-Museum** von Piaggio in Pontedera zeigt sie alle. (www.museopiaggio.it)

5. SCHATTIG

Sie sind ein Markenzeichen der Toskana, mal kurvig und gewunden, mal schnurgerade wie die vielleicht **berühmteste aller Zypressenalleen:** Die südlich von Livorno nach **Bolgheri** führende Straße verewigte Literaturnobelpreisträger Giosuè Carducci in einem Gedicht.

6. NÄRRISCH

Viareggio ist die Karnevalshochburg der Toskana. Das ganze Jahr über kann man sich im Museo del Carnevale umschauen und in der Galeria d'arte moderna herrliche Karnevalsplakate entdecken. (http//:viareggio.ilcarnevale.com)

Montepulciano

Das Rotweingebiet um Montepulciano ist einiges älter als das der Nachbargemeinde Montalcino. Ein guter **Vino Nobile** ist weder schlechter noch besser als ein Brunello oder ein Chianti Classico. Vielleicht ist er sogar der Zugänglichste der drei Sangiovese-Klassiker aus der Toskana: Meist ist seine Säure in ein fettes Fruchtpolster eingebettet, das Tannin kräftig. Zahlreiche kleinere Winzer und Abfüller offerien heute großartige, leckere Wein, oft schon in Bio-Qualität. Beim preiswerteren Rosso di Montepulciano greift man auf bekannte Namen zurück. Großartig ist hier auch der Vin Santo, ein Dessertwein.

Vino Nobile di Montepulciano: DOCG | Rebsorten Sangiovese (hier Prugnolo genannt), Canaiolo | vorgeschriebene Lagerzeit zwei Jahre im Holzfass, Riserva drei Jahre
Rosso di Montepulciano: DOC | Rebsorten wie Vino Nobile | vorgeschriebene Lagerzeit ein Jahr, nicht zwingend im Holzfass

Carmignano

Das unscheinbare Dörfchen Carmignano thront westlich von Florenz auf dem 250 – 400 m hohen Montalbano-Hügelzug, im direkten Einzugsgebiet der Stadt. Obgleich der Montalbano dem Weinbau aufgrund seiner Topografie keine großen zusammenhängenden Flächen zur Verfügung stellt, galt sein Rotwein schon im 14. Jh. als einer der besten und teuersten. Heute erlebt er unter Weinenthusiasten eine kleine Renaissance. Die Verehrer lieben vor allem seine Geschmeidigkeit und Eleganz.

Carmignano: DOCG | Rebsorten Sangiovese, Cabernet, Canaiolo | vorgeschriebene Lagerzeit 20 Monate, davon ein Jahr im Holzfass, Riserva zwei Jahre
Andere Weine: Chianti Montalbano DOCG, Vin Santo DOCG

Rufina und Pomino

Im rauen, zerklüfteten Sieve-Tal östlich von Florenz entstehen Rotweine von Struktur. Die Rufina-Weine sind meist kraftvoll und mit stahliger Säure ausgestattet und werden für ihre Haltbarkeit geschätzt. Die Gegend geriet bis auf einige Qualitätserzeuger in Vergessenheit, ist aber stark im Kommen! Hoch über der Sieve, im Mini-Anbaugebiet Pomino entsteht auch ein außerordentlicher Weißwein. Einziger Erzeuger dort ist Frescobaldi.

Chianti Rufina: DOCG | Rebsorten Sangiovese, Canaiolo | vorgeschriebene Lagerzeit acht Monate, Riserva drei Jahre
Pomino Rosso: DOC | Rebsorten Sangiovese, Merlot, Cabernet, Canaiolo | vorgeschriebene Lagerzeit ein Jahr

Colli Fiorentini

Zu den weniger bekannten Anbaugebieten gehören die Colli Fiorentini (Florentiner Hügel). Diese umschließen ein breites Gebiet im Süden und Osten von Florenz. Einige Winzer erzeugen sehr gute Rotweine, die als Chianti Colli Fiorentini DOCG oder Chianti DOCG vertrieben werden.

Kulturgut mit hohem wirtschaftlichen Stellenwert: 45–50 Mio. Hektoliter Wein pro Jahr produzieren die Winzer der Toskana.

Montecarlo

Dieser Wein mit dem klangvollen Namen stammt von den Hügeln rund um Lucca. Das Anbaugebiet ist sehr klein. Seit einiger Zeit ist eine spannende Entwicklung bei Rot- und Weißweinen zu verfolgen.

Küste südlich von Livorno

California heißt ein Dörfchen an der Etruskerküste südlich von Livorno. Und an Kalifornien erinnert tatsächlich die Entwicklung der Weine im hügeligen Hinterland. Heute ist die Weinstraße nach Bolgheri Super-Toskaner-Land und Ziel von Weinenthusiasten aus aller Welt. Der Aufschwung begann mit dem berühmten Sassicaia des Marchese Incisa, der heute unter dem Namen Bolgheri DOC Sassicaia firmiert. Das warme Küstenklima erweist sich für den Anbau vor allem von Cabernet und Merlot als bestens geeignet. Und die Karawane zieht bereits weiter: Die Liebhaber der Super-Toskaner schauen gebannt auf neueste Unternehmungen von Antinori in der wasserarmen Maremma.

Morellino di Scansano

Morellino di Scansano ist seit 2007 DOCG-geschützt. Zwischen den Flüssen Ombrone und Albegna wurden 2014 auf nur 1315 ha Rebfläche über 77 000 Hektoliter Wein erzeugt. Dabei hat der Morellino in den letzten Jahren einen großartigen Wandel durchlebt. Das Gebiet wurde nicht nur eine Hochburg der Biowein-Produzenten, sondern brachte auch einen geschmeidigen, nicht zu starken Aperitifwein auf den Markt, der fast schon Kultstatus erlangte.

Vin Santo

Es war einmal ein kostbarer Wein, den die Bauern in nur geringen Mengen in kleinen Holzfässchen auf ihrem Dachboden fünf, acht, zehn Jahre lang lagerten. Der Wein war **sehr süß und stark** und wurde den Gästen als besondere Ehrerbietung kredenzt. Einflussreichen Leuten ließ der Bauer an Festtagen eine Flasche des **»heiligen Weins«** bringen (tatsächlich leitet sich der Name von der griechischen Insel Santorin ab, in der Antike Herkunftsort von Süßwein). Niemals jedoch hätte man den Vin Santo verkauft. Heute steht die einstige Kostbarkeit gar als Karikatur in jedem Supermarkt. Die Herstellung von echtem Vin Santo ist sehr aufwendig. Er wird aus getrockneten Trauben gepresst, ruht jahrelang in Fässchen und schrumpft dabei zu einem Bruchteil des ursprünglichen Volumens. Dafür werden schon mal ca. 35 € für einen halben Liter verlangt Die Begegnung mit einem wirklich großen Vin Santo ist ein unvergessliches Erlebnis, kaum ein anderer Süßwein vermag diese Geschmacksvielfalt, diese Tiefe, diese Harmonie zu erreichen. **Empfehlenswerte Erzeuger** sind Avignonesi (Montepulciano), Capezzana (Carmignano), Isole e Olena (Barberino/Chianti Classico), Montellori (Fucecchio), Paterno & Corzano (San Casciano/Colli Fiorentini), Poliziano (Montepulciano), San Giusto a Rentennano (Gaiole/Chianti Classico) und Selvapiana (Rufina). Stark im Trend sind neue, weniger süße, eher trockene, sogar fruchtig herbe Vin Santi junger Nachwuchswinzer, die viele Liebhaber finden.

INTERESSANTE MENSCHEN

Das Leben ist schön: Roberto Benigni

geb. 1952
Schauspieler und Komiker

»La vita è bella – Das Leben ist schön« machte ihn 1997 weltberühmt. Die so wundervoll komische, aber eben auch herzbewegend traurige Holocaust-Tragikomödie wurde mit drei Oscars ausgezeichnet. Auch wegen dieses Filmes gilt Roberto Benigni manchem Kritiker gar als **moderner Charlie Chaplin**. Sicher ist jedenfalls, dass Benigni, 1952 in Misericordia bei Arezzo geboren, derzeit zu den größten Multitalenten der Filmbranche gehört.Der Komiker, Entertainer, Schauspieler und Filmemacher wurde zwar katholisch erzogen, dennoch – oder vielleicht gerade deshalb – ist die römisch-katholische Kirche seit seinen ersten Auftritten ein beliebtes Objekt seiner Komik und Satire. Anfang der 1970er-Jahre begann er seine Schauspielkarriere in Rom mit alternativem Theater und One-Man-Shows. Sein Leinwanddebüt gab er 1977 in »Berlinguer ti voglio bene« von Giuseppe Bertolucci, dem Bruder von Starregisseur Bernardo. Neun Jahre später gelang mit der Komödie »Down by Law« von Jim Jarmusch der Durchbruch als Filmschauspieler.

Baumeister der Renaissance: Filippo Brunelleschi

1377–1446
Architekt

Der gebürtige Florentiner Baumeister und Bildhauer Brunelleschi gilt als eigentlicher Schöpfer der Renaissancearchitektur. Angeregt wurde er durch die antiken Denkmäler, die er zusammen mit seinem Freund, dem Bildhauer Donatello, in Rom studierte. Zu Brunelleschis größten Ingenieurstaten zählt die gewaltige freitragende, doppelschalige Konstruktion der Domkuppel in Florenz, von der Michelangelo gesagt habe soll, er baue zwar eine höhere, aber keine schönere. Aber auch für die malenden Kollegen hat Brunelleschi Bahnbrechendes geleistet: Aus der optischen Lehre von Euklid entwickelte er die **zentralperspektivische Projektion**.

»Und sie bewegt sich doch«: Galileo Galilei

1564–1642
Astronom

Die Kirche brauchte lange, um ihren Irrtum einzugestehen: Erst 1992 hob sie den Bann über Galileo Galilei auf – 360 Jahre, nachdem sie seine Lehre als ketzerisch verurteilt hatte. Bereits mit 25 Jahren erhielt der Mathematiker, Physiker und Philosoph in seiner Vaterstadt Pisa einen Lehrstuhl für Mathematik. Der Kandelaber im Dom brachte ihn zur Erforschung der Pendelbewegung, der Schiefe Turm diente ihm bei der Untersuchung des freien Falls. 1609 baute er das ein Jahr zuvor in Holland erfundene Fernrohr nach und erforschte mit ihm den Sternenhimmel. Als Galilei für das bereits von Kopernikus begründete **heliozentrische Weltbild** eintrat, verbot die Kirche 1616 seine Lehre. Zum Prozess kam es durch seine 1632 erschienene Schrift, in der er darlegte, warum die Erde eine Kugel ist, die sich um die Sonne dreht. Im Juni 1633 erging das Urteil: Abschwörung seiner Lehre und unbefristete Haft, die er die meiste Zeit in Arcetri verbrachte. Legendär – wenn auch wohl erfunden – ist sein berühmter Satz **»Eppur si muove – und sie [die Erde] bewegt sich doch!«**, den er beim Verlassen des Gerichtssaal von sich gegeben haben soll.

Universalgenie: Leonardo da Vinci

1452–1519
Ingenieur, Künstler und Naturforscher

Der in Anchiano bei Vinci geborene Leonardo vereinte herausragende Fähigkeiten als Maler, Bildhauer und Baumeister, als Naturforscher und Ingenieur. Bereits mit 20 Jahren wurde er in die Malergilde von Florenz aufgenommen. Von 1482 bis 1498 wirkte Leonardo am Hof des Herzogs Lodovico Sforza in Mailand, danach lebte er nochmals in Florenz, in Mailand, in Rom, 1517 folgte er einer Einladung von König Franz I. nach Frankreich. Sein wohl berühmtestes Gemälde, die mit wundervoller Grazie rätselhaft lächelnde **»Mona Lisa«** (1503–1505), befindet sich heute im Pariser Louvre. Leonardo war auch als Festungsbaumeister tätig, er sezierte Leichen, schrieb einen Aufsatz über die Anatomie des menschlichen Körpers und illustrierte ihn mit Zeichnungen. Er führte Flugexperimente durch, beobachtete den Vogelflug, untersuchte Strömungsgesetze von Luft und Wasser, betrieb botanische und geologische Studien. Seine Zeichnungen, die Bewegungsstudien des menschlichen Körpers, naturwissenschaftliche Aufzeichnungen, Entwürfe für Bauten und technische Projekte beweisen eine **einmalige Universalität**.

Noch ein Universalgenie: Michelangelo Buonarroti

1475–1564
Maler, Bildhauer und Architekt

Caprese ist ein kleines Dorf im Casentino, einem stillen Teil der Toskana. Hier wurde an der Schwelle zur Frühen Neuzeit der Maler, Bildhauer, Baumeister, Dichter und Forscher Michelangelo geboren. Mit 13 Jahren begann er seine Laufbahn als Lehrling in der Werkstatt des Florentiner Malers Domenico Ghirlandaio. Neben der Neigung zur Malerei entwickelte er mehr und mehr die Leidenschaft zur Bildhauerei. 1489 wurde der junge Michelangelo in die Bildhauer-Akademie der

OBEN: Rockröhre aus Sien:a:
Glanna Nannni
UNTEN: Begnadeter Komponist und Lebemann, Autonarr und Frauenheld – Giacomo Puccini genoss das Leben.

Mediceischen Gärten aufgenommen. 1496 verließ er Florenz, um in den folgenden vier Jahrzehnten zwischen der Arnostadt, Bologna und Rom zu pendeln. Danach lebte er bis zu seinem Tod meist in Rom. In der Toskana begegnet man vor allem in Florenz seinen Werken, allen voran in der Galleria dell'Accademia, wo das Original des berühmten **»David«** steht.

»Rockröhre«: Gianna Nannini

geb. 1956
Sängerin

Gianna Nannini erblickte am 14. Juni 1956 in Siena das Licht der Welt, wo ihre Eltern eine Pasticcheria betrieben, die mittlerweile als Grupo Nannini mehrere Filialen in der Stadt unterhält und von ihrem jüngeren Bruder, dem ehemaligenn Formel-I-Fahrer **Alessandro**, geleitet wird.

Ihre ersten Lieder schrieb sie bereits mit 14 Jahren. Mit 19 Jahren zog es sie nach Mailand, wo sie Komposition studierte und als Sängerin in Bars auftrat. Nur wenig später erhielt sie ihren ersten Schallplattenvertrag, 1976 erschien ihre erste LP. Ihr Durchbruch in ganz Europa folgte mit dem Riesenhit »America« von 1980. Gianna Nanninis Markenzeichen ist bis heute ihre **kraftvolle Reibeisenstimme**, ihre musikalische Bandbreite reicht vom Hardrock über Volkslieder bis hin zu einfühlsamen Balladen. Ihre nach wie vor große Popularität nutzte sie immer wieder, um für Menschenrechte, Solidarität und Freiheit einzutreten. Außerdem betätigt sie sich auf ihrem Weingut Certosa di Belriguardo im Chianti als Winzerin.

Lebemann und Musiklegende: Giacomo Puccini

1858–1924
Komponist

Bereits zu Lebzeiten wurde der gefeierte Komponist zur Musiklegende. Seine stimmungsvollen Melodien für das Bürgertum der ausgehenden Belle Époque hhaben bis heute nichts von ihrer Faszination verloren haben. Als Sohn einer Musikerfamilie aus Lucca übernahm er mit 14 Jahren das Organistenamt für die Luccheser Kirchen. Als er 1876 in Pisa Verdis »Aida« erlebte, war ihm klar: Er wollte Opern komponieren. 1880 bestand er die Aufnahmeprüfung für das Konservatorium in Mailand, ab 1884 protegierte ihn der Verleger Giulio Ricordi. Sein Privatleben gestaltete sich komplizierter: Er verliebte sich in die verheiratete Luccheserin Elvira Gemignani, die ihm nach Mailand folgte. Erst 19 Jahre später konnte die Beziehung legalisiert werden. Den Durchbruch als Komponist brachte 1893 die Oper »Manon Lescaut«, 1896 folgte »La Bohème«, 1900 »Tosca«. 1904 verhalf ihm schließlich die bewegende Liebesgeschichte der **»Madame Butterfly«** zu Weltruhm. Die meisten seiner Opern entstanden in seiner Villa in Torre del Lago bei Viareggio.

NACHGEFRAGT

STAATLICHES ITALIENISCHES FREMDENVERKEHRSAMT (ENIT)
Barckhausstr. 10
60325 Frankfurt am Main
Tel. 069 23 74 34
www.enit.de

AREZZO
Piazza della Libertá 1
52100 Arezzo
Tel. 0575 40 19 45
www.arezzointuscany.it

CASENTINO / LA VERNA
www.laverna.it

CHIANTI / VOLPAIA
www.volapaia.com

ELBA
Agenzia per il Turismo dell'Archipelago Toscano
Calata Italia 44, 57037 Portoferraio (Elba), Tel. 0565 91 46 71
www.visitelba.info

FLORENZ
Via Cavour 1/R
50129 Firenze
Tel. 055 29 08 32
www.firenzeturismo.it

LIVORNO / POPULONIA
www.parchivaldicornia.it

MONTALCINO / MONTE OLIVETO MAGGIORE
www.monteolivetomaggiore.it

PIENZA
Corso Rossellino 30
53026 Pienza
Tel. 0578 74 99 05
www.comune.pienza.siena.it

PISA
Piazza Vittorio Emanuele II 16
56125 Pisa
Tel. 050 42291
Piazza del Duomo
www.turismo.pisa.it

PITIGLIANO
Piazza Garibaldi 12
58017 Pitigliano
Tel. 0564 61 71 11
www.tuttopitigliano.com

PRATO
Piazza Buonamici 7
59100 Prato
Tel. 0574 2 41 12
www.pratoturismo.it

SAN GIMIGNANO
53037 San Gimignano
Piazza del Duomo 1
Tel. 0577 94 00 08
www.sangimignano.com

SIENA
Complesso Santa Maria della Scala
Piazza Duomo 1
53100 Siena
Tel. 0577 28 05 51
www.terresiena.it

VAL D'ORCIA
Parco Artistico Naturale & Culturale
Palazzo Pretorio
53027 San Quirico d'Orcia
Tel. 0577 89 83 03
www.parcodellavaldorcia.com

VOLTERRA
Piazza dei Priori 20
56048 Volterra
Tel. 0588 8 72 57
www.volterratur.it

BAEDEKER ÜBERRASCHENDES

10 SOUVENIRS

Dinge und Erinnerungen, die ich mitnehme ...

1.

Nie zu grell, nie zu schwach, morgens und spätnachmittags wundervoll changierend: Das **Licht der Toskana** ist Inspiration für alle.

2.

Jeder kennt das Sieneser »Hochzeitsbrot«! Doch auch das **Panficato** mit Feigen von der Insel Giglio ist eine Wucht.

3.

Michelangelos **»David«** – knallbunt oder klassisch weiß, als Büste oder Ganzkörperfigur – ist »das« Souvenir schlechthin.

4.

Ein echtes **Crostino Toscano** zu Hause? Die Hühnerleber-Creme dafür gibt es in vielen Feinkostläden.

5.

Bier aus der Toskana? Ma certo! Craft-Eier wie Birra Maremmana gibt es z. B. im Besucherzentrum des Parco della Maremma in Alberese.

6.

Der **Schiaccia Briaca** (»betrunkene Kuchen«) ist Pflichteinkauf auf Elba, am besten samstags früh auf dem Mercato della Terra in Procchio.

7.

Nüsse, Honig, Orange u. v. m: **Sfratto dei Goym** der jüdischen Gemeinde, nur in Pitigliano und Sorano.

8.

Eine **Alabasterschale** aus Volterra erzählt von etruskischen Anfängen und ist dennoch modern.

9.

Ein **Delikatessenkorb** mit Wein, Olivenöl, Pasta, Trüffel- und Wildschweinsalami; Pecorino u. v. m.

REGISTER

S

KARTENVERZEICHNIS

BILDNACHWEIS

Bernhard Abend 315
age fotostock/lookphotos 58, 67 o., 71 (2x)
akg 94, 141
akg images/Roger Guillemot 161 o.
Ulf Andersen/Kontributor/getty images 48
API/Gamma-Rapho/laif 75 u.
awl images/Katja Kreder 477 o.
Isolde Bacher 272 li.
Udo Bernhart 194/195
Christophe Boisvieux/laif 286 o.
Marijan Buzov 258 u.
Dalmati d.o.o. Archive 255 o.
Diageo 387 u.
dpa 97
dpa-pa/Stephan Jansen 365
Dumont Bildarchiv 400, 420 re., 460 o.
DuMont Bildarchiv/Christina Anzenberger-Fink u. Toni Anzenberger 331, 334/335, 336, 341, 345, 348, 350/351, 353, 355, 360, 366, 368, 375, 519, 530/531, 534/535, 540 u., 542/543, 545, 549, 550, 552, 556, 558, 562 (2x)
DuMont Bildarchiv/Udo Bernhart 231 (2x), 482/483, 484, 489 u., 497
Dumont Bildarchiv/Werner Fabig 509
Dumont Bildarchiv/Elan Fleisher 281, 306, 310/311
Dumont Bildarchiv/Frank Heuer 471, 477 u., 478/479, 480, 485, 486/487, 489 o., 494, 500, 504/505, 510, 514
Dumont Bildarchiv/Roland Gerth 321
Dumont Bildarchiv/Björn Göttlicher 283, 313
Dumont Bildarchiv/Peter Hirth 380/381, 383, 387 o., 388/389, 391 u., 392/393, 396/397, 399 u., 402, 409 (2x), 416/417, 419, 423
DuMont Bildarchiv/Markus Kirchgessner 147, 149, 150/151, 152, 157 (2x), 158/159, 171, 173, 177, 178/179, 180 li., 181, 189
DuMont Bildarchiv/Martin Kirchner 180 re.
DuMont Bildarchiv/Rainer Kiedrowski 3
DuMont Bildarchiv/Sabine Lubenow 7, 8, 14/15, 22/23, 25 u., 29 o., 31, 32/33, 36, 38, 41, 42 o., 51
DuMont Bildarchiv/Hans Madej 237, 239, 250/251, 261, 262/263, 266, 269 (2x), 276, 279
Dumont Bildarchiv/Olaf Meinhardt 425, 427, 444/445, 446, 448/449, 452, 457, 459, 460 u., 461 (2x),
Dumont Bildarchiv/Axel M. Mosler 395
DuMont Bildarchiv/Michael Riehle 191, 193, 198/199, 201, 202/203, 205 (2x), 206/207, 213 o., 214/215, 217, 220, 225 (2x), 235
DuMont Bildarchiv/Arthur F. Selbach 53, 55, 56/57, 77, 78/79, 80, 83, 86, 89 (2x), 90, 92 o.+u., 93 (3x), 99
DuMont Bildarchiv/Paul Trummer 356/357, 371
DuMont Bildarchiv/Ernst Wrba 364
fotolia/al62 415 u.
fotolia/Bernd Jürgens 226 li.
fotolia/ChantalS 316
fotolia/Comugnero Silvana 227 (2x), 554 o., 555 o.+li.
fotolia/Luftbildfotograf 270
fotolia/Mandy 12 u.
fotolia/Maximilian Krä 377
fotolia/mrvisual 26/27
fotolia/Natalia Mylova 43 u.
fotolia/Nightman1965 243
fotolia/nikhensley90 555 re.
fotolia/perbacco 554 u.
fotolia/sergojpg 29 u.
fotolia/Shawn Hempel 43 o.
fotolia/Studio GI 226 re.
fotolia 183, 319 o., 332, 506 li.

Frank Heuer/laif 45
Bertrand Gardel/hemifr/laif 303
Gerard Lacz/VWPics/Redux/laif 286 u.
Getty Images/ Elvis Barukcic 240/241
Getty Images/AWL/Images/Ken Scicluna 3
Getty Images/ax Mumby/Indigo 391 o.
Getty Images/Dominique Reperant 115 o.
Getty Images/Frank Hoensch/Kontributor 481
Getty Images/Gianluca Federighi 560
Getty Images/Jean-Franois Monnot/EyeEm 107
Getty Images/Jean-Philippe Ksiazek 120/121
Getty Images/John Peters 467 u.
Getty Images/Johnér Bildbyrå 463
Getty Images/Julian Elliott Photography 522/523
Getty Images/LightRocket/Leisa Tyler 442
Getty Images/Malin Holm 451
Getty Images/Michael Ochs Archives/Waring Abbott 432/433
Getty Images/Xavier Rossi 119 (2x)
Gleneagles 414
Glowimages 318 u., 319 li.+u.
Glowimages/Imagebroker RM 256/257
Christian Guy/hemifr/laif 112/113
hemis/laif 300/301
Hemispheres/laif 63
Guy Hervais/pavillondegalon.com 288/289, 291
Herzog & de Meuron/Ruedi Walti 162/163, 164
Heuer, Frank 474/475
Huber/Jordan Banks 306
Huber/TC 161 u.
huber-images/Guido Cozzi 569
IDM Südtirol/Frieder Blickle 503
Interfoto 512
istock 92 li., 506 re., 507 (2x)
istock/Joe Gough 415 o.
istockphoto/clubfoot 42 u.
istockphoto/Eduard Shelesnjak/konrad100 272 u.
iStockphoto/gvictoria 43 re.
Karl Johaentges/Lookphotos 17 o.
Krinitz/laif 00402575/FRK 732 329
laif/Clemens Zahn 473
laif/Gerhard Hagen/Poolima 491
laif/Thomas Linkel 493 o.
laif/Eitan Simanor/robertharding 25 o.
laif/robertharding/Nico Tondini 525
laif/Art Seitz/Gamma-Rapho/laif 275
laif/Brusaferri 318 o.
laif/Contrasto/TerraProject/Michele Borzon 520
laif/Frederic Maigrot 154/155
laif/hemifr/Matthieu Colin 166/167
laif/Jörg Modrow 532
laif/Jorge Simao/4SEE 18/19
laif/Kontinent/Moa Karlberg 443
laif/Leemage/Opale/Philippe Matsas 439 u.
laif/Raffaele Celentano 538/539
laif/REA/Pascal Sittler 526/527
laif/Redux/NYT/Erik Refner 440/441
laif/robertharding/Yadid Levi 434
LookatSciences/laif 258 o.
look-foto/Karl Johaentges 138, 323 o.
Lookphotos/age fotostock 428/429
Lookphotos/Heinz Wohner 436/437
Lookphotos/Travel Collection 430
Kay Maeritz/lookphotos 59
Rene Mattes/hemifr/laif 10/11
mauritius images/age fotostock/Hoffmann Photography 324
mauritius images/age fotostock/J. Alba 67 li.
mauritius images/age fotostock/Mark Sunderland 72/73
mauritius images/Bill Bachman/Alamy 67 re.
mauritius images/CTK/Alamy 20 li.
mauritius images/CuboImages/Claudio Beduschi 533
mauritius images/dieKleinert/Hans Stehen 20 re.
mauritius images/Garden World Images/GWI/Martin Hughes-Jones 537 o.

mauritius images/Guy Corbishley/ Alamy 75 o.
mauritius images/Hélène Alexandre/ Alamy 115 u.
mauritius images/imagebroker/ Silwen Randebrock 493 u.
mauritius images/imagebroker/ T. Dressler 64/65
mauritius images/Rene Mattes 60/61
mauritius images/Steve Vidler 62
mauritius images/travelstock44/ Alamy 296/297
mauritius images/Westend61/Michael Reusse 12 o.
mauritius images/wishphoto/Alamy 17 u.
Mauritius-Lawrence 399 o.
Mineralienmuseum Teis, Lorenz Fischnaller 517
Jochen Müssig 210/211, 213 u., 229
pa 186 u., 420 li., 566 (2x)
Sven Paustian 299
Photononstop/Lookphotos 294
picture-alliance/akg-images/Erich Lessing 165
picture-alliance/AP Photo/Michelle Locke 537 u.
picture alliance/APA/picturedesk.com 338/339, 363
picture alliance/dpa Bildarchiv 323 u., 467 o.
picture alliance/dpa/dpaweb 47
picture alliance/Food and Drink Photos/Paul Webster 139 o.
picture alliance/Global Travel Images 284/285
picture-alliance/IBL Schweden/Elisabeth Alvenby 439 o.
picture-alliance/Photoshot 529
picture alliance/PIXSELL 244/245, 246 (2x), 252/253, 255 u.
picture alliance/Rainer Hackenberg 248/249
picture alliance/Thierry Gachon/MAX-PPP/dpa 168, 169
Madeleine Reincke 103, 108/109, 111, 127, 137, 139 u., 145, 384/385, 412
Bertrand Rieger/hemifr/laif 304
Salzburger Heimatwerk 342/343
Wolfram Schleicher 129
Selbach/lookphotos 68/69
Shutterstock 4/5, 101, 104/105, 116/117, 123, 124/125, 132, 135, 379, 406/407, 411
Stefan Spath 346/347
Stockfood 318 re.
Stockfood/Alison Miksch 273 u.
Stockfood/Bernhard Winkelmann 272 o.
Stockfood/Davorin Marjanovic 272 o.
Swim Ink 2, LLC/CORBIS/Corbis via Getty Images 208
Visum/Bernd Roselieb 540 o.
Wackenhut 186 o.
Weimar 197, 222
Jean-Marc Zaorski/Gammarapho/laif 292/293

IMPRESSUM

Ausstattung:
350 Abbildungen, 12 Karten

Texte:
Dr. Bernhard Abend, Andreas Drouve, Susanne Fees, Margit Kohl, Dagmar Kluthe, Cornelia Lohs, Hilke Maunder. Dr. Eva Missler, Jochen Müssig, Dr. Madeleine Reincke, Klaus Simon, Jürgen Sorges, Stephan Spath, Dina Stahn, Veronika Wengert

Bearbeitung:
Baedeker-Redaktion

Kartografie:
Klaus-Peter Lawall, Unterensingen

Gestalterisches Konzept:
RUPA GbR, München

Chefredaktion:
Rainer Eisenschmid,
Baedeker Ostfildern

1. Auflage 2020

Trotz aller Sorgfalt von Redaktion und Autoren zeigt die Erfahrung, dass Fehler und Änderungen nach Drucklegung nicht ausgeschlossen werden können. Dafür kann der Verlag leider keine Haftung übernehmen.
Kritik, Berichtigungen und Verbesserungsvorschläge sind jederzeit willkommen. Schreiben Sie uns, mailen Sie oder rufen Sie an:

Verlag Karl Baedeker / Redaktion
Postfach 3162
D-73751 Ostfildern
Tel. 0711 4502-262
info@baedeker.com
www.baedeker.com

Printed in China

FSC www.fsc.org
MIX
Papier aus verantwortungsvollen Quellen
FSC® C124385

Meine persönlichen Notizen

Meine persönlichen Notizen

EUROPAS REGIONEN